本輯得到

武漢大學基礎學科振興行動計劃

中央高校基本科研業務費專項資金武漢大學自主科研項目

資助出版

武漢大學中國三至九世紀研究所　編

魏晉南北朝隋唐史資料

（第三十五輯）

Journal of the 3-9th Century Chinese History

上海古籍出版社

目　録

Contents

《魏晉南北朝隋唐史資料》第三十五輯
2017年7月,1—51頁

試論都督制之淵源及早期發展

雷家驥

一、前　　言

論軍需先論制。本文[1]所論之都督制,於魏晉而言實爲新興的軍制,與秦漢以來之將軍制及監軍制關係密切。換言之,魏晉都督制之淵源,決不會憑空而産生,實與監軍監督將軍及其所屬軍隊有關,是以本文專從軍隊之統率、監督角度,進論都督制與此制的關係淵源,並溯及其早期的發展演變。[2]

按: 中國正史向爲文人所撰,故對軍制論述不多,據《漢書・百官公卿表》所載,其敍述秦漢之最高軍事機關以及將軍制即甚簡,僅云:

> 太尉,秦官,金印紫綬,掌武事。武帝建元二年省。元狩四年初置大司馬,以冠將軍之號。宣帝地節三年置大司馬,不冠將軍,亦無印綬官屬。……前後左右將軍,皆周末官,秦因之,位上卿,金印紫綬。漢不常置,或有前後,或有左右,皆掌兵及四夷。有長史,秩千石。

《續漢書・百官志》所載雖較詳,但仍感失之在略。兹省略太尉,而逕引將軍之官及其統率指揮系統,以概見其制度。該志載云:

> 將軍,不常置。本注曰: 掌征伐背叛。比公者四: 第一大將軍,次驃騎將軍,次車騎將軍,次衛將軍。又有前、後、左、右將軍。(蔡質《漢儀》曰:"漢興,置大將軍、驃騎,位次丞相,車騎、衛將軍、左、右、前、後,皆金紫,位次上卿。典京師兵衛,四夷屯警。")……世祖中興……前、後、左、右雜號將軍衆多,皆主征伐,事訖皆罷……

① 本文於2016年10月先在香港中文大學舉辦之"嚴耕望先生百齡紀念學術研討會"宣讀,事後修改爲本文定稿。

② 《漢書・百官公卿表》另述中央自郎中令、衛尉、中尉……以至地方之郡尉等官,與統兵征伐作戰之體系關係不大,故本文暫不討論。本文所引正史,俱據臺北: 鼎文書局新校標點本。

其領軍皆有部曲:大將軍營五部,部校尉一人,比二千石;軍司馬一人,比千石。部下有曲,曲有軍候一人,比六百石。曲下有屯,屯長一人,比二百石。其不置校尉部,但軍司馬一人。又有軍假司馬、假候,皆爲副貳。

其别營領屬爲别部司馬,其兵多少各隨時宜……

其餘將軍,置以征伐,無員職,亦有部曲、司馬、軍候以領兵。①

是知秦漢將軍之官,位階甚高,平時"典京師兵衛,四夷屯警",戰時掌征討作戰,屬於軍令系統。然因將軍對所屬軍隊握有全盤統率指揮權,故君主爲策安全起見,對將軍平時所領之屯駐軍派有監督,而對其戰時所統之征討軍亦派有監督,此即監督系統,與將軍之軍令系統固不全同一系也。將軍統領直屬部隊,轄下之戰鬥單位分部、曲、屯,各級主官依次爲校尉(司馬)、軍候、屯長;有時視需要而另配以他部,配屬部隊的兵力雖不一定,但建制則與直屬部隊相同。至於其他將軍亦置以征討,統率系統之建制也同於大將軍。可見秦漢軍制原無所謂都督、督將之制,都督制與將軍制實爲不同歷史分期的一代大制。然雖如此,不過兩者之間卻不能謂全無關係,蓋都督制導源於將軍之監督制也。

本問題之緣起,與晉、宋、南齊官志敍述都督制起源及演變其間差异頗大之事有關。據《宋書·百官志》載都督制的淵源及其早期發展云:

持節都督,無定員。

前漢遣使,始有持節。光武建武初,征伐四方,始權時置督軍御史,事竟罷。建安中,魏武帝爲相,始遣大將軍督軍。二十一年,征孫權還,夏侯惇督二十六軍是也。

魏文帝黄初二年,始置都督諸州軍事,或領刺史。三年,上軍大將軍曹真都督中外諸軍事,假黄鉞,則總統外内諸軍矣……

晉世則都督諸軍爲上,監諸軍次之,督諸軍爲下。使持節爲上,持節次之,假節爲下。使持節得殺二千石以下;持節殺無官位人,若軍事得與使持節同;假節唯軍事得殺犯軍令者。晉江左以來,都督中外尤重,唯王導居之。宋氏人臣則無也。江夏王義恭假黄鉞。假黄鉞,則專戮節將,非人臣常器矣。

所載與唐初修成之《晉書·職官志》大抵相同,唯晉官志在載述此制之前,稱此制爲"常都督制",並謂是"黄初三年,始置都督諸州軍事",此略异耳。是則常都督制即是州都

① 司馬彪《續漢書》諸志今已補入范曄《後漢書》而爲志,爲尊重原作者,今仍稱《續漢書》。按:本段標點頗爲筆者所改。

督制,完成於晉世,當時已成方面大員之職,兩志所載出入不大;然而,"常都督制"之外是否尚有"非常都督制"? 斯則兩志所未嘗言。至於其未成爲方面大員以前之演變如何,如何發展成魏晉之制,爲何最後發展成有都督、監、督,以及使持節、持節、假節三等級之别? 此則亦爲兩志所未嘗言。

其後,南齊王室蕭子顯所撰之《南齊書》,於《百官志·州牧刺史》條所述又與二書頗不同,謂:

> 魏晉世州牧隆重,刺史任重者爲使持節都督,輕者爲持節督,起漢從帝(按:即順帝)時,御史中丞馮赦討九江賊,督揚、徐二州軍事,而何、徐《宋志》[①]云起魏武遣諸州將督軍,王珪之《職儀》云起光武,並非也。

宋以下所纂類書多據此三書而抄之,且又頗常抄錯,是則都督制果起於何時,淵源爲何,早期演變如何,何書所載爲是等等問題,誠值得再研究。

上述諸問題近今中外學者對之多乏系統而完整的解釋,即使研究都督制最著名的嚴師歸田與小尾孟夫亦然,步其塵轍諸後學更無論矣。小尾孟夫論州都督(本文或稱爲軍區都督)之制自曹魏始,論征討都督(本文或稱爲野戰都督)之制自西晉始,上限如此,其不論及此制的淵源及早期演變,固可無待論焉。[②] 然而,研究都督制最爲權威之嚴先生,所論亦仍有問題待究或論述不足,如其大著僅略考都督制始於東漢馮緄,而對此前是否並無此制,以及此制淵源爲何,爲何發展爲都督制,到底先有軍區都督抑或先有征討都督,兩者關係爲何等等,皆因惜墨而無所論及。[③]

筆者曾發表《從督軍制、都督制的發展論西魏北周之統帥權》一文,内中曾參考廖伯源相關之論文,[④]概略論及督軍制之起源云:

> 督軍之制起於監軍,監軍之制起於秦漢,但秦與西漢之監軍置有專官曰護軍;降至東漢,朝廷臨時派遣使者擁節監軍,而以派遣御史官爲多,故有"督軍御史"之稱。督軍使者所掌之職,也就是其軍事任務,有三種:一、監察諸軍征討,二、監督

---

① 所謂何、徐《宋志》,蓋即何承天、徐爰二人所撰之《宋書·官志》。《宋書·徐爰列傳》謂"元嘉中,使著作郎何承天草創國史……又以爰領著作郎,使終其業",卷九四,第2308—2309頁。

② 參小尾孟夫:《六朝都督制研究》,廣島:溪水社,2001年。

③ 嚴先生名著《中國地方行政制度史》乙部《魏晉南北朝地方行政制度》(中研院史語所專刊之四十五B,民國79年三版)有多章論述都督制及其相關問題,請逕參考,不贅。

④ 如廖伯源:《漢代監軍制度試釋》,《大陸雜誌》70-3。該文後來收入其所著《歷史與制度——漢代政治制度試釋》一書,臺北:臺灣商務,1998年。拙著《從督軍制、都督制的發展論西魏北周之統帥權》一文,見《中國中古史研究》8,2008年。

屯營駐軍,三、督州郡諸軍討捕叛亂。使者擁節監軍,所奉者即是天子之命,以故直屬於天子,遂逐漸侵奪諸將的統率權,終成魏晉以降的都督諸軍事,爲軍事方面之大員……由此觀之,督軍制之初起原屬軍事授權,是臨時軍事差遣之職,未爲官銜;朝廷之所以常遣侍御史或御史中丞出外臨督者,蓋因其屬本爲内廷官,具有法定之監察權,更有利於直承天子以監督諸軍執行任務耳。

其實監軍、督軍、護軍皆與軍隊監督制度有關,只是職權地位頗有差异,其中監軍、督軍的職權較爲接近,是較純粹的監軍制;而護軍早時本爲軍隊之督察長,其後與軍隊監督制度亦頗有關係。由於上述拙文的主旨僅欲從督軍制至都督制的發展論西魏北周之統帥權,並未以都督制本身的淵源及其早期發展爲主以作詳論,故所論難免疏略,偶有解釋亦尚未清晰完整,容易令人忽略而不易明了。職是之故,忝爲嚴先生門生,不免斗膽思爲先生作後續的補充解釋,並略申拙見以補前衍,用懷先生百年之紀念也。

都督制之淵源殆有遠源與近源兩種,遠源又可分爲廣義軍隊監督——護軍制,以及狹義軍隊監督——監(含督)軍制兩種制度;近源則爲東漢末始出現並發展之"都督"制。另外,魏晋都督制雖是一種制度,但卻有兩種亞型:第一種是非常都督制,即是征討都督制;第二種纔是常都督制,即爲軍區都督制。下列分以甲、乙型表示其核心基本銜,或可一目了然。

甲型:擁節+都督(或大都督)征討諸軍事+本官→出征

乙型:擁節+都督(或監或督)某州郡諸軍事+本官+領州郡→駐防

兩型核心基本職銜皆爲"都督諸軍事",而甲型通常不領州郡。本篇兹將此兩型都督制融入淵源及其早期發展中依次論述。至於吴、蜀方面,因此制發展較慢,非居主流變化地位,復多模仿曹魏之制,故請容日後另行發表。

二、都督制之廣義淵源:護軍制

《漢書·百官公卿表》云:

護軍都尉,秦官,武帝元狩四年屬大司馬,成帝綏和元年居大司馬府比司直,哀帝元壽元年更名司寇,平帝元始元年更名護軍。

此表但言護軍都尉是秦官,未載職掌。據《通典·職官·勛官·護軍都尉》條,先述陳平於秦漢之間爲護軍中尉,至漢武帝元狩四年(前119)復稱爲護軍都尉,接着同於《漢書·百官公卿表》所述之内容,並尋而再述此制由東漢至魏晉之變化云:

漢東京省。班固爲大將軍中護軍,隸將軍幕府,非漢朝列職。魏武帝爲丞相,以韓浩爲護軍,史奂爲領軍,亦非漢官也。建安十二年改護軍爲中護軍,領軍爲中領軍。魏初,因置護軍將軍,主武官選,隸領軍;晉世則不隸矣。①

《通典》於此條小注云:"歷代史籍皆云護軍將軍主武官選。……今按:漢高帝初以陳平爲護軍中尉,已令主武官選矣,故平有受金之讒。又《魏略》云:護軍之官總統諸將,主武官選,前後當此官者不能止貨賄。……此則護軍主選明矣。"按:小注所引之"歷代史籍"不詳,而明示書名者則有魚豢《魏略》、王隱《晉書》、《晉起居注》、《宋志》。至於《太平御覽·職官部·雜號將軍下·中護軍》條蓋本於《通典》,而所示歷代史籍除了《晉起居注》外,尚有郭頒《世語》與王羲之的《臨護軍教》,殆皆魏晉以降之文獻,或許護軍主武官選蓋是魏晉以降重要職權之一,故特别强調之。筆者竊疑,護軍都尉由秦官變爲東漢之幕府軍職,再變爲魏國的國官,然後隨着曹丕篡漢復變成魏晉以降之常制禁衛軍官,其間職權或應有所轉變,而《通典》等書對此卻無詳述。

筆者按:秦漢間今見最早有關護軍的記載蓋爲陳平之事。《史記·陳丞相世家》載平由項羽改投劉邦時云:

是日乃拜平爲都尉,使爲參乘,典護軍。諸將盡讙,曰:"大王一日得楚之亡卒,未知其高下,而即與同載,反使監護軍長者!"漢王聞之,愈益幸平。遂與東伐項王。……絳侯、灌嬰等咸讒陳平曰:"平雖美丈夫,如冠玉耳,其中未必有也。臣聞平居家時,盜其嫂;事魏不容,亡歸楚;歸楚不中,又亡歸漢。今日大王尊官之,令護軍。臣聞平受諸將金,金多者得善處,金少者得惡處。平,反覆亂臣也,願王察之。"漢王疑之……召讓平曰:"先生事魏不中,遂事楚而去,今又從吾游,信者固多心乎?"平曰:"臣事魏王,魏王不能用臣說,故去事項王。項王不能信人,其所任愛,非諸項即妻之昆弟,雖有奇士不能用,平乃去楚。聞漢王之能用人,故歸大王。臣躶身來,不受金無以爲資。誠臣計畫有可采者,願大王用之;使無可用者,金具在,請封輸官,得請骸骨。"漢王乃謝,厚賜,拜爲護軍中尉,盡護諸將。諸將乃不敢復言……

(高帝)與功臣剖符定封。……平辭曰:"此非臣之功也。"上曰:"吾用先生謀計,戰勝剋敵,非功而何?"……其明年,以護軍中尉從攻反者韓王信於代。卒至平

① 參《通典》卷三四,第195—196頁。按:護軍都尉本爲官,護軍等則蓋爲將軍出征時之戰時編制職,《通典·職官典》將之列爲勛官蓋誤,原因應是護軍在唐朝列屬勛官系統,以故杜佑沿之。至於曹操所置魏國之護軍、領軍,乃至魏朝建立後所改之中護軍、中領軍等,皆爲禁衛軍主帥之官,晉官志有載述,而杜佑則未予說明。

城,爲匈奴所圍,七日不得食。高帝用陳平奇計,使單于閼氏,圍以得開。高帝既出,其計祕,世莫得聞。……其後常以護軍中尉從攻陳豨及黥布。凡六出奇計,輒益邑,凡六益封。奇計或頗祕,世莫能聞也。

此記載《漢書·陳平傳》與之相同,文句較异者乃是將陳平典護軍"反使監護軍長者"改爲"使監護長者"。無論如何,現今的問題乃在漢王拜素昧平生的陳平爲都尉,使之"參乘"而又"典護軍",爲何使諸資深將領爲之鼓譟?深入究其原因,應是"參乘"與人主太近密,而陳平於軍中向無資歷反而禮遇超越諸將;禮遇既已超越矣而又使之典護軍,其權責在"監護軍長者"——監護諸軍資深將領,以故遂引起諸將之不滿而鼓譟也。是知護軍之職掌爲監護諸將。

"監護"一詞,似乎與杜佑所謂"主武官選"相關不大。按:漢代許慎《説文解字》云:"護,救視也。"即其爲字有挽救視察之義。是則"護軍"之監護諸將,其作用就是監視督察諸將以保護軍中的安全,其職掌類似近今之軍隊督察,而護軍都尉無异即是督察長,在統帥之下對諸將擁有廣義的監督權。由於劉邦經常親征而爲最高統帥,爲了表示對陳平的信任,以塞諸將之噪音,是以乾脆提升陳平爲位當九卿之護軍中尉。護軍都尉與中尉之所以能影響諸將的部署甚或獎懲升黜,原因在此,於是諸將不得不巴結之,遂有"平受諸將金,金多者得善處,金少者得惡處"的事情發生。

及至元狩四年,漢武帝命衛青、霍去病分軍出擊匈奴,大捷,封狼居胥,禪姑衍。尋乃創置大司馬位,以青爲大司馬、大將軍,去病爲大司馬、驃騎將軍,並且將護軍都尉一官移隸於大司馬。降至成帝綏和元年(前8)置三公官,大司馬去所帶將軍官,而護軍都尉之職權明確定位於"居大司馬府比司直,哀帝元壽元年(前2)更名司寇",最後在平帝朝定名爲護軍。衆所周知,司寇向掌刑罰,至於司直則隸丞相府,"秩比二千石,掌佐丞相舉不法",[①]顯示護軍都尉以軍中武官之督察監護權爲本職,及至移隸最高軍事機關後,其職乃兼及軍事檢察權,蓋由協助統帥督察武官之原來職權,擴大爲察知軍中犯罪即可主動佐府主舉不法也。由是,司直佐丞相舉不法,護軍佐大司馬舉不法,一文一武,雖非官僚體系中狹義的監察官,但卻成爲分掌監視督察文武百官之要任。由於是外朝官,所以護軍通常不擁節,護外國及蠻夷則例外。

---

① 司直參見《漢書》卷一九上《百官公卿表》相國、丞相條(第725頁)。司寇於元壽二年五月正三公官分職時置,故同書《哀帝紀》該年月條謂:"正三公官分職……正司直、司隸,造司寇職,事未定。"注引師古曰:"司直、司隸,漢舊有之,但改正其職掌。而司寇舊無,今特創置,故云造也。"(卷一一,第344頁)不知《百官公卿表》爲何謂護軍都尉早就在"元壽元年更名司寇";要之,護軍都尉雖更名司寇,仍隸屬於大司馬府。

由於護軍本職有監視督察軍旅之權責，故雖盟軍，漢廷亦得派遣護軍充使以監護之，如《漢書·常惠傳》載宣帝時，匈奴連發大兵擊烏孫，烏孫求救，於是漢大發十五萬騎由五將軍統領分道出征，而常惠別護烏孫國軍，傳云：

以惠爲校尉，持節護烏孫兵。（烏孫國主）昆彌自將翎侯以下五萬餘騎從西方入至右谷蠡庭，獲單于父行及嫂居次，名王騎將以下三萬九千人，得馬牛驢鸁橐佗五萬餘匹，羊六十餘萬頭，烏孫皆自取鹵獲。惠從吏卒十餘人隨昆彌還，未至烏孫，烏孫人盜惠印綬節。惠還，自以當誅。時漢五將皆無功，天子以惠奉使克獲，遂封惠爲長羅侯。

常惠既然帶印、綬、節"持節護烏孫兵"，故是奉使監護盟國軍隊，不屬五道漢軍軍中編制之職，也非總監。此差遣任命的方式，是最接近"持節監"或"持節督"某某軍的任命方式。由於監（含督）軍約與主帥平等，雖主帥也在被監之列，與護軍之位下於主帥不同，故"監軍"位號重於"護軍"；[①]也或許正因常惠所監護的對象爲外國元首及其國軍，因此不便以"持節監"爲名，使之與外國盟軍統帥平等也。要之監、護性質相近，而位號則前者重於後者，此可爲證。當五道皆無功而獨常惠所護之盟軍有功時，常惠遂因"奉使克獲"之功而封侯。[②] 由於頗常有此類事例，故後來漢魏以降，因監護西域諸國而置西域都護，因監護匈奴而置護匈奴中郎將，因監護氐、羌、蠻等而置護氐、羌、蠻校尉，甚至直以護軍爲名用以護雜胡——非單一之少數民族，其淵源皆本於此；[③]而且因是奉使

---

① 《史記·衛將軍驃騎列傳》載"護軍都尉公孫敖三從大將軍擊匈奴，常護軍，傅校獲王，以千五百户封敖爲合騎侯。"（見卷一一一，第2926頁；又見同書《建元以來侯者年表·合騎》條卷二〇，第1033頁），可見同是以征匈奴而立功封侯，但護軍都尉公孫敖則是在主帥之下屢從征，與常惠之"持節護烏孫兵"不同。

② 《漢書·景武昭宣元成功臣表》常惠條："以校尉光禄大夫持節將烏孫兵擊匈奴，獲名王，首虜三萬九千級，侯，二千八百五十户。"（卷一七，第669頁）至於五將，同書《五行志中之上》注引師古曰："本始三年，御史大夫田廣明爲祁連將軍，後將軍趙充國爲蒲類將軍，雲中太守田順爲武牙將軍，及渡遼將軍范明友、前將軍韓增，凡五將軍，兵十五萬騎。校尉常惠持節護烏孫兵，咸擊匈奴，是爲二十萬衆也。"（卷二七，第1393頁）

③ 護軍本以監護本國軍隊爲主，漢魏以來漸漸兼以監護西域、匈奴以至其他少數民族，是其職權推廣擴張，不過此趨勢之發展卻是由西域都護、護匈奴中郎將、護蠻夷校尉以至蠻夷護軍，位秩陸續降低，或許與所護國内外的民族地位高下或人數多少有關。要之這些官職之所以以護軍爲名，即取其具有監護之作用，甚至可能是對之軍管。嚴先生曾從地方行政制度角度專章論述諸部護軍，參前揭書第十三章；馬長壽《前秦〈鄧太尉祠碑〉和〈廣武將軍□産碑〉所見的關中部族》（收入其《碑銘所見前秦至隋初的關中部族》，北京：中華書局，1985年）則是以個案分析部族護軍管治雜胡的情況；拙著《從漢匈關係的演變略論劉淵屠各集團復國的問題——兼論其一國兩制的構想》（《東吴文史學報》第八期，1990年，第47—91頁）及《氐羌種姓文化及其與秦漢魏晉的關係》（《國立中正大學學報》第六卷第一期，1995年，第159—209頁），則對南匈奴與氐羌在漢魏時被中國監護並軍管頗有論述。

監護外國或少數民族君長,因此也以授節爲常,[1]只是史家偶爾省文而已。

護軍職典監護諸將,維護軍紀軍風,責任重要,即使東漢以降省罷護軍之官,然而卻未省卻其職,軍隊出征時仍然常於將軍幕府之内編置護軍之職,乃至在護軍專名之外,另分有中、左、右等護軍職名,[2]而皆事竟乃罷。例如大將軍竇憲出征匈奴,"以固爲中護軍,與參議",故班固有大將軍中護軍之稱。[3] 護軍對軍隊如此重要,以故漢末魏晉戰亂頻繁之時,漸漸恢復護軍爲武官,且必要時直接領兵執行軍事行動,[4]稍後又由掌領禁衛軍的中護軍或護軍將軍(按:中護軍之資深者爲護軍將軍)主武官選。蓋由於護軍行使廣義的監軍權,職權應會涉及武官風紀的考核,也就是涉及軍事人事行政,以故能影響諸將的獎懲升黜,陳"平受諸將金,金多者得善處,金少者得惡處"之另一原因亦應在此。因此,或許在漢武帝將護軍都尉移屬大司馬府之後,護軍亦逐漸在制度上兼涉軍事人事行政,以故降至魏晉遂正式"主武官選"歟。

護軍除了上述職權外,蓋亦有參預軍機、獻策計謀之權便。護軍中尉陳平屢出奇計而使漢王戰勝剋敵,班固爲大將軍中護軍參議遠征軍軍機,已見前述。第二個見於史册的護軍中尉是隨何。隨何以謁者向漢王劉邦獻策,並主動請纓,奉使前往説降黥布,使黥布舉九江兵與漢擊楚,破項羽於垓下。天下已定,漢高帝論功行賞,"乃以隨何爲護軍中尉"。[5] 除此之外,兩漢至魏晉以護軍之名參與征討、領兵作戰或監護軍隊而立功之例尚多,因與本文此處論廣義監軍權的關係不大,以故不贅。或許有人要問,陳平由

---

① 《後漢書·光武帝紀》建武六年是歲條引《漢官儀》云:"使匈奴中郎將,擁節,秩比二千石。"(卷一下,第51頁)按:使匈奴中郎將後改稱護匈奴中郎將,因是奉使往護匈奴,故擁節,此是西漢以來之制度。匈奴也學有此漢制,故其單于臣服西域諸國時,所遣監護之使亦持節。如《後漢書·班超列傳·子勇附傳》載班勇於東漢初經略西域諸國,在擊車師後部時,"捕得(其王)軍就及匈奴持節使者",可以爲證,見卷四七,第1589—1590頁。

② 《續漢書·百官一·將軍》注引《東觀書》曰:"大將軍出征,置中護軍一人。"可爲例,見《後漢書》卷二三,第3564頁。

③ 參《後漢書》卷二三《竇融列傳·憲附傳》及卷四〇下《班彪列傳·固附傳》。

④ 例如史載曹操西征馬超之亂,因有後顧之憂,乃"見官屬曰:'今當遠征,而此方未定,以爲後憂,宜得清公大德以鎮統之。'乃以宣爲左護軍,留統諸軍"。(見《三國志·徐宣傳》,卷二二,第645頁)又如,李嚴爲劉璋成都令,"建安十八年,署嚴爲護軍,拒先主於緜竹。嚴率衆降先主,先主拜嚴裨將軍。成都既定,爲犍爲太守、興業將軍。二十三年,盜賊馬秦、高勝等起事於郪,合聚部伍數萬人,到資中縣。時先主在漢中,嚴不更發兵,但率將郡士五千人討之,斬秦、勝等首。枝黨星散,悉復民籍。又越嶲夷率高定遣軍圍新道縣,嚴馳往赴救,賊皆破走。加輔漢將軍,領郡如故。章武二年(即魏文帝黄初三年),先主徵嚴詣永安宫,拜尚書令。三年,先主疾病,嚴與諸葛亮並受遺詔輔少主,以嚴爲中都護,統内外軍事,留鎮永安。"(見《三國志》本傳,卷四〇,第998—999頁)可見漢魏間戰亂之時,諸集團皆以護軍統兵執行軍事行動,或作戰或屯守矣。

⑤ 參《史記》卷九一《黥布列傳》,第2603頁。

護軍都尉遷護軍中尉有何特殊的意義？鄙意恐怕主要是官位的提高。① 至於陳平拜護軍中尉而"盡護諸將"，蓋或有總監護的性質，恐怕是漢王針對絳、灌諸將之不滿而故意對陳平加重授權。其後隨何之爲護軍中尉，則未見有此殊遇矣。

至於大軍征行作戰，漢時也偶會編置具有總監而又頗帶統帥性質之護軍將軍，如《漢書》卷五二《韓安國傳》載漢武帝元光二年漢、匈破交大戰之首役——馬邑事變——時云：

當是時，漢伏兵車騎材官三十餘萬，匿馬邑旁谷中。衛尉李廣爲驍騎將軍，太僕公孫賀爲輕車將軍，大行王恢爲將屯將軍，太中大夫李息爲材官將軍。御史大夫安國爲護軍將軍，諸將皆屬。約單于入馬邑縱兵。

其因恐與各道統兵會戰諸將，盡多秩爲比二千石以至中二千石，乃至位爲九卿之大官有關，以故需命上卿級的御史大夫韓安國爲護軍，提高其至將軍名義，使"諸將皆屬"而盡護諸軍，故同書《匈奴傳》謂是"御史大夫韓安國爲護軍將軍，護四將軍以伏單于"云。又如東漢末之夏侯淵亦是其例。《三國志・諸夏侯曹傳》載云：

（建安）十四年，以淵爲行領軍。太祖征孫權還，使淵督諸將擊廬江叛者雷緒，緒破，又行征西護軍，督徐晃擊太原賊，攻下二十餘屯，斬賊帥商曜，屠其城。從征韓遂等，戰於渭南。又督朱靈平隃麋、汧氐。與太祖會安定，降楊秋。

十七年，太祖乃還鄴，以淵行護軍將軍，督朱靈、路招等屯長安，擊破南山賊劉雄，降其衆。圍遂、（馬）超餘黨梁興於鄠，拔之，斬興，封博昌亭侯。

夏侯淵分以行征西護軍、行護軍將軍先後督軍作戰，不啻握有監護權以督軍作戰，其性質實已是該支軍隊的統帥，只因非由漢朝正拜而僅由霸府任命，以故未持節而以"行"的名義任之耳。

作爲軍中督察主管，在涉及某些監督檢察相關的權力時，護軍殆無直接行使軍事司法之權，從《漢書・胡建傳》可見其例：

胡建……孝武天漢中，守軍正丞，貧亡車馬，常步與走卒起居，所以尉薦走卒，

① 據《漢書・百官公卿表》，都尉秩一般是比二千石，護軍都尉既比司直，司直之秩即爲比二千石，可以概見。至於中尉則位九卿，屬中二千石；而帶有某些名目之中尉，如主爵中尉，則位爲二千石，故護軍中尉恐秩二千石至中二千石之間。《漢書》卷六九《趙充國傳》謂武都氐人反，車騎將軍長史趙充國"以大將軍護軍都尉將兵擊定之，還中郎將，將屯上谷，還爲水衡都尉"。按：車騎將軍長史秩千石，中郎將秩比二千石，水衡都尉秩二千石，可以參考。又按：《續漢書・輿服下・青紺綸》注引《東觀書》謂"建武元年……校尉、中郎將……中護軍、司直秩皆二千石"。（見《後漢書》卷三〇，第3675—3676頁）或許是比二千石之誤，見《後漢書》卷二三，第3675頁。

甚得其心。時監軍御史爲姦,穿北軍壘垣以爲賈區,建欲誅之,乃約其走卒曰:"我欲與公有所誅,吾言取之則取,斬之則斬。"於是當選士馬日,監御史與護軍、諸校列坐堂皇上,建從走卒趨至堂皇下拜謁,因上堂皇,走卒皆上,建指監御史曰:"取彼。"走卒前曳下堂皇。建曰:"斬之。"遂斬御史。護軍、諸校皆愕驚,不知所以。建亦已有成奏在其懷中,遂上奏曰:"臣聞軍法,立武以威衆,誅惡以禁邪。今監御史公穿軍垣以求賈利,私買賣以與士市,不立剛毅之心,勇猛之節,亡以帥先士大夫,尤失理不公。用文吏議,不至重法。黄帝李法曰:'壁壘已定,穿窬不繇路,是謂姦人,姦人者殺。'臣謹按軍法曰:'正亡屬將軍,將軍有罪以聞,二千石以下行法焉。'……臣謹以斬,昧死以聞。"制曰:"司馬法曰'國容不入軍,軍容不入國',何文吏也?……建又何疑焉?"建繇是顯名。[①]

由此傳可知,軍法與一般法律各自爲體系,軍法由軍正等軍事司法系統獨立執行,不屬於作爲主帥的將軍,所以謂"正亡屬將軍"也。除了將軍有罪必須奏聞之外,至於對其他軍中校尉等比二千石之屬,皆可得逕行執法。此次是監軍御史在軍穿垣做生意,以故軍正丞胡建於當選士馬日,監御史與護軍、諸校列坐之時,率兵執斬監軍御史,而令護軍與諸校皆愕驚而不知所以。可見軍事督察與軍事司法之職權在軍中蓋爲分開的二系統,護軍系與主帥之軍令系統關係較近密,而軍正系則相對較爲獨立,是以護軍不能直接行使軍事司法權,用以制止秩位較低的軍正丞逕行執法斬殺監軍御史也。

軍隊歷來具有封閉性之特質,所以"國容不入軍,軍容不入國",各級軍人只聽其上一級長官的軍令。爲了使軍令貫徹、軍紀落實,是以設置作爲軍事督察之護軍,使握有廣義的監軍權,協助統帥護衛軍中安全。是則其與握有狹義監軍權之監軍,究竟有何重要的差别?按:監軍是專掌監察軍隊之職,與護軍所握之權除了行使時有範圍廣、狹的不同外,二者最明顯的差异,厥是監軍乃奉使赴軍之差遣職,不屬於統帥,反而統帥也在其監察之列,而護軍則爲軍中編制的督察職,隸屬於主帥;另外,監軍與較其後起的督軍,可得授予擁節之特權,而秦漢之護軍則無——監護外國或蠻夷則例外。其詳請見下節。

---

① 《漢書·胡建傳》本段文字的解讀頗爲艱澀,請自參卷六七、第2910—2911頁之顏師古注。按:正文標點原爲"護軍諸校",今改爲"護軍、諸校",蓋護軍雖有直屬部屬,但此處之"護軍諸校",應是指點選士馬之日,群坐堂上的護軍以及校尉也,故改。又按:《漢書·百官公卿表》載廷尉職掌刑辟,其屬有正,秩千石。據前注所揭《續漢書·輿服下》注引《東觀書》,謂"諸秩千石者,其丞、尉皆秩四百石",則軍正丞可參考。至於校尉、司直、中護軍之秩皆是比二千石,而監御史原爲掌監郡之秦官,秩不載,至武帝元封五年置刺史後,官名職權遂爲秩六百石的刺史所取代。要之,此爲軍正丞以低秩官逕行法以斬監軍御史,而比二千石之護軍不敢制止之例。

三、都督制之狹義淵源：監軍與督軍

雖然將由君命，但是軍中既然“國容不入軍，軍容不入國”，一切均聽令於主帥，是則人君豈能放心？由是遂有監軍之制産生。軍隊監督者由君主所遣，以奉使之性質代表君主赴軍，故爲差遣使職，兩漢或多稱監軍爲監軍使或監軍使者，後起之督軍則較多稱爲督軍使者，至於直稱監某軍、督某軍，或加稱本官名，如監軍御史、督軍中郎將等，東漢亦頗常見。不過，監軍之制起源甚早，也不一定以御史充使。兹以司馬穰苴之監軍爲例，此也是載述監軍制諸書所常見之首例。《史記·司馬穰苴列傳》載云：

司馬穰苴者，……齊景公時，晉伐阿、甄，而燕侵河上，齊師敗績。景公患之。晏嬰乃薦田穰苴……以爲將軍，將兵扞燕晉之師。穰苴曰：“臣素卑賤，君擢之閭伍之中，加之大夫之上，士卒未附，百姓不信，人微權輕，願得君之寵臣、國之所尊以監軍，乃可。”於是景公許之，使莊賈往。穰苴既辭，與莊賈約曰：“旦日日中會於軍門。”穰苴先馳至軍，立表下漏待賈。賈素驕貴，以爲將己之軍而己爲監，不甚急……夕時，莊賈乃至。穰苴曰：“何後期爲？”賈謝曰：“不佞大夫親戚送之，故留。”穰苴曰：“將受命之日則忘其家，臨軍約束則忘其親……君寢不安席，食不甘味，百姓之命皆懸於君，何謂相送乎！”召軍正問曰：“軍法期而後至者云何？”對曰：“當斬。”莊賈懼，使人馳報景公，請救。既往，未及反，於是遂斬莊賈以徇三軍。三軍之士皆振慄。

久之，景公遣使者持節赦賈，馳入軍中。穰苴曰：“將在軍，君令有所不受。”問軍正曰：“馳三軍法何？”正曰：“當斬。”使者大懼。穰苴曰：“君之使不可殺之。”乃斬其僕，車之左駙，馬之左驂，以徇三軍。遣使者還報，然後行。……遂取所亡封内故境而引兵歸。……景公……尊爲大司馬。

按：莊賈是以君之寵臣、國之所尊而監穰苴軍，當時監軍持節之制似未成慣例，以故因犯軍法，在穰苴詢問過軍正後被斬。此與上述之監軍使犯軍法，而被軍正丞胡建所斬之事例略同，顯示先秦時監軍的權勢尚未陵越將軍。此外，穰苴不殺亦犯軍法而當斬的齊景公來使，僅斬其僕等作替代，顯示軍中似有“君之使不可殺”之例。然則監軍與使者皆爲奉使，爲何一者可殺一者不可？筆者以爲，恐怕此與奉使者當時有否持節，應有相當大的關係。持節者明顯代表人君，明顯爲“君之使”，以故若非人君下令則不可殺，而監軍則是差遣至軍中之職。上述二監軍之例皆未提及持節與否，又犯軍法，以故可得而斬歟？若是，則漢魏監軍、督軍有時書持節有時不書，則殆非全是史官之漏記或省文，而是自先秦以來即有監軍不持節的事例也。

秦時另有一例,可以窺見人君始能下令殺監軍,而監軍權位約與主帥平等。《史記·秦始皇本紀》三十五年條載坑儒之事發生,"始皇長子扶蘇諫……始皇怒,使扶蘇北監蒙恬於上郡",即是要扶蘇奉使出監蒙恬軍。兩年之後,同紀復載云:

上病益甚,乃爲璽書賜公子扶蘇曰:"與喪會咸陽而葬。"書已封,在中車府令趙高行符璽事所,未授使者。七月丙寅,始皇崩於沙丘平臺。丞相(李)斯爲上崩在外,恐諸公子及天下有變,乃祕之,不發喪。……高乃與公子胡亥、丞相斯陰謀破去始皇所封書賜公子扶蘇者,而更詐爲丞相斯受始皇遺詔沙丘,立子胡亥爲太子。更爲書賜公子扶蘇、蒙恬,數以罪,賜死。

史公於卷八七《李斯列傳》對此事有詳載,其中述及:

始皇帝至沙丘,病甚,令趙高爲書賜公子扶蘇曰:"以兵屬蒙恬,與喪會咸陽而葬。"書已封,未授使者,始皇崩。……(趙高等)更爲書賜長子扶蘇曰:"……今扶蘇與將軍蒙恬將師數十萬以屯邊,十有餘年矣,不能進而前,士卒多秏,無尺寸之功,乃反數上書直言誹謗我所爲,以不得罷歸爲太子,日夜怨望。扶蘇爲人子不孝,其賜劍以自裁! 將軍恬與扶蘇居外,不匡正,宜知其謀。爲人臣不忠,其賜死,以兵屬裨將王離。"封其書以皇帝璽,遣胡亥客奉書賜扶蘇於上郡。

使者至,發書,扶蘇泣,入内舍,欲自殺。蒙恬止扶蘇曰:"陛下居外,未立太子,使臣將三十萬衆守邊,公子爲監,此天下重任也。今一使者來,即自殺,安知其非詐? 請復請,復請而後死,未暮也。"使者數趣之。扶蘇爲人仁,謂蒙恬曰:"父而賜子死,尚安復請!"即自殺。蒙恬不肯死,使者即以屬吏,繫於陽周。

及至二世立後,遣使者至陽周,責其罪,蒙恬乃吞藥自殺。① 按:扶蘇以君之長子監軍,與莊賈以君之寵臣監軍,身份不同,但似皆未擁節;然而,始皇死前詔令扶蘇會葬咸陽,"以兵屬蒙恬",應即表示監軍不論持節與否,實際職掌皆是與主帥共同掌控所屬軍隊,也就無异分享統帥權,只是一者掌監督,一者掌統率而已,兩者即使本官高低不同,然而權位則約相當也,除非一方犯法。

監軍之例先漢已有,上述司馬穰苴率軍出征而置監軍,蒙恬領兵屯駐亦置監軍,而爲監者皆非御史。其後西漢沿用秦制,雖《史》、《漢》所載事例不多,但亦有之,如武帝征和二年江充以水衡都尉奉使治蠱禍,連及皇后、太子之事即可爲例。由於太子懼,不

① 詳《史記·蒙恬列傳》,卷八八,第2567—2570頁。

能自明，故收充斬之，《漢書・劉屈氂傳》載此事云：

戾太子爲江充所譖，殺充，發兵入丞相府，（左丞相）屈氂挺身逃，亡其印綬。是時上避暑在甘泉宫，丞相長史乘疾置以聞。上問"丞相何爲？"對曰："丞相祕之，未敢發兵。"上怒曰："事籍籍如此，何謂祕也？丞相無周公之風矣。周公不誅管蔡乎？"乃賜丞相璽書曰："捕斬反者，自有賞罰。……堅閉城門，毋令反者得出。"

太子既誅充發兵，宣言帝在甘泉病困，疑有變，姦臣欲作亂。上於是從甘泉來，幸城西建章宫，詔發三輔近縣兵，部中二千石以下，丞相兼將。太子亦遣使者撟制赦長安中都官囚徒，發武庫兵，命少傅石德及賓客張光等分將，使長安囚如侯持節發長水及宣曲胡騎，皆以裝會。侍郎莽通使長安，因追捕如侯，告胡人曰："節有詐，勿聽也。"遂斬如侯，引騎入長安……太子召監北軍使者任安發北軍兵，安受節已，閉軍門，不肯應太子。太子引兵去……逢丞相軍，合戰五日，死者數萬人，血流入溝中。丞相附兵浸多，太子軍敗，南犇覆盎城門，得出。會夜司直田仁部閉城門，坐令太子得出……及北軍使者任安，坐受太子節，懷二心，司直田仁縱太子，皆要斬。①

據褚少孫所補《史記・田叔列傳》，謂任安、田仁俱爲衛青舍人，爲武帝所賞識，"使任安護北軍，使田仁護邊田穀於河上"。按：西漢首都長安有南、北二軍，北軍掌保衛京城，南軍掌保衛宫城，任安時爲"監北軍使者"，然褚少孫之所補，先謂任安"護北軍"，中轉爲益州刺史，後稱"北軍使者護軍"。按：時無"北軍使者護軍"之職，筆者以爲應謂任安充"北軍使者"，而以此職監護北軍，未必遽謂其爲"北軍使者護軍"或"北軍護軍"也。班彪父子以補續《史記》的好事者"多鄙俗，不足以踵繼其書"，因而"斟酌前史而譏正得失"，另起爐灶撰《史記後傳》及《漢書》，②所言當較褚少孫之續書可信，因此以任安時

---

① 《漢書》此傳原標點爲"太子召監北軍使者任安發北軍兵，安受節已閉軍門，不肯應太子"，不甚可解。按：任安與司馬遷是朋友，同時被腰斬的司直田仁亦與司馬遷善，故遷爲田仁之父田叔作傳，論及仁而未論及安，更未爲安作傳。今據褚先生所補《史記・田叔列傳》云："是時任安爲北軍使者護軍，太子立車北軍南門外，召任安，與節令發兵。安拜受節，入，閉門不出。武帝聞之，以爲任安爲詳邪，不傅事，何也？任安笞辱北軍錢官小吏，小吏上書言之，以爲受太子節，言'幸與我其鮮好者'。（按《索隱》："謂太子請其鮮好之兵甲也。"）書上聞，武帝曰：'……今懷詐，有不忠之心。'下安吏，誅死。"（見卷一〇四，第2779—2783頁）因此筆者改原標點爲"安受節已，閉軍門，不肯應太子"。

② 見《後漢書・班彪列傳》，卷四〇上，第1325頁。

爲"監北軍使者"爲是,亦即是北軍之監軍使者也。[①] 不過,仍值注意的是,任安奉詔爲"監北軍使者",但似未持節,與穰苴及蒙恬之監軍頗同,蓋爲秦漢間之慣例或是史家之省文歟?

《漢書》載監軍事例較少而《後漢書》較多,殆因東漢初及末皆戰事頻繁之故。據所見事例,前引《宋書·百官志》謂"前漢遣使,始有持節。光武建武初,征討四方,始權時置督軍御史,事竟罷"之説或有商榷餘地。蓋"前漢遣使,始有持節",事例多見,不必贅。然而由於後漢初對内對外之戰争,常爲規模較大的征討野戰,與監州郡兵以事較小規模的地方平亂頗不同,爲因應事勢需要,故光武頗以差遣武官赴軍監戰爲常,差遣御史則罕見。

例如建武初,軍旅草創後,光武將自征隗囂,尋還宫,中郎將來歙等仍留關中。九年(33)隗囂死,"詔使(來歙)留屯長安,悉監護諸將",並"拜(馬)援爲太中大夫,副來歙監諸將",[②]是則來歙之監護諸將,實則是監察諸將的另一種説法,與護軍監護諸將之説法頗有同有不同。姑無論來歙如何監護諸將,要之馬援既然"副來歙監諸將",則來歙必就是正監軍。稍後,《後漢書·光武帝紀》載建武九年"八月,遣中郎將來歙監征西大將軍馮异等五將軍討隗純(隗囂子)於天水",來歙於此役自稱"使者",正顯示其的確是監軍使者,馬援爲監軍副使。同書《來歙列傳》載歙於此役被刺前後云:

> 詔歙率征西大將軍馮异、建威大將軍耿弇、虎牙大將軍蓋延、揚武將軍馬成、武威將軍劉尚入天水,擊破公孫述將田弇、趙匡。……十一年,歙與蓋延、馬成進攻公孫述將王元、環安於河池、下辨,陷之,乘勝遂進。蜀人大懼,使刺客刺歙,未殊,馳召蓋延。延見歙,因伏悲哀,不能仰視。歙叱延曰:"虎牙何敢然!今使者中刺客,無以報國,故呼巨卿,欲相屬以軍事,而反效兒女子涕泣乎!刃雖在身,不能勒兵斬公邪!"延收淚强起,受所誡。歙自書表曰:"臣夜人定後,爲何人所賊傷,中臣要害。臣不敢自惜,誠恨奉職不稱,以爲朝廷羞……"投筆抽刃而絶。

---

① 《資治通鑑》(臺北:宏業書局,1962年再版)亦稱任安爲"護北軍使者"(見漢武帝征和二年七月條,卷二二,第731頁),蓋據褚少孫所補之《史記·田叔列傳》歟?按:奉使護外國之軍殆可稱爲使者,護本國之軍稱使者則少見。褚少孫既先謂任安"護北軍",中爲益州刺史,後稱"北軍使者護軍",則"護北軍"與"北軍使者護軍"(或"北軍使者")是不同的先後二職,中間隔以益州刺史之官。司馬光似將"護北軍"與"北軍使者護軍"混爲一事矣。又,"北軍使者護軍"似應標點爲"北軍使者,護軍",即以北軍使者監護本軍。蓋刺史爲正式之監察官,監北軍使者則爲正式之監察職,與護軍仍頗有不同,故任安由護軍遷監郡刺史,復遷爲北軍監軍使,以北軍使者監護此軍,固其宜也。

② 參《後漢書·來歙列傳》(卷一五,第587頁)及《馬援列傳》(卷二四,第835—836頁)。按:馬援原爲隗囂之綏德將軍,是武官,此時投奔光武帝,拜秩比千石的太中大夫。

按：本傳又載來歙早在建武五年已以太中大夫持節奉璽書於隗囂，而此時卻是要監戰，故以比二千石的中郎將充監軍使者，“悉監護諸將”，雖不言持節與否，但因先前已持節，諸將又多爲二千石卿級將軍或上卿級大將軍，因此來歙是以低秩監高秩、以鄙官監高官也。此次正式作戰，來歙由留屯監軍改派爲征討監軍，史稱歙是“率”諸將以行，用辭遣句頗有以上臨下之意。而其被刺後，竟以監軍使者身份“召”虎牙大將軍蓋延至，“欲相屬以軍事”，又“叱”之，且言“刃雖在身，不能勒兵斬公邪”，則的確有以上臨下之權勢也，可以無疑。監軍中郎將何以有如此大的權勢？或許可先從漢代許慎之解字先行窺悉。《説文解字》云：“監，臨下也。”段玉裁注則謂視也，臨下也。是知監軍秩位雖較將軍低，實則對所監者具有監視臨下之意，以故有此權勢。再者，同書《馬武列傳》載：“顯宗（明帝）初，西羌寇隴右，覆軍殺將，朝廷患之，遂復拜武捕虜將軍，以中郎將王豐副，與監軍使者竇固、右輔都尉陳訢，將烏桓、黎陽營、三輔募士、涼州諸郡羌胡兵及弛刑，合四萬人擊之。”[①]此次作戰，由馬武以捕虜將軍掛帥，故本傳所書以其爲首，固當也；然而《顯宗紀》中元二年（57）十一月條則記此次征行，謂“遣中郎將竇固監捕虜將軍馬武等二將軍討燒當羌”，顯示較正式的官方記載是以監軍——即監軍使者——竇固爲先。蓋竇固雖爲中郎將，但隸於郎中令體系，具有内廷禁衛軍官性質，是以天子命之奉使監軍，遂有臨下之勢。來歙亦同此例。

監軍既對主帥及諸將有臨下之勢，因此也大有與主帥共同統率軍隊之權，如秦始皇死前詔令扶蘇“以兵屬蒙恬”，來歙“率”及“叱”所監將軍等行爲表現，皆足以説明監軍的確有此權勢。《後漢書·馬援列傳》載其征討五溪蠻，亦見有此類事例：

> （建武）二十四年（48），武威將軍劉尚擊武陵五溪蠻夷，深入，軍没，援因復請行……遂遣援率中郎將馬武、耿舒、劉匡、孫永等……四萬餘人征五溪……明年……三月，進營壺頭。賊乘高守隘，水疾，船不得上……耿舒與兄好畤侯弇書曰：“……伏波類西域賈胡，到一處輒止，以是失利。今果疾疫，皆如舒言。”弇得書，奏之。帝乃使虎賁中郎將梁松乘驛責問援，因代監軍。會援病卒……

同書《宋均列傳》則載云：

> 後爲謁者。會武陵蠻反，圍武威將軍劉尚，詔使均乘傳發江夏奔命三千人往救之。既至而尚已没。會伏波將軍馬援至，詔因令均監軍，與諸將俱進，賊拒阸不得前。及馬援卒於師，軍士多温溼疾病，死者太半。均慮軍遂不反，乃與諸將議曰：

① 詳該傳卷二二，第786頁。

"今道遠士病,不可以戰,欲權承制降之何如?"諸將皆伏地莫敢應。均曰:"夫忠臣出竟,有可以安國家,專之可也。"乃矯制調伏波司馬吕种守沅陵長,命种奉詔書入虜營,告以恩信,因勒兵隨其後。蠻夷震怖,即共斬其大帥而降,於是入賊營,散其衆,遣歸本郡,爲置長吏而還。均未至,先自劾矯制之罪。光武嘉其功,迎賜以金帛。

筆者按:武威將軍劉尚擊五溪蠻,因輕敵而全軍覆没,以故光武遣伏波將軍馬援率中郎將馬武等往征。因援軍遲滯,是以光武遣虎賁中郎將梁松乘驛來責問,大概當馬援病危時"因代監軍"。此之所謂"因代監軍",恐怕是指臨時代行統帥以監統其軍之意,蓋因馬援率軍至時,光武已詔"令(宋)均監軍,與諸將俱進",故不可能一軍中有兩監軍也。因此,不論梁松是代監軍也好,代統帥也好,皆應指代馬援行使統率權而監統其軍。宋均本官雖是掌理賓讚受事的六百石謁者,然於統帥死後,仍以正式監軍的身份,召集諸將商議軍事,行使監軍權,而致"諸將皆伏地莫敢應",其權勢可見一斑。[①] 由此言之,監軍與護軍性質雖相類似,但後者決無前者之地位權勢,可以知矣。

至於督軍,漢常制無此官,其初起時蓋是戰時之編制。《宋書·百官志》追溯其淵源,謂"光武建武初,征伐四方,始權時置督軍御史,事竟罷",可謂説對了一半,因爲督軍既是戰時編制,故當然"事竟罷"也;然筆者前面之所以言其説尚值商榷者,蓋因揆諸史書,似未見建武初即有征討四方時始權置督軍御史之例也。而《南齊書·百官志》謂刺史爲使持節都督或持節督,"起漢從帝(即順帝)時,御史中丞馮赦討九江賊,督揚、徐二州軍事"云云,嚴耕望先生亦以《南齊書》所載爲是,並謂馮赦即馮緄,[②]其説頗有疑處,以故竊謂可再商榷。

按:《後漢書·馮緄列傳》云:

初舉孝廉,七遷爲廣漢屬國都尉,徵拜御史中丞。順帝末,以緄持節督揚州諸郡軍事,與中郎將滕撫擊破群賊,遷隴西太守。

而同書《順帝紀》建康元年(144)八月條則云:

楊、徐盜賊范容、周生等寇掠城邑,遣御史中丞馮赦督州郡兵討之。

是則馮赦即馮緄,嚴説殆無可疑,所謂"督州郡兵"即是"督揚州諸郡軍事",恐怕《南齊

---

① 《資治通鑑》漢光武帝建武二十五年三月條有載此事(見卷四四,第1408—1413頁),但對梁松"因代監軍",宋均"監援軍"之事無考。又,虎賁中郎將領期門兵,秩比二千石,謁者掌賓讚受事,六百石,皆郎中令(即光禄勛)之屬官,見《漢書·百官公卿表》,卷一九上,第727頁。

② 詳嚴先生前揭書上册,第87—88頁。

書·百官志》所謂"督揚、徐二州軍事"有誤。又,馮緄獲督軍討賊之授權,而一書之中或載其持節或否,正可作爲省文之例。又據同書《法雄列傳》載此類事情更詳細,謂:

> (安帝)永初三年(110),海賊張伯路等三千餘人,冠赤幘,服絳衣,自稱"將軍",寇濱海九郡,殺二千石令長。初,遣侍御史龐雄督州郡兵擊之,伯路等乞降,尋復屯聚。明年(111),伯路復與平原劉文河等三百餘人稱"使者"。攻厭次城,殺長吏,轉入高唐,燒官寺,出繫囚,渠帥皆稱"將軍",共朝謁伯路……乃遣御史中丞王宗持節發幽、冀諸郡兵,合數萬人,乃徵(宛陵令法)雄爲青州刺史,與王宗并力討之。連戰破賊……會赦詔到,賊猶以軍甲未解,不敢歸降。於是王宗召刺史太守共議,皆以爲當遂擊之。雄曰:"不然。兵,凶器;戰,危事。勇不可恃,勝不可必……可且罷兵,以慰誘其心,埶必解散,然後圖之,可不戰而定也。"宗善其言,即罷兵。賊聞大喜,乃還所略人。

此是地方性動亂,事情發生較馮緄之事更早,《安帝紀》載於永初三年七月,謂"海賊張伯路等寇略緣海九郡,遣侍御史龐雄督州郡兵討破之",是則龐雄先以侍御史督州郡兵討破張伯路,只是翌年伯路復叛,聲勢更大,於是乃有命王宗以御史中丞"持節"發幽、冀諸郡兵數萬人,與青州刺史法雄并力進討之後續行動。然而,《安帝紀》永初四年正月條,又謂"遣御史中丞王宗督青州刺史法雄討破之",則省去"持節"而用"督"字。是則此次平亂,行使督戰權的先是督軍御史龐雄,後爲持節督軍御史中丞王宗,其名義皆是以督州郡兵作戰,與馮緄之督州郡軍作戰正同。是則督州郡兵即是督州郡軍,也就是督軍,若是,則不論持節督也好或不持節督也好,其制皆不起於順帝時之馮緄,甚至也可能不起於安帝時之王宗。兹試論之。

由於地方動亂常有流寇性質,動輒連及數郡乃至數州,以故所謂督州郡軍事或督州郡兵之"事竟罷"戰時編制因而肇興,以免督軍由督戰進而占據地盤,造成尾大不掉之局。按"督"之爲義,《説文解字》云:"督,察視也。"前引段玉裁注釋"監"字,亦謂視也;但監有臨下之意,而督字無此意。是則"督"字用於軍事派遣,蓋具有視察督促之意較多,然視察督促行之既久,則毋寧就如同監軍之監督也。督軍之起始雖不及監軍、護軍之早,但西漢即已有之,如《漢書·酷吏傳》載漢武帝時:

> 盜賊滋起。南陽有梅免、百政,楚有段中、杜少,齊有徐勃,燕趙之間有堅盧、范主之屬。大群至數千人,擅自號,攻城邑,取庫兵,釋死罪,縛辱郡守都尉,殺二千石……小群以百數,掠鹵鄉里者不可稱數。於是上始使御史中丞、丞相長史使督之,猶弗能禁,乃使光禄大夫范昆、諸部都尉及故九卿張德等,衣繡衣,持節虎符發

兵以興擊,斬首大部或至萬餘級。

此爲差使前往州郡督軍討捕盜賊或持節發州郡兵討捕盜賊之例。《漢書・成帝紀》永始三年(前14)十二月條載督軍使之職責更清楚云:

山陽鐵官徒蘇令等二百二十八人攻殺長吏,盜庫兵,自稱將軍,經歷郡國十九,殺東郡太守、汝南都尉。遣丞相長史、御史中丞持節督趣逐捕,汝南太守嚴訢捕斬令等。

顔師古注曰:"趣讀曰促。"[①]此更明顯是盜賊流動爲禍,竟至經歷十九個郡國之多,天子於是分遣使者前往督促州郡逐捕之,而且皆是持節前赴。此事與上條引文之事皆發生於西漢,而早於馮緄之例甚多。

及至兩漢之間,群雄與盜賊林立,[②]由是戰争頻仍。於是遂因用兵需要,光武即位後,與監軍一般,乃起用武官督軍作戰,如建武四年(28)拜將軍馬成督軍征討,《後漢書・馬成列傳》云:

拜(成)揚武將軍,督誅虜將軍劉隆、振威將軍宋登、射聲校尉王賞,發會稽、丹陽、九江、六安四郡兵擊李憲。時帝幸壽春,設壇場,祖禮遣之。進圍憲於舒……至六年春……盡平江淮地。

其後又派將軍馬援督軍遠征,《馬援列傳》載此事云:

(建武)十七年……交阯女子徵側及女弟徵貳反,攻没其郡,九真、日南、合浦蠻夷皆應之,寇略嶺外六十餘城,側自立爲王。璽書拜援伏波將軍,以扶樂侯(官中郎將)劉隆爲副,督樓船將軍段志等南擊交阯……明年正月,斬徵側、徵貳,傳首洛陽。

交阯之役亦見於《光武帝紀》建武十八年四月條,謂"遣伏波將軍馬援率樓船將軍段志等擊交阯"云云,是則將軍"督"將軍、諸校作戰之爲義,實乃等同於"率",因而督率也就頗有統率之意,即使督軍非武官充任亦然。因此,同書《張宗列傳》謂:

建武六年,都尉官省,拜太中大夫。八年,潁川桑中盜賊復起,宗將兵擊定之。後青、冀盜賊屯聚山澤,宗以謁者督諸郡兵討平之。十六年,琅邪、北海盜賊復起,宗督二郡兵討之,乃設方略,明購賞,皆悉破散。

是則張宗先以太中大夫將兵討賊,後以謁者督郡兵討賊,與後來王宗之以御史中丞督郡

① 此條及注見該紀卷十,第323—324頁。

② 此情況可概見於《後漢書・光武帝紀》更始二年正月條,卷一上,第12—18頁。

兵討賊般,皆是以非武官身份充使視察督促軍隊,而實際上行使作戰指揮權。上述史書所載諸"督"例,均有領兵作戰的軍事作爲,只是兩漢群雄之間,戰争較正式而大型,故頗以武官充督或監罷了。蓋將軍知兵,原本在制度上即爲法定統兵作戰之官;至於地方動亂,非是正式征伐野戰,以故仍沿西漢慣例而多以文臣充使。其實光武以來如此諸例,不論是以武官督軍征戰也好抑或是以文臣督兵討捕也好,性質皆與監軍使之監軍殆無大异。由於督軍原掌視察督促軍隊作戰,初對主帥諸將殆無臨下之意,至光武時以將軍任之始如同主帥,故由此可知,爲何督軍之權位高於護軍,而監軍又高於督軍,以至晉世定制,遂成爲"都督諸軍爲上,監諸軍次之,督諸軍爲下"之等級矣。

又,據《後漢書・桓帝紀》延熹三年(160)九月條載:"太山、琅邪賊勞丙等復叛,寇掠百姓,遣御史中丞趙某持節督州郡討之。"而同書《趙彦列傳》則載云:

> 趙彦者,琅邪人也……延熹三年,琅邪賊勞丙與太山賊叔孫無忌殺都尉,攻没琅邪屬縣,殘害吏民。朝廷以南陽宗資爲討寇中郎將,杖鉞將兵,督州郡合討無忌。彦爲陳孤虚之法……一戰破賊,燔燒屯塢,徐兗二州一時平夷。①

是則此御史中丞趙某即是趙彦,而此役不僅是趙彦持節督州郡討賊,而且宗資也以討寇中郎將"杖鉞將兵督州郡"合討。據此而論,蓋趙彦先以文臣持節督州郡討賊,似因戰事不理想,是以再命武官宗資杖鉞將兵督州郡實行合討。在軍中,趙彦既爲宗資陳策,因此統帥應即是宗資。另外,"節"是帝王之大器,"持節"是代表天子臨軍,殆有加重持節者威權的作用。② 然而更值得注意的是,宗資"杖鉞"將兵督州郡合討寇盜之"鉞",即是大斧,亦是帝王之大器,授予領兵出征的統帥,殆有授予專征討以行大刑的全權之意,③宗資在此役之所以作爲統帥,權力在持節督軍御史趙彦之上,即與此授權有關。又,史載"桓帝末,鮮卑、南匈奴及高句麗嗣子伯固並畔,爲寇鈔,四府舉(橋)玄爲度遼

① 見《後漢書・方術列傳・趙彦傳》,卷八二下,第 2732 頁。

② 《續漢書・輿服上・大使車》條謂"大使車,立乘,駕駟,赤帷;持節者,重導從"。(見《後漢書》志二九,第 3650 頁)同書《郡國五・交州》條注引王範《交廣春秋》,載"詔書以州邊遠,使持節,并七郡皆授鼓吹,以重威鎮"(《後漢書》志二三,第 3533 頁)。因此鄭興勸隗囂,謂"使持節官皆王者之器,非人臣所當制也"(《後漢書》興傳,卷三六,第 1219 頁),而《續漢書・百官四》載武帝初置比二千石的司隸校尉時,使"持節,掌察舉百官以下,及京師近郡犯法者",注引蔡質《漢儀》謂"職在典京師,外部諸郡,無所不糾。……入宫,開中道稱使者。每會,後到先去"(志二七,第 3613 頁),亦是爲了加重司隸校尉的威權。此皆可見擁節有加重威權的作用。

③ 《續漢書・輿服上・法駕》注引"《説文》曰:'鉞,大斧也。'《司馬法》曰:'夏執玄鉞,殷執白鉞,周杖黄鉞。'"(見《後漢書》,卷三〇,第 3649 頁)《後漢書・公孫述列傳》注引《淮南子》曰:"武王伐紂,左操黄鉞,右秉白旄而麾之,則瓦解而走。"(卷一三,第 539 頁)可見統帥杖鉞,是代表帝王用兵之大器,而用兵即是行大刑也。

將軍,假黄鉞。玄至鎮,休兵養士,然後督諸將守討擊胡虜及伯固等,皆破散退走。"[①]是則或因此戰具有大型國際戰争的性質,於是天子不僅假"鉞"於征討軍統帥,而且是假以"黄鉞"。在後來的魏晉都督制中,"假黄鉞則專戮節將",[②]其先例概已見於此時。

綜觀《後漢書》所載,名稱不論是督、督軍或督軍使者,其實就是督州郡兵(軍)、督某將軍軍之稱謂,前者多持節,是較名正言順的使,後者少持節,常爲派遣武官督戰時所任。當其派出時,史文常書爲遣使者督,或謂遣謁者督、遣侍御史督、遣御史中丞督、遣中郎將督、遣校尉督以至遣都尉督等,不一而定;而亦常與本官合銜而連稱,如督軍御史、督軍中郎將、督軍校尉等。要之督軍位秩一般皆高不過領兵之將軍或州郡二千石長官,而且也不一定是武官,因漸以具有法定監察權的御史系統官員充使爲多,以故"督軍御史"較常見。除正式作戰之時,朝廷常命法定統兵武官擔任督軍,而不常書其爲持節使者之外,平時督軍使者執行之任務,或是監督軍隊的屯駐,或是平定地方——含少數民族——之動亂,戰事都不算太大或太持久,所以常由文臣充使,並常是就近督發州郡兵執行任務,當然兵力規模也就不致太大。

史載建安十七年曹操南征孫權,表請荀彧勞軍於譙,因表留彧曰:"臣聞古之遣將,上設監督之重,下建副二之任,所以尊嚴國命,謀而鮮過者也。臣今當濟江,奉辭伐罪,宜有大使肅將王命……臣輒留彧,依以爲重。"遂以彧爲侍中、光禄大夫,持節,參丞相軍事。[③] 既然曹操已挾持天子,則其强逼獻帝命内臣持節,用參軍事之名義監督己軍,誠是絶對可能之事。然而既謂"古之遣將,上設監督之重,下建副二之任,所以尊嚴國命,謀而鮮過者也",是則副二之將居於監督之下固可無論矣,不過主將、監與督三者在軍,權位差别如何?

前謂監督軍旅之使,位秩殆皆高不過領兵之將軍,但是威權則不然。或許由馮緄督軍平揚州動亂後之事例可作考察。據《後漢書·馮緄列傳》所載:

> 馮緄……少學春秋、司馬兵法……徵拜御史中丞。順帝末,以緄持節督揚州諸郡軍事,與中郎將滕撫擊破群賊,遷隴西太守。後……遷廷尉、太常。時長沙蠻寇

① 見《後漢書·橋玄列傳》,卷五一,第1696頁。

② 《宋書·百官志》謂"假黄鉞,則總統外内諸軍矣";又謂"假黄鉞,則專戮節將,非人臣常器矣",見卷三九,第1225頁。

③ 見《三國志·荀彧傳》,卷七〇,第2290頁。按:荀彧自獻帝都許以來,一直以侍中、守尚書令參與籌劃軍國之事,表上後改爲持節、侍中、光禄大夫,參丞相軍事,職稱非監軍使或督軍使,但據曹操所言,則實際有監督之重。

益陽，屯聚積久，至延熹五年(桓帝，162)，衆轉盛，而零陵蠻賊復反應之，合二萬餘人，攻燒城郭，殺傷長吏。又武陵蠻夷悉反，寇掠江陵閑，荆州刺史劉度、南郡太守李肅並奔走荆南，皆没。於是拜緄爲車騎將軍，將兵十餘萬討之，詔策緄曰："蠻夷猾夏，久不討攝，各焚都城，蹈籍官人。州郡將吏，死職之臣，相逐奔竄，曾不反顧，可愧言也。將軍素有威猛……今非將軍，誰與修復前迹？進赴之宜，權時之策，將軍一之，出郊之事，不復内御……將軍其勉之！"

時天下飢饉，帑藏虚盡，每出征伐，常減公卿奉禄，假王侯租賦，前後所遣將帥，宦官輒陷以折耗軍資，往往抵罪。緄性烈直，不行賄賂，懼爲所中，乃上疏曰："……願請中常侍一人監軍財費。"……荆州平定。詔書賜錢一億，固讓不受。振旅還京師……監軍使者張敞承宦官旨，奏緄將傅婢二人戎服自隨，又輒於江陵刻石紀功，請下吏案理……會長沙賊復起，攻桂陽、武陵，緄以軍還盜賊復發，策免。

按：馮緄曾有持節充督軍使之經歷，及至拜爲朝廷第三號的車騎將軍，將兵十萬而爲統帥，雖説天子已特别聲言委以指戰全權，但卻仍自請於監軍使者之外，另置宦官以監軍財費，可謂畏慎已極。然而戰勝而還，作爲大軍統帥的他，最後仍因監軍使者之奏劾而受審。可見面對天子所派、具有臨下權勢的軍隊監使，連大軍統帥如馮緄者也不免爲之畏懼，是則何來事權一之、不復内御的全權委任？至於下文所述小黄門蹇碩之例，以上軍校尉充"元帥"，督司隸校尉以下以及大將軍所領屬，可見統帥在軍，威權不在監軍使及督軍使之上，反而像曹操所言，監督之重在將之上也。或曰此爲漢末情況，且涉及宦官，不過觀東漢初中郎將來歙監征西大將軍馮异等五將軍軍時之威勢，是知統帥之"上設監督之重"，的確是由來有自也。

又，《後漢書·皇甫規列傳》載桓帝延熹四年，命中郎將皇甫規持節監關西兵出討叛羌云：

延熹四年秋，叛羌零吾等與先零别種寇鈔關中……三公舉規爲中郎將，持節監關西兵，討零吾等，破之，斬首八百級。先零諸種羌慕規威信，相勸降者十餘萬。明年，規因發其騎共討隴右……涼州復通。先是安定太守孫儁受取狼籍，屬國都尉李翕、督軍御史張稟多殺降羌，涼州刺史郭閎、漢陽太守趙熹並老弱不堪任職，而皆倚恃權貴，不遵法度。規到州界，悉條奏其罪，或免或誅。

皇甫規持節監關西兵出討諸羌，使涼州復通。及至來到州界，悉條奏督軍御史張稟、涼州刺史郭閎等官員之罪，使之或免或誅。此例顯示即使並在軍中，不但統帥之"上設監督之重",而且監使之威權又重於督使也。這正是魏晉都督制監州諸軍事權位在督州諸軍事之上的淵源。

四、靈、獻之際軍隊監督制度的變化與督軍及督將

東漢順帝差遣馮緄督軍之後,督軍制之變化尚有若干事例值得注意。

桓帝之後是靈帝,諸葛亮《出師表》所謂"親小人,遠賢臣,此後漢所以傾頹也。先帝在時,每與臣論此事,未嘗不歎息痛恨於桓、靈也"。親小人遠賢臣而導致後漢傾頹,從靈帝晚年黄巾大起後,而竟任命宦官督軍之事例,可以窺見一斑。按:中平元年(184)二月張角起事,約三十餘萬人,十餘年閑,自青、徐、幽、冀、荆、楊、兗、豫八州之人,莫不畢應,顯然與以前州郡動亂之規模大不相同。[①] 當時,靈帝以外戚何進爲大將軍,率左右羽林、五營士屯都亭,以鎮京師。復起大壇,列步兵、騎士數萬人,結營爲陳。天子親出臨軍,躬擐甲介馬,稱"無上將軍",行陳三匝而還,詔使進悉領兵屯於觀下,[②]時勢可謂緊張之極;不過《後漢書·何進列傳》卻載云:

> 是時置西園八校尉,以小黄門蹇碩爲上軍校尉,虎賁中郎將袁紹爲中軍校尉,屯騎都尉鮑鴻爲下軍校尉,議郎曹操爲典軍校尉,趙融爲助軍校尉,淳于瓊爲佐軍校尉,又有左右校尉。帝以蹇碩壯健而有武略,特親任之,以爲元帥,督司隸校尉以下,雖大將軍亦領屬焉。

西園八校是禁軍,司隸校尉所屬是首都治安部隊,大將軍當時統有部分禁軍以及首都衛戍部隊,由此可見,此時中央一切軍隊,均隸屬於擁有督軍權之上軍校尉小黄門蹇碩,以故受命充"督"之宦官蹇碩,即是以督軍校尉成爲首都諸軍的"元帥"——在魏晉軍事體制上,禁軍是中(内)軍,衛軍是外軍,魏晉以降中央置有"都督中外諸軍事"一職,[③]此則爲其濫觴。爲此,稍後大將軍何進不得不召董卓兵團入京,欲以兵變方式盡誅宦官,卻遭實際掌握統帥權之督軍宦官反兵變,導致董卓廢立天子,使後漢爲之傾頹。據此可

① 詳《後漢書·孝靈帝紀》中平元年二月條并注及同書卷七一《皇甫嵩列傳》。

② 此事《靈紀》繫於中平五年(188)十月甲子,軍事部署與天子閲兵則詳於《後漢書·何進列傳》,卷六九,第2246—2247頁。

③ 中、外軍之分別有多説,筆者從軍制學觀察,認爲以禁、衛二軍作解釋爲宜,請詳前揭《從督軍制、都督制的發展論西魏北周之統帥權》拙文。有關中央都督制之討論,較著者爲何兹全的《魏晉的中軍》(《史語所集刊》17,民國37年),與祝總斌的《都督中外諸軍事及其性質、作用》(收入北京大學中國中古史研究中心編《紀念陳寅恪先生誕辰百年學術論文集》,北京大學出版社,1982年),主要討論中軍組成、功能,以及中、外軍之别等問題。後者更稱西晉以降都督中外諸軍事虚銜化、榮譽銜化,以致至隋消失云云,所論非從軍制學觀察,且有過推之嫌,筆者不能苟同。

知,督軍以文臣充使討賊,原是沿襲西漢以來的慣例;但在征討作戰時,則頗改以將軍或中郎將任之,因此之故,當漢末國家已進入緊急狀態之時,靈帝竟以秩比四百石之小黄門蹇碩督軍爲元帥,是則實爲异數矣。

不但中央兒戲如此,當此之時,史載官爲太常的宗室劉焉,見"靈帝政化衰缺,四方兵寇,焉以爲刺史威輕,既不能禁,且用非其人,輒增暴亂,乃建議改置牧伯,鎮安方夏,清選重臣,以居其任。焉乃陰求爲交阯,以避時難"。於是"出焉爲監軍使者,領益州牧,太僕黄琬爲豫州牧,宗正劉虞爲幽州牧,皆以本秩居職。州任之重,自此而始"。及至獻帝興平元年(194),劉焉病卒,州吏立其子劉璋爲刺史,詔書因而以璋繼爲"監軍使者,領益州牧"。① 此處宜注意的是,假如董卓兵團之崛起代表了漢朝軍隊的私人部曲化,則劉焉父子類似世襲的相繼以監軍使者領益州牧,使監軍權與地方行政權合一,則是代表了全權掌控地方的制度已開始興起。稍後,建安二年(197),獻帝遣將作大匠孔融持節拜冀州牧袁紹爲"大將軍,錫弓矢節鉞,虎賁百人,兼督冀、青、幽、并四州",使管治四州之地、數十萬衆。② 抑且代表了原本已擁有監軍權而逐漸干預統率權的監使督使,至此又與地方行政長官相兼,並且是以天子名義任命之,是則朝廷自中央至地方名實俱失,斯則後漢傾頽之勢已不可扶救。難怪建安十五年丞相曹操下《求賢令》,大言"設使國家無有孤,不知當幾人稱帝,幾人稱王"矣!③

由上所論可知,魏晉都督制中之戰時征討都督制——濫觴於西漢之遣使督州郡兵討賊,其以督某將軍軍之名義督軍征伐者,則至遲在兩漢之間已見萌起,而固定督某州諸軍事之軍區督軍制,則約在靈、獻二帝之間乃見雛型。總而言之,征討都督制濫觴於西漢,軍區都督制則約成於東漢靈、獻之間,均非如《南齊書·百官志》所説般"起漢從帝時,御史中丞馮赦討九江賊,督揚、徐二州軍事"也,④只是充任督軍者均未以"都督"一名作爲大號而已。至於以"監"爲名之征討監軍與軍區監軍,其制的發展情況約略相同,只是征討監軍較常見耳。

---

① 引文見《後漢書·劉焉列傳》,卷七五,第2432—2433頁。《三國志·劉二牧傳》略同,見卷三一,第865頁。

② 見《後漢書·袁紹列傳》,卷七四上,第2389—2390頁。

③ 見《三國志·武帝紀》是年注引《魏武故事》所載十二月己亥令,卷一,第33頁。

④ 順帝建康元年持節、督揚州諸郡軍事之馮緄應只是事畢則撤的征討統帥,助其平亂的中郎將滕撫,於翌年(冲帝永嘉元年,145)又以九江都尉"助馮緄合州郡兵數萬人共討"群賊,尋於遷拜"中郎將,督揚徐二州事"後,復又進擊張嬰,悉平東南而還,遷爲左馮翊。按:馮緄此時不知是否已改調去職,但其所帶是持節督軍職銜甚明,而滕撫則是以中郎將督揚徐二州事繼續進討餘寇,似仍是征討之督而非軍區督,由於緄、撫二傳均記述不詳,故暫不視其二人爲魏晉軍區都督制之先例。

再者,獻帝遣使拜袁紹爲大將軍兼督四州,是當時割據群雄之最强大者。實則袁紹崛起之初領冀州牧時,即已引沮授爲别駕,尋"表授爲奮武將軍,使監護諸將"。按:袁紹軍中另置有護軍,以故此之所謂"監護諸將",即是監軍,故建安五年(200)官渡之戰前,沮授與袁紹軍府僚屬争議應采之戰略時,郭圖等批評沮授之策保守,謂"監軍之計,在於持牢,而非見時知幾之變也"。並且,史載"圖等因是譖沮授曰:'授監統内外,威震三軍,若其浸盛,何以制之!……且御衆於外,不宜知内。'紹乃分授所統爲三都督,使授及郭圖、淳于瓊各典一軍"云。[1] 就此而論,軍閥割據之時代,軍權被作爲統帥的軍閥所牢牢掌握,監軍、督軍僅是爲其監統軍隊而已,幾乎皆非天子所正授,以故多不擁節;然其威權地位以及在軍中之事任,則殆與兩漢以來的情況相比變化不大,故郭圖等謂監軍沮授監護諸將,監統内外,御衆於外,威震三軍是也,而督軍之權勢則僅略遜耳。至於袁軍此時所置之三都督,究其實質殆爲督軍之另名,與始見於董卓軍系作爲戰鬥單位主官的都督不同。由於此職名關係漢晉之間都督大帥化的變化發展,故宜先考其初起時之地位職掌。

按:"督"之爲義有察視之意,用於軍旅意即差遣至軍視察軍隊並督之作戰,因而其基本職權就是視察督戰權。東漢差遣督軍使較西漢常見,且由視察部隊而漸干預指揮權,即使非武官任之亦頗然,此蓋因監督之重在於主將之上故也。及至靈、獻之際,督軍之身份職權遂因上述的演變,而發生兩種分化趨勢:即軍區大帥化以及戰鬥職稱化。前者指變爲大帥級——督某州諸軍事或都督某州諸軍事——軍區司令,後者則主要是指分化爲軍隊基層單位的各種督將。

先論後者,據《三國志·武帝紀》建安五年十月曹操襲擊袁紹軍糧所在之烏巢時,裴注引《曹瞞傳》,謂"大破之,盡燔其粮穀寶貨,斬督將眭元進等,割得將軍淳于仲簡鼻"云。[2] 所謂"將軍淳于仲簡",即是前西園八校之一、後爲袁紹三都督之一的淳于瓊,可見袁軍野戰體系之中,督將與都督不同,而督將地位遜於都督。曹軍與此略不同,如龐悳拜立義將軍,率所領與曹仁戰關羽於樊,會霖雨十餘日,漢水暴溢,羽乘船攻之,悳謂督將成何曰:"吾聞良將不怯死以苟免,烈士不毁節以求生,今日,我死日也!"戰益怒,氣愈壯,因船覆水中而爲關羽所得。是役曹仁以假節、征南將軍爲統帥,[3]顯示立義

① 參《後漢書·袁紹列傳》,卷七四上,第2378—2379、2390—2391頁。《三國志·袁紹傳》略同。

② 《後漢書·袁紹列傳》注亦引此書,但不及《武帝紀》注所引詳,見卷七四上,第2401頁。

③ 龐悳事參《三國志·龐悳傳》,卷一八,第546頁。曹仁官職則見同書本傳。其實此役關羽所部亦見有都督,見《三國志·吴主權傳》建安二十四年條,卷四七,第1121頁;及同書《潘璋傳》,卷五五,第1299頁。

將軍龐悳應是其所部,即是其手下督軍之一,而悳之手下則置有地位更低的戰鬥督將。可見袁紹的戰時野戰編制爲主帥—都督—督將—戰兵;而曹軍則爲主帥—督軍—督將—戰兵。都督在野戰編制中,身份地位至此尚未有一致的規劃;但都督一職決非大帥之職則可知。尤其"督將"一名之漸見,代表了基層野戰軍官分化爲督將、騎督、都督等等軍職之發展趨勢。

靈、獻以後,"督將"爲上述基層野戰軍官分化後的統稱,而其中之"都督"則殆爲督將中之專稱,董卓軍系載之最清楚,反而最早載於史書的公孫瓚恐不可靠。

按:"都督"一名表面上似始見於公孫瓚,但深究其實則不然。既事涉魏晉都督制的初始,以故宜略爲考證。《三國志・公孫瓚傳》載云:

> 公孫瓚……以孝廉爲郎,除遼東屬國長史……遷爲涿令。光和(靈帝,178—183)中,涼州賊起,發幽州突騎三千人,假瓚都督行事傳,使將之。軍到薊中,漁陽張純誘遼西烏丸丘力居等叛,劫略薊中……瓚將所領,追討純等有功,遷騎都尉。

然而《後漢書・公孫瓚列傳》所載參戰事頗與《三國志・公孫瓚傳》不同,而謂:

> 舉孝廉,除遼東屬國長史……中平(靈帝,184—189)中,以瓚督烏桓突騎,車騎將軍張溫討涼州賊。會烏桓反畔,與賊張純等攻擊薊中,瓚率所領追討純等有功,遷騎都尉。

根據《後漢書・公孫瓚列傳》校勘記,則謂"'突騎'下疑有奪字,或是'從'字,或是'屬'字"云。姑無論奪去何字,要之此傳與《三國志・公孫瓚傳》所記時間以及隨誰作戰等,均互有出入。

據《後漢書・靈帝紀》載,張溫爲車騎將軍事在中平二年八月,翌年二月即去任而爲太尉,是則公孫瓚率突騎三千人隸張溫往討涼州賊,只能判定發生於此時段,故同書《張霸列傳・玄附傳》謂"中平二年,溫以車騎將軍出征涼州賊邊章等",是也。①

又據《靈帝紀》,涼州賊邊章於中平元年十一月從湟中義從胡北宮伯玉與先零羌叛,②是則翌年遂命車騎將軍張溫前往討之,而公孫瓚率突騎三千人屬之,則所率之幽

① 見《後漢書》,卷三六,第1244頁。

② 《後漢書・蓋勛列傳》亦載謂"中平元年,北地羌胡與邊章寇亂隴右",見卷五八,第1880頁。

州突騎也就應就是烏桓突騎。[①]

由於《三國志·公孫瓚傳》將涼州賊起事提前繫於光和中,時間上不合,又失載瓚督騎從張温往征之事,且謂"假瓚都督行事傳,使將之"一句不僅職稱不明,且語意欠通,[②]而陳壽頗有將魏晉後來既定職稱與漢末尚在變化時之職稱相混淆之例,是以陳壽此處所述可信度較低;相對揆諸史書,中平二年以前尚未見有"都督"之名,而派督軍指揮作戰則是東漢常見之事,且其職位通常低於太守,以故《後漢書·公孫瓚列傳》所載較符慣例,較爲可信。因此,靈帝末年征討軍系統已置有都督之職可以置疑,而最早之例約見於靈帝崩後董卓的軍中則爲可能。

靈帝崩(中平六年,189)後,董卓廢弒少帝,立獻帝,引起"山東義師"群起討伐,卓乃挾帝西遷長安(初平元年,190),全國自此陷入群雄割據戰爭之中。戰爭既頻,於是戰鬥單位"督將"之名遂在軍中漸漸普及,而"都督"一名亦連帶出現。兹試論之。

董卓挾帝西遷,當時長沙太守孫堅率郡兵進屯陽人。卓"以東郡太守胡軫爲大督,吕布爲騎督"前戰。[③] 嗣因布與軫不相能,軍中自驚恐,士卒散亂,堅追擊之,軫、布敗走。《三國志·孫破虜討逆傳》注引《英雄記》對此役載謂:

> 陳郡太守胡軫爲大督護,吕布爲騎督,其餘步騎將校都督者甚衆。軫……性急,預宣言"今此行也,要當斬一青綬,乃整齊耳"。諸將聞而惡之……欲賊敗其事……軍衆擾亂奔走……軫等不能攻而還。[④]

大督護之職前所未見,三國亦無有,故筆者以爲,胡軫是以太守而爲"大督",[⑤]吕布爲

---

① 《三國志·公孫瓚傳》失載瓚督騎從張温西征之事。又,兩漢之間幽州烏桓突騎即相當有名,爲光武所用(詳《後漢書》卷八《吴漢列傳》)。烏桓突騎或作烏丸突騎,魏晉世一直爲善戰之名騎,屢爲北方割據者所用,如《三國志·牽招傳》載謂"冀州牧袁紹辟(招)爲督軍從事,兼領烏丸突騎"(卷二六,第730頁)。而《後漢書·應奉列傳·劭附傳》載"中平二年,漢陽賊邊章、韓遂與羌胡爲寇,東侵三輔,時遣車騎將軍皇甫嵩西討之。嵩請發烏桓三千人"(卷四八,第1609頁),可以參考。筆者按:據《靈帝紀》,中平二年三月先遣左車騎將軍皇甫嵩西征,不尅,同年八月乃以司空張温爲車騎將軍往討。因此,瓚督烏桓突騎隸屬張温往討,殆在中平二年八月以後。其後瓚與袁紹交戰,烏桓助紹擊瓚,破滅之;赤壁之戰後曹操平河北,破烏桓,"悉徙其族居中國,帥從其侯王大人種衆與征伐。由是三郡烏丸爲天下名騎"云(見《三國志·烏丸鮮卑東夷傳》卷三〇,第835頁)。

② 鄙意應將"假瓚都督行事傳使將之"標點爲"假瓚都督行事,傳使將之"爲宜。因爲若從字面作解釋,本句蓋指朝廷征發三千突騎,而假公孫瓚以都督,使行督率之事,傳使將之也。

③ 事詳《後漢書·董卓列傳》注所引《九州春秋》卷七二,第2328—2329頁。

④ 見《三國志·孫破虜討逆傳》注,卷四六,第1098頁。按:胡軫爲大督護殆非,理見正文。又,孫軍知董軍有大督之編制,故其後亦有此編制,如吕蒙爲大督督軍襲關羽而取荆州即是其顯例;後來劉備也仿之,親征報仇時,任馮習爲大督。有關此事容另文發表,於此不贅。

⑤ 《通鑑》漢獻帝初平二年(191)二月條僅謂"胡軫督步騎五千擊之,以吕布爲騎督",見卷六〇,第1919頁。按:應以前注所引《九州春秋》爲是。

“騎督”，是此二名的初見。所以稱“大督”者，恐因此役“吕布爲騎督，其餘步騎將校都督者甚衆”，而以“大督”作爲主帥之故也。“大督”所統既多督將，以故稱大——亦即卓軍此役的野戰編制爲“大督—督將（都督）—戰兵”是也。據《後漢書》與《三國志》卓傳，卓軍中盡多中郎將及校尉，吕布即是其中郎將之一，皆爲漢制之正式官名，是則此之“大督”、“騎督”以至“都督”，皆應是由董卓臨時指令麾下此類將校充任之，用以各率所部赴戰的戰時編制，可以明矣。“大督”既由二千石太守充任，則其下諸督及都督，位秩恐皆不能超過之。位秩既輕則容易除授，是以步騎將校充任都督者甚衆，可以想知也。陽人之役，孫堅“大破卓軍，梟其都督華雄等”，[①]顯示卓軍胡軫部的確都督甚衆，然而只是野戰系統戰鬥單位將校之任，而非大帥級主將。

不僅權臣如董卓之自行指派都督或督，即使討卓的山東群雄，多無盟主袁紹般之位秩與聲勢，己身充其量不過只是將軍刺守而已，不便也很難動輒向已被董卓挾持的獻帝表請其屬下爲將充使，因而率多從權，擅自命將，所在有例。除了袁紹軍隊前已略敍之外，例如吕布叛殺董卓之後，被遷爲“奮武將軍、假節、儀同三司”，尋爲卓部反攻所敗，逃至關東，依違於群雄勢力之間，爲平東將軍，兵力僅數千人；然而布軍有一支勁旅，屢敗群雄。《三國志·吕布傳》注引《英雄記》載云：

> 建安元年（196）六月夜半時，布將河内郝萌反，將兵入布所治下邳府，詣廳事閤外，同聲大呼攻閤，閤堅不得入。布不知反者爲誰，直牽婦，科頭袒衣，相將從溷上排壁出，詣都督高順營，直排順門入。順問：“將軍有所隱不？”布言“河内兒聲”。順言“此郝萌也”。順即嚴兵入府，弓弩並射萌衆……順斫萌首……送詣布。[②]

按：都督高順營即布軍之“陷陣營”，同傳裴注復引《英雄記》曰：

> 順……所將七百餘兵，號爲千人，鎧甲鬭具皆精練齊整，每所攻擊無不破者，名爲陷陳營。順每諫布……布知其忠，然不能用。布從郝萌反後，更疏順。以魏續有外内之親，悉奪順所將兵以與續。及當攻戰，故令順將續所領兵，順亦終無恨意。[③]

是則作爲平東將軍的吕布，兵力也不過數千人罷了，因此麾下之都督所督僅七百餘兵。“都督”高順，《後漢書》布傳稱之爲“督將”，是爲“都督”即“督將”專門職稱之一證，且已有正式職稱化的傾向。要之，觀高順所爲所事，知布軍“陷陣營”的戰鬥單位主官職稱爲都督，所將僅七百餘兵，其事甚明。

---

① 見《三國志》卓傳，第1096頁。

② 見該傳裴注，卷七，第223—224頁。

③ 見該傳裴注，第227頁。《後漢書·吕布列傳》注引《英雄記》同而略簡，見卷七五，第2450頁。

吕布軍系出董卓軍,故其軍中編有都督等督將不足奇,至於作爲山東群雄之一而相繼統部的孫堅、孫策父子,所部亦有都督乃至大都督之編制。

如《三國志·吕範傳》謂孫策"增範兵二千,騎五十匹。後領宛陵令,討破丹楊賊,還吴,遷都督",孫策稱之爲"小職"。① 策死於建安五年(200)官渡之戰時,弟權嗣位,所部即有大都督之編制。如史載權弟孫翊爲丹楊太守,禮致故孝廉嬀覽與戴員,以"覽爲大都督督兵",②皆是其例。要之孫軍早期的大都督地位尚處於太守之下,都督則約高於縣令而已,是否仿自董卓軍系之編制則不得而知。至於約略同時之袁軍編有基層戰鬥單位督將,曹軍頗亦如是,顯示此類"督將"在群雄軍中已漸普置,只是因其位階低而戰功不著,群雄存活又多不長久,又或群雄初起時因兵力薄弱而不置,以故其基層戰鬥單位督將遂名不見於史傳耳。

至此,似應回過頭來看公孫瓚率突騎三千人之事,以探究如此類事例者竟是何體制何地位。

據兩書瓚傳,公孫瓚之率突騎三千人隸車騎將軍張温軍出征涼州賊,有幾個要點應注意:第一,公孫瓚不是征討軍統帥,而是統帥轄下一支軍隊之主帥;第二,似不是督軍使,以故未持節;第三,似不是僅領數百乃至上千部隊的戰鬥督將;第四,是以位於太守之下的遼東屬國長史,臨時配屬統帥張温以赴戰之領軍主帥。按:東漢以來,持節督諸將軍軍或持節督州郡兵者一般位階多在將軍、太守之下,雖然公孫瓚上述之第四點頗符位在將軍、太守之下——監察者位於被監察者之下——的原則,但其餘諸點皆不盡然,因此顯示公孫瓚應是統帥麾下督軍之一,但非持節之督軍使;此種領數千人作戰的督軍,如果獨立作戰則就是戰役主帥,即使降至建安中後期亦然。揆諸《三國志》卷一七所敍于禁、張遼、徐晃諸將,其實皆與瓚例頗爲相同,只是彼等督軍時已因戰功遷爲雜號將軍而已。如該卷敍于禁,曹操拜禁爲虎威將軍,嗣因常恨朱靈,以禁有威重,遣禁齎令書徑詣靈營奪其軍,乃以靈爲禁部下督,其後于禁及其所督七軍於樊因被水所淹而降於關羽,已是衆所周知之事。此是于禁爲督軍主帥,手下置有督將之例。另一例如張遼,逍遥津之捷後拜征東將軍,曹操巡行其戰處,歎息良久,乃增遼兵,多留諸軍,徙屯居巢。其後魏文帝給遼母輿車及兵馬送詣遼屯合肥,並敕遼母至,導從出迎,遼所督諸軍將吏皆羅拜道側,觀者榮之云。復如徐晃,從征張魯,遷平寇將軍,留與夏侯淵拒劉備於陽

① 見《三國志·吕範傳》及注引《江表傳》,卷五六,第1309—1310頁。

② 見《三國志·吕範傳》及注引《吴歷》,卷五一,第1214—1215頁。

平,後復遣晃助曹仁討關羽。晃所將多新卒,難與羽爭鋒,曹操前後遣殷署、朱蓋等凡十二營詣晃,亦即是皆配屬於晃之督部也。此諸將皆未見有領太守之記載,不如夏侯惇、夏侯淵、曹仁諸將般領太守,或許表示其雜號將軍尚未高到可以領郡之任,或是曹操僅欲單純委之以督軍屯守作戰之任而已;不過,他們殆皆是督軍,並皆可以獨立作戰而爲主帥,轄下置有若干督將。由此足以反映漢末喪亂之時,諸軍閥在無天子以遣使持節名義之授權下,各命手下將校出督軍隊,以實行征討野戰的戰時體制也。

此征討野戰體制之督軍,若移用於任之以方面、責之以守土——亦即負責區域防禦,即爲軍區都督制之濫觴。以下舉袁軍之變化以概此制早期的主流發展。

群雄之中,最早發展出魏晉都督常制形式的厥爲袁紹軍隊。蓋獻帝初平元年(190)山東義師起,群雄推袁紹爲盟主,翌年袁紹爲冀州牧後,乃表別駕沮授爲奮武將軍,使監護諸將,因是袁紹"表請",以故沮授並非持節監軍使,只是軍閥之監軍而已。及至初平四年,行奮武將軍、領兗州牧的曹操爲報父仇而攻徐州牧陶謙,史載:

> 初,清河朱靈爲袁紹將。太祖(曹操)之征陶謙,紹使靈督三營助太祖,戰有功。紹所遣諸將各罷歸,靈曰:"靈觀人多矣,無若曹公者,此乃真明主也。今已遇,復何之?"遂留不去。所將士卒慕之,皆隨靈留。①

是則朱靈所督諸營野戰軍,除本營之外,所督別營並不隨靈留下。假如將之與此時呂布所屬的陷陣營比較,陷陣營主官是都督——也就是督將——高順,則朱靈所督三營每營殆皆編有督將,而朱靈本人則是袁軍之督軍,只是因非天子所遣,以故也非持節督使,而只是軍閥之督軍。此類由漢末軍閥派出之不擁節"監軍"、"督軍",《三國志》紀傳所在多見,至於曹操集團稍後頗有擁節者,則是因其已挾天子之故。

降至獻帝拜袁紹爲大將軍兼督四州之地,有衆數十萬,統督如此龐大的軍隊以及如此廣大的地盤,正是袁紹可以實行整編其組織的本錢,故降至建安五年(200),袁紹選擇精卒十萬、騎萬匹將攻曹操,乃分監軍沮授所統爲三都督,命授及郭圖、淳于瓊各典一軍。由是言之,儘管三都督未必是平均分配沮授的兵力,又容或另有其他將領如顔良、文醜、張郃、高覽等亦受分配,要之每一都督所統兵力亦應不少,殆皆在萬人以上纔是。是則此時袁軍之中,三都督各典一軍無疑就是三個戰役單位的督軍,與董卓、吕布、孫策等軍將之作爲戰鬥單位督將不同,以故乃有"紹遣車運穀,使淳于瓊等五人將兵萬餘人

① 此事附見於《三國志·徐晃傳》,卷一七,第530頁。

送之”,遂發生都督淳于瓊及其所督諸督將、騎督均被曹操襲殺之事。[①] 由此可以判斷,此時袁軍之都督,在軍制意義上已出現大帥化之傾向。從喪亂之世户口大損的情况看,統兵萬人實在已算是大軍,於其下再編置若干戰鬥督將與騎督殆爲可能之事,是則在袁軍野戰系統“都督—督將—戰兵”之編制下,都督顯然權位並不低,至少比董軍、吕軍以及孫軍中都督之權位高許多,難怪去年袁紹任長子譚出爲青州都督。《三國志·袁紹傳》注引《九州春秋》載其事云:[②]

> 紹曰:“孤欲令四兒各據一州,以觀其能。”授出曰:“禍其始此乎!”譚始至青州,爲都督,未爲刺史,後太祖(曹操)拜爲刺史。

袁紹出袁譚任職都督,正顯示都督權位不低,已頗有大帥化之傾向;不僅此也,抑且兼有軍區化之趨勢,只不過低於紹之“督冀、青、幽、并四州”,並不兼治部民而已。袁譚此例,蓋爲魏晉軍區都督制都督掌兵、刺史治民,偶例之外常不相兼之先河,[③]而也是都督若干州管下置有一州督或一州都督的制度張本。

總之,官渡之戰前,袁軍軍區系統已出現都督一職,與野戰系統都督一般,均有大帥化之傾向。而且,袁軍“都督—督將”之編制,頗暗合“戰役—戰鬥”以及“戰略—戰術”軍事體系建立的原理,[④]蓋爲前所未有的編制,是東漢督軍制過渡至魏晉都督制之一變。袁紹野戰軍的“都督—督將”編制承自董軍的“大督—督將”編制,而其以督或都督作爲軍區主帥之職名則應與曹軍的發展有關,故需論曹軍之崛起與再發展。

五、建安、黄初間曹軍體制變化:大帥級都督制之成立

何進等謀誅董卓失敗後,曹操間行東歸,散家財合義兵,有衆五千人。[⑤] 及至初平三年(192)領兖州牧,追破黄巾,受降卒三十餘萬,收其精鋭者號爲青州兵,兵力始大。建安元年(196),曹操迎天子都許,拜司空、行車騎將軍,勢力漸固,然後乃有建安五年敗袁紹於官渡之事。

---

① 見《三國志·武帝紀》建安五年十月條及注引《曹瞞傳》卷一,第21頁。按:《三國志·張郃傳》載:“紹遣將淳于瓊等督運屯烏巢,太祖自將急擊之。”(卷一七,第525頁)此處之“督”字應作動詞用,因淳于瓊已爲都督故也。

② 見《三國志·袁紹傳》及注,卷六,第195—196頁。按:此事發生在建安四年紹破公孫瓚之後,故筆者曰去年,翌年始有分監軍爲三都督,使授等各典一軍之事。

③ 自晉惠帝末以後,都督必領治所之刺史。詳參嚴先生前揭書,第88—89頁。

④ 若單就袁軍都督統兵萬人以上而言,漢魏間固已是大將之任,即使至建安末曹軍名將如于禁、張遼等,所統兵力亦不過數千人而已。作爲野戰大軍統帥,或許無權參與軍事戰略、國家戰略乃至大戰略層次的策劃,但對野戰(戰場)戰略以及主持戰役,肯定有決定支配之權力。

⑤ 見《三國志·武帝紀》及注引《世語》,卷一,第5—6頁。

從曹操崛起之初以至其終,部下均置有督將,或因位低權微,以故史傳記之者甚少。如興平元年(194)曹操率軍攻徐州牧陶謙時,會張邈、陳宫以兗州反,潛迎吕布,操留守兵少,"而督將大吏多與邈、宫通謀"云云。[①] 又如前述建安二十四年(219),立義將軍龐悳與關羽作戰時手下有督將成何,皆是其例。至於兵種兵科如袁軍之騎督、督糧等類督將,乃至較高級之督軍,曹軍亦有編制。如征陶謙時,"(曹)仁常督騎,爲軍前鋒";建安元年,曹操迎天子都許,"仁數有功,拜廣陽太守。太祖器其勇略,不使之郡,以議郎督騎。"[②]此爲曹軍見有騎督之始。其後的"虎豹騎",初由曹純所督,史謂"純所督虎豹騎,皆天下驍鋭,或從百人將補之,太祖難其帥。純以選爲督,撫循甚得人心"云。[③] 由是觀之,此時的督騎與督虎豹騎所領兵力均應不太多,其所督也應是戰鬥單位,故爲戰鬥單位的督將而已。但是,虎豹騎除了從征之外,尚兼負宿衛責任,[④]又因曹操經常親征,平時如戰時,故常置督以督之,並使之具有野戰兵與宿衛兵的雙重性質,是以爲曹軍特别建制的兵種。至於建安元年曹操已挾天子而爲司空後,海西、淮浦二縣民作亂,曹操乃"遣督軍扈質來討賊,以兵少不進";官渡之戰時,夏侯淵以潁川太守"行督軍校尉。紹破,使督兗、豫、徐州軍糧";其後曹操西討馬超,護羌都尉楊沛隨軍,"都督孟津渡事"等等事例,[⑤]顯示曹軍不僅置有名爲督軍、督、督將以及都督等作戰系統軍職,抑且視需要而專置督軍糧以及都督津渡等非一綫作戰系統的軍職。

及至破袁紹之後,曹操三分天下漸有其二,而較高級之督遂漸興,或許趙儼之例可顯示出此重要關鍵。《三國志·趙儼傳》載云:

> 入爲司空掾屬主簿。時于禁屯潁陰,樂進屯陽翟,張遼屯長社,諸將任氣,多共不協,使儼并參三軍,每事訓喻,遂相親睦。太祖征荆州,以儼領章陵太守,徙都督護軍,護于禁、張遼、張郃、朱靈、李典、路招、馮楷七軍。復爲丞相主簿,遷扶風太守。太祖徙出故韓遂、馬超等兵五千餘人,使平難將軍殷署等督領,以儼爲關中護軍,盡統諸軍。[⑥]

---

① "督將大吏多與邈、宫通謀"見《三國志·荀彧傳》,卷十,第308頁。

② 《三國志·曹仁傳》,卷九,第274頁。

③ 史載曹仁之弟純,"以議郎參司空軍事,督虎豹騎從圍南皮",見《三國志·曹仁傳》及注,卷九,第276—277頁。按:同書《太祖紀》載曹操圍南皮之役發生於建安九年九月,顯示此前已有此兵種。

④ 見《三國志·曹休傳》,卷九,第279頁。

⑤ 扈質事見《三國志·徐宣傳》(卷二二,第645頁),夏侯淵事見《三國志》本傳(卷九,第270頁),楊沛事見《三國志·賈逵傳》注引《魏略》(卷五,第485頁)。

⑥ 引文見《三國志·趙儼傳》,卷五四,第1273頁。按:曹操於建安元年(196)爲司空,趙儼既入爲司空掾屬主簿,則應在此年以後,但明確時間不詳。至於儼徙都督、護軍,事在曹操征荆州——建安十三年九月——之時,《通鑑》即繫其事於此年。

按:前述建安十七年曹操南征孫權時,表留荀彧"參丞相軍事",聲言藉此以示"上設監督之重";又因荀彧是以"侍中、光禄大夫"之漢天子内臣之名義持節奉使留軍,是則此職無疑應是當時曹軍之監軍使。同理,趙儼之參于禁、樂進、張遼三軍亦然。至於其"都督護軍"宜作"都督、護軍",蓋同時兼任此二職也。都督爲野戰系統小職,護軍於監督系統地位亦在督軍之下,趙儼合此二職以護于禁等七軍,恐怕是因儼以霸府主簿領太守而徙任,身份較特殊,因此乃以"都督、護軍"名義擔任之;[①]雖因儼非天子使者而不擁節,但此舉對"都督"一職的提升,可謂作用甚大。因爲趙儼所護七將之中,揆諸《三國志》諸紀傳,除了朱靈、路招、馮楷三將失載或官職不考外,當時于禁爲虎威將軍,張遼爲蕩寇將軍,張郃爲平狄將軍,李典爲捕虜將軍。而在此之前,于禁曾在官渡之戰時,以裨將軍"督守土山";拜虎威將軍後,曾奉曹操之令詣朱靈營奪其軍,而以靈爲其部下督。又,陳蘭、梅成叛亂時,曹操令蕩寇將軍張"遼督(平狄將軍)張郃、牛蓋等討蘭"。[②]據此以推,諸將在官渡之戰以前殆皆是較低階的將校,約至建安十四年左右,已升至介乎戰鬥與戰役之間的督軍,其間大概以張遼此蕩寇將軍督平狄將軍張郃討陳蘭最爲著目,頗有戰役大督的架勢。因此,或許可以換一個角度作觀察:于禁等七將皆是雜號將軍級督軍,依東漢例征討將軍常置護軍於其下以佐之,西漢更會偶置具有總監而又頗帶主帥性質之護軍將軍以領軍,今趙儼以二千石太守級之官徙爲"都督、護軍",職掌恐是此七軍共同之監督指揮官。曹軍先前未曾出現過如此情況,是則趙儼起碼已可視爲是亞於大帥級之軍隊總監。"都督、護軍"之職其後於魏晉亦僅兩見,職掌亦與諸軍的監督指揮有關。[③]

護軍於兩漢本爲軍中督察之職,但漢末有時也兼掌統率指揮的職權,從趙儼後來出

---

① 嚴先生前揭書舉杜恕之遷"淮北都督護軍"與趙儼之徙"都督護軍"兩例,解釋爲"是魏都督諸州軍事有護軍也"(第102頁)。筆者以爲此説恐有問題。因爲東漢只有將軍始置護軍,都督小職,其下並無護軍之置,趙儼任此職是在漢世,此時並無淮北都督一職,以故暫不從其説。

② 《通鑑》繫此役於漢獻帝建安十四年十二月,卷六六,第2098頁。又,于禁等將均見《三國志》卷一七,不贅。

③ 此職兩見均在趙儼之後。杜恕於魏明帝時"爲河東太守,歲餘,遷淮北都督護軍"(恕附見其父《杜畿傳》,《三國志》卷一六,第505頁),霍弋則見於蜀亡之時。在蜀亡混亂之中,吴將吕興驅逐交阯太守,遣使"因南中都督護軍霍弋上表自陳"(見《三國志・三少帝紀・陳留王奂》咸熙元年春正月條,卷四,第151頁)。按:漢末都督不置護軍已見前説,杜恕之任淮北都督、護軍情況不詳,至於霍弋,史載蜀後主時"遷監軍翊軍將軍,領建寧太守,還統南郡事",即以監軍、翊軍將軍監統益州南部南中諸郡軍事也。獨當一面之霍弋,在蜀亡時不肯投降,及至知悉後主已東遷,"始率六郡將守上表"向晉王司馬昭投降。《漢晉春秋》謂司馬昭嘉之,"拜南中都督,委以本任"云(參《三國志・霍峻傳・子弋附傳》並注引《漢晉春秋》,卷四一,第1008頁)。筆者以爲,蜀漢原無"南中都督"之職,因其地新定,政情未穩,故司馬昭用霍弋爲"南中都督、護軍",蓋權宜而置,用以作爲監統原來南中六郡諸軍的總帥也。由於霍弋是降將,故從原職的監軍降級爲護軍,此爲處置亡國降臣向來之慣例。同理,蓋因淮北是戰略重地,諸軍衆多,時有戰事,故明帝用杜恕爲"淮北都督、護軍",以作爲此區諸軍之監督指揮也。

任關中護軍的表現略可窺知。按：趙儼任關中護軍，其職責在"盡統諸軍"，而此諸軍則是平難將軍殷署等所分督的韓遂、馬超舊部五千餘人。《三國志·趙儼傳》復載其後之事態發展云：

> 時，被書差千二百兵往助漢中守，(殷)署督送之。行者卒與室家别，皆有憂色。署發後一日，儼慮其有變，乃自追至斜谷口，人人慰勞，又深戒署。還宿雍州刺史張既舍。
>
> 署軍復前四十里，兵果叛亂，未知署吉凶。而儼自隨步騎百五十人，皆與叛者同部曲，或婚姻，得此問，各驚，被甲持兵，不復自安。儼欲還，既等以爲"今本營黨已擾亂，一身赴之無益，可須定問"。儼曰："雖疑本營與叛者同謀，要當聞行者變，乃發之。又有欲善不能自定，宜及猶豫，促撫寧之。且爲之元帥，既不能安輯，身受禍難，命也。"遂去。行三十里止，放馬息，盡呼所從人，喻以成敗，慰勵懇切。皆慷慨曰："死生當隨護軍，不敢有二。"
>
> 前到諸營，各召料簡諸姦結叛者八百餘人，散在原野，惟取其造謀魁率治之，餘一不問。郡縣所收送，皆放遣，乃即相率還降。儼密白："宜遣將詣大營，請舊兵鎮守關中。"太祖遣將軍劉柱將二千人，當須到乃發遣，而事露，諸營大駭，不可安喻。儼謂諸將曰："舊兵既少，東兵未到，是以諸營圖爲邪謀。若或成變，爲難不測。因其狐疑，當令早決。"遂宣言當差留新兵之温厚者千人鎮守關中，其餘悉遣東。便見主者，内諸營兵名籍，案累重，立差别之。留者意定，與儼同心。其當去者亦不敢動，儼一日盡遣上道，因使所留千人，分布羅落之。東兵尋至，乃復脅喻，并徙千人，令相及共東，凡所全致二萬餘口。

此事發生於所謂"被書差千二百兵往助漢中守"之時，《通鑑》繫於建安二十年十一月張魯降操之後，而陳壽則載於建安二十四年關羽圍曹仁於樊之前。蓋關中護軍趙儼奉曹操大營軍書，差調千二百兵前往新得之漢中助守，由平難將軍殷署督送之。中途兵變，事連作爲元帥的趙儼本營。儼遂以詐慰撫叛兵，待大營援兵至，再用脅喻方式盡徙之至大營。是則所謂"以儼爲關中護軍，盡統諸軍"也者，既是任以維護軍中安全的督察職任，而同時也付予作爲元帥之統率權。建安中期以後，護軍常如督軍及監軍般領兵作戰，孫、劉集團皆然，良有以也。

由此可知，建安中期以降，護軍既已漸從軍隊之督察而兼帶統率之任，則原則上軍中地位較高的督軍及監軍當更如是矣，如此之變化，是由單純的軍隊監督制往大帥級監督制——魏晉都督制——的方向發展也。相對而言，"都督、護軍"無异是護軍級的都督,對於原爲野戰小職的“都督”之所以能升爲大帥,亦無异具有發展關鍵的意義,只是此時尚未定制耳。曹操後來置有護軍將軍及都護將軍諸職,如《三國志・夏侯淵傳》載,假節、行護軍將軍夏侯淵在漢中平後,曹操於建安二十一年再“以淵行都護將軍,督張郃、徐晃等平巴郡”,[①]是則夏侯淵之軍號不論是護軍或都護,皆有監統督護總監諸軍之意,其職庶幾近於“都督、護軍”。[②] 或許此時“都督、護軍”的簡稱即爲“都護”歟?按:張郃、徐晃當時已有大將之姿,[③]是則夏侯淵之以“行都護將軍”督此二將,固是水漲船高而爲大帥矣,所以尋即正拜爲征西將軍。[④] 由此可信,當年趙儼之“都督、護軍”職銜,殆爲曹軍征討野戰軍軍制往大帥級別都督制發展之過渡,也是大帥以“都督”入銜的關鍵,[⑤]不待遲至建安二十二年夏侯惇之都督二十六軍也。

建安二十二年時,“都督”一名於曹軍征討野戰系統中,已成爲大帥之職銜,非僅作爲監護大員而已。其發展的真相及實際情況與曹操的戰後部署有關,兹略贅之。《三國志・夏侯惇傳》載云:

> 夏侯惇……太祖初起,惇常爲裨將,從征伐。太祖行奮武將軍,以惇爲司馬……遷折衝校尉,領東郡太守……太祖自徐州還……復領陳留、濟陰太守,加建武將軍,封高安鄉侯……轉領河南尹。太祖平河北……遷伏波將軍,領尹如故,使得以便宜從事,不拘科制。建安……二十一年,從征孫權還,使惇都督二十六軍,留居巢。

---

① 見《三國志》卷九,第 272 頁。

② 按:光武帝未即位時亦有“都護將軍”一例,即“以(賈)復爲偏將軍。及拔邯鄲,遷都護將軍”是也(《後漢書・賈復列傳》,卷一七,第 665 頁),顯示此官當時權位並不高。至於《漢書》亦一見“都護將軍”之句,但實爲甘延壽與陳湯發西域兵往襲郅支單于,單于遣使問漢兵何以來時,而應謂“天子哀閔單于弃大國,屈意康居,故使都護將軍來迎單于妻子”之詞(《漢書・陳湯傳》,卷七〇,第 3011—3012 頁),是則此答詞蓋謂天子使西域都護率軍來迎單于,非將軍之官名也。要之,都護有護軍之意,前文已論之。

③ 《三國志・張郃傳》載郃於建安二十年從征漢中張魯,“督步卒五千”爲先鋒,魯降,操留淵與郃等屯駐,“郃别督諸軍,降巴東、巴西二郡”。淵尋戰死,諸軍“新失元帥”,淵司馬郭淮乃令衆曰:“張將軍,國家名將,劉備所憚;今日事急,非張將軍不能安也。”遂推郃爲軍主,諸將皆受郃節度,衆心乃定,曹操遣使假郃節(卷一七,第 525—526 頁)。同卷《徐晃傳》載晃亦從征張魯,魯降,亦留屯駐,約在此前後爲假節、平寇將軍(卷一七,第 528—529 頁)。可見當時二將均有大將之姿。

④ 魏晉方面大將征、鎮、安、平諸將軍皆配以方位爲號,如駐防東方揚州的將軍,通常視其資歷而拜爲征(或鎮、安、平)東將軍,南、西、北亦如此類推。其詳可參小尾孟夫前揭書第一部之第一、二章,不贅。

⑤ 高敏前揭書特有一小段論述“都督護軍”,僅舉趙儼爲例,大意謂此職是針對大量私兵將領的存在而設,並謂此職可簡稱爲護軍,故趙儼後稱“關中護軍”云。按:高敏蓋將“都督護軍”與“關中護軍”二職及其任務混而爲一矣,故竟謂趙儼除了統于禁等七軍之外,還可統韓遂等舊部,“儼然是都督關中諸軍事的職務”云云(第 101—103 頁)。鄙意對此説不敢苟同,此説既乏深入分析比較,又不從長時段軍制發展作考察,連于禁等不屯於關中亦略不查證,故難成立;然而,筆者並不否定“護軍”之權,也是“都督、護軍”所行使的職權之一。

可見夏侯惇由裨將而至爲校尉、將軍，由領太守而至領京尹，最後在建安二十一年從征孫權，翌年操還，遂都督二十六軍留屯居巢。

不過，前言所引《晉》、《宋》二官志皆作建安二十一年"督二十六軍"；而《通鑑》漢獻帝建安二十二年三月條則謂"操引軍還，留伏波將軍夏侯惇、都督曹仁、張遼等二十六軍屯居巢"。何者爲是？

按：據《武帝紀》曹操建安二十一年五月進位魏王，十月遂征孫權。二十二年正月，曹軍在居巢，進逼濡須口，孫權退走。三月，"王引軍還，留夏侯惇、曹仁、張遼等屯居巢"，是則一書出征之時，一書還師之時也。既謂軍還始任之，則應以二十二年爲確。另據《吴主權傳》，曹操攻至濡須口，因孫權請降並和親，故乃引軍還。然而，因孫權退走時仍留周泰統朱然、徐盛等部而爲濡須督，是以乃有曹操留夏侯惇等軍屯居巢之事。關於此時夏侯惇的職銜是用"都督"抑或"督"之名，似需分析曹仁等官職始能確定之。《三國志·曹仁傳》載云：

> 太祖討馬超，以仁行安西將軍，督諸將拒潼關，破超渭南。蘇伯、田銀(《通鑑》繫於建安十七、十八年)反，以仁行驍騎將軍，都督七軍討銀等，破之。復以仁行征南將軍，假節，屯樊，鎮荆州。侯音(《通鑑》繫於建安二十三年十月)以宛叛……仁率諸軍攻破音，斬其首，還屯樊，即拜征南將軍。

曹仁以行驍騎將軍"都督"七軍，是此役征討野戰軍統帥之職名，而非戰鬥單位之督將。此爲曹軍征討野戰系統以"都督"爲統帥職名的始見，較夏侯惇之"都督二十六軍"更早，而較曹軍之軍區都督出現晚，統帥本官位階亦不算太高。其後曹仁又遷爲更高級的假節、行征南將軍，但是否仍"都督七軍"則不詳。本傳雖不載仁由樊從征孫權一事，不過此時位階更高、曾爲"都督"則是事實。至於《張遼傳》云：

> 太祖既征孫權還，使遼與樂進、李典等將七千餘人屯合肥。太祖征張魯，教與護軍薛悌，署函邊曰"賊至乃發"。俄而權率十萬衆圍合肥，乃共發教，教曰："若孫權至者，張、李將軍出戰；樂將軍守護軍，勿得與戰。"……
>
> 於是遼夜募敢從之士，得八百人，椎牛饗將士，明日大戰。……衝壘入，至權麾下。權大驚，衆不知所爲，走登高冢，以長戟自守。遼叱權下戰，權不敢動，望見遼所將衆少，乃聚圍遼數重。遼左右麾圍，直前急擊……權人馬皆披靡，無敢當者。……權守合肥十餘日，城不可拔，乃引退。遼率諸軍追擊，幾復獲權。太祖大壯遼，拜征東將軍。
>
> 建安二十一年，太祖復征孫權，到合肥，循行遼戰處，歎息者良久。乃增遼兵，

多留諸軍,徙屯居巢。

是則曾以蕩寇將軍"督張郃、牛蓋等討(陳)蘭"有功、而被授予假節的張遼,此時與樂進、李典等將七千餘人屯合肥,爲護軍薛悌所護。當建安十九年孫權來攻時,遵曹操教令出戰,有逍遥津之捷,使權無功而退,因而進拜征東將軍。也就是說,張遼因屯駐合肥而被護軍所護,不是可得有權策劃戰場戰役的諸將之一,戰後進拜爲假節、征東將軍,卻儼然已成爲方面大將,所以曹操在建安二十一年復征孫權後"乃增遼兵,多留諸軍,徙屯居巢"。據本傳所載,魏"文帝即王位,轉前將軍……孫權復叛,遣遼還屯合肥,進遼爵都鄉侯。給遼母輿車,及兵馬送遼家詣屯,敕遼母至,導從出迎。所督諸軍將吏皆羅拜道側,觀者榮之"。顯見張遼先後以征東將軍、前將軍之職一直屯於合肥,是此著名要塞之督軍,只是一度以假節、征東將軍隸屬夏侯惇而已。

又,曾側翼掩護張遼進攻陳蘭的威虜將軍、徐州刺史臧霸,於此役也"從討孫權於濡須口,與張遼爲前鋒……拜揚威將軍,假節。後權乞降,太祖還,留霸與夏侯惇等屯居巢"。①

由是觀之,建安二十二年曹操退兵前,鑒於此地區原屯兵力太少,以致孫權來攻,因此遂增强假節、征東將軍張遼所部兵力,並留假節、行征南將軍曹仁、假節、揚威將軍、徐州刺史臧霸等部凡二十六軍屯於居巢。然而,夏侯惇於二十四年始拜前將軍,此時伏波之號未必高於征南、征東,河南尹亦未必强於徐州刺史,以故乾脆以漸大帥化之"都督"職銜,作爲二十六軍統帥的大號,俾夏侯惇能用爲統一指揮二十六軍以執行戰區防禦的任務也。②

據上所述,建安十七、八年間曹仁以行驍騎將軍都督七軍攻敵於前,二十二年夏侯惇以伏波將軍都督二十六軍駐防於後,此二將軍號皆爲雜號而非重號,故《宋書·百官志上》所謂"魏武帝爲相,始遣大將軍督軍"殆誤,但"都督"在野戰軍系統之中,至此已成大帥之職,既可執行攻勢的征討野戰,亦可執行守勢的戰區防禦,其事則確然也。由於此故,《通鑑》所謂"留伏波將軍夏侯惇、都督曹仁、張遼等二十六軍屯居巢",實應標點爲"留伏波將軍夏侯惇都督曹仁、張遼等二十六軍屯居巢",始爲正確。

又,前文謂漢中平定後,曹操以夏侯淵行都護將軍,督張郃、徐晃等平巴郡,當時張郃、徐晃已有大將之姿。稍後曹操拜淵爲征西將軍,淵卻於建安二十四年初被劉備攻

① 見《三國志·臧霸傳》,卷一八,第538頁。

② 據《武帝紀》建安二十二年三月曹操留夏侯惇屯居巢,翌年秋即軍臨長安親征劉備,顯示曹操思有事於西,故留夏侯惇都督重兵駐防於東也。

殺。《三國志·張郃傳》謂"當是時,新失元帥……淵司馬郭淮乃令衆曰:'張將軍,國家名將,劉備所憚;今日事急,非張將軍不能安也。'遂推郃爲軍主……諸將皆受郃節度。"而裴注引《魏略》曰:"淵雖爲都督,劉備憚郃而易淵。"不管劉備是怕張郃抑或是怕夏侯淵,要之《魏略》用"都督"二字以況大軍元帥或軍主,則"都督"一職於建安十八年至二十四年之間,殆已是征討野戰大軍統帥的位號矣。

由此可知,單從征討野戰系統"都督"此一職名而言,"都督"起於漢獻帝初期或靈、獻之間,始見於董卓軍中,初爲戰鬥單位的主官;其後在建安十三年赤壁之戰前後,趙儼以"都督、護軍"護于禁等七軍時,"都督"一名於曹軍的征討野戰系統中已有大號化之傾向;降至建安十八年左右,曹仁以行驍騎將軍都督七軍討破田銀等,"都督"一名即已成爲戰役統帥的職名。又降至曹操死前的建安二十二至二十四年之間,"都督"一名已可確定成爲征討大軍統帥之位號。至此,曹軍之中,以大號化之都督下督衆督軍,衆督軍下督衆督將,衆督將下督戰鬥兵的野戰體系已形成。亦即原爲董卓所草創的"大督—督將—戰兵"野戰軍新編制,已被曹操所擷取發揮,依"戰略—戰役—戰鬥"之軍事原理,因應戰争規模大小之需要,而建成"都督—督將—戰兵"或"都督—督軍—督將—戰兵"的新軍事體制,並漸從兩漢制向魏晉制演變。此演變漸漸而成,非成於一朝一夕。從遠因看,固非如《南齊書·百官志》所言,是源於東漢順帝時之御史中丞馮赦督揚、徐二州軍事;從近因看,亦非如《晉》、《宋》二官志所言般,明確成立於建安二十一年之夏侯惇督二十六軍也。

不特此也,隨着上述軍制的轉變過程中,同時另有一種演變也正在進行,即原本較常以督軍進攻爲主的東漢督軍制,同時也衍生出以區域防禦爲主的魏晉常都督制。約在建安二十年間,曹操親征韓遂、馬超後令趙儼以關中護軍督護韓、馬舊部諸軍,並令部分移防漢中;另外在二十二年,自己又親征孫權後,留夏侯惇都督大軍執行戰區防禦任務,由此均可看到此"攻勢→防禦"之戰略體制演變。此種監統軍隊執行防禦戰略的督軍制轉變,其發展尚頗有可述者。

上節述及監某州諸軍事及督某州諸軍事之魏晉常都督制,起碼在靈、獻間已見雛型,但僅止於見雛型而已。例如該節提及順帝建康元年(144),以御史中丞馮緄持節、督揚州諸郡軍事討賊,助其討賊之滕撫,於翌年(冲帝永嘉元年,145)又以九江都尉助馮緄合州郡兵討賊,尋遷拜中郎將,督揚、徐二州事。就此例而論,馮緄的確是名符其實奉使督州郡兵之督軍使,而滕撫則先是以武將來助之,其後始遷督揚、徐二州事而爲督軍。據此而言,滕撫蓋亦是朝廷派遣的督軍使,二者之差别,似在於有否持節或是否武官而已,至於其執行督州軍以攻擊盜賊之任務則無大差别。觀此二人之例,固可視爲是東漢初以來奉使征討之督軍,但因先後連續督此區的時間不短,故也頗有州督(軍區督)的色彩,是以《南齊書·百官志》將馮緄定爲魏晉持節州都督制之始起,良有以也。其實持節督州郡兵討賊,馮緄之前已有其例,竊已敍述,只是魏晉州都督制之所以作爲常都督制,是因此督劃有固定之督區,並於督區内執行區域防禦任務時間頗久之故。上述兩督指定統督揚、徐州郡兵執行攻勢之作爲,是否僅執行兩年而事畢即撤,史載不詳,故筆者不敢遽謂是魏晉常都督制之始。要之,兩督既然先後來此區督軍討賊,則亂事及其善後時間恐不致太短,是以殆爲常都督制發展關鍵之一,是則不宜驟予否定。

及至山東討董兵起之時,大司馬、幽州牧劉虞與部下公孫瓚不睦相仇,獻帝初平四年(193),虞與瓚相攻。《後漢書·劉虞列傳》載云:

> 虞遂大敗……瓚追攻之……遂執虞并妻子還薊,猶使領州文書。會天子遣使者段訓增虞封邑,督六州事;拜瓚前將軍,封易侯,假節督幽、并、(司)〔青〕、冀。瓚乃誣虞前與袁紹等欲稱尊號,脅訓斬虞於薊市。

按:劉虞所"督六州事"僅見於此傳,不知是哪六州? 揆其雖爲大司馬、幽州牧,但實力並非最强,在當時群雄各割地盤之情況下,似也不至於督六州之多。至於拜公孫瓚"假節督幽、并、青、冀"之事,亦僅見於此傳,恐怕一個劉虞手下之督軍,儘管拜爲前將軍,當時也不至於做到"假節督幽、并、青、冀"。《後漢書·劉虞列傳》書此事蓋誤也。反倒是《後漢書·公孫瓚列傳》另載劉虞從事鮮于輔等,於虞破亡之後,合率州兵欲共報瓚;而《三國志·公孫瓚傳》則謂:"鮮于輔將其衆奉王命。以輔爲建忠將軍,督幽州六郡。"[①]是則《後漢書·劉虞列傳》所謂瓚"假節督幽、并、青、冀"也者,殆爲鮮于輔以建忠將軍"督幽州六郡"之誤也。然而幽州所部有十一郡、國,輔所督仍不悉是哪六郡。假如鮮于輔"督幽州六郡"的記載爲真,則此事發生於初平四年(193)以後,而鮮于輔僅是以將軍督一州中之若干郡而已;但無論如何卻是魏晉常都督制以及督軍僅督郡之最早明確記載。又稍降至建安二年(197),獻帝拜冀州牧袁紹爲大將軍,"兼督冀、青、幽、并四州",其後袁紹另以袁譚都督四州中之青州,而曹軍亦出現州都督之制,是則爲多州督與一州都督兩職的始見。由此可知,自漢獻帝以來,督軍或稱督或稱都督,有僅督郡者,有督一州者,有督多州者,軍區都督制已漸被推廣,只是尚未普遍爲定制而已。因此,若必執軍區常都督之始創而論,則非始於魏文帝的黄初二、三年(221—222)間,可

---

① 見《三國志·公孫瓚傳》,卷八,第247頁。

以無疑。

前謂曹操承此發展趨勢,於東歸招兵五千人後,勉强可於軍中編置督將,事實上也如此做矣。及至初平三年(192),曹操領兗州,收得青州兵,實力始壯。又至迎天子都許,改元建安,實行挾天子以令諸侯。稍後於建安三年(198),曹操因吕布叛後的兗州尚未安集,遂以謀士尚書程昱爲"東中郎將,領濟陰太守,都督兗州事",[①]此爲曹軍置有州都督之始見。

按:東中郎將爲漢末所置四中郎將之一,"皆帥師征伐",[②]故理論上程昱以東中郎將都督兗州事,是要執行曹操所交付的征討任務;不過曹軍全軍掌握在喜好親征的兗州牧曹操手中,是以征討之事自不假手於州都督程昱。觀程昱需以此官領兗州屬郡之一的濟陰,始能管及兗州的部分政事,顯示曹操因欲親征四方而需委腹心以政軍重任,坐鎮根本之地,防止吕布之事重演,而卻又不放心授予一州之政軍全權也。是則素性猜忌的曹操,始置州都督之時,是僅以中級武官爲本官,使之兼領其中一屬郡,而統督該州一州的軍事,以防尾大不掉之事重演。總之,曹軍初置時的軍區都督比同時期的野戰都督位階高,則是不争之事實。

建安七年五月,官渡戰敗後的袁紹病死,諸子内鬥。曹操乘機伐之,九年七月拔鄴,操遂自領冀州牧,稍後並欲親征冀、幽二州其餘之地時,乃任荀衍"以監軍校尉守鄴,都督河北事",是爲曹操第三個見於史傳的軍區都督。荀衍一度曾破獲紹甥并州刺史高幹襲鄴之陰謀,[③]可見其以監軍之職爲軍區都督,又不領郡,任務確是爲了防守。

荀衍"都督河北事",既爲曹操第三個見於史傳的軍區都督,而第二個即爲鍾繇。繇於官渡之戰前,以官職更重要且與曹操近密度更大的侍中、尚書僕射之職出督關中諸軍,《三國志·鍾繇傳》載此事云:

> 時關中諸將馬騰、韓遂等,各擁彊兵相與争。太祖方有事山東,以關右爲憂。乃表繇以侍中守司隸校尉,持節督關中諸軍,委之以後事,特使不拘科制。

是則鍾繇以守司隸校尉掌關中之政並持節督關中諸軍,可得便宜行事,全權兼管政軍。觀鍾繇之以本官持節督,與中郎將程昱、校尉荀衍之無節都督相較,則固已是方面大員矣,於是同傳所載下述事件遂可得而理解。

同傳謂官渡之戰後,河東衛固作亂,與張晟、張琰及袁紹甥并州刺史高幹等並爲寇,

① 參《三國志·程昱傳》,卷一四,第428頁。
② 參《續漢書·百官志·光禄勛》羽林中郎將條注,見《後漢書》志卷二五,第3576頁。
③ 荀衍爲荀彧之兄,事詳《三國志·荀彧傳》,卷十,第315—316頁。

繇率諸將討破之。所謂衛固作亂,《魏略》謂是詔徵河東太守王邑而换杜畿爲太守。王邑心不願徵,吏民亦戀邑,於是郡掾衛固及中郎將范先等各詣繇求乞留邑。鍾繇鑒於杜畿已入界,不聽,促令王邑交符;然而王邑卻佩印綬,逕從河北詣許自歸,不理會鍾繇之促令。因此,鍾繇遂"自以威禁失督司之法,乃上書自劾",其文云:[①]

> 臣前上言:……謹案文書,臣以空虚,被蒙拔擢,入充近侍,兼典機衡,忝膺重任,總統偏方。既無德政以惠民物,又無威刑以檢不恪,至使邑違犯詔書,郡掾衛固誑迫吏民……漸失其禮,不虔王命。……咎皆由繇威刑不攝。臣……曠廢職任,罪明法正。謹按侍中守司隸校尉東武亭侯鍾繇,幸得蒙恩,以斗筲之才,仍見拔擢,顯從近密,銜命督使。明知詔書深疾長吏政教寬弱,檢下無刑……至乃使邑遠詣闕廷。隳忝使命,挫傷爪牙。……罪一由繇威刑闇弱。又繇久病,不任所職,非繇大臣當所宜爲。繇輕慢憲度,不畏詔令……爲下所欺,弱不勝任。數罪謹以劾……免冠徒跣,伏須罪誅。

按:鍾繇自署其銜爲"侍中守司隸校尉東武亭侯",不提"持節督關中諸軍",是則後者是職不是官,當時可以不入銜。不過,自劾書中之所謂"近侍"是指侍中也,"機衡"殆指尚書僕射,至於"總統偏方"則應指以守司隸校尉持節督關中諸軍而言,以故自謂爲"大臣"。如此觀之,"持節、督關中諸軍"即是繇所言之"督使";既是"銜命督使",故是身負"使命";既銜命以督使處理事務,是以稱其機構爲"督司";[②]"督司"依法而立,是以東漢擁節督軍應有"督司之法"以爲組織及施行的依據,只是裴松之批評陳壽失之簡略,而自己亦注疏不全,以致世知魏晉有都督之制而漢代"督司之法"則闕如也。

文中鍾繇自謂"威刑闇弱……不任所職,非繇大臣當所宜爲",蓋因河東乃司隸部屬郡,而太守王邑竟不理會鍾繇的督促交符,逕佩印綬而去,且吏民亦"各詣繇求乞邑",致令作爲直屬上級行政長官的鍾繇感覺不能威制屬郡官民,以故自認非大臣當所宜爲。至於所謂"威禁失督司之法",蓋指河東吏民"作亂",且連及袁紹外甥并州刺史高幹,雖已爲繇督率諸將所破,但繇本人既身爲督司,"隳忝使命,挫傷爪牙",失鎮懾威禁之效如此,確爲茲事體大。

---

① 自劾文請詳《三國志·鍾繇傳》注引《魏略》,卷一三,第393頁。

② 《三國志·劉廙傳》注引《廙别傳》載廙表論治道曰:"……亂弊之後,百姓凋盡……股肱大職,及州郡督司,邊方重任,雖備其官,亦未得人也……"(卷二一,第616頁)按:劉廙卒於魏黄初二年,所著書數十篇均應在建安之時,可見督司不論本官高下已是重任。又,《三國志》或注引諸書載漢末以來有督軍從事、都督從事之類職稱,蓋是督司之僚屬歟?因史料既少而又失詳,茲不贅論。

此次"作亂"事件中,史謂杜畿入爲太守後,爲安撫郡掾衛固及中郎將范先,乃"以固爲都督,行丞事,領功曹;將校吏兵三千餘人,皆范先督之。固等喜,雖陽事畿,不以爲意"。此措置是令范先爲實際領兵之督軍,而以衛固在名義上爲之都督。都督兵權分化被奪,故其後遂被杜畿輕易所殺。① 將衛固與"東中郎將,領濟陰太守,都督兗州事"的程昱,以及"監軍校尉守鄴,都督河北事"的荀衍相比,三人雖同稱爲都督,但衛固屬於野戰系統之郡級都督,位於太守之下,身分與太守如同君臣;②而程昱卻是軍區系統之州都督,荀衍則是同系統之地區都督,二人殆爲區域戰略級的都督,固非野戰小職之郡級都督可比。或許建安前期,曹操對重要地區視需要而置都督等督將,其級别則各有等差歟?

情勢吃緊的地區除了鍾繇持節所督之關中外,其後新平的漢中情勢亦然。蓋韓遂、馬超失敗後,降曹舊部正被關中護軍趙儼所整編監統,情勢已較爲穩定;但是降至建安二十年曹操西征張魯,巴、漢皆降後,劉備亦於同年襲取益州,並進據巴中,情勢自是吃緊。於是,曹操乃遣平狄將軍張郃擊備,翌月自還,留行都護將軍夏侯淵屯漢中與之相峙;然至二十四年正月夏侯淵爲備所殺,曹操遂再自長安出臨漢中,而劉備則於陽平因險拒守。相峙間東方發生關羽北攻曹仁之事,曹操乃於五月引軍還長安。據此,漢中攻防戰此時尚未情勢判然,以故曹操遂置督以處理戰地政務。《三國志·杜襲傳》載云:

> 後(侍中杜)襲領丞相長史,隨太祖到漢中討張魯。太祖還,拜襲駙馬都尉,留督漢中軍事。綏懷開導,百姓自樂出徙洛、鄴者八萬餘口。夏侯淵爲劉備所没,軍喪元帥,將士失色。襲與張郃(時已遷蕩寇將軍)、郭淮糾攝諸軍事,權宜以郃爲督,以一衆心,三軍遂定。太祖東還,當選留府長史,鎮守長安……遂以襲爲留府長史,駐關中。

是則杜襲以"駙馬都尉,留督漢中軍事",是建安二十年曹操降張魯而還之後事。此時曹操已令趙儼"爲關中護軍,盡統諸軍",頗有成效;然此後漢中情勢更爲嚴峻,故不得不令趙儼差千二百兵往助漢中守禦。二人一護關中,一督漢中,論官職履歷,趙儼略低於杜襲,論與丞相關係之近密度,則儼亦與襲有一段差距,因此曹操纔委杜襲爲軍隊監

---

① 詳《三國志·杜畿傳》,卷一六,第495頁。

② 建安前期郡有郡督軍、郡都督,乃至大都督編制,地位殆在太守之下,前引董卓、呂布、孫策軍中已見其例。諸職之身份與太守甚至有如同君臣者,如《三國志·高堂隆傳》載隆少爲諸生,"泰山太守薛悌命爲督郵。郡督軍與悌争論,名悌而呵之。隆按劍叱督軍曰:'……臨臣名君,義之所討也!'督軍失色,悌驚起止之。"見卷二五,第708頁。

護系統中位階較高、事權較重的督軍,而趙儼則僅爲護軍而已。二人均是從霸府僚屬轉任,以故皆未擁節。甚至其後,曹操委襲以丞相府留府長史,則駐留長安的杜襲,權位更是在趙儼之上矣。

由此可知,自建安初曹操挾天子而令諸侯後,已頗有任命將領或牧守爲州都督之例;但任之者除非另命以領州或領郡,否則其任務殆純以執行區域性戰略防禦爲主,且愈後愈多假之以節,俾其事權加重。至於當此同時,袁紹授袁譚爲青州都督而未使之領刺史,其措置蓋與曹操正同。就此而言,曹操對此軍區新制不僅有推廣之功,抑且也不自拘於例,而運用相當靈活,因此始有"都督、護軍"此類護軍級都督職名的産生。

至此,似乎可以根據群臣對嗣魏王曹丕勸進表——即後來刻石的《上尊號碑》——之署銜,一究都督制在此重要時程所現出的問題,而此了解則需先從曹操死前之情勢展開觀察。

據《武帝紀》并裴注,記載曹操死前内外情勢,謂建安二十二年底劉備遣張飛等進屯下辯;曹操遣曹洪拒之。二十三年正月,漢太醫令吉本與少府耿紀、司直韋晃等反,攻許,燒"典兵督許中事"之丞相長史王必營,爲王必與典農中郎將嚴匡所討斬。史謂彼等之所以反,是因覩漢祚將移而發憤,計劃殺必後挾天子以攻魏,並南連劉備。此事平定纔大半年,同年七月,曹操西征劉備,十月宛守將侯音等趁機反。曹操使曹仁圍宛,翌年正月屠宛斬音。史謂此反與南陽間苦繇役之事有關,反衆亦與關羽連和。由於劉備因險拒守,所以曹軍無功,又需急還師以救樊襄,幸好還至洛陽時徐晃已破關羽而解圍。關羽尋被孫權所襲殺,於翌年——建安二十五年——正月其首傳至洛陽。此兩年多一點的時間,曹操内憂外患並發,東西疲於奔命,亦於同月身死於洛陽。遺令:"天下尚未安定,未得遵古也。葬畢,皆除服。其將兵屯戍者,皆不得離屯部。有司各率乃職。斂以時服,無藏金玉珍寶。"

遺令"其將兵屯戍者,皆不得離屯部",是曹操臨死仍恐身後再生兵變,以及外患乘機來攻,使局面無以收拾也。事實上當其身死之時,長子次子均不在旁,情勢也的確緊張,如《三國志·賈逵傳》注引《魏略》曰:

> 時太子在鄴,鄢陵侯(即次子曹彰)未到,士民頗苦勞役,又有疾癘,於是軍中騷動。群寮恐天下有變,欲不發喪。逵建議爲不可祕,乃發哀,令内外皆入臨,臨訖,各安敍不得動。而青州軍擅擊鼓相引去。衆人以爲宜禁止之,不從者討之。逵以爲"方大喪在殯,嗣王未立,宜因而撫之"。乃爲作長檄,告所在給其廩食。

老王身死,嗣王未立,群龍無首,而軍民騷動,青州軍竟擅擊鼓相引去,可謂已進入緊急狀態。偏偏當其"時,(次子)鄢陵侯彰行越騎將軍,從長安來赴,問(賈)逵先王璽綬所在。逵正色曰:'太子在鄴,國有儲副。先王璽綬,非君侯所宜問也!'"遂奉梓宫還鄴。[①]因此,魏王太子曹丕之所以於同一年中,年初急於嗣王位,年尾則急於踐帝祚,群臣也迅速且頻頻交章勸進,良有以也。

漢獻帝建安二十五年(魏王丕延康元年、魏文帝丕黄初元年,220)正月曹操死,曹丕嗣魏王位後,群臣聯署上表,請丕踐祚稱尊,事後刻而爲石,此即《上尊號碑》。[②] 群臣所署銜,尤其是署"行都督、督軍"銜者,[③]因出現於局勢緊急之時,故可用以印證魏晉常都督制完成前夕的過渡情況。

該表由魏相國華歆等三公領銜,其次由諸大將署名,其次是匈奴南單于及九卿,再次爲督軍御史及中領軍、中護軍以下諸禁衛將校,最後則是諸雜號將軍。按:碑中署"督軍御史、將作大匠、千秋亭侯臣照"即董昭,其所督之軍殆爲中領軍以下諸禁衛軍,與野戰軍無涉;至於最後諸雜號將軍,皆非都督大將,故此處從略,不用作分析比較。

今將排名在督軍御史董昭以前之諸大將及其所署銜開列如下:[④]

使持節、行都督、督軍、車騎將軍、陳侯臣(曹)仁

輔國將軍、清苑鄉侯臣(劉)若

虎牙將軍、南昌亭侯臣(鮮于)輔

輕車將軍、都亭侯臣(王)忠

冠軍將軍、好畤鄉侯臣(楊)秋

渡遼將軍、都亭侯臣(閻)柔

衛將軍、國明亭侯臣(曹)洪

使持節、行都督、督軍、領(本傳作鎮)西將軍、東鄉侯臣(曹)真

使持節、行都督、督軍、領揚州刺史、征東將軍、安陽鄉侯臣(曹)休

使持節、行都督、督軍、征南將軍、平陵亭侯臣(夏侯)尚

使持節、行都督、督軍、青州刺史、鎮東將軍、武安鄉侯臣(臧)霸

---

① 參《三國志·賈逵傳》並注引《魏略》,卷一五,第481頁。

② 《上尊號碑》見王昶《金石萃篇·魏一》,收入嚴耕望先生所編之《石刻史料叢書》甲編之六第十三册(臺北:藝文書局)。該碑文亦見於《三國志·文帝紀》延康元年十月魏王丕即祚改元黄初時之裴注,但僅列三公之名。

③ 前揭拙著《從督軍制、都督制的發展論西魏北周之統帥權》一文,將"行都督督軍"一銜標點爲"行都督、督軍",蓋此銜是由都督及督軍兩種軍職合成故也;但若問標點爲"行都督督軍"是否可行,則需待更多證據始能確定。

④ 因該碑是事後所刻,且殘缺,以致所書名或銜頗有失誤,跋尾對之有所考證,筆者亦曾據之予以再考,可參前揭拙著《從督軍制、都督制的發展論西魏北周之統帥權》。括號内之字爲跋尾所考或筆者所補。

使持節、左將軍、中(本傳作都)鄉侯臣(張)郃

使持節、右將軍、建(本傳作逯)鄉侯臣(徐)晃

使持節、前將軍、都鄉侯臣(張)遼

使持節、後將軍、華鄉侯(本傳作鄃侯)臣(朱)靈

碑刻大抵是根據諸將於曹丕即王位後,甚至是踐祚稱帝後之官銜而刻,因是後刻之文,故與《三國志》相關諸傳之載述遂頗有出入,如諸傳載述漢亡前擁節統兵諸將,殆因不是天子使者而皆授以較低等級的"假節",幾無"使持節"者,即是其顯例;[①]又陳壽將"行都督、督軍"之銜一律稱以"都督",恐是以其當時定制行用之"都督"銜取代之也。復者,自輔國將軍劉若以至渡遼將軍閻柔均是雜號將軍,既非大將也非都督;曹洪雖於曹操生前當過都護將軍,但與曹丕關係甚爲不佳,以故本傳僅謂"文帝即位,爲衛將軍,遷驃騎將軍",情況均無必要進行分析者,故皆不論。再者,左、右、前、後將軍張郃等,此時固是大將可以無疑,然皆無都督之職,宜待以後再析。

兹據各本傳所載,張郃、徐晃、張遼、朱靈等將,早就應能當都督大帥,或許他們因爲是遺令所禁止的"不得離屯部"之"將兵屯戍"主帥,早已被派出之督軍或護軍所督護,以故不能同時兼爲"都督、督軍"耶? 也就是説,當時似有一種不成文規定:除非情況特殊或是親貴大將,否則既任主帥則不兼監督,既當監督則不兼主帥。若任爲主帥而兼監督,則固是非常之任也。

至此,蓋可進而考慮"行都督、督軍"一職,究竟是否非常之任,果爲何官職矣?

按:不論職稱爲"行都督督軍"抑或爲"行都督、督軍",依前述漢末軍事體制的變化,都督於曹軍野戰系統中已漸成統兵大帥之職,而於軍區系統中亦漸成統率一州或一區之主帥職;督軍則仍如東漢以來之慣例,是監督並頗兼指揮軍隊之首長職。是則此二職相兼,理論上當是對所屬諸軍或所管軍區,握有統率監督、全權指揮之統帥職,也就是實質的督軍級都督,遠非當日之野戰小職可比。由於群臣未奉曹操梓宫還鄴之前軍情已相當嚴峻,是則中央諸軍固需親貴重將統領,而四方戰略要地亦必思擇良將以分憂勞。觀授予"行都督、督軍"之五人,三曹一夏侯皆爲曹丕最親重的將領,或許此四將均是以"行都督、督軍"之職,分别統率監督各分地之諸軍,俾收軍令統一以及鎮懾良效。只是其中之一的曹休當時已明確確定兼領揚州刺史,目的蓋在防吴,而其餘二曹一夏侯則在署銜時尚未明確派定任務區而已。至於另一正除青州刺史之臧霸,顯然是爲了針

① 吴蜀此時若俾統兵諸將以擁節,則亦皆以"假節"授之,"持節"或"使持節"極爲罕見。

對不受禁止而"擅擊鼓相引去"的青州軍,蓋可無疑。[1] 由於曹操生前,南面的荆州軍事本就由曹仁負責,西面的關中則曹洪此時恐仍留駐,是則曹魏最重要的揚、荆、雍三邊已概略無虞,然内部嚴峻卻尚未全消,是以曹丕遂快速篡漢,促使生米已煮爲熟飯之局面形成。復因此措置是緊急時期之臨時緊急處分,故采先前"行征南將軍"、"行都護將軍"等慣例,於"都督督軍"之前冠以"行"字,用以表示並非正常除拜之職稱,而是臨時緊急權行者也。據此可知,不論其銜是"行都督、督軍"抑或"行都督督軍",皆實爲臨時統帥而兼監軍之職,確是非常之任。

然則統監大軍的統帥,爲何以"都督、督軍"爲名,有何作用與意義?

按:兩漢以來僅有將軍麾下設置護軍,前論赤壁之戰前,趙儼從"都督、護軍",護張遼、張郃等七軍,無异即是此七軍的總監。"都督、督軍"亦同此理。蓋"都督"之職,在獻帝早期本爲基層戰鬥單位之軍職,袁紹、曹操使之變爲統率一州或一區諸軍之中高級軍職,至建安末曹操更使之大帥化,權位已步步提升矣。至於"督軍",東漢以來本爲狹義之監軍職,軍中地位較"監軍"低、較"護軍"高,但任命則較"監軍"更爲常見。因此,以常見之"督軍"與新近大帥化之"都督"相兼任,無异即爲督軍級都督,更能令人顧名思義,知帶此職銜者亦是諸軍之統帥兼總監,較"都督、護軍"權位明顯更高,使其對諸軍的控制支配力大大增强也。由此可知,由"都督、護軍"而變爲"都督、督軍",是因不同之人,不同位階之人,於不同之非常情勢,而權宜設置之軍職。至於"都督、督軍"自魏文帝踐祚後不久之所以消失不見也者,蓋是被擁節統率監督而已完全大帥化的"都督"一名所直接取代故也。"都督"職稱及權力於此漢魏篡代之際逕行取代臨時的"都督、督軍",實爲魏晉都督制轉型的重要關鍵所在,可以無疑。此名自後可以用作征討野戰體系之統帥職稱,也可以用作軍區防禦體系之統帥職稱,甚至仍可用作基層單位軍事主管之職稱,靈活方便,終成一代大制。於是,擁節都督、擁節監以及擁節督的魏晉三等都督制,最晚遲至魏文帝黄初二年漸告形成。至於擁節之等級——使持節、持節、假節——只是代表授予不同程度之軍事專殺權,加重大帥對軍中以及管内官吏軍民之指揮監督威權,俾使其執行相關事務更順利有效而已;此三級擁節劃分法,亦無异已將兩漢以來的軍隊監督權,吸收入了魏晉三等都督制之中。

---

① 據《三國志·臧霸傳》,霸本吕布將,布敗亡後歸操。操一直委之以青、徐二州,因功遷徐州刺史。後從曹操征孫權,拜揚威將軍,假節;操軍還,留霸與夏侯惇等屯居巢。此次青州軍擅擊鼓相引去,應與之無關,而曹丕則是欲借重其經略青、徐二州甚久之聲名,故由刺徐州改刺青州,蓋用以鎮撫青州軍也,是以本傳直稱其爲"都督青州諸軍事"。

試據各本傳考察上述五員"行都督、督軍"在黄初初稍後的後續發展,以觀察其變爲都督制的某些變化。

曹仁於曹丕"即王位,拜仁車騎將軍,都督荆、揚、益州諸軍事",而《上尊號碑》卻未提及此銜,蓋是署於未正拜之時也。按:上述五員"行都督、督軍"中以曹仁資歷最高,以故大概於署名後,尋即出爲都督荆、揚、益州諸軍事,總督前綫三方之任。雖然因劉備已據有益州,故其都督益州是遥領之虚銜,但是"行都督、督軍"此時已被"都督"之銜所取代則爲真。另據《文帝紀》,由於黄初二年三月加遼東太守公孫恭爲車騎將軍,故翌月遂遷車騎將軍曹仁爲大將軍,最後仁於四年三月薨於大司馬任上。據此可推,"行都督、督軍"因是權宜所任,故稱爲"行",並可能於黄初二年左右完全爲"都督"銜所取代。

原官中堅將軍的曹真,在夏侯淵戰殁後,曹操"使真至武都迎曹洪等還屯陳倉。文帝即王位,以真爲鎮西將軍,假節都督雍、涼州諸軍事。録前後功,進封東鄉侯……黄初三年還京都"。是則曹真先在曹丕即王位後爲鎮西將軍,行都督督軍,稍後始確定爲假節、都督雍、涼州諸軍事,此事不晚至黄初三年,蓋在黄初二年間發生。其"行都督、督軍"之銜亦同時被"都督"所取代。

夏侯尚本傳載其原官魏國黄門侍郎,"太祖崩於洛陽,尚持節奉梓宫還鄴。并録前功,封平陵亭侯,拜散騎常侍,遷中領軍。文帝踐阼,更封平陵鄉侯,遷征南將軍,領荆州刺史,假節都督南方諸軍事……黄初三年,車駕幸宛,使尚率諸軍與曹真共圍江陵。"是則其遷征南將軍領荆州,假節、都督,爲曹丕踐阼稱帝之後、黄初三年以前所發生,其"行都督、督軍"之職亦被"都督"所取代。

曹休在曹操拔漢中還長安後拜中領軍。"文帝即王位,爲領軍將軍,録前後功,封東陽亭侯。夏侯惇薨,以休爲鎮南將軍,假節都督諸軍事。"按:夏侯惇督軍於外,至延康(即黄初)元年三月晉爲大將軍,同年四月庚午薨。是則曹休爲鎮南將軍,假節、都督諸軍事,應在魏王丕延康元年四月以後、魏文帝黄初三年十月以前,其"行都督、督軍"亦被"都督諸軍事"所取代。

臧霸本傳更直謂"文帝即王位,遷鎮東將軍,進爵武安鄉侯,都督青州諸軍事。及踐阼,進封開陽侯,徙封良成侯。"是則其任青州都督之事,竟是延康元年之事矣。

碑文與史傳相差若此,真相已不可完全確考。總之,五員大將之任"行都督、督軍"均是魏王曹丕延康(即黄初)元年時之緊急權宜職,是年或最遲至黄初三年已正名爲"都督",卸下了"督軍"之兼職,而其中有領州或不領州者,要之都督皆非由州牧刺史以本官所充任。蓋軍事緊急之際,起用武官以本官任之實較文官爲宜也。若僅就此事而言,《宋書·百官志》所謂"魏文帝黄初二年,始置都督諸州軍事,或領刺史"之説,殆較《晉書·職官志》所載之黄初三年爲正確;然而,由於曹休與臧霸均有可能在延康(即黄初)元年已從"行都督、督軍"改爲"都督",以故《宋書·百官志》所載仍可有保留之餘地。若换一角度純從軍區都督制本身之發展而論,則漢獻帝初時已出現僅督郡之軍區都督,稍後又出現多州督以及一州都督,曹操因勢利導推而廣之,並漸漸授都督以假節,是則常都督之制固非始創於黄初二、三年之間也。由是言之,則《晉》、《宋》、《齊》三書皆誤矣。

六、結　論

軍隊自來是一個封閉的團體,所謂"國容不入軍,軍容不入國",一切聽令於主帥。秦漢時期將軍之作爲主帥,對軍隊行使統率權,平時典屯衛,戰時掌征討,位高權重,人君豈能放心,由是遂有軍隊監督制度之産生,以故可以説秦漢監軍制是專爲將軍制而設的制度。

軍隊監督制度既施於監督平時駐軍,更施於監督戰時之征討——包括出師征伐與州郡討捕。只因平時駐軍相對較静態,以故監督者活動記載較少,相對而言,戰時征討常事關社會安定乃至國家安全,皆爲當時重要而著目之事,是以監督者之活動記載遂多。因此,論述軍隊監督制度之淵源以及早期發展,主要是靠後者的相關載述。

軍隊監督制度蓋有兩種:監軍(含督軍,下同)制與護軍制。兩者俱爲魏晉都督制之淵源,且均出現甚早。"監軍"是先秦之職,是典型的或是狹義的監督制,與其性質功能相當之"督軍"則起於西漢;而"護軍"則是秦官,本掌軍隊督察,爲廣義的監督制。或許可以説,魏晉都督制之制度主源在前者,後者是支源,但兩者俱是魏晉都督制形成之遠因,近因則與"都督"一職在東漢末出現以及其職權變化有關。"都督"一職出現時職掌戰鬥,是野戰系統戰鬥單位之指揮官,本與監督系統無關;至於其所以與軍隊監督制度有關,則是與監軍制在建安年間互爲結合之結果。兹分别總結此諸官職的發展,略述之如下:

大體而論,護軍制之護軍,是協助軍事機關長官或征討軍統帥監視督察所屬軍隊、以保護軍中安全的督察長,秦漢之間正式官名爲護軍都尉。及至漢武帝時其官移屬最高軍事機關大司馬府後,兼典軍事檢察權,與丞相府佐丞相舉不法之屬官司直,一武一文分掌監視督察文武百官,職任相當重要,而於平帝朝直接定名爲護軍。護軍因是外朝官,所以不擁節,在軍中權位遜於連統帥也在監察之列的監軍使;但若派護外國及蠻夷則例外,此時其"持節護"之銜即與監軍使類同。東漢以降省罷護軍之官,然於軍隊出征時仍常在將軍幕府之内編置其職,甚至會有中、左、右等護軍分化的職名,而隨征討事竟而罷。

護軍對軍隊如此重要,以故漢末魏初戰亂頻繁之時,漸漸恢復護軍作爲武官,必要時且領兵作戰。降至建安中後期,曹操又不時編置"都督、護軍"、護軍將軍以及都護將軍等官職,使之朝總監化以及大帥化的方向發展,但是終未完全并入都督制。及至魏晉以降,中護軍(資深者稱護軍將軍)乃成爲中央禁衛軍第二號監統主帥,[①]並主武官選。

至於監軍,首宜注意的是,握有廣義監軍權之護軍,與握有狹義監軍權之監軍,最明顯的差别在:監軍是奉使赴軍以掌監察之差遣職,頗常用内朝官,在軍不屬於主帥,反而主帥也在其監察之列;而護軍則爲軍中編制的督察官,屬於外朝官,配隸於主帥帳下。另外,監軍及其較後起的督軍,可得有授予擁節——兩漢天子之使者通常是持節,漢末曹操對其屬下武將之督軍者則通常授以假節——之特權;而護軍則通常無此特權。

其次,監軍自春秋後期已見設置,督軍則起於西漢,二者皆常以具體之監或督某州郡兵,或者監或督某將軍軍爲稱。監或督某州郡兵者之任務常是爲了討捕盜賊,多以文臣充任,而監或督某將軍軍之任務則是爲了征伐致討,故兼用武官。由於兩者不是官而是使職,以故並不入銜,且幾乎可以差遣任何中級以上官吏充任之,所以軍隊監督者位階常在被監督者之下,此與漢制派遣六百石刺史監二千石郡太守的原理相同。充任監督者有時在職任上加上本官官名以爲稱,如監軍御史、督軍御史、督軍校尉等,此類例子以東漢較常見。二職在兩漢時,或書持節或不書,殆非史官漏記或省文,而是當時確有不持節之事例,尤以外朝官充任時較常見。

建安中曹操表留荀彧爲其監軍時,謂"古之遣將,上設監督之重",其説蓋是實情。從本文所舉諸例,可以看到監軍或督軍位階即使較作爲主帥之將軍刺守爲低,但是對其所監臨之對象,則幾乎皆有以上臨下的權勢。退而言之,此二職之位階不管在軍是否與統帥平等,要之統帥似乎極難對其發令——建安間非常時期實際掌握兵權之軍閥除外,頂多是一者掌統率,一者掌監督而已,謂是分享統帥權也不爲過。蓋統帥權是統帥對所

① 視作戰序列編制的需要,護軍在東漢有前後左右中之分,而中護軍於戰時通常直隸統帥以作爲中軍之護軍。曹操經常親征,自官渡之戰後實際上就是漢朝的最高統帥,及至封爲魏公而建魏國,乃置中護軍作爲魏國禁衛軍之主帥。此禁衛軍之中護軍與野戰軍之中護軍系統不同,而晉制承魏仍爲禁衛軍主帥。筆者此説因漢末三國史料零散,不易完整參見,或可參蜀漢之制以爲旁證。按:劉備也常親征,死前於永安以李嚴爲"中都護,統内外軍事",權位僅次於諸葛亮。備死之後,諸葛亮以丞相爲最高統帥亦略如曹操,其北伐時即置有前後左右中護軍,具體部署之例見《三國志》卷四〇《李嚴傳》並注引《諸葛亮與平子豐教》,不贅。

部實行統率指揮監督管制之權,若旁置平行或幾乎平行的監軍系統,分行監督管制之事,即是將統帥權分裂也。由此也可以知道,爲何將軍制必須轉型爲都督制,始克使統帥能應付長期分裂戰亂之局矣。

“監督之重”既然設在將軍之上,對將軍刺守擁有以上臨下之權勢,其軍制轉變的重要關鍵時段殆在東漢中期以至建安年間,至建安後期轉變得更爲劇烈明顯。此蓋基於戰争頻繁、戰事拖延,遂使監軍與督軍既握有監軍權而又漸漸干預統率權的事態得以發展,以致令爲政者必須思考是否應將二權合而爲一。其演變結果乃是讓監督系統之監軍、督軍實際兼掌統率權,反之亦提高野戰系統都督之指揮職權而使之切實兼掌監軍權,兩系互爲結合,以利轉變爲新型統帥制度——都督制,冀能收到諸軍統一指揮監督管制之效。爲了促使新統帥之等級權責清楚分明,使此新制能切實産生所期望的效果,魏晉朝廷於是將晚近已大帥化的都督列爲統帥之最高等級,原來監軍在督軍之上的慣例則予以保留,遂乃建成《晉》、《宋》二官志所敘之“都督諸軍爲上,監諸軍次之,督諸軍爲下”的三等統帥職;復又爲了讓其能有充分執行統一指揮監督管制的能力,於是建立“使持節爲上,持節次之,假節爲下”的三級軍事專殺權,以便統帥用以合法對付早已被其監臨的文武官吏。至於秦漢原來作爲統帥的將軍職權,既已漸爲都督等職所取代,於是將軍號遂逐漸退爲階官,而將軍領營兵制乃漸變爲都督領府兵制,並下開魏周隋唐新府兵制之先河。①

魏晉都督制之主、支源流既如上述,是則竊以爲不論監軍也好督軍也好,不論監督征伐將軍也好抑或監督州郡討捕也好,皆可認爲是魏晉都督制中征討都督——筆者歸之爲都督制甲型——之淵源,即“擁節+都督(或大都督)征討諸軍事+本官→出征”之濫觴,而爲乙型——“擁節+都督(或監或督)某州諸軍事+本官+領州郡→駐防”——之所從出。由於甲型的特點在無專屬固定之管治區,也常不領州郡,因此儘管起源得早,發

① 秦漢將軍領營兵,著者如渡遼營,小者如本文提到之陷陣營等,均是其例。及至漢末以至魏晉,因戰事頻繁而將軍變多,將軍府所領之兵即以其軍號爲名,號曰某某府兵(參唐長孺先生《魏晉府兵制度辯疑》,收入其著《魏晉南北朝史論叢》,北京:三聯出版社,1955 年)。其實某某府兵不過只是隨府主軍號之更易而改變的營兵轉稱罷了,但在軍制上卻代表了一定的轉型意義。其後經北魏六鎮之亂而喪亂益甚,西魏北周改革軍制,以各級將軍充任各種都督以實際統領府兵,或謂是特殊之兵制(陳寅恪先生所論,已衆所周知,不贅)。此制後至隋朝唐初雖一再予以修改,但府兵最基層之三級軍官到最後仍以都督——即大都督、帥都督與都督——爲稱,情況猶如漢末都督制初起時之重演,然仍不失爲都督領府兵之遺意。除了前揭拙文外,筆者尚有若干論文論及此發展,如《從政局與戰略論唐初十二軍之興廢》(《中國中古史研究》2,2003 年)、《試論唐初十二軍之建軍構想及其與十二衛的關係》(《中國中古史研究》10,2010 年)、《試論西魏大統軍制的胡漢淵源》(《中國中古史研究》12,2015 年)等,讀者請自便參考。

展得久,但數百年間仍不能轉變爲乙型的軍區都督。其原因是:要轉變爲乙型軍區都督,充分條件是要因應戰争與國防的需要,長期駐防並有固定防區,而不能戰事過後即予撤消。太平時期姑無論矣,即使東漢光武經"中興"戰争後,因立刻進入求治的時代,故也不能提供如此局面與條件,俾能發展出乙型都督制;而漢末則不然,是經歷大喪亂後復又面臨長期分裂戰争,正好爲乙型都督制之發展提供了温床,故能使其得以長足的發展。

至於乙型軍區都督制發展的關鍵契機,可謂造端於靈帝之遣出劉焉爲監軍使者領益州牧,使監軍權與地方行政權得以合一,俾主事者能全權監領地方政軍,具有軍事割據史的重要意義。稍後至獻帝初,建忠將軍鮮于輔督幽州六郡,則是作爲統兵主帥之將軍督州郡之始。及至建安二年獻帝遣使拜冀州牧袁紹爲大將軍兼督冀、青、幽、并四州,以朝命使其統合地方行政權、軍隊統率權以及監軍權於一,無异正式承認其割據,更爲軍區都督制以及軍事割據史上具有劃時代意義的變化。喪亂之下,由軍制突變開始以至整個統治體制快速瓦解,遂使具有地方割據意義之乙型都督制得以迅速完成其基本形式。

當此之時,已挾天子而令諸侯的曹操,乘勢將此用於征討野戰的新軍制,改變爲區域防禦的戰略體制,以實行長期地方占領,因此天下三分漸有其二,使甲、乙兩型都督制亦隨此發展而獲得試驗、推廣與施行之良機。是則雖然曹操行之不久即死,生前尚未建立都督三等、授節三級之制,更來不及使之及身完備;不過若微曹操之如此運用並推廣,則其後尚安有所謂魏晉都督制哉。

於此必須再予强調的是,"都督"一職始見於靈、獻之際,初爲野戰系統指揮戰鬥之小職,董卓似是創始人,而山東群雄後亦多置此職。及至建安初期袁紹坐大,都督不論在野戰系統或軍區系統,位階皆提高至中階職級,依"戰略—戰役—戰鬥"原理編建的"主帥—都督—督將"新軍事體系乃告出現,曹軍更將之沿用而變化。降至建安中後期,曹操命太守趙儼爲"都督、護軍"以護于禁等七軍,命曹仁行驍騎將軍"都督"七軍討田銀,命伏波將軍夏侯惇"都督"二十六軍屯居巢,而曹丕於甫即王位後尋即任命重號車騎將軍曹仁等爲"行都督、督軍",在在顯示出都督一職在曹軍軍事體系中事權位階已漸次提升加重,終成執行征討攻勢以及區域防禦——即日後甲、乙兩型都督制——之大軍統帥位號。對此發展,《晉》、《宋》官志所述付諸闕如,而所言曹操"始遣大將軍督軍"以及"夏侯惇督二十六軍"亦有所訛誤也。

再者,趙儼之"都督、護軍"與曹仁等將之"行都督、督軍",任命方式如出一轍,均具有臨時緊急任命的性質，不僅可清楚表示此職是結合統率權與監軍權而成的職稱，抑且可用以作爲證明原本單純負責野戰的都督，經護軍級都督—督軍級都督之發展過程，憑何制度性關鍵，轉變爲握有統兵全權的大帥也。"都督、護軍"一職事竟即撤，而"行都督、督軍"則約在黄初元年至黄初三年之間——尤以曹丕稱帝、劉備征吴而魏局略穩之黄初二年最爲可能——逕由"都督"之職稱所取代。執此而論，《宋書·百官志》所言"黄初二年，始置都督諸州軍事，或領刺史"差是；只是其觀察此制的變化發展時段不够長，又未明辨征討都督與軍區都督的差别而雜述之，復未解釋都督制三級授節等等問題，頗爲可惜而已。

總之，先秦秦漢軍隊監督系統係因將軍領兵作戰之制度而産生，而魏晉都督制則是承其變化發展而形成之新體制。都督制若從源起而論，其遠因蓋濫觴於先秦以來軍隊監督系統監軍制的設置與發展，近因則與東漢末作戰系統新出現的都督職權變化有關，最後是兩系統在漢、魏之間相結合，致成統、監合一的都督新體制，但統帥之職權尚未嚴格分爲都督、監、督三等，授節也未分成使持節、持節、假節三級。至於軍區都督，則在發展最後階段由非常制的征討都督分衍而出，成爲魏晉南北朝普遍施行之常都督制。因此可以説，甲型的非常都督制淵源長遠而多元，而乙型的常都督制則要遲至靈、獻之際始分衍萌起，漢丞相曹操推而廣之，魏文帝曹丕承而用之，故嚴格而言，魏晉常都督制既非起於漢順帝之時，也非始於魏文帝之黄初二年。發展過程自萌起至定制，其間曹操對此制之推廣施行貢獻極大，常都督制可謂創於其手，至於魏文帝而沿用變化之，及至西晉乃成定制，沿革相因相仍，錯綜複雜，然若深入研究，則雖百世而猶可被知也。

《魏晋南北朝隋唐史資料》第三十五輯
2017 年 7 月,52—69 頁

晉武帝"罷五等之制"解[①]

顧江龍

魏末晉初司馬昭父子"開建五等",在中國古代爵制史上具有劃時代的意義,漢魏煊赫數百年的列侯、關内侯從此式微,公侯伯子男取而代之,就此成爲歷代爵級特别是异姓爵級的主要形式。"開建五等"和宗王分封,作爲司馬氏復古改制的首要内容,二者之間相互纏繞、此消彼長的關係,對理解西晉一朝的政治結構亦相當關鍵。關於晉代爵制的詳情,專著有楊光輝《漢唐封爵制度》和王安泰《開建五等——西晉五等爵制成立的歷史考察》、《再造封建——魏晉南北朝的爵制與政治秩序》;[②]專文討論有楊光輝、柳春藩、周國林、張學鋒、姚樂、藤家禮之助及伊藤敏雄等人。[③] 與爵制密切關聯的政治史討論,主要見唐長孺先生《西晉分封與宗王出鎮》一文和越智重明、

---

① 本文爲國家社會科學基金項目"西晉復古改制及其對 4—6 世紀的影響研究"(12CZS016)和教育部人文社會科學研究一般項目"《晉書・地理志》與西晉分封制的互進研究"(12YJC770017)的階段性研究成果。

② 楊光輝:《漢唐封爵制度》,北京: 學苑出版社,2002 年;王安泰:《開建五等——西晉五等爵制成立的歷史考察》,臺北: 花木蘭出版社,2009 年;同氏:《再造封建——魏晉南北朝的爵制與政治秩序》,臺北: 臺灣大學出版中心,2013 年。

③ 楊光輝:《西晉五等爵制的租秩》,《文史》第 31 輯,北京: 中華書局,1988 年,第 315—320 頁;柳春藩:《曹魏西晉的封國食邑制》,《史學集刊》1993 年第 1 期,第 1—6 頁;周國林:《西晉分封制度的演變》,《華中師範大學學報》(哲社版)1993 年第 3 期,第 90—95 頁;同氏:《西晉諸侯四分食一制考略》,《中國社會經濟史研究》1991 年第 4 期,第 16—17、61 頁;張學鋒:《西晉諸侯分食制度考實》,《中國史研究》2001 年第 1 期,第 27—42 頁;姚樂:《〈晉書・地理志〉縣級封國考論》,《中國歷史地理論叢》27 - 2,2012 年,第 143—150 頁;藤家禮之助:《西晉諸侯の秩奉—〈初學記〉所引〈晉故事〉の解釈をめぐって—》,《東洋史研究》27 - 2,1968 年,第 59—76 頁;伊藤敏雄:《西晉諸侯の秩奉についての一試論》,《アジア諸民族における社會と文化——岡本敬二先生退官記念論集》,東京: 國書刊行會,1984 年版,第 77—88 頁。此外,探討曹魏爵制對理解西晉之制頗有助益的論文有守屋美都雄:《曹魏爵制に関する二・三の考察》,《東洋史研究》20 - 4,1962 年,第 30—59 頁;陳明光:《曹魏的封爵制度與食封支出》,《西北師大學報》(社會科學版)2005 年第 2 期,第 55—61 頁;羅新:《試論曹操的爵制改革》,《文史》2007 年第 3 期,第 51—61 頁;魯力:《曹魏爵級及授與情況探討》,《武漢大學學報》(人文科學版)2012 年第 4 期,第 62—68 頁。

仇鹿鳴等人的研究。[①] 前賢論述頗多,但無論從制度史還是政治史的角度看,仍有再度探析的必要。

具體到西晉五等爵,需要釐清和深究的有兩個方面:一是五等爵“開國”與否的變遷。以制度源流而論,東晉以迄隋唐開國五等爵與五等散爵的並立,虚封五等爵與食實封五等爵的共存,其開端在此,不可不究明。二是五等爵在整個分封制中的地位。筆者前撰《齊王攸就國考論——晉武帝“必建五等”的歷程之一》,[②]指出晉武帝“必建五等”乃全然圍繞同姓宗王,如何在郡縣制的歷史條件下建設“封建親戚、以蕃屏周”的藩輔體系,是他畢生探索、不斷試驗的宏大計劃。异姓的公侯伯子男因此而邊緣化的過程,前賢所未措意,該文亦淺談輒止,仍然有待於揭示。

《晉書·地理志》(以下簡稱《晉志》)總序有一句非常突兀的話,説晉武帝“罷五等之制”。[③] 此記載明顯與史實抵牾,令人一頭霧水。以往研究對此莫衷一是,甚至絶口不提。考《晉志》所記各郡國屬縣,縣名之下或以小注標明“侯相”或“公國相”,結合紀傳分析,這些縣都是“開國”的五等縣公、縣侯的封地,而其餘縣公侯和所有伯子男的開國之制都被廢除,“餐食祖祭”而已。發生在咸寧三年(277)的這個變化,即是“罷五等之制”的實質,它是晉武帝欲全盤廢除异姓諸侯未果,和功臣集團達成妥協的産物,是“必建五等”的重要一環。

一、“罷五等之制”的疑問

五等爵制的奠定,分爲兩個步驟:咸熙元年(264)司馬昭“奏復五等爵”,“自騎督已上六百餘人皆封”;[④]泰始元年(265)十二月司馬炎建立西晉後,大規模分封宗王,同時對部分功臣“增封進爵各有差”。[⑤] 其咸熙制度,《晉志》總序記載如下:

---

① 唐長孺:《西晉分封與宗王出鎮》,氏著:《魏晉南北朝史論拾遺》,北京:中華書局,2011年,第124—141頁;越智重明:《劉宋の五等開國爵と貴族》,《東洋史学》16,1956年,第1—20頁;同氏:《西晉の封王の制》,《東洋学報》42-1,1959年,第41—75頁;同氏:《晉爵と宋爵—再び〈劉宋の五等開國爵と貴族〉につぃて—》,福岡:《史淵》85,1961年,第39—73頁;仇鹿鳴:《齊王攸與魏晉政治變局考論》,《國學研究》第27卷,北京大學出版社,2011年,第143—173頁。

② 顧江龍:《齊王攸就國考論——晉武帝“必建五等”的歷程之一》,《田餘慶先生九十華誕頌壽論文集》,北京:中華書局,2014年,第242—265頁。

③ 《晉書》卷一四《地理志上》,北京:中華書局,1974年,第414—415頁。

④ 《三國志》卷四《魏書·陳留王奂紀》,北京:中華書局,1959年,第150頁;《晉書》卷二《文帝紀》,第44頁;同書卷三五《裴秀傳》,第1038頁。

⑤ 《晉書》卷三《武帝紀》泰始元年,第51—52頁。

> 晉文帝爲晉王,命裴秀等建立五等之制,惟安平郡公孚邑萬户,制度如魏諸王。其餘縣公邑千八百户,地方七十五里;大國侯邑千六百户,地方七十里;次國侯邑千四百户,地方六十五里;大國伯邑千二百户,地方六十里;次國伯邑千户,地方五十五里;大國子邑八百户,地方五十里;次國子邑六百户,地方四十五里;男邑四百户,地方四十里。①

另《太平御覽》所引《魏志》與此略同,僅男爵部分稍异。② 泰始元年的主要變化是,賈充等五名功臣進封郡公、郡侯,以及一部分原爲縣侯、縣伯的功臣進封一等,③制度上未見大的調整。當時的爵制(不含王爵)如表1所示:

表1 晉初封爵等級一覽表④

爵　類	爵　名		食邑(户)	地方(里)	官　品
五等爵	郡　爵	郡　公			第一品
		郡　侯			
	縣　爵	縣　公	1 800	75	
		縣侯大國	1 600	70	第二品
		縣侯次國	1 400	65	
		縣伯大國	1 200	60	
		縣伯次國	1 000	55	
		縣子大國	800	50	
		縣子次國	600	45	
		縣男大國	400	40/35	
		縣男次國	200	35/25	

① 《晉書》卷一四《地理志上》,第414—415頁。

② 《太平御覽》卷一九九《封建部二》"公封"至"男封"各條,北京:中華書局,1960年影印本,第958—959頁。

③ 楊光輝説,《晉書》記有咸熙元年受封五等的文武功臣二十三人,禪代之際,他們普遍進爵一級,見《漢唐封爵制度》,第132頁。此説不確。從史料看,泰始初除新增郡公侯外,基本是伯進侯、侯進公,罕有子、男進爵者,因而所謂"增封進爵各有差"基本僅適用於核心功臣。

④ 官品等第依據《晉官品》,杜佑:《通典》卷三七《職官典十九·秩品二》,北京:中華書局,1988年,第1003—1006頁。列侯中縣侯的存廢,目前無一致觀點,存疑。關内侯、關中侯,即便食邑亦無封土,應視爲虚封。

續表

爵　類	爵　　名	食邑(户)	地方(里)	官　品
列侯爵	(縣侯)			第三品
	鄉侯			第四品
	亭侯			第五品
虚封爵	名號侯			第六品
	關内侯			
	關中侯			第七品
	關外侯			

郡公、郡侯以一郡之地作爲封國,封國不設太守,置相一人;咸寧三年改制後,其國官和置軍等制度比照宗王中的小國。晉初郡公侯封户可考者僅裴秀一人,食邑 3 000 户;[①]以兩晉實例觀看,其食邑數應無上限。

縣公侯伯子男之制最可注意的有兩點:

第一,封域的規範化,九等爵封疆里數依次遞減,里數與爵級完全對應。裴秀最初"封濟川侯,地方六十里……以高苑縣濟川墟爲侯國",[②]便是一例。當時户口寡少,但五等爵的分封大多選擇人口稠密地區,像裴秀這樣封國不足一縣範圍的情況應該不是特例。又據《太平御覽》所引《魏志》,五等封國不僅按照等級設置典祠、典書、典衛、典禮令長丞等國官,而且設相一人,[③]當是與縣平級的政區。

第二,食邑的規範化,九等爵食邑數目依次遞減,食邑與爵級完全對應。這項制度在西晉後期大體保持,且沿用到東晉初期。由於食邑固定,便出現了一些奇怪的現象:功臣可將自己的食邑回授子弟,使他們得以封賜鄉、亭侯或關内侯,而子弟的食邑數竟然可以超過擁有五等爵的父兄。例如,惠帝初傅祗"以討楊駿勛,當封郡公八千户,固讓,減半,降封靈川縣公,千八百户,餘二千二百户封少子暢爲武鄉亭侯"。[④]

總之,魏晉之際的縣級五等爵有實土、封户,設國相,屬真正意義上的實封爵。

《晉志》總序於咸熙制度之後緊接着説:

① 《晉書》卷三五《裴秀傳》,第 1038 頁。

② 《晉書》卷三五《裴秀傳》,第 1038 頁。按,其時裴秀食邑 1 400 户,屬次國侯,次國侯地方六十五里,而本傳載作"六十里",當脱一"五"字。

③ 《太平御覽》卷一九九《封建部二》"公封"至"男封"各條,第 958—959 頁。

④ 《晉書》卷四七《傅玄傳附從子傅祗傳》,第 1331 頁。

> 武帝泰始元年,封諸王,以郡爲國。邑二萬户爲大國,置上中下三軍,兵五千人;邑萬户爲次國,置上軍下軍,兵三千人;五千户爲小國,置一軍,兵千五百人。王不之國,官於京師。罷五等之制,公侯邑萬户以上爲大國,五千户以上爲次國,不滿五千户爲小國。

就“罷五等之制”一語,楊光輝指出多處疑點,斷定這一記載有誤,但駁而不釋。① 周國林認爲,這“並非是要廢除分封制,而是要罷除那種地方七十五里、地方七十里之類裂土專封的魏末之制”,用來限制异姓諸侯。② 王安泰則推測,五等爵並未廢除,只是改行三等,亦即郡公、縣公、郡侯,分别按食邑多寡定爲大、次、小國,縣侯以下皆不開國。③ 各家獻疑,並不輕易多言。

筆者另撰《晉初王國等級制考論》一文,證實二萬户爲大國、萬户爲次國、五千户爲小國乃是咸寧三年改制後的王國等級;《晉書·地理志》剪裁史料失當,在“以郡爲國”之後,應補入“咸寧三年,更制户邑”八字,或類似的文字。④ 因此“罷五等之制”云云同樣當繫於咸寧三年,而非泰始元年。以此出發,以往的疑點可部分消除。但是,既罷五等卻又規定“公侯邑萬户以上爲大國,五千户以上爲次國,不滿五千户爲小國”,而咸寧三年以後仍有五等爵的存在,這些又怎樣解釋?

處於五等爵頂端的郡公、郡侯,情況相對明了。《晉書·職官志》記咸寧改制:“又爲郡公制度如小國王,亦中尉領兵,郡侯如不滿五千户王,置一軍一千一百人,亦中尉領之。於時,唯特增魯公國户邑,追進封故司空博陵公王沈爲郡公,鉅平侯羊祜爲南城郡侯。”⑤既然郡公侯不是罷廢的對象,那針對的只能是縣公侯伯子男。以咸寧三年爲界,縣級五等爵的制度究竟發生了哪些變化?先嘗試從散見於史籍的禮儀、國官、世子、置軍等制度進行分析。

(1) 魏晉之際封五等爵者“例受茅土”,此項儀式歷兩晉未變。⑥《晉書·職官志》有一句話,“其王公以下,茅社符璽,車旗命服,一如泰始初故事”;⑦聯繫前面的敍述來

① 楊光輝:《漢唐封爵制度》,第 35—36 頁。

② 周國林:《西晉分封制度的演變》。

③ 王安泰:《開建五等——西晉五等爵制成立的歷史考察》,上册,第 42—43 頁。

④ 顧江龍:《晉初王國等級制考論》(未刊稿)。

⑤ 《晉書》卷二四《職官志》,第 744 頁。此段文義略有含糊之處,其意當爲:郡公制度如小國王,郡侯如不滿五千户王;皆置一軍一千一百人,中尉領之。

⑥ 王安泰:《再造封建——魏晉南北朝的爵制與政治秩序》,第 129—132 頁;同氏:《開建五等——西晉五等爵制成立的歷史考察》,上册,第 64—74 頁,及散見於各章節的相關部分。

⑦ 《晉書》卷二四《職官志》,第 745 頁。

看,這是咸寧改制時詔書的内容。五等爵的禮制待遇仍按舊制執行,從中無法得到"罷五等之制"的真義。

(2) 咸熙元年五等爵的國官制度頗爲完備有序,這可以從《太平御覽》所引《魏志》窺其大概。但《宋書·百官志》、《晉書·職官志》詳記東晉五等爵國官制度,對西晉僅以"晉江右公侯以下置官屬,隨國小大,無定制也"一句話含混帶過,①與《魏志》的記載存在矛盾。或有兩種可能:一,咸熙元年的規定其實是一紙空文;二,西晉前期的某個時候廢除了咸熙制度。囿於史料,目前無從判定。

(3)能透露有用信息的是世子與置軍制度。《宋書·禮志五》引《晉令》,"王公之世子攝命治國者,安車,駕三,旗七旒,其侯世子,五旒",②舉出王、公、侯世子而不及伯子男。王安泰由此判斷"只有王公侯開國,有國可就","伯子男無成國之制",故其世子並無"攝命理國"的必要,甚是。③ 又,《晉書·職官志》載咸寧三年推恩制度,宗王支庶各依王國等級、承襲世次分别受封,"其公之制度如五千户國,侯之制度如不滿五千户國,亦置一軍千人,中尉領之,伯子男以下各有差而不置軍"。④ 宗室縣公侯比照小國置一軍,伯子男則無。從世子與置軍制度看,縣公侯與伯子男之間確有鴻溝。

不過,同爲縣公或縣侯,也還有差别。東晉以降五等爵分作兩類:一類是開國爵,有封國、食邑,爵稱的完備形式爲"郡縣名+開國+爵等+食邑户數",如"夏陽縣開國侯,邑千六百户"之類;另一類是虚封五等爵,無封國,不食邑,爵稱中"開國"二字换作"五等",如"吴興縣五等侯"之類。二者在東晉南朝的分途、演變,漢晉之間"開國"的概念與内涵,王安泰有詳細論述。⑤ 他推測,開國五等爵的"開國"概念出現於西晉,"開國"二字鑲嵌於爵稱之中卻要到東晉時期。⑥ 西晉五等爵的開國問題,乃是理解晉武帝"罷五等之制"的關鍵。目前的研究尚未清晰地意識到這一點,要想將它揭示出來,必須另

① 《宋書》卷四〇《百官志下》,北京:中華書局,1974 年,第 1259—1260 頁;《晉書》卷二四《職官志》,第 743—745 頁。《晉書·職官志》脱"江右"二字。

② 《宋書》卷一八《禮志五》,第 498 頁;《晉書》卷二五《輿服志》略同,第 762 頁。

③ 王安泰:《開建五等——西晉五等爵制成立的歷史考察》,上册,第 74、109 頁。

④ 此段文義也略有含糊之處,其意當爲:其公之制度如五千户國,侯之制度如不滿五千户國,伯子男以下各有差;公、侯置一軍千人,中尉領之,伯子男不置軍。

⑤ 王安泰:《再造封建——魏晉南北朝的爵制與政治秩序》,第 113—171 頁。東晉南朝的虚封五等爵,清人錢大昕、近人周一良先生等皆有論述,並參王著。

⑥ 王安泰還提出另一種推測,即晉惠帝以後朝廷大開爵賞,受封五等爵者不可能全部開國、食邑,所以出現兩種五等爵的區分。不過,他認爲這種可能性相對較小(《再造封建——魏晉南北朝的爵制與政治秩序》,第 144—149 頁)。

覓視角挖掘史料。

二、"罷五等之制"的對象——《晉書・地理志》"公國相"、"侯相"解

《晉志》縣名之下的小注大多記載本縣山川城冢、風俗物産、歷史掌故等(偶爾記載沿革)。此外又有一類特殊小注,如泰山郡梁父縣注明"侯國",高平國昌邑縣注明"侯相",濮陽國甄城縣注明"公國相"之類。這三種小注共計59處,其中"公國相"、"侯相"49至51處。[①] "侯國"、"侯相"、"公國相"究竟指什麽?依照《漢書・地理志》、《續漢書・郡國志》和《宋書・州郡志》的體例,"侯國"當指縣級列侯封國,"公國相"、"侯相"分别指開國縣公、縣侯的封國。對這類特殊小注,王安泰給予了特别關注,並製有"《晉書・地理志》所載有國相者與魏晉封爵重合者表"(以下簡稱"王表"),[②]以及各類封爵表格,頗便於利用。其後,姚樂撰《〈晉書・地理志〉縣級封國考論》一文,認爲西晉除了縣公侯伯子男之外,尚有低於五等爵序列的"一般縣公、縣侯","公國相"、"侯相"分别與之對應,從而得出"五等爵在設立之初即已與縣級政區脱鈎"的結論。筆者的觀點則是,凡標明"公國相"、"侯相"的縣,皆屬於開國的五等縣公、縣侯;而食邑户數固定的縣公(1 800户)和縣侯(1 600或1 400户)則不開國,其封國不構成縣級政區。

對具體事例展開分析之前,有必要明確兩個前提。第一,《晉志》的"侯國"小注8到10例,王安泰、姚樂將之混同於"侯相"小注;其實,這是史臣編纂《晉志》時誤録了《續漢書・郡國志》同名縣下的小注,"侯國"小注根本不應存在。第二,《晉志》某些州全無縣下小注或僅有寥寥數條,也是因爲史臣編纂失誤導致,本應當標明"公國相"、"侯相"的縣肯定不止50例左右。關於這兩點,筆者《〈晉書・地理志〉小注"侯國"解》已作詳細的解讀。[③]

今以王表爲基礎,略作補充、改正,逐一考察之。

(1) 公國相,對應可考者四例:

濮陽國甄城:曹志。魏陳留王植之子,嗣爵,改封濟北王,入晉,封甄城公。

濮陽國廪丘:曹翕。魏東平王徽之子,嗣爵,入晉,封廪丘公。

趙國高邑:曹嘉。魏楚王彪之子,封常山真定縣王,入晉,封高邑公。

① 因傳抄致誤,《晉書・地理志》有兩處小注各版本或作"侯國",或作"侯相",難以斷定。

② 王安泰:《開建五等——西晉五等爵制成立的歷史考察》,上册,第98頁。

③ 顧江龍:《〈晉書・地理志〉小注"侯國"解》,《中國史研究》待刊稿。

潁川郡邵陵：魏廢帝齊王芳。入晉，封邵陵縣公。泰始十年薨，子孫襲爵。

以上四人是曹魏宗王。晉武帝即位，"魏氏諸王皆爲縣侯"，[①]齊王芳由於廢帝身份而優降縣公，不難解釋，其餘三人爲何也僅降爲縣公？《晉書·曹志傳》："及帝受禪，降爲鄄城縣公。詔曰：'……前濟北王曹志履德清純，才高行潔，好古博物，爲魏宗英，朕甚嘉之。其以志爲樂平太守。'"曹志乃曹魏宗室第一人。曹翕"魏宗室之中，名次鄄城公"。曹嘉"才幹學義，不及志、翕，而良素脩潔，性業踰之"。[②]他們降封縣公，乃是晉武帝對前朝宗室精英的獎勵，屬於破例。

可大體判斷爲縣公國的還有三例。蜀後主劉禪封安樂縣公，食邑萬户，泰始七年薨，子劉恂嗣爵。[③]《晉志》燕國安樂縣注云"國相，蜀主劉禪封此縣公"，[④]而《華陽國志》卻以上庸郡安樂縣當之，云"咸熙元年爲公國，封劉後主也"。常璩所記，任乃强已斥爲妄説，[⑤]但"公國"二字或有所本。疑《晉志》"國相"之上脱一"公"字。另外，劉康（漢獻帝之孫）封山陽公，姬署（周後）封衛公，[⑥]以充三恪二王後，河内郡山陽縣、頓丘郡衛縣皆不注"公國相"，若參照宋侯孔氏之例（詳後），志當失載。[⑦]

（2）侯相，對應可考者七例：

襄陽郡襄陽：王濬。以平吴功，由關内侯"封爲襄陽縣侯，邑萬户"。

上庸郡上庸：唐彬。以平吴功，由關内侯"封上庸縣侯，食邑六千户"。

安豐郡安豐：王戎。以平吴功，由亭侯"進爵安豐侯，增邑六千户"。[⑧]

以上三人是平吴功臣。平吴元功尚有賈充、司馬伷、張華、杜預、王渾、周浚。賈充爲魯郡公，司馬伷爲琅邪王，可略而不論。張華原爵關内侯，平吴"進封爲廣武縣侯，增邑萬户"，然雁門郡廣武縣下無注；杜預原爵亭侯，"進爵當陽縣侯，增邑并前九千六百户"，

① 《晉書》卷三《武帝紀》泰始元年，第51—52頁。

② 以上四人依次見《晉書》卷五〇《曹志傳》，第1389頁；《三國志》卷二〇《魏書·東平靈王徽傳》裴注，第589頁；同書同卷《楚王彪傳》裴注，第588頁；同書卷四《魏書·齊王芳紀》裴注引《魏世譜》，第131頁。

③ 《三國志》卷三三《蜀書·後主傳》及裴注引《蜀記》，第901—902頁。

④ "安樂"，各本作"安國"，惟局本作"安樂"。

⑤ 常璩撰，任乃强校注：《華陽國志校補圖注》卷二《漢中志》，上海古籍出版社，1987年，第85、86頁。"安樂縣"各本或作"安樂鄉"，屬北巫縣。

⑥ 姬署卒於泰始七年（《晉書》卷三《武帝紀》，第61頁），繼嗣者不明。其國因西晉末年喪亂而中絶，東晉成帝復下詔求其近屬以繼承其祀，見同書卷七《成帝紀》，第180頁。

⑦ 《晉書》卷三《武帝紀》泰始四年二月："增置山陽公國相、郎中令、陵令、雜工宰人、鼓吹車馬各有差。"（第56頁）

⑧ 《晉書》卷四二《王濬傳》，第1208、1215頁；同書同卷《唐彬傳》，第1218—1219頁；同書卷四三《王戎傳》，第1231—1232頁。

南郡當陽縣無注;王渾原爵京陵侯,"增封八千户,進爵爲公",太原國京陵縣無注;周浚"進封成武侯,食邑六千户",濟陰郡成武縣無注。[①] 又:

南陽國西鄂:羅憲。蜀末守永安城,蜀亡,降魏拒吴。泰始六年卒。泰始中,封(或追封)西鄂縣侯。子襲,嗣爵。[②]

順陽郡武當:滕脩。吴廣州牧,吴亡降晋,封武當侯。

宣城郡宛陵:陶璜。吴交州牧,吴亡降晋,封宛陵侯。[③]

以上三人原爲蜀吴藩鎮。又:

汝陰郡宋縣:孔紹或其子孫。殷商後裔。孔氏東漢爲二王後,[④]曹魏當在三恪之列。[⑤]

《宋書·荀伯子傳》云:"晋泰始元年,詔賜山陽公劉康子弟一人爵關内侯,衛公姬署、宋侯孔紹子一人駙馬都尉。"[⑥]《晋書·食貨志》載咸寧三年杜預疏,還提到"宋侯相應遵"。[⑦] 都可以和宋縣"侯相"小注對應。西晋制度,以陳留王曹奂(魏元帝)、山陽公劉康爲二王後;至於三恪,若以三爲斷,則是陳留王、山陽公加衛公姬署(周後),若以五爲斷,則更以衛公與殷後、夏後充三恪,這在當時有争議。[⑧] 宋侯孔紹雖然未必在三恪之

---

① 《晋書》卷三六《張華傳》,第 1070 頁;同書卷三五《杜預傳》,第 1030 頁;同書卷四二《王渾傳》,第 1202 頁;同書卷六一《周浚傳》,第 1658 頁;及同書卷三《武帝紀》,第 72 頁。浚本傳云封成武侯,同書卷六九《周顗傳》則云"襲父爵武城侯"(第 1850 頁),《晋志》無武城縣。又,浚本傳云"仕魏爲尚書郎,累遷御史中丞,拜折衝將軍、揚州刺史,封射陽侯。隨王渾伐吴","封射陽侯"必有誤。《晋志》射陽縣屬廣陵郡,然據《宋書》卷三五《州郡志一》南徐州臨淮太守條,"射陽令,前漢屬臨淮,後漢屬廣陵,三國時廢,晋武帝太康元年復立"(第 1042 頁)。周浚遷揚州刺史亦在太康元年或之前一年。西晋未統一前,方鎮因立軍功所得封爵(或回封子弟)多爲亭侯、關内侯,此"封射陽侯"或爲亭侯。

② 《晋書》卷五七《羅憲傳》,第 1551—1552 頁;《三國志》卷四一《蜀書·霍峻傳》裴注引《襄陽記》,第 1008—1009 頁;《華陽國志》卷一《巴志》巴東郡,《華陽國志校補圖注》,第 34 頁。《襄陽記》云泰始元年封西鄂侯,《華陽國志》作二年,《晋書》本傳則云六年追封。

③ 《晋書》卷五七《滕脩傳》,第 1553 頁;同書同卷《陶璜傳》,第 1560 頁。

④ 光武帝封周後姬常爲衛公,殷後孔安爲宋公,"以爲漢賓,在三公上",《續漢書·百官志五》,北京:中華書局,1965 年,第 3629—3630 頁。

⑤ 魏文帝封漢獻帝爲山陽公,與衛公同爲二王後,見《通典》卷七五《禮典三十五·賓禮二》天子上公及諸侯卿大夫士等贄條高堂隆議,第 2049—2050 頁,及同書卷七四《禮典三十四·賓禮一》三恪二王後條泰始三年太常上言引博士祭酒劉喜等議,第 2026—2027 頁。宋公的情況不明。考魏黄初二年(221)《孔羨碑》云"追存二代三恪之禮,兼紹宣尼褒成之後"(毛遠明:《漢魏六朝碑刻校注》第 2 册,北京:綫裝書局,2006 年,第 190—191 頁),曹魏似設三恪之制,大約宋公降爲宋侯,與山陽公、衛公構成三恪。

⑥ 《宋書》卷六〇《荀伯子傳》,第 1628 頁。

⑦ 《晋書》卷二六《食貨志》,第 789 頁。

⑧ 《通典》卷七四《禮典三十四·賓禮一》三恪二王後條,第 2027 頁。博士祭酒劉喜等議,當以五爲斷,而"有司奏"要求以三爲斷。

數,但據泰始元年優賜詔,待遇與衛公姬署相等,不太可能是地位懸隔的縣級列侯,還是視爲五等縣侯爲宜。

除以上 7 例,王表還列出 13 人,其父祖大都是漢末曹魏的風雲人物,因各種原因獲封縣侯,如鍾繇、張遼、臧霸、盧毓等等。他們的封國,在《晉志》同名縣下恰好注明了"侯相",是以王安泰認爲其列侯爵位在魏末晉初直接轉封爲五等縣侯。① 姚樂亦舉 8 例,但認爲他們是被保留下來的一般的縣侯。② 筆者以爲,兩種觀點都可以商榷,該同名現象應解釋爲必然的巧合。據吴增僅考證,魏末不過 720 縣(不含蜀地),③邊地和司州的部分地區又不可能用作分封,可供選擇者估計不過 500 縣上下。西晉分封地也基本位於曹魏舊境。曹魏封縣級列侯前後 50 餘人,④而晉初"公侯伯子男五百餘國",⑤其中縣侯當不下數十人;魏晉封地重名的概率客觀存在。王安泰所舉事例,扣除小注實爲"侯國"者 1 例,⑥史料可疑者 1 例⑦,實際重名 11 例,尚在合理的範圍内。

舉例來説,下邳國良城縣小注"侯相",王安泰、姚樂以爲始封者爲臧霸。考《晉書·下邳王晃傳》,司馬晃因其子司馬綽有篤疾,而以兄子爲嗣,綽"别封良城縣王",良城"侯相"當與此對應。⑧

盧毓之例更典型(姚樂未舉其例)。毓封容城侯,食邑 2 300 户,甘露二年(257)卒於司空之位,孫藩嗣。《晉志》范陽國容城縣注明"侯相",盧藩能否轉封五等容城侯?可以拿兩個相似的例子來比較。高柔歷任司空、司徒、太尉,封安國侯,食邑 4 000 户,景元四年(263)卒,孫渾嗣。高柔資歷、地位高於盧毓,封户多於盧毓,薨年則晚於盧毓,而其孫高渾"咸熙中開建五等,以柔等著勛前朝,改封渾昌陸子"。又,陳群封潁陰侯,食邑 1 300 户,子泰嗣。陳泰歷任雍涼都督、左右僕射,"前後以功增邑二千六百

① 王安泰:《開建五等——西晉五等爵制成立的歷史考察》,上册,第 39 頁。但其"漢末魏晉封爵總表"五等縣侯部分,僅列入程喜、滿偉二人,見同書下册,第 280、281 頁。

② 姚樂:《〈晉書·地理志〉縣級封國考論》,第 148 頁。

③ 吴增僅撰,楊守敬補正:《三國郡縣表附考證》,《二十五史補編》第 3 册,北京:中華書局,1955 年,第 2228 頁。

④ 參王安泰"漢末建安年間與曹魏時期封爵人數對照表",《開建五等——西晉五等爵制成立的歷史考察》,上册,第 49 頁。

⑤ 《晉書》卷四八《段灼傳》,第 1349 頁。

⑥ 高平侯刑貞。

⑦ 廣年侯程喜。史料來源爲東魏天平元年《程哲碑》,見胡聘之《山右石刻叢編》,《石刻史料新編》第 1 輯第 20 册,臺北:新文豐出版公司,1982 年,第 14949 頁。碑文記述魏晉之際程氏的功績、名位,甚是荒謬,不足爲憑。

⑧ 《晉書》卷三七《宗室·下邳王晃傳》,第 1091 頁。

户”,景元元年卒,追贈司空,子恂、子温先後嗣爵。“司馬文王、景王皆與泰親友”,陳泰與司馬氏的關係較盧毓尤爲密切,而開建五等,“以泰等著勛前朝,改封温爲慎子”。[①]這兩例可以説明,曹魏功臣、重臣如果卒於咸熙之前,繼嗣的子孫又無顯赫的政治地位,通常不能轉封五等縣侯;盧藩最有可能的情况是改封子爵。

至於姚樂的看法,亦在疑似之間。包括盧藩、高渾在内,咸熙元年列侯子孫因父祖“著勛前朝”而改封子爵者共有10例,其中至少有兩例鄉侯,[②]鄉侯尚有可能封授子爵,縣侯恐不應排除在外。當時“自騎督已上六百餘人皆封”,受益者是四品以上官及部分五品官。據《魏官品》,縣、鄉、亭侯分居三、四、五品,[③]最起碼縣侯、鄉侯應當有改封五等的資格。

此外,泰始十年陳壽《上〈諸葛亮集〉表》題銜爲“平陽侯相”。[④]《晉志》平陽郡平陽縣下無注。考魏宗室曹琮封平陽公,“累增邑,并前千九百户”,他很可能在泰始元年降爲五等平陽縣侯,[⑤]陳壽爲其侯相。

以上《晉志》公國相、侯相對應可考者11例,算上把握性較大的安樂、良城、平陽,則14例,再加上人物可考而《晉志》失注的山陽、衛縣、京陵公國相和廣武、當陽、成武侯相,總計20例。綜觀這些縣王、縣公、縣侯,給人第一印象恐怕是大部分人身份特殊:[⑥]山陽公、衛公、宋侯具有“賓”的身份;劉禪是亡國之君;曹志等五人皆爲前代王公;王濬等7人乃平吴功臣;羅憲、滕脩和陶璜原任蜀吴藩鎮;司馬綽則本當承襲王爵。

封户較多是他們的另一個共同特點。劉禪食邑10 000户,山陽公5 000户,王濬等平吴功臣超過6 000户,[⑦]皆史有明文。司馬綽不低於3 000户,亦可推知。[⑧] 魏末曹氏王公食邑可考者三人:曹翕3 400户,曹嘉2 500户,曹琮1 900户。而曹芳、曹志身爲

① 《三國志》卷二二《魏書・盧毓傳》,第650—652頁;同書同卷《陳群傳》,第633—642頁;同書卷二四《魏書・高柔傳》,第682—690頁。

② 參王安泰“漢末魏晉封爵總表”子爵部分,《開建五等——西晉五等爵制成立的歷史考察》,下册,第289頁。6人確定爲縣侯;2人鄉侯,即蔣凱、荀愷;另王觀、傅嘏皆封“陽鄉侯”。

③ 《通典》卷三六《職官典十八・秩品一》,第991—992頁。

④ 《三國志》卷三五《蜀書・諸葛亮傳》,第931頁。

⑤ 姚樂推測曹琮降爲容城縣侯,並無根據,見《〈晉書・地理志〉縣級封國考論》,第145—146頁。

⑥ 王安泰發現,《晉志》“所記之公國、侯國中,有曹魏時期之功臣,有平吴之將相,有曹魏宗室降封之後”,因此判斷“在晉武帝時,實際可擁有國相者,唯有立軍功者、降附者及部分前朝後代,其餘因事功或普遍封爵而成爲五等爵者,除公侯與少數特例外,多不開國”。(《開建五等——西晉五等爵制成立的歷史考察》,上册,第69頁)

⑦ 因存在將食邑回封子弟爲亭侯、關内侯的情况,各人最終的食邑可能有所減少。

⑧ 《晉書》卷二四《職官志》記咸寧改制,“又南宫王承、隨王萬各於泰始中封爲縣王,邑千户,至是改正,縣王增邑爲三千户”(第744頁)。

郡王,總應在四五千户左右。[①] 至於羅憲等人,其食邑數目雖不見於記載,但蜀亡之後羅憲堅守孤城,拒吴降晉,吴亡之時陶璜、滕脩保境歸順,遂終身鎮守交廣,而司馬氏封賞敵國降將從來都不吝惜,[②]此三人當不與普通五等縣侯同,食邑數應該可觀。

按照魏末晉初制度,縣公至縣男九級爵有固定的食邑户數,縣公亦不過 1 800 户,以上諸人爲什麽能够突破上限? 劉禪及三恪二王後,無需額外説明。其餘的人主要有兩類。第一類是曹魏王公,司馬氏對待他們可謂相當厚道。以爵制論,曹氏代漢,東漢諸侯王降爲名號侯,列侯降關中侯,[③]而魏晉鼎革,曹氏王公僅降封縣侯,少數則優降縣公;一薄一厚顯而易見。又如廪丘公曹翕,泰始初就國,二年“遣世子琨奉表來朝”,武帝下詔“假世子印綬,加騎都尉”,[④]而考元老重臣封五等縣公、縣侯者,如鄭沖、何曾、荀顗、王沈、羊祜等人,卻直到泰始六年方纔得以假世子印綬。[⑤] 因此,如果推測曹魏王公在改降之後仍能够維持舊有的食邑户數,大概也不是全無根據。

第二類人物皆與統一大業相關。晉武帝前期最重要的事業是籌謀滅吴,可以想見,咸寧三年雖“罷五等之制”,卻爲將來的平吴功臣預留了餘地,所以王濬等人得以獲封五等縣侯,王渾進爵縣公,陶璜、滕脩亦從中受益。泰始中羅憲封西鄂縣侯,亦可看作平吴事業的一個細小環節。

對“公國相”、“侯相”的考察,至此可告一段落。聯繫本文第一節的分析,咸寧三年晉武帝“罷五等之制”的内容可概括爲三方面: 第一,郡公、郡侯不在罷廢行列。第二,縣公、縣侯一分爲二: 部分特殊的縣公侯“開國”,不受“食邑若干户”的限定,封國置相,屬於實封爵;魏晉之際那些“地方若干里”、“食邑若干户”的縣公、縣侯則不開國,除

① 《三國志》卷一九《魏書・陳思王曹植傳》云“志累增邑,并前九百九十户”(第 576 頁),盧弼引陳景雲説,謂此處“傳寫脱誤”(盧弼:《三國志集解》,北京: 中華書局,1982 年,第 495 頁)。按,“九百九十户”之前恐脱“四千”二字。三少帝即位,王公依例增加封户。考曹操之子楚王彪、曹丕之孫贊王尋,齊王芳即位時都“增户五百”(《三國志》卷二〇《魏書・楚王彪傳》,第 587 頁;同書同卷《贊哀王協傳》,第 590 頁),而濟南王曹楷(操孫,彰子)在高貴鄉公和陳留王即位時“連增邑”,達 1 400 户(同書卷一九《任城威王彰傳》,第 556—557 頁)。曹植原先食邑 3 500 户,曹志嗣爵改封濟北,這三次增邑都趕上了,因此魏末食邑應當在 5 000 户左右甚至更多。曹操、曹丕諸子封郡王傳承至魏末者,大多食邑四五千户,亦可證明。

② 吴夏口督孫秀泰始六年降晉,拜驃騎將軍、開府儀同三司,封會稽公;京下督孫楷咸寧二年降晉,拜車騎將軍,封丹楊侯;所封郡公、郡侯雖屬遥封,亦可見武帝絶不吝惜高位厚禄以“招携致遠”。這種做法甚至招致裴松之“不亦過乎”的批評。(《晉書》卷三《武帝紀》泰始六年,第 60 頁;同書同卷咸寧二年,第 66 頁;《三國志》卷四《魏書・高貴鄉公紀》甘露二年,第 140 頁。)

③ 《三國志》卷二《魏書・文帝紀》黄初元年,“以漢諸侯王爲崇德侯,列侯爲關中侯”(第 76 頁)。

④ 《三國志》卷二〇《魏書・東平靈王徽傳》裴注,第 589 頁。

⑤ 《晉書》卷三三《鄭沖傳》,第 992 頁。

了保留經濟和部分禮制待遇外,國相被撤銷,封國歸縣令長管理,其爵介於實封與虛封之間。第三,所有的伯子男封國皆不開國。前文從世子與置軍制度分析,指出縣公侯與伯子男之間存有鴻溝,而《晉志》小注也見不到一例伯子男相。

魏晉禪代所規定的五等爵裂土、置軍和國官等制度,大多未付諸實踐,這是學界通常的認識。筆者並無异議。不過,推測五等國皆非以縣立國,與地方行政無關,[①]未免走得太遠。筆者的意見是,開國的縣公、縣侯皆以縣立國,與漢代侯國相似,與"食邑若干户"的五等爵實爲兩類;降至東晉,凡以縣立國並食邑的五等爵,爵稱之中都嵌以"開國"二字,虛封者則在爵稱之中嵌以"五等"二字而無"開國"字樣,其制度與西晉又不同。從制度史的視角來看,五等爵的裂變、虛與實的分野,皆起於咸寧三年。

西晉縣公侯以縣立國、開國,還可進一步舉證如下:

其一,《太平寰宇記》宿州符離縣條:"相山碑,在縣西北九十里相山南。按碑辭云:'晉武帝太康五年,縣令、有國諸侯祀界内山川。時相山屬沛國,令郭卿……乃建廟刻石記。'"[②]"縣令"與"有國諸侯"相提並論,後者無疑指縣級五等爵。既有"有國諸侯",必存在無國諸侯,二者的分别即如上文所論。

其二,《晉志》總序云:"罷五等之制,公侯邑萬户以上爲大國,五千户以上爲次國,不滿五千户爲小國。"咸寧改制"郡公制度如小國王","郡侯如不滿五千户王",[③]所以這裏的"公侯"當專指縣公、縣侯。當時食邑數千户甚至萬户的,正以上文所舉的那些特殊人群爲主。

其三,前文舉例,泰始十年陈壽爲平陽侯相,咸寧三年有宋侯相應遵,而惠帝時期又見薛兼"除比陽相",紀瞻"除鄅陵公國相",復"左降松滋侯相",王接"轉臨汾公國相",[④]皆可以爲證明。[⑤]

三、"罷五等之制"與"必建五等"

太康四年齊王攸就國是武帝朝的重大政治事件,始作俑者之一侍中馮紞爲了促使

① 姚樂:《〈晉書·地理志〉縣級封國考論》。

② 《太平寰宇記》卷一七《河南道一七》宿州符離縣,北京:中華書局,2007年,第329頁。

③ 《晉書》卷二四《職官志》,第744頁。

④ 《晉書》卷六八《薛兼傳》,第1832頁;同書同卷《紀瞻傳》,第1819頁;同書卷五一《王接傳》,第1435頁。

⑤ 史籍中"相"與"令"、"長"不作區分的情況應當不是個例,依常理而論,主要是原當爲"相"而泛稱令長。

武帝下定決心,進言"陛下必欲建諸侯,成五等,宜從親始,親莫若齊王"。[①] 筆者《齊王攸就國考論——晉武帝"必建五等"的歷程之一》一文,[②]就所謂"必建五等"亦即樹建同姓、藩衛王室,展開過具體的論述;對於相輔而行的罷廢异姓五等一事,着墨不多。今略作概括、補充。

"恢復五等"是漢末魏晉復古思潮的首要問題。[③] 其實踐過程,咸熙元年司馬昭"奏復五等爵"邁出第一步;第二步則是晉武帝的"必建五等"。武帝受禪,宗室成年者皆封郡王,泰始後期到咸寧中諸皇子又密集出生,在郡縣制條件下如何仿效周制建立宗王藩輔體系,宗王封建又如何親疏有序,成爲他最關注的問題之一。在咸寧三年改制前夕,議郎段灼的一段議論大約會浮現在腦海之中。泰始初段灼首次進言即猛烈抨擊了五等爵制:"間者無故又瓜分天下,立五等諸侯。上不象賢,下不議功,而是非雜糅,例受茅土。似權時之宜,非經久之制,將遂不改,此亦煩擾之人,漸亂之階也。"稍後,他再次進言:

> 於今國家大計,使异姓無裂土專封之邑,同姓並據有連城之地,縱復令諸王後世子孫還自相并……其於神器不移他族,則始祖不遷之廟,萬年億兆不改其名矣。大晉諸王二十餘人,而公侯伯子男五百餘國,欲言其國皆小乎,則漢祖之起,俱無尺土之地,況有國者哉!……天下有事無不由兵,而無故多樹兵本,廣開亂原,臣故曰五等不便也。臣以爲可如前表,諸王宜大其國,增益其兵,悉遣守藩,使形勢足以相接,則陛下可高枕而卧耳。臣以爲諸侯伯子男名號皆宜改易之,使封爵之制,禄奉禮秩,並同天下諸侯之例。[④]

段灼建議的重點在於强固同姓,使王國具備"襟帶之實",附帶指出"五等不便",异姓諸侯將來可能成爲"亂原",亟需改易。咸寧三年,他的兩項建議都得到相當程度的采納。《晉書·荀勖傳》記載:

> 時議遣王公之國,帝以問勖,勖對曰:"諸王公已爲都督,而使之國,則廢方任。又分割郡縣,人心戀本,必用嗷嗷。國皆置軍,官兵還當給國,而闕邊守。"帝重使

---

① 《世説新語·品藻篇》劉孝標注引《晉陽秋》,余嘉錫《世説新語箋疏》,北京:中華書局,2007 年,第 616 頁。《晉書》卷三九《馮紞傳》將前半句改作"陛下遣諸侯之國,成五等之制者",餘同(第 1162 頁)。

② 顧江龍:《齊王攸就國考論——晉武帝"必建五等"的歷程之一》。

③ 參本田済:《魏晉における封建論》,氏著:《東洋思想研究》,東京:創文社,1987 年,第 43—48 頁;魯力:《魏晉封建主張及相關問題考述》,《武漢大學學報》(人文科學版)2004 年第 2 期,第 163—169 頁。

④ 《晉書》卷四八《段灼傳》,第 1338—1349 頁。段灼首次上疏的時間,約在泰始元年到三年之間,參唐長孺:《西晉分封與宗王出鎮》,第 125 頁。

勖思之,勖又陳曰:"如詔準古方伯選才,使軍國各隨方面爲都督,誠如明旨。至於割正封疆,使親疏不同,誠爲佳矣。然分裂舊土,猶懼多所摇動,必使人心恖擾,思惟竊宜如前。若於事不得不時有所轉封,而不至分割土域,有所損奪者,可隨宜節度。其五等體國經遠,實不成制度。然但虚名,其於實事,略與舊郡縣鄉亭無异。若造次改奪,恐不能不以爲恨。今方了其大者,以爲五等可須後裁度。凡事雖有久而益善者,若臨時或有不解,亦不可忽。"帝以勖言爲允,多從其意。①

討論的重點是王國制度的調整和宗王移封就鎮,這裏需要關注的是荀勖"其五等體國經遠,實不成制度"以下的一段話。荀勖表示,現有的五等爵雖然"實不成制度",卻不能立刻改奪,"可須後裁度"。顯然,武帝最初咨詢荀勖的方案中本有廢除五等爵制的内容。傳云武帝"以勖言爲允,多從其意",《晉志》卻明言"罷五等之制",兩處記載貌似衝突,但前文已對"公國相"、"侯相"進行深入分析,該問題因此不難解釋。即武帝最終采用了折衷方案:郡公、郡侯不動,縣公侯一分爲二,部分縣公侯和縣伯子男不再裂土專封,無"成國之制"。像這樣罷廢五等之制,最大功臣賈充、羊祜等郡公侯的利益没有絲毫虧損,次要些的功臣仍可擁有五等爵的虚名,坐享租秩,可以看作對既得利益集團的讓步。對武帝而言,一,取消了絶大多數异姓五等的裂土專封之制,斷絶新授的可能,基本達成"罷五等之制"的初衷;二,保留以曹魏王公爲主體的部分縣公侯的"開國"制度,符合他一貫的"寬厚"形象;三,"開國"之制未徹底廢除,從而爲平吴厚賞預留餘地,亦有激勸將來的意味。

停授异姓五等,是"罷五等之制"的另一層含義。咸寧三年直至晉武帝駕崩,除了平吴一役,再無异姓五等封授、進爵。至於同姓五等爵,咸寧改制時如何處理?《晉書·職官志》云:

自此非皇子不得爲王,而諸王之支庶,皆皇家之近屬至親,亦各以土推恩受封。其大國次國始封王之支子爲公,承封王之支子爲侯,繼承封王之支子爲伯。小國五千户已上,始封王之支子爲子,不滿五千户始封王之支子及始封公侯之支子皆爲男,非此皆不得封。②

宗室可以推恩分封支子,但有世數限制,最多到第四代。

推恩的公侯大約也有開國與否的區分。太康十年,琅邪王司馬伷支子四人推恩爲

① 《晉書》卷三九《荀勖傳》,第1154頁。

② 《晉書》卷二四《職官志》,第744頁。

縣公,東武公澹食邑 5 200 户,廣陵公漼 2 900 户,東安公繇、東莞公卷食邑數不明。看起來,至少東武、廣陵二國屬於開國諸侯。但此例較爲特殊。司馬伷是武帝叔父,平吴之役因"功勛茂著","封二子爲亭侯,各三千户"。"分國封四子"是太康四年他臨終前的遺願,獲得武帝的許諾。[①] 而"宗室之中最爲儁望"者是武帝的另一個叔父扶風王司馬駿,名位與司馬伷相當,亦卒於太康中,子暢襲爵。太康十年,司馬暢改封順陽,"推恩請分國封歆(暢弟)",武帝"詔封新野縣公,邑千八百户,儀比縣王"。[②] 食邑 1 800 户恰好符合咸熙元年縣公的食邑規定,司馬歆之新野縣公,卻很可能是不開國的虚封。

無論開國與否,宗王與"始封公侯"享有异姓公侯所無的推恩特權,這也説明同姓、异姓被區别對待,罷廢五等實質是要罷廢异姓。在晋武帝"必建五等"過程中實施的這一步驟,其旨趣與十三年前司馬昭的恢復五等大相徑庭。

建安以來的復古思潮,首先因懲誡漢末黄巾之後天下土崩的教訓而起,或要求加强州郡武備,或寄希望於改郡縣爲封建;其次纔考慮藩屏王室的問題。藩屏王室就不免牽涉同姓、异姓之别。高堂隆告誡魏明帝"宜防鷹揚之臣於蕭牆之内",可使諸王"君國典兵,往往棋跱,鎮撫皇畿,翼亮帝室";曹冏欲以《六代論》諷寤曹爽,指出州牧、郡守權重而"宗室子弟曾無一人間厠其間,與相維持",[③]諸如此類的呼籲直至西晋不絶於耳。他們大體從强固同姓着眼,並未反向思考,即如何從制度上削弱异姓。泰始年間段灼强烈主張裁抑五等,較這些議論前進了很大的一步。武帝遵照段灼的思路"罷五等之制",實際否决了魏末開建五等的正當性,這是前人所未深思,而有必要彰明之處。

在咸寧年間所定元會儀注中,宗王地位的凸顯值得注意。沈約所引《咸寧注》:

> 大鴻臚跪奏:"請朝賀。"治禮郎讚:"皇帝延王登。"大鴻臚跪讚:"蕃王臣某等奉白璧各一,再拜賀。"太常報:"王悉登。"謁者引上殿,當御座。皇帝興,王再拜。皇帝坐,復再拜,跪置璧御座前,復再拜。成禮訖,謁者引下殿,還故位。治禮郎引公、特進、匈奴南單于子、金紫將軍當大鴻臚西,中二千石、二千石、千石、六百石當大行令西,皆北面伏。大鴻臚跪讚:"太尉、中二千石等奉璧皮帛羔雁雉,再拜賀。"太常讚:"皇帝延君登。"治禮引公至金紫將軍上殿,當御座……[④]

① 《晋書》卷三八《宣五王·琅邪王伷傳》,第 1121—1124 頁;同書卷三《武帝紀》,第 79 頁。伷本傳云"封次子澹爲武陵王,繇爲東安王,漼爲淮陵王",考三子别封爲王皆在惠帝世,且不同時,本傳蓋籠統記之。

② 《晋書》卷三八《宣五王·扶風王駿傳附子歆傳》,第 1126 頁;同書卷三《武帝紀》,第 79 頁。

③ 《三國志》卷二五《魏書·高堂隆傳》,第 716—717 頁;同書卷二〇《武文世王公傳》裴注引《魏氏春秋》,第 594 頁。

④ 《宋書》卷一四《禮儀志一》,第 343 頁。

諸王在前,單獨爲一班,公、卿、金紫將軍則共爲一班。在兩漢的元會儀式中,王、侯的角色不像這樣重要,和公卿大夫士的分别並不顯著。漢初叔孫通所定元會儀,“殿下郎中俠陛,陛數百人。功臣、列侯、諸將軍、軍吏以次陳西方,東鄉;文官丞相以下陳東方,西鄉……於是皇帝輦出房……引諸侯王以下至吏六百石以次奉賀。”[①]首先跳入眼簾的是文武之分。東漢的情形比較複雜。據蔡邕《獨斷》“三公奉璧上殿,向御坐,北面”,及蔡質《漢儀》“位定,公納薦”云云,[②]三公似乎扮演着最矚目的角色。《咸寧注》所展示的外爵、内爵的清晰分野,以及外爵之中异姓諸侯禮儀的缺失,與兩漢頗爲不同,這進一步印證了武帝“必建五等”的目的。

咸寧改制王國分爲大國、次國、小國,《咸寧注》大約以宗王等第之差代替了儒家經典公侯伯子男五等之别——畢竟,爵三等(公一等,侯伯一等,子男一等)亦是常見的理論。有趣的是,魏明帝時一代儒宗高堂隆已經提出類似的方案:

> 按《周禮》“公執桓珪”。公謂上公九命,分陝而理,及二王後也。今大司馬公、大將軍,實分征東西,可謂上公矣。山陽公、衛國公,則二王後也。
>
> “侯執信珪”謂地方四百里,“伯執躬珪”謂地方三百里,皆七命也。今郡王户數,多者可如侯,少者可如伯。
>
> “子執穀璧”謂地方二百里,“男執蒲璧”謂地方百里,皆五命也。今縣主户數,多者可如子,少者可如男。[③]

用同姓宗王的“五等”來涵括不分异姓、同姓的周制“五等”,制度設計上並不是束手無策。

中古“君主是貴族階級的共有物”,[④]西晉是“皇室司馬氏爲首的門閥貴族聯合統治”,[⑤]此類論斷自是視野宏大,意義深刻。晉武帝身後,异姓五等迅速死灰復燃,乃至趨於氾濫,其裁抑异姓諸侯的努力終究化爲泡影。但是,存在過這樣一種企圖,並曾經付之於行動,也是不容忽視的一個側面。魯力强調,曹魏主張封建者希望以宗室力量來

① 《漢書》卷四三《叔孫通傳》,第2127—2128頁。

② 《續漢書·禮儀志中》及劉昭注,第3130—3132頁。劉昭所引蔡質《漢儀》脱誤嚴重,此處所引暫從孫星衍所輯《漢官典職儀式選用》,周天游點校:《漢官六種》,北京:中華書局,1990年,第210頁。

③ 《通典》卷七五《禮典三十五·賓禮二》天子上公及諸侯卿大夫士等贄條,第2049—2050頁。不過,“魏制,蕃王不得朝覲。明帝時有朝者,皆由特恩,不得以爲常”(《宋書》卷一四《禮儀志一》,第345頁)。高堂隆的安排大概没有多少用武之地。

④ 内藤湖南:《概括的唐宋時代觀》,劉俊文主編:《日本學者研究中國史論著選譯》第一册通論,北京:中華書局,1992年,第11頁。

⑤ 唐長孺:《西晉分封與宗王出鎮》,第141頁。

平衡异姓，是因爲他們感受到門閥勢力的形成，對皇權構成威脅。[①] 呂思勉先生言，“後漢以來政治、風俗之積弊百端待理者，實皆萃於武帝之初”。[②] 當此士族制度基本成型的時代，晉武帝仍然與功臣、官僚做出有力而不懈的抗争，不正表明皇權難以與所謂“貴族階級”天然交融，皇權政治纔是中國古代統治結構的常態。

① 魯力：《魏晉封建主張及相關問題考述》。

② 呂思勉：《兩晉南北朝史》，上海古籍出版社，2005 年，第 10 頁。

《魏晉南北朝隋唐史資料》第三十五輯
2017 年 7 月,70—96 頁

北魏講武考
——草原傳統與華夏禮儀之間

劉 瑩

近年來,隨着對中古時期軍禮制度研究的逐漸深入,作爲軍禮重要組成部分的講武禮儀也受到了學界的關注。北朝講武制度雖也有論及,但現有的研究大多立足於隋唐禮制,只簡單指出了北朝講武禮的某些特徵,對於北朝講武的發展變化及其承載的文化要素依然缺乏深入的討論,對北魏早期七月七日講武則關注更少。[①] 作爲北魏國家禮儀之一種,[②]在《魏書》不多的講武相關記載中,也能窺探到北魏政治、社會文化的些許樣貌。

---

① 近年來,中古時期國家禮儀的研究已經擴展到了五禮制度(吉、凶、賓、軍、嘉)的各個層面。軍禮方面的研究雖在不斷進行,但依然不够充分,北朝講武的研究成果更是有限。梁滿倉在《魏晉南北朝的軍禮》中專節討論了此一時期講武練兵的問題,指出北朝講武與南朝存在差异,在北魏早期爲部族傳統,到北朝後期逐漸納入《周禮》框架,標誌着五禮制度的逐漸成熟(梁滿倉:《論講武練兵》,《魏晉南北朝五禮制度考論》,北京:社會科學文獻出版社,2009 年,第 415—446 頁)。陳儀、任重《魏晉南北朝的閱兵禮》則指出北朝講武多與馬射相關,而南朝則多有水兵訓練(陳儀、任重:《魏晉南北朝的閱兵禮》,《井岡山師範學院學報》2004 年第 1 期,第 43—47 頁)。王瑜在以唐代"講武禮"爲中心進行考察時,指出魏晉南北朝的講武並不正規,直到唐代纔成爲"成文的、正規的國家禮儀"(王瑜:《關於中國古代"講武禮"的幾個問題——以唐代爲中心》,《求索》2009 年第 4 期,第 217—220 頁)。陳志偉《北朝講武考論》則認爲北朝講武活動增多,且已成爲皇帝親自主持的禮儀活動,到北齊與北周時成爲一種國家制度。但講武上升爲"禮",成爲國家軍禮的一部分則是在唐宋時期(陳志偉:《北朝講武考論》,《蘭州學刊》2011 年第 8 期,第 156—160 頁)。日本學者丸橋充拓則從魏晉南北朝正史志書的構成探討軍禮成立的過程,認爲從《魏書》開始"講武逐漸成爲軍禮的核心内容"(丸橋充拓:《魏晋南北朝隋唐時代における「軍礼」確立過程の概観》,《社会文化論集:島根大学法文学部紀要社会文化学科編》第七號,2011 年 3 月,第 53—61 頁)。又,同氏《唐代射礼の源流》一文中也稍稍涉及北魏的講武,認爲北魏七月七日馬射,是射禮與講武的混合禮儀,但並未對其進行深入論證(丸橋充拓:《唐代射礼の源流》,《中国古代軍事制度の総合的研究》,平成 20—24 年度科學研究費補助金基盤研究(B)研究成果報告書,京都大學人文科學研究所,2013 年,第 145—153 頁)。

② 爲方便行文,此處"國家禮儀"一語泛指國家、朝廷經常性舉行的儀式活動,並不單指記載於禮典的禮儀制度。關於"講武禮"的最終形成與確立,是貫穿北朝與隋唐的重要問題,本文僅就北魏時期的講武活動進行探討,不涉及"講武禮"的確立問題。

一、拓跋七月七日講武之習俗

關於北魏講武的記載,最早見於《魏書·序紀》。史載平文帝鬱律五年,即東晉元帝建武元年(317),“僭晉司馬叡,遣使韓暢加崇爵服,帝絶之。治兵講武,有平南夏之意”。① 此次講武活動時間不明,似乎只是爲戰争進行的動員活動,與後來較爲固定的講武活動不太相同。昭成帝什翼犍建國五年(342),拓跋七月七日講武活動確立。據《魏書·序紀》:

(建國)五年夏五月,幸參合陂。秋七月七日,諸部畢集,設壇埒,講武馳射,因以爲常。②

此次講武活動中,大致包含了北魏早期講武活動的幾個重要因素:① 時間:秋七月七日;② 參加者:諸部落;③ 活動内容:集會、馳射;④ 設施:壇埒。此後關於七月七日講武活動的記載都過於簡略,或是一語帶過,或是記載其中某一種活動,這使得昭成帝時這一次講武活動的記載顯得尤爲重要。儘管如此,昭成帝以後關於講武的記載,也多少可以補充關於此一活動的認識。

此後的講武活動,首見於道武帝登國年間。據載:

(登國六年)秋七月壬申,講武於牛川,行還紐垤川。③

(登國八年)秋七月,車駕臨幸新壇。庚寅,宴群臣,仍講武。④

拓跋珪即代王位之前,拓跋部一直處於離亂的狀態,或許由於這一原因,七月七日講武在昭成帝建國五年後一直不見記載。道武帝於登國年間的兩次講武,分别在登國六年(391)七月二日(壬申)與登國八年(393)七月三日(庚寅),似乎並未遵守以“七月七日”爲常的傳統。但天興二年(399)七月七日於平城鹿苑舉行的大閲,似乎暗示着這一傳統的恢復。⑤ 明元帝時所見七月七日講武活動,便是對這一傳統的確認與延續。明元帝永興二年(410):

夏五月,長孫嵩等自大漠還。蠕蠕追圍之於牛川。壬申,帝北伐,蠕蠕聞而遁走。車駕還幸參合陂。秋七月丁巳(七日),立馬射臺於陂西,仍講武教戰。⑥

此後,七月七日講武的活動似乎比較固定。見於史籍的,有太武帝始光四年(427),“秋

① 《魏書》卷一《序紀》,北京:中華書局,1974年,第10頁。
② 《魏書》卷一《序紀》,第12頁。
③ 《魏書》卷二《太祖紀》,第24頁。
④ 《魏書》卷二《太祖紀》,第25頁。
⑤ 《魏書》卷二《太祖紀》天興二年載:“秋七月,起天華殿。辛酉,大閲於鹿苑,饗賜各有差”,第35頁。
⑥ 《魏書》卷三《太宗明元帝紀》,第50頁。

七月己卯(七日),築壇於祚嶺,戲馬馳射,賜射中者金錦繒絮各有差";①又,太延五年(439),"秋七月己巳(七日),車駕至上郡屬國城,大饗群臣,講武馬射"。② 這兩次活動均在七月七日舉行。始光四年的記載雖未明言講武,但從時間、"築壇"、"戲馬馳射"來看,確爲講武無疑。此外,此條記載還補充了講武活動的另一重要内容——賞賜。依照講武各要素,《魏書》中的其他一些記載似乎也與講武有關,羅列如下:

(明元帝永興三年)秋七月戊申(四日),賜衛士酺三日、布帛各有差。辛酉(七日),賜附國大人錦罽衣服各有差。③

(永興五年)秋七月己巳(六日),還幸薄山。帝登觀太祖游幸刻石頌德之處,乃於其旁起石壇而薦饗焉。賜從者大酺於山下。④

(太武帝始光三年)秋七月,築馬射臺於長川,帝親登臺觀走馬;王公諸國君長馳射,中者賜金錦繒絮各有差。⑤

(神䴥二年四月)庚寅,車駕北伐,以太尉、北平王長孫嵩,衛尉、廣陵公樓伏連留守京師,從東道與長孫嵩等期會賊庭……秋七月,車駕東轅。至黑山,校數軍實,班賜王公將士各有差。⑥

(文成帝興安二年)秋七月辛亥(十一日),行幸陰山。……己巳,車駕還宫。是月,築馬射臺於南郊。⑦

以上史料,大大補充了北魏早期講武活動的記載。綜合所有相關史料,整理如下表:

表1 北魏早期所見的講武活動

皇帝	時 間	地 點	參加者	活動内容	設 施
昭成	建國五年 七月七日	參合陂	諸 部	馳 射	壇 埒
道武	登國六年 七月二日	牛 川			
	登國八年 七月三日	新 壇	群 臣	宴會、講武(馳射)	

① 《魏書》卷四上《世祖紀上》,第73頁。
② 《魏書》卷四上《世祖紀上》,第89頁。
③ 《魏書》卷三《太宗明元帝紀》,第51頁。
④ 《魏書》卷三《太宗明元帝紀》,第53頁。
⑤ 《魏書》卷四上《世祖紀上》,第71頁。
⑥ 《魏書》卷四上《世祖紀上》,第75頁。
⑦ 《魏書》卷五《高宗紀》,第112頁。

續表

皇帝	時 間	地 點	參加者	活動內容	設 施
道武	天興二年 七月七日	平城鹿苑		大閲、宴會、賞賜	
明元	永興二年 七月七日	參合陂		講武教戰	馬射臺 (參合陂西)
	永興三年 七月七日		附國大人	賞 賜	
	永興五年 七月六日	薄 山		薦饗、大酺	石壇 (祭太祖)
太武	始光三年七月	長 川		走馬馳射、賞賜	馬射臺
	始光四年 七月七日	祚 嶺		戲馬馳射、賞賜	築壇
	太延五年 七月七日	上郡屬國城		大饗、講武馬射	
	神䴥二年七月	黑 山	王公將士	簡校、賞賜	
文成	興安二年七月	平城南郊			馬射臺

從上表可知,除了集會、馬射以外,北魏早期的講武還包含有宴饗、賞賜及校數軍實的内容,甚至還可能伴隨有祭祀活動(如明元帝永興五年薄山祭太祖)。如此,則七月七日講武並不單純是一種軍事訓練,而是包含了集會、祭祀、騎射、宴饗以及賞賜在内的大型活動,在北魏早期的部族政治與社會生活中具有重要的地位。那麽,除以上所舉活動内容外,北魏早期的講武活動是否具有其他特點?

從地理分佈上來看,北魏早期講武的地點分佈並没有一定的規律。大致依照從東到西的順序,整理表 1 地點如下:

黑山:黑山不見於《魏書·地形志》。神䴥二年(429),太武帝"車駕出東道向黑山",[①]北伐柔然,其後還於黑山,舉行了"校數軍實"、"班賜王公將士"的活動。而此前始光二年(425)北伐柔然,太武帝曾遣長孫翰從東道經黑漠北至柔然王庭。[②] 則黑山很

① 《魏書》卷一〇三《蠕蠕傳》,第 2293 頁。

② 《魏書》卷一〇三《蠕蠕傳》,第 2292 頁。

可能是從長川東邊,經今張北附近或以東地區,北入黑漠後的某一座山。[①] 遼代夏捺鉢(行營)所經處有黑山,在上京道慶州(今内蒙古赤峰市巴林左旗西北)興安嶺山脉之中。[②] 遼代帝王常於夏、秋駐蹕於此,並舉行祭祀、射獵的活動。[③] 又,元代從寶昌州(今内蒙古自治區錫林郭勒盟太僕寺旗寶昌鎮)至上都開平(内蒙古自治區錫林郭勒盟多倫縣西北)的途中,經過一條叫做驢駒河的河流,"河之北有大山曰窟速吾,漢言黑山也。自一舍外望之,黯然若有茂林者,迫而視之,皆蒼石也"。[④] 元代寶昌州在今張家口北,據太武帝北伐之東道不遠,從地理位置上看,似乎比遼代捺鉢之黑山更接近。北魏太武帝所經之黑山,雖不能確定具體地點,但是北伐途中之一據點,當無疑問。

參合陂: 關於參合陂的具體位置,或説在北魏參合縣梁城郡,即今内蒙古涼城縣,或説在漢參合故縣,即今山西省大同市陽高縣。前説早見於《水經注》、《通典》,[⑤]對後世影響甚遠。嚴耕望通過對北魏早期參合陂的記載進行梳理,認爲猗㐌"代郡之參合陂"及慕容寶兵敗處,當在平城之東,即今陽高地區。[⑥] 田餘慶則通過分析代國時期拓跋與鮮卑之共生關係,判定桓帝猗㐌后祁氏當出自烏桓,而"代郡之參合陂"正是拓跋與烏桓"錯居之處",亦即今陽高縣。[⑦] 本文從嚴、田二先生之説,則明元帝永興二年講武之參合陂當在今陽高縣地區。

長川: 根據前田正名等學者的研究,長川應位於于延水(今東洋河)上游,是平城通向漠北中道的必經之地。[⑧]

平城鹿苑與南郊: 今山西省大同市。

---

① 參(日)前田正名著,李憑、孫耀、孫蕾譯:《自平城赴漠北的交通路綫——長川、牛川、白道》,《平城歷史地理學研究》,北京:書目文獻出版社,1994年,第119頁。

② 《遼史》卷三七《地理志一》,北京:中華書局,1974年,第444頁。

③ 如遼穆宗應曆十年(960)七月,誅耶律壽遠等,"以酒脯祠天地于黑山",見《遼史》卷六《穆宗紀上》,第76頁);又應曆十二年(962)秋"如黑山、赤山射鹿",見《遼史》卷六《穆宗紀上》,第77頁。

④ 王惲:《秋澗集》卷一〇〇《紀行》,《四庫全書》第1201册《集部·別集類》,臺北:臺灣商務印書館,1983年,第394頁。

⑤ 見酈道元注,楊守敬、熊會貞疏:《水經注疏》卷三《河水注》,南京:江蘇古籍出版社,1989年,第243頁;杜佑:《通典》卷一九六《邊防十二·北狄三》"拓跋氏"條,北京:中華書局,1988年,第5374頁;同書卷一七九《州郡典九·古冀州下》"馬邑郡"條,第4743頁。

⑥ 嚴耕望:《北魏參合陂地望辨》,《唐代交通圖考》第五卷《河東河北區》,上海古籍出版社,2007年,第1397—1402頁。

⑦ 田餘慶:《代北地區拓跋與烏桓的共生關係——〈魏書·序紀〉有關史實解析》,《拓跋史探》,北京:三聯書店,2003年,第108—216頁。

⑧ (日)前田正名著,李憑、孫耀、孫蕾譯:《自平城赴漠北的交通路綫——長川、牛川、白道》,第119頁;毋有江:《拓跋鮮卑政治發展的地理空間》,《魏晉南北朝隋唐史資料》第28輯,武漢大學出版社,2012年,第27—28頁。

牛川： 牛川在北魏善無，即今内蒙古涼城縣附近，大概"是流經歸綏平原與大同盆地之間的山區的一條河流"，在芒干水（今黑河）上游，爲平城與盛樂之間的交通要道。[①]

薄山： 明元帝所祭刻石，指道武帝天興二年正月西討高車，"還次牛川及薄山，並刻石記功，班賜從臣各有差"之處。[②] 永興五年(413)六月，明元帝"西幸五原"，之後於七月己巳（六日）"還幸薄山"，七月丙戌（二十三日），"車駕自大室西南巡諸部落"，[③]則薄山可能在五原之東，雲中大室附近。據《水經注》，雲中東北白道中溪水畔有魏行宫阿計頭殿，城西陰山下有講武臺，臺東立有《高祖講武碑》，爲高聰所寫。[④] 則雲中附近本就是講武之所，位於今内蒙古自治區呼和浩特市和林格爾縣。

祚嶺： 祚嶺即柞嶺，據《通鑑》胡三省注，"柞嶺即柞山之嶺"，[⑤]"柞山在平城之西，大河之東"。[⑥] 清人顧祖禹引李延壽之説，認爲祚山在河東，當不誤。[⑦] 其地在明元帝時已是北魏皇帝的巡狩場所。泰常六年(421)七月，明元帝"西巡，獵于柞山，親射虎，獲之，遂至于河"。[⑧] 始光元年(424)，柔然入侵雲中，太武帝於祚山發兵，北擊柔然，則祚山應距雲中不遠。[⑨] 祚山具體位置雖不能確定，但既在平城西北，且地近雲中與黄河，則很可能在西出平城，經參合陘、牛川、雲中，渡過君子津以至河西的巡幸道路上，這是當時平城與河西之間的重要交通路綫。[⑩] 祚嶺（祚山）既去雲中不遠，又在黄河東岸，或許即在君子津附近。

上郡屬國城： 上郡屬國城即漢代上郡龜兹縣，在今陝西省榆林市，爲北魏進攻涼州的必經之地。

新壇： 新壇之名只此一見，《魏書·地形志》與其他地志史料中均無記載。道武帝登國七年(392)到達河西鄂爾多斯沙漠南緣，登國八年(393)由此向南，到達羖羊原、白樓，西至苦水（即高平川），破侯吕鄰部，還白樓。六月，由白樓向北，七月至新壇，八月

① （日）前田正名著，李憑、孫耀、孫蕾譯：《自平城赴漠北的交通路綫——長川、牛川、白道》，第115—133頁；毋有江：《拓跋鮮卑政治發展的地理空間》，第28頁。

② 《魏書》卷一《太祖紀》，第34—35頁。

③ 《魏書》卷三《太宗紀》，第53頁。

④ 酈道元注，楊守敬、熊會貞疏：《水經注疏》卷三《河水注》，第234—235頁。

⑤ 《資治通鑑》卷一二〇《宋紀》"文帝元嘉四年七月"條，北京：中華書局，1956年，第3796頁。

⑥ 《資治通鑑》卷一二〇《宋紀》"文帝元嘉元年十二月"條，第3774頁。

⑦ 顧祖禹：《讀史方輿紀要》卷四四《山西六》"大同府"條，北京：中華書局，2005年，第2006頁。

⑧ 《魏書》卷三《太宗紀》，第61頁。

⑨ 《魏書》卷四上《世祖紀上》，第69—70頁。

⑩ （日）前田正名著，李憑、孫耀、孫蕾譯：《平城通往西域的交通路綫——長川、牛川、白道》，第156頁。

南征薛干部於三城(今陝西省延安市),九月,再次回到河南宫。① 由此年的行軍路綫,講武處大概在三城之北,可能靠近鄂爾多斯沙漠南緣。所謂新壇,或許並非地名,而是道武帝在歸途中新築壇埒處。②

從上來看,北魏早期講武的地點並不固定,但其地點選擇是否有一定的標準? 或者説,這些地點之間是否存在其他的相似性呢?

以上幾處講武地點,或是拓跋政治重地,或爲巡幸駐蹕之所,在拓跋部歷史發展中十分重要。如參合陂,昭帝禄官時,代國分爲三部,參合陂位於東部濡源、西部盛樂之間,地近烏桓部落,是拓跋部向東、向南發展之基地。即使到昭成帝什翼犍建都雲中後,參合陂依然是拓跋部落重要的集會之所。③ 就自然環境來看,參合陂"斜長而不方,東北可二十餘里,廣一十五里",有"蒹葭藂生"。④ 或許由於參合陂獨特的政治地位,當地的榆木之林流傳着與桓帝猗㐌及道武帝拓跋珪相關的神异傳説。據《魏書·序紀》:

> 是歲(桓帝十一年),桓帝崩。帝英傑魁岸,馬不能勝。常乘安車,駕大牛,牛角容一石。帝曾中蠱,嘔吐之地仍生榆木。參合陂土無榆樹,故世人异之,至今傳記。⑤

又,《魏書·太祖紀》曰:

> 以建國三十四年七月七日,生太祖於參合陂北,其夜復有光明。昭成大悦,群臣稱慶,大赦,告於祖宗。保者以帝體重倍於常兒,竊獨奇怪。明年有榆生於埋胞之坎,後遂成林。⑥

榆樹本爲中國北方常見的樹種,既可種植以爲農用,又用於邊塞駐防,在古代城市中也常有榆柳成行的景觀。而塞外草原,樹木以樺樹與楊樹爲主。⑦ 雖有部分部族亦

---

① 見《魏書》卷二《太祖紀》,第 25 頁。

② 此一意見受教於日本九州大學川本芳昭教授,特此致謝。

③ 嚴耕望:《北魏參合陂地望辨》,《唐代交通圖考》第五卷《河東河北區》,第 1397—1402 頁;(日) 岡崎文夫:《魏晋南北朝通史(内編)》,東京:平凡社,1989 年,第 325 頁;田餘慶:《代北地區拓跋與烏桓的共生關係——〈魏書·序紀〉有關史實解析》,《拓跋史探》,第 108—202 頁。

④ 酈道元注,楊守敬、熊會貞疏:《水經注疏》卷一三《㶟水注》,第 1177—1178 頁。

⑤ 《魏書》卷一《序紀》,第 7 頁。

⑥ 《魏書》卷二《太祖紀》,第 19 頁。

⑦ Robert N. Taaffe, *The Geographic Setting*, *The Cambridge History of Early Inner Asia*, Edited by Denis Sinor, New York: Cambridge University Press, 1990, p.34.

種植榆柳,如黠戛斯,但畢竟是少數。[①] 在羌、胡中,也可見到一些樹木成林的神异傳説。居於金城的羌人中,曾流傳一位名叫梁暉的羌人首領的故事:

> 按耆舊言:梁暉,字始娥,漢大將軍梁冀後,冀誅,入羌。後其祖父爲羌所推爲渠帥,而居此城。土荒民亂,暉將移居枹罕,出頓此山,爲群羌圍迫,無水。暉以所執榆鞭豎地,以青羊祈山,神泉湧山,榆木成林。[②]

又,昭成帝死葬金陵,營梓宫,木柹盡生成林。[③]《魏書·禮志》載北魏太平真君中,太武帝遣中書侍郎李敞祭祀位於烏洛侯國之石室:

> 敞等既祭,斬樺木立之,以置牲體而還。後所立樺木生長成林,其民益神奉之。咸謂魏國感靈祇之應也。[④]

以上所見,樹木成林常與羌、胡神异傳説或祭祀相關。而實際上,林木確實是北方部族祭祀活動中的關鍵要素。關於北方諸族的祭祀問題,江上波夫曾對匈奴祭天的儀式進行了細緻的考察,其中涉及了鮮卑、契丹等部族的祭祀活動。在這些北方部族的祭祀中,繞林而祭、豎木供牲在祭祀儀式中具有共通性。[⑤] 顔師古亦曰:"鮮卑之俗,自古相傳,秋祭無林木者,尚豎柳枝,衆騎馳繞三周乃止"。[⑥] 可見林木在胡族信仰中本就具有神聖性,而以上所見樹木成林的神話傳説,正是這一信仰觀念的表現。

明白此點,再考察以上講武地點的自然環境。參合陂既是代、魏政治重地,又有與桓帝、道武帝神异傳説相關的榆樹林。黑山雖不能判明具體地點,但靠近興安嶺的遼代黑山自不乏樹木,元代驢駒河北的黑山雖皆蒼石,但驢駒河卻"夾岸多叢柳"。[⑦] 長川位於于延水上游,"水側有桑林,故時人亦謂是水爲藥桑河也。斯乃北土寡桑,至此見之,因以名焉"。[⑧] 上郡屬國城附近有榆溪,"自溪西去,悉榆柳之藪矣"。[⑨] 以上所見九個地點中,能判明自然環境者雖不足一半,但從其餘地點所處位置來看,也當在水草豐茂、

---

① 《新唐書》卷二一七下《回鶻傳下附黠戛斯傳》曰:"木,松、樺、榆、柳、蒲。松高者仰射不能及顛,而樺尤多",北京:中華書局,1975 年,第 6147 頁。

② 酈道元注,楊守敬、熊會貞疏:《水經注疏》卷二《河水注》,第 181 頁。

③ 《魏書》卷二《太祖紀》,第 19 頁。

④ 《魏書》卷一〇八之一《禮志一》,第 2738—2739 頁。

⑤ (日)江上波夫:《匈奴的祭祀》,《日本學者研究中國史論著選譯》第九卷《民族交通》,北京:中華書局,1993 年,第 1—36 頁。

⑥ 《史記》卷一一〇《匈奴列傳》張守節《史記正義》,北京:中華書局,1959 年,第 2893 頁。

⑦ 王惲:《秋澗集》卷一〇〇《紀行》,《四庫全書》第 1201 册《集部·别集類》,第 394 頁。

⑧ 酈道元注,楊守敬、熊會貞疏:《水經注疏》卷一三《漯水注》,第 1179 頁。

⑨ 酈道元注,楊守敬、熊會貞疏:《水經注疏》卷三《河水注》,第 253 頁。

林木繁盛之地。關於此點,還可參考遼代行營居址的選擇。

遼代帝王四時隨水草轉徙,“各有行在之所,謂之‘捺鉢’”。[①] 據《遼史·營衛志》,春捺鉢爲鴨子河濼,其地“四面皆沙堝,多榆柳杏林”;夏捺鉢無定所,有吐兒山、子河、黑山之選,“黑山在慶州北十三里,上有池,池中有金蓮”;秋捺鉢在伏虎林,常“入山射鹿及虎”;冬捺钵稱爲廣平淀,“地甚坦夷,四望皆沙磧,木多榆柳”,居此地時常“與北、南大臣會議國事,時出校獵講武,兼受南宋及諸國禮貢”。[②] 北魏早期講武地點雖不固定,但帝王巡幸與征伐、射獵本不分離,以上地點亦是皇帝巡幸駐蹕之所。

在明確了七月七日講武活動的參與者、内容、地點選擇等要素後,大概可以對七月七日講武的實態進行推測。淺見以爲,北魏早期的七月七日講武活動實爲拓跋鮮卑之秋祭。

前舉江上波夫的研究中,已經明確了草原遊牧民族一年有春、秋兩次祭祀。此説雖已爲學界共識,但對於拓跋部落秋祭的内容,學者亦有不同看法。江上氏以白登山祭祀昭成、獻明、太祖三廟當之。[③] 佐藤智水則認爲鮮卑拓跋秋祭在七月,卻未論及鮮卑秋祭與七月七日講武之關係。[④] 康樂與佐川英治二氏均繼承江上之説,康樂認爲拓跋九、十月廟祭與小歲賀、五月五日饗、七月七日饗等都是源自北亞傳統的祭典;[⑤]佐川氏則在探討平城鹿苑機能時,提出白登山廟祭與孟秋或季秋的馬射相當,爲鮮卑拓跋之秋祭。[⑥] 佐川氏的説法注意到馬射與祭祀之關係,點明了拓跋部落聯盟中與四月祭天相對應之秋季祭祀的存在及其重要性,非常具有啓發意義。但關於白登山廟祭與秋祭是否等同,以及拓跋孟秋馬射與季秋馬射之關係等問題,還需進一步探討。此節就前一問題進行探討,後一問題留待下節再論。

關於白登山廟祭,《魏書·禮志》曰:

明年(永興四年),(明元帝)立太祖廟于白登山。歲一祭,具太牢,帝親之,亦無常月。兼祀皇天上帝,以山神配,旱則禱之,多有效。……後二年(神瑞元年),

① 《遼史》卷三二《營衛志中》,第373頁。

② 《遼史》卷三二《營衛志中》,第374—375頁。

③ (日)江上波夫:《匈奴的祭祀》,《日本學者研究中國史論著選譯》第九卷《民族交通》,第10頁。

④ (日)佐藤智水:《北魏皇帝の行幸について》,《岡山大学文学部紀要》第5號,1984年,第39—53頁。

⑤ 康樂:《國家祭典的改革》,《從西郊到南郊——國家祭典與北魏政治》,臺北:稻鄉出版社,1995年,第170頁。

⑥ (日)佐川英治:《遊牧と農耕の間——北魏平城の鹿苑の機能とその変遷》,《岡山大学文学部紀要》第47號,2007年,第49—76頁。

於白登西，太祖舊游之處，立昭成、獻明、太祖廟，常以九月、十月之交，帝親祭，牲用馬、牛、羊，及親行貙劉之禮。别置天神等二十三於廟左右，其神大者以馬，小者以羊。華陰公主，帝姊也，元紹之爲逆，有保護功，故别立其廟於太祖廟垣後，因祭薦焉。①

由此段史料可知，早在永興四年(412)，明元帝即在白登山爲太祖立廟，並兼祭天神，只是祭祀無常時，並不固定在秋季，祭祀時奉以太牢，即牛、羊、豬。神瑞元年(414)所立三廟，可謂永興四年太祖廟祭的擴大。其以昭成、獻明、太祖三廟爲中心，於九月、十月之交，由皇帝親祭，祭品改爲馬、牛、羊，並行“貙劉”之禮。“貙劉”之禮見於《續漢志》，東漢立秋迎氣之後，行“貙劉”之禮。② 關於這一禮儀，學界或説是祭祀中天子射牲這一環節，或以之爲漢代都試，又或認爲其與都試二者不同，但關係密切。衆説紛紜，並無定論。③ 明元帝白登山廟祭之時並無“武官肄兵，習戰陣之儀”的相關記載，④所謂“貙劉”，很可能只是親自射牲或斬牲以祭祀祖先。

其次，從活動形式來看，作爲與春祭相對應的秋祭，應具有與春祭相近或相似的儀式程式。北魏四月西郊祭天之史料早已爲衆人所熟悉，爲方便比較，不避繁複，引述於下：

天賜二年夏四月，復祀天于西郊，爲方壇一，置木主七於上。東爲二陛，無等；周垣四門，門各依其方色爲名。牲用白犢、黄駒、白羊各一。祭之日，帝御大駕，百官及賓國諸部大人畢從至郊所。帝立青門内近南壇西，内朝臣皆位於帝北，外朝臣及大人咸位於青門之外，后率六宫從黑門入，列於青門内近北，並西面。廩犧令掌牲，陳於壇前。女巫執鼓，立於陛之東，西面。選帝之十族子弟七人執酒，在巫南，

① 《魏書》卷一〇八之一《禮志一》，第2736—2737頁。

② 《續漢志》第五《禮儀志中》記立秋郊禮畢，乘輿還宫，“遣使者齎束帛以賜武官。武官肄兵，習戰陣之儀、斬牲之禮，名曰貙劉”；又曰：“貙劉之禮：祠先虞，執事告先虞已，烹鮮時，有司告，乃逡巡射牲。獲車畢，有司告事畢”，見《後漢書》志第五，北京：中華書局，1965年，第3123頁。又第八《祭祀志中》曰：“立秋之日，迎秋于西郊，祭白帝蓐收。車旗服飾皆白。歌《西皓》，八佾舞《育命》之舞。使謁者以一特牲先祭先虞于壇，有事，天子入囿射牲，以祭宗廟，名曰貙劉。語在《禮儀志》”，見《後漢書》志第八，第3182頁。

③ 前説參見王瑜：《關於中國古代“講武禮”的幾個問題——以唐代爲中心》，《求索》2009年第4期，第217—220頁。第二種説法參見薛英群：《居延漢簡中的“秋射”與“署”》，《史林》1988年第1期，第19—25頁；高二旺：《略論漢代碑石畫像中的軍禮》，《南陽師範學院學報(社會科學版)》2011年第4期，第33—36頁；焦天然：《兩漢都試考——簡論漢簡中的秋射》，《魯東大學學報(哲學社會科學版)》2014年第1期，第71—75頁等。最後一種説法有劉麗琴：《居延漢簡所見秋射制度》，《簡牘學研究》第四輯，蘭州：甘肅人民出版社，2004年，第100—106頁。

④ 《後漢書》志第五《禮儀志中》，第3123頁。

西面北上。女巫升壇,摇鼓。帝拜,后肅拜,百官内外盡拜。祀訖,復拜。拜訖,乃殺牲。執酒七人西向,以酒灑天神主,復拜,如此者七。禮畢而返。自是之後,歲一祭。[①]

又,《南齊書·魏虜傳》:

城西有祠天壇,立四十九木人,長丈許,白幘、練裙、馬尾被,立壇上,常以四月四日殺牛馬祭祀,盛陳鹵簿,邊壇奔馳奏伎爲樂。[②]

(太和)十年,上遣司徒參軍蕭琛、範雲北使。宏西郊,即前祠天壇處也。宏與僞公卿從二十餘騎戎服繞壇,宏一周,公卿七匝,謂之蹋壇。明日,復戎服登壇祠天,宏又繞三匝,公卿七匝,謂之繞天。以繩相交絡,紐木枝棖,覆以青繒,形制平圓,下容百人坐,謂之爲"繖",一云"百子帳"也。於此下宴息。[③]

結合以上材料,西郊祭天禮儀中的核心要素大概有:築方壇、立木爲神主(由七木增至四十九木)、獻牲、繞壇、巫樂、宴會(内、外朝臣及賓國大人畢集)等,儀式舉行的時間也不止一天。從神瑞元年開始,白登山廟祭雖已是一種固定的祭祀,並由皇帝親行祭禮,但春四月的祭天的儀式要素均不見於白登山廟祭,因此也很難將白登山三廟祭祀看作與四月祭天相對的秋祭。[④]

反觀七月七日講武,設壇埒、薦饗、諸部畢集、宴會等要素幾乎完全對應。又依前顔師古言,鮮卑秋祭必有林木。七月講武地點正好滿足這一條件,而四月祭天中逐漸增多的木主,或許即是榆木成林神异傳説的某種象徵。再如馳射、宴饗、賞賜等,大概便與"奏伎爲樂"同時進行。以上内容在匈奴的祭祀中也可見到。[⑤] 其中有一點不同是,四月祭天在平城西郊,而七月講武則没有固定的場所。這一點看似區别甚大,但北方草原

---

① 《魏書》卷一〇八之一《禮志一》,第2736頁。

② 《南齊書》卷五七《魏虜傳》,北京:中華書局,1972年,第985頁。

③ 《南齊書》卷五七《魏虜傳》,第991頁。

④ 除白登山廟祭以外,還有一條史料不能不進行檢討。《魏書》卷一〇九《樂志》載:"又舊禮:孟秋祀天西郊,兆内壇西,備列金石,樂具,皇帝入兆内行禮,咸奏舞《八佾》之舞;孟夏有事于東廟,用樂略與西郊同",第2827頁。據此段記載,北魏時期曾有孟秋西郊祭天的禮儀,似乎比七月七日講武更接近於秋祭。但關於孟秋西郊祭天的記載完全不見於記載,而此段所敍,又將孟秋祭天與孟夏祭東廟對舉。若將孟秋西郊祭天看作秋祭,那麽孟夏祭東廟是否應具有與其相當的地位呢?淺見以爲,依祭祀所用樂舞爲《八佾》之舞來看,所謂孟秋祭天與孟夏祭東廟可能是天興元年鄧淵"定律吕,協音樂"之後制定的四時祭祀的一部分。因其只是短暫的實行過一段時間,或者只是制定而未曾實行,因此稱爲"舊禮",並不是拓跋部一直存在的祭祀活動,不能看作拓跋鮮卑的春、秋二祭。

⑤ 參見(日)江上波夫:《匈奴的祭祀》,《日本學者研究中國史論著選譯》第九卷《民族交通》,第1—36頁。

民族春、秋二祭很可能本來就没有固定的祭場。[①] 參之匈奴，其大會祭祀的龍城亦可寫作"蘢城"或"籠城"，是"自然林木或豎樹枝之處，或樹木、柴薪堆積處"，[②]可見，只要有自然林木或人工立木的神聖性場所，皆可成爲春、秋祭祀的祭場。又，北魏文成帝和平四年(463)五月行幸陰山，七月壬午(九日)詔曰："朕每歲以秋日閑月，命群官講武平壤。所幸之處，必立宫壇，糜費之功，勞損非一。宜仍舊貫，何必改作也"。[③] 可見，北魏早期將春祭固定於西郊，文成帝和平四年以前的秋祭則便宜行事，並無定所，延續了草原民族長久以來的舊習。

論述至此，北魏早期講武活動的實態已基本明了。從昭成帝開始固定在七月七日舉行、稱爲"講武"的活動，實際上是拓跋部落聯盟春、秋二祭中的秋祭。在此之時，選取水草豐茂、樹木成林(或自豎木)之地爲祭場，修築壇埒，會集拓跋部落聯盟之衆部族，以繞林(或繞壇)、薦饗的方式祭祀神靈，並進行騎射、宴饗、伎樂、賞賜等活動。這並不僅僅是出於軍事訓練目的的一種例行禮儀，而是以拓跋部爲中心的部族聯盟的一次盛會，反映了一種長久流傳的草原民族文化傳統。通過在不同地點舉行集會祭祀，既是對部族聯盟關係的鞏固與加强，也是對拓跋部政治核心地位和北魏政權正當性的再確認與宣揚。

由於七月七日祭的重要性，這一部落集會活動在北魏前期一直存在，直到太和十八年(494)，孝文帝遷都洛陽之前，纔"詔罷五月五日、七月七日饗"。[④] 但拓跋國家的這一重要活動，卻在《魏書》中記載寥寥，文成帝以後幾不見於史書。這是逐漸控制中國北方、逐漸適應華夏政治文化的拓跋國家的必然改變。

二、從七月講武到九月閲武

北魏七月七日講武的記載，到文成帝興安二年(453)戛然而止。但前引和平四年

---

① 相比於没有固定地點的七月七日講武，北魏四月四日的祭天禮儀雖固定在平城西郊，但在孝文帝延興四年(474)以前，祭壇的位置很可能不是固定的。據《魏書》卷一〇八之一《禮志一》載，延興四年"六月，顯祖以西郊舊事，歲增木主七，易世則更兆，其事無益於神明。初革前儀，定置主七，立碑於郊所"，第2740頁。據此，延興四年以前西郊祭天禮儀有兩項習俗，一爲木主逐年遞增，一爲新帝繼位則更改祭壇的位置，即所謂"更兆"。獻文帝以此兩事"無益於神明"，因此"革前儀"，理當在"定置主七"之外，還"定置"了郊天壇的位置。《水經注·㶟水注》曰："城周西郭外有郊天壇，壇之東側有《郊天碑》，建興四年立"，熊會貞以爲"建興四年"當作"延興四年"。酈道元於平城西郊所見的郊天壇與郊天碑很可能是延興四年"定置"以後的結果，熊説當不誤。見酈道元注，楊守敬、熊會貞疏：《水經注疏》卷一三《㶟水注》，第1142頁。

② (日)江上波夫：《匈奴的祭祀》，《日本學者研究中國史論著選譯》第九卷《民族交通》，第9頁。

③ 《魏書》卷五《高宗紀》，第121頁。

④ 《魏書》卷七下《高祖紀下》，第174頁。

七月九日所發詔書,仍稱"每歲以秋日閑月,命群官講武平壤",可見講武之事並未中斷。那麽,是什麽原因導致了七月七日講武在史書記載中的消失呢?

首先需要考慮的是表述差异所導致的記録缺失。如表1所見,道武帝曾於天興二年七月七日於平城鹿苑進行了"大閲",就時間來看,當爲講武活動無疑。此處既有"大閲"的記載,那麽講武是否也可能以其他名稱出現在記載中呢?爲防疏漏,整理北魏時期軍事訓練相關記録如下(表2)。

表2　北魏時期軍事演練相關記載

	大　閲	閲　武	治　兵
道武帝	天興二年七月辛酉		登國十年八月 皇始元年八月庚寅 天興五年六月
明元帝	永興三年十一月丁未 永興四年閏六月丙辰		
太武帝	神䴥三年十月 太平真君四年六月癸巳	太平真君十年九月	始光元年九月 始光二年十月 始光四年四月 神䴥二年四月 神䴥三年八月 太延五年五月 太平真君九年九月 太平真君十一年八月
文成帝		興安二年九月壬子	
孝文帝	延興四年八月戊申 延興五年十月	太和五年九月庚午① 太和二十年九月戊辰	
宣武帝		景明三年九月戊寅	永平四年十一月

表2中所列的活動被稱爲"大閲"、"閲武"或"治兵"。由表2來看,除了天興二年的大閲在七月七日舉行以外,其餘大閲的舉行時間並無一定規律,所指内容似乎也有變化。明元、太武之時,大閲似爲戰時動員與檢視,如明元帝永興五年正月曾舉行兩次大

① 《魏書·高祖紀上》記作"庚子",《資治通鑑》則作"庚午"。按,孝文帝太和五年九月並無庚子,《通鑑》"庚午"爲是。見《魏書》卷七上《高祖紀上》,第151頁;《資治通鑑》卷一三五《齊紀一》"高帝建元三年九月庚午"條,第4246頁。

閲,己巳日大閲集合"畿内男子十二以上",庚寅日大閲則"部署將帥",[①]四月西巡,討越勤部;太武帝神䴥三年(430)西討赫連定途中,"大閲于漠南,甲騎五十萬,旌旗二千餘里";[②]太平真君四年(443)六月大閲於西郊,九月北討柔然。而孝文時所見大閲,卻不盡如此。延興四年(474)八月大閲於北郊,九月有征伐蜀漢的活動,但延興五年(475)十月大閲後卻並無戰事。翻檢史書記載:

(延興四年)八月庚子,吐谷渾國遣使朝獻。戊申,大閲於北郊。[③]

(延興五年)冬十月,蠕蠕國遣使朝獻。太上皇帝大閲於北郊。[④]

兩次大閲均在同月使節來訪之後。此時的大閲與其説是戰争動員,不如看作接待使節時炫耀國力之儀式更爲恰當。

相比於大閲,治兵的性質更易判斷。道武帝登國十年(395)八月治兵黄河南,九月進兵,與慕容寶對峙;太武帝始光元年九月治兵東郊,十二月發兵北討柔然;神䴥三年治兵,西討赫連定;太平真君十一年(450)八月治兵西郊,九月南伐。凡治兵者,均爲備戰,表2所見亦無例外,此不一一。[⑤]

閲武首見於太武帝太平真君十年(449),此次活動雖稱閲武,實爲治兵,據載:

九月,閲武磧上,遂北伐。事具《蠕蠕傳》。[⑥]

九月,車駕北伐,高涼王那出東道,略陽王羯兒出中道,與諸軍期會於地弗池。吐賀真悉國精鋭,軍資甚盛,圍那數十重,那掘長圍堅守,相持數日。[⑦]

太武帝時期的閲武只此一見,之後的記載雖僅有四例,但無一不在九月舉行,顯示出一定的規律性。更值得注意的是,文成帝時期的閲武見於興安二年,這也是七月築馬射臺的最後記載。

據《魏書·高宗紀》,興安二年七月"築馬射臺於南郊"。[⑧] 前節已知,修築馬射臺是

① 《魏書》卷三《太宗紀》,第52頁。

② 《魏書》卷一〇五之三《天象志三》,第2402頁。

③ 《魏書》卷七上《高祖紀上》,第140頁。

④ 《魏書》卷七上《高祖紀上》,第142頁。

⑤ 據曹永年,平文帝鬱律五年"治兵講武"之後,有南下攻打離石之舉,可見此次活動重在"治兵"。參見曹永年:《關於拓跋地境等討論二題(摘録)》,收録於田餘慶:《拓跋史探》附録,第203—209頁。此事未收録於表2,特備注於此。

⑥ 《魏書》卷四下《世祖紀下》,第103頁。

⑦ 《魏書》卷一〇三《蠕蠕傳》,第2295頁。

⑧ 《魏書》卷五《高宗紀》,第112頁。

七月七日講武的重要活動,但此月並不見講武記載。至九月壬子,文成帝"閱武於南郊"。[①] 兩事同見於南郊,是否説明興安二年七月所築馬射臺,實爲九月南郊閱武而準備呢?

前見文成帝和平四年詔書,因講武修築宫壇"糜費之功,勞損非一",而下旨當年講武沿用舊處,從下詔的時間在七月九日來看,此時的講武已不在七月七日舉行。獻文帝時,濟南太守鹿生有治稱,"特徵赴季秋馬射"。[②] 孝文帝延興二年(472)七月"壬寅,詔州郡縣各遣二人才堪專對者,赴九月講武,當親問風俗"。[③] 可見,文成帝以來,拓跋部落聯盟於七月七日舉行的秋祭已不再被冠以"講武"之名,而講武一事改至九月,也被稱做"閱武"。從上引延興二年詔書來看,相比於七月七日的祭祀、騎射活動,至孝文帝時,九月講武的内容已經發生了很大的變化。以下,便對九月講武内容進行梳理。

首先整理表2所見四次閱武情況如下:

(興安二年七月)是月,築馬射臺於南郊。……九月壬子,閱武於南郊。[④]

(太和五年)九月庚子,閱武於南郊,大饗群臣。[⑤]

(太和二十年)九月戊辰,車駕閱武於小平津。[⑥]

(景明三年)九月丁巳,車駕行幸鄴。丁卯,詔使者吊殷比干墓。戊寅,閱武於鄴南。[⑦]

九月閱武的記載,分見於文成、孝文、宣武時期,並非一時之事。就舉行閱武的地點來看,除孝文帝太和二十年在洛陽北部的小平津外,其餘活動均在城南。關於小平津講武場,《水經注》曰:

河水又東,逕平縣故城北。漢武帝元朔三年,封濟北貞王子劉遂爲侯國,王莽之所謂治平矣。俗謂之小平也。有高祖講武場。河北側岸有二城相對,置北中郎府,徙諸徒隸府户,并羽林、虎賁領隊防之。[⑧]

① 《魏書》卷五《高宗紀》,第113頁。
② 《魏書》卷八八《良吏列傳·鹿生傳》,第1901頁。
③ 《魏書》卷七上《高祖紀上》,第137頁。
④ 《魏書》卷五《高宗紀》,第112—113頁。
⑤ 《魏書》卷七上《高祖紀上》,第151頁。
⑥ 《魏書》卷七下《高祖紀下》,第180頁。
⑦ 《魏書》卷八《世宗紀》,第194—195頁。
⑧ 酈道元注,楊守敬、熊會貞疏:《水經注疏》卷五《河水注》,第385—386頁。

北中郎府城建於太和二十年,[①]是洛陽北部護衛京師的鎮戍之地。孝文帝於此年在小平津講武,很可能與北中郎府置府有關。而北中郎府既爲羽林虎賁駐防之地,則此年講武必爲關係都城防衛之大事。從文成帝興安二年南郊閲武,和平四年下旨沿用舊處開始,講武很可能便被固定在都城南郊。或許從此時起,講武已逐漸與京師駐防産生關係。

作爲講武重要内容的馬射,在講武活動中的地位亦有起伏。從興安二年修築馬射臺來看,文成帝至孝文帝早期,築壇騎射、宴飲娱樂依然是講武的重要活動。而太和十六年(492)八月癸丑,孝文帝下詔:

> 文武之道,自古並行,威福之施,必也相藉。故三、五至仁,尚有征伐之事;夏殷明睿,未捨兵甲之行。然則天下雖平,忘戰者殆,不教民戰,可謂弃之。是以周立司馬之官,漢置將軍之職,皆所以輔文强武,威肅四方者矣。國家雖崇文以懷九服,修武以寧八荒,然於習武之方,猶爲未盡。今則訓文有典,教武闕然。將於馬射之前,先行講武之式,可敕有司豫修場埒。其列陣之儀,五戎之數,别俟後敕。[②]

擅長騎射征戰的北方部族,本應以武事爲長,但在孝文帝的詔書中,卻是"教武闕然"的狀態。究其原因,則在於"習武之方,猶爲未盡"。相比於武藝,重要的是習武教戰的方法,相比於馬射,重要的是講武時所進行的"列陣之儀,五戎之數"。從孝文帝太和十六年開始,"馬射之前,先行講武之式",一直作爲講武重要内容的馬射退居其次。

此外,一些新的内容也出現在講武中。拓跋講武,本爲部族聯盟集會之事。而至少從獻文帝時起,皇帝徵召州郡吏員赴京師"親問風俗",成爲講武的重要内容之一。所謂州郡吏員,可能以州刺史及郡太守爲主。宣武帝時,"因九日馬射,敕畿内太守皆赴京師",[③]恒農太守裴粲因此前往拜會司州牧元雍。除裴粲與前見濟南太守鹿生外,《魏書》所見徵赴講武者,還有前後擔任雍州刺史的元楨與元澄。可見,參與季秋講武的當爲畿内太守、州刺史及地方要員。

此時的講武也不限於"親問風俗",更是皇帝問政訓誡、獎勵政績之時。孝文帝初,元楨出任使持節、侍中、征西大將軍、長安鎮都大將、雍州刺史,據記載:

> 徵赴講武,高祖引見於皇信堂,戒之曰:"翁孝行著於私庭,令問彰於邦國,

---

① 《太平寰宇記》卷五二《河北道一》"孟州"條引《洛陽記》云:"太和二十年造北中府城",北京:中華書局,2007年,第1078頁。

② 《魏書》卷七下《高祖紀下》,第170頁。

③ 《魏書》卷七一《裴叔業傳附兄子粲傳》,第1573頁。

每欽忠懿,思一言展,故因講武,遠徵赴闕。仰戀仁慈,情在未已。但長安鎮年飢民儉,理須綏撫,不容久留,翁今還州,其勤隱恤,無令境内有飢餧之民。翁既國之懿親,終無貧賤之慮。所宜慎者,略有三事:一者,恃親驕矜,違禮僭度;二者,傲慢貪奢,不恤政事;三者,飲酒遊逸,不擇交友。三者不去,患禍將生,但能慎此,足以全身遠害,光國榮家,終始之德成矣。"而楨不能遵奉,後乃聚斂肆情。①

孝文帝對元楨的訓誡中,首先稱讚了元楨的孝行與治績,隨後强調長安鎮當以綏撫飢民爲要,再戒以遵禮、恤政、慎行三事,便完成了皇帝與地方官員之間的一次問對。元楨固爲朝臣,但作爲拓跋宗室,亦是孝文帝叔祖。孝文帝對元楨的訓誡可能並非接見地方官員時"親問風俗"的標準模式,但垂問地方情況,並加以指導,可能是講武時皇帝訓政的重要内容。此外,還需對政績顯著者加以表彰賞賜。濟南太守鹿生就曾被獻文帝"賜以驄馬,加以青服,彰其廉潔"。② 此後,宴饗群臣、君臣同歡當是自然。

以上,對文成帝興安二年以後講武的變化進行了大概的梳理。文成帝興安二年以後,華北統一,柔然敗退,政權内部的叛亂亦被平息,③國家開始進入穩定發展、休養生息的時期。從這一時期開始,北魏皇帝北巡至陰山的時間與次數明顯減少,對於中原地區與農業發展則日益重視。④ 在此背景下,同稱爲講武的七月秋祭與九月閲武之間出現了諸多變化(見表3)。

表3 七月講武與九月講武之比較

	七月七日講武	九月講武
地 點	不 定	都 城
人 員	諸部落	朝廷大臣、州郡官員
設 施	築壇埒	築壇埒

① 《魏書》卷一九下《景穆十二王列傳·南安王楨傳》,第493—494頁。

② 《魏書》卷八八《良吏列傳·鹿生傳》,第1901頁。

③ 興安二年二月,司空、京兆王杜元寶謀逆,伏誅,事引建甯王崇及子麗,亦賜死,事見《魏書》卷五《高宗紀》,第112頁。

④ 参見(日)佐藤智水:《北魏皇帝の行幸について》,《岡山大学文学部紀要》第5號,1984年,第39—53頁;何德章:《"阴山却霜"之俗解》,《魏晉南北朝隋唐史資料》第12輯,武漢大学出版社,第102—116頁;(日)藤井律之:《北朝皇帝の行幸》,(日)前川和也、(日)岡村秀典編:《国家形成の比較研究》,東京:學生社,2005年,第370—391頁。

續表

	七月七日講武	九月講武
内　容	馬　射	戰陣之儀
		馬　射
		問訓地方吏政
祭　祀	繞林祭祀	
賞　賜	王公將士	有治績者
宴　饗	有	有

曾經以拓跋部落爲核心而舉行的七月七日講武秋祭，逐漸淪爲一種騎射、宴饗活動，直至太和十八年五月，孝文帝下詔"罷五月五日、七月七日饗"。同年八月孝文帝巡幸陰山講武臺，高聰撰《高祖講武碑》，[①]成爲對這一悠久傳統的最後緬懷。而這一時期出現的九月講武，則跨越了拓跋部落聯盟祭祀集會的範疇，成爲皇帝與朝臣共同參與的一種宫廷儀式。並通過增加具有中原文化特色的演習戰陣、問訓吏政等儀式内容，使講武成爲皇帝統領胡、漢，施政布教的場合，成爲北魏政權用以溝通朝廷與地方、集中展現王朝政教功績的禮儀舞臺。

此後，關於七月七日活動的記載亦偶有一見。宣武帝時，安西將軍、雍州刺史、任城王元澄在功衰期間，欲於七月七日在北園會同文武進行馬射，其府録事參軍張普惠諫曰：

> 伏見明教，立射會之限，將以二七令辰，集城中文武，肄武藝於北園，行揖讓於中否。時非大閲之秋，景涉妨農之節，國家縞禫甫除，殿下功衰仍襲，釋而爲樂，以訓百姓，便是易先王之典教，忘哀戚之情，恐非所以昭令德、視子孫者也。按《射儀》，射者以禮樂爲本，忘而從事，不可謂禮，鐘鼓弗設，不可謂樂。捨此二者，何用射爲？又七日之戲，令制無之，班勞所施，慮違事體。庫府空虚，宜待新調，二三之趣，停之爲便。乞至九月，備飾盡行，然後奏《狸首》之章，宣矍相之令，聲軒懸，建雲鉦，神民忻暢於斯時也。伏惟慈明遠被，萬民是望，舉動所書，發言唯則，願更廣訪，賜垂曲採，昭其管見之心，恕其讜言之責，則芻蕘無遺歌，輿人有獻誦矣。[②]

① 《魏書》卷七下《高祖紀下》，第174頁；酈道元注，楊守敬、熊會貞疏：《水經注疏》卷三《河水注》，第235頁。

② 《魏書》卷七八《張普惠傳》，第1728頁。

元澄雖接受了張普惠的諫言,卻欲"託辭自罷",便答曰:

> 文武之道,自昔成規;明耻教戰,振古常軌。今雖非公制,而此州(雍州)承前,已有斯式,既不勞民損公,任其私射,復何失也?且纂文習武,人之常藝,豈可於常藝之間,要須令制乎?比適欲依前州府相率,王務之暇,肄藝良辰,亦未言費用庫物也。《禮》,兄弟内除,明哀已殺;小功,客至主不絶樂。聽樂則可,觀武豈傷?直自事緣須罷,先以令停,方獲此請,深具來意。①

元澄生於平城,其欲於七月七日舉行馬射,自然源於當年北都生活之經歷。但在中原文士張普惠的眼中,此舉卻不合國家制度。應依國家"令教",於九月施行。對此,元澄辯解説,七月七日馬射雖非典制,但卻是雍州地方的舊有儀式。在不妨礙公務、勞民傷財的情況下,"任人私射",又有何不可?

遥想昭成之時,燕鳳出訪前秦,曾向苻堅描述拓跋部落孟秋集會的盛況:"雲中川自東山至西河二百里,北山至南山百有餘里,每歲孟秋,馬常大集,略爲滿川。"②而到北魏後期,七月七日秋祭已完全退出國家儀典,成爲了一種地方習俗與個人記憶。相形之下,元澄的辯解,令人倍感落寞。

三、北魏講武之典據

以上兩節,探討了北魏早期七月七日講武之實態與北魏後期九月講武之變遷,對於前後講武的内容與形式有了基本的了解,但關於北魏講武的疑問並不止於此。鮮卑秋祭爲何稱作講武,九月閲武的轉變又以何爲據,便是此節將要探討的問題。

首先需要考慮的是,同爲北族政權,以秋祭爲講武是否是五胡十六國一直以來的傳統?關於十六國時期講武活動的記載,略見於下:

> (東晉咸和三年)會劉曜東討石生,長安空虚。(張駿)大蒐講武,將襲秦雍。③

> 漳水自西門豹祠北,逕趙閲馬臺西。基高五丈,列觀其上。石虎每講武於其下,升觀以望之。虎自於臺上放鳴鏑之矢,以爲軍騎出入之節矣。④

> 苻堅宴群臣于逍遥園,將軍講武,文官賦詩。有洛陽年少者,長不滿四尺,而聰

① 《魏書》卷七八《張普惠傳》,第1729頁。
② 《魏書》卷二四《燕鳳傳》,第610頁。
③ 《晉書》卷八六《張軌傳附孫俊傳》,北京:中華書局,1974年,第2235頁。
④ 酈道元注,楊守敬、熊會貞疏:《水經注疏》卷十《濁漳水注》,第942頁。

博善屬文。因朱肜上《逍遥戲馬賦》一篇,堅覽而奇之曰:“此文綺藻清麗,長卿儔也。”①

魏軍進次瓦亭,長安大震,諸城閉門固守。魏平陽太守貳塵入侵河東。(姚)興於是練兵講武,大閲于城西,幹勇壯异者召入殿中,引見群臣于東堂,大議伐魏。②

(南燕建平四年)時桓玄將行篡逆,誅不附己者。……咸以桓玄新得志,未可圖,乃止。(慕容德)於是講武於城西,步兵三十七萬,車一萬七千乘,鐵騎五萬三千,周亘山澤,旌旗彌漫,鉦鼓之聲,振動天地。③

根據以上史料,不難看出,前涼張駿大蒐講武,姚興、慕容德大閲城西,均是爲戰争而準備,其規模雖浩大,但重在簡練武卒、選拔壯异,與北魏七月秋祭並不相同。石虎於閲馬臺訓練親衛騎兵,以鳴鏑爲軍士出入之號令,據《鄴中記》:

趙王虎建武六年造涼馬臺,在城西漳水之南,約坎爲臺。虎常於此臺簡練騎卒。虎牙宿衛號雲騰黑矟,騎五千人。每月朔晦,閲馬於此臺。乃於漳水之南,張幟鳴鼓,列騎星羅。虎乃登臺,射髇箭一發,五千騎一時奔走。從漳水之南,齊走集於臺下。隊督已下皆班賚。虎又射一箭,其五千騎又齊走於漳水之北。其五千流散攢促若數萬人。騎皆以漆矟從事,故以黑矟爲號。④

石虎於每個月的第一天與最後一天,於漳水南岸訓練宿衛騎兵,其以髇箭(鳴鏑)爲號令,使宿衛奔走於漳水南北。此訓練方法,不禁令人想起匈奴冒頓鳴鏑射馬之事。這種訓練方法或許亦是源於胡族騎射,但並非北魏七月七日講武之淵源。而苻堅逍遥園講武則更接近一場綜合詩文、騎射等娱樂活動的宴會,其具體細節不得而知,與北魏講武之關係亦不明確。

由於史料所限,在十六國時期,源於北族傳統的秋祭活動可能並未施行,或者曾有施行,卻不合華夏之禮法,因而未記録在册。不論如何,以秋祭爲講武的習慣,在此一時期似乎並未確立。

那麽,北魏“講武”之稱呼是否爲承襲魏晉禮儀而來?其與中原之禮典又有何

① 《太平御覽》卷五八七《文部》“賦”條引崔鴻《十六國春秋·前秦録》,北京:中華書局,1960年,第2645頁。

② 《晉書》卷一一七《姚興載記上》,第2981頁。

③ 《晉書》卷一二七《慕容德載記》,第3171—3172頁。

④ 《太平御覽》卷三〇〇《兵部》“騎”條引《鄴中記》,第1383頁。

關係?

兩漢時期,並没有專稱爲"講武"的禮儀。一般認爲,漢代都試即是漢代的講武禮儀。而都試舉行的時間有七月、八月、九月、十月之説,其是否有固定時間,尚無定論。[①] 曹魏時期,似以立秋閲兵爲制,但亦有十月治兵的記載。[②] 西晉初期,大閲多在冬季舉行。[③] 但晉祚不久,其南遷後雖有講武之舉,卻並没有形成長久、固定的禮儀習慣。如此,要從魏晉時期尋找北魏講武禮儀的淵源,實爲不易。

儘管如此,中原文物制度依舊爲北魏講武禮儀提供了重要的參考,其中最值得注意的是《周禮》。關於《周禮》與北朝制度建設之關係,學界已多有探討。從北魏早期開始,《周禮》的影響便散見於郊祀禮儀、宫城設計、職官制度等方面。其或與胡俗相摻雜,或爲胡俗之依託,在北魏早期制度建設中留下了深刻的痕迹,更在孝文帝改革中發揮了全面的影響。[④] 魏晉以來,《周禮》學説日益與國家政權建設及正統性問題緊密聯繫,其中"蒐"、"苗"、"獮"、"狩"四時田獵之禮也成爲魏晉南北朝時期各政權講武禮儀的主要參照。那麽,北魏早期鮮卑秋祭是如何借助《周禮》而成爲"講武"之儀? 其孟秋講武之禮的轉變是否也能在《周禮》中找到依據呢?

首先,關於《魏書》帝紀中四時田獵活動的記載問題。對此,樓勁認爲《魏書》帝紀中"或據實載爲'校獵'、'講武'、'治兵'、'大簡輿徒'之類,或依儒典而書'蒐'、'獮'、'狩'等四時講武名稱,史法甚嚴,並不隨意",[⑤]此説甚是。需要補充的是,《魏書》中記作"蒐"、"獮"、"狩"者分别指稱春、秋、冬三季的田獵活動,符合《周禮》之説。而如前所見,稱作"講武"、"治兵"者,卻不全是田獵,甚至《周禮》記載爲冬季田獵的"大閲",也有與田獵無關者。此外,《魏書》中也簡單稱呼田獵活動爲"田"、"獵"、"射",可見,《魏書》雖采《周禮》之説,卻也不拘泥於《周禮》,而自有其筆法。北魏早期將鮮卑秋祭

① 參見屈建軍:《漢都試小考》,《青海師專學報》1993 年第 1 期,第 63—67 頁;王瑜:《關於中國古代"講武禮"的幾個問題——以唐代爲中心》,《求索》2009 年第 4 期,第 217—220 頁;焦天然:《兩漢都試考——簡論漢簡中的秋射》,《魯東大學學報(哲學社會科學版)》2014 年第 1 期,第 71—75 頁。

② 《晉書》卷二一《禮志下》,第 661—662 頁;《宋書》卷一四《禮志一》,北京,中華書局,1974 年,第 368—369 頁。

③ 參見陳志偉:《三國兩晉講武考》,《北方論壇》2014 年第 6 期,第 103—106 頁。

④ 關於北魏時期《周禮》的應用與影響,參見(日)川本芳昭:《五胡十六国・北朝史における周禮の受容を巡って》,《魏晉南北朝時代の民族問題》第 3 篇《五胡十六国・北朝時代における胡漢融合について》,東京:汲古書院,1998 年,第 367—389 頁;樓勁:《〈周禮〉與北魏開國建制》,《唐研究》第十三卷,北京大學出版社,2007 年,第 87—148 頁。

⑤ 樓勁:《〈周禮〉與北魏開國建制》,《唐研究》第十三卷,第 91 頁注 20。

稱爲“講武”,也並非對《周禮》的簡單托附。

如前所述,北魏早期七月七日講武的實質是拓跋部落聯盟於孟秋時節進行的祭祀集會活動,是一種草原文化傳統。而中原禮儀文化中的講武,則與《周禮》四時田獵之禮聯繫緊密。《周禮》對於四時田獵禮儀雖都有記載,然“凡田之禮,唯狩最備”,[①]最爲重要和詳備的依然是冬季大閱。此處便依據《周禮》大閱之記載,對鮮卑七月秋祭與中原仲冬大閱進行比較。

《周禮》四時田獵雖是以射獵爲名,但其目的卻在於“習射御之事”,[②]以“不忘戰也”。[③] 從内容上看,仲冬大閱儀式流程大致如下:[④]

1. 前期:修戰法(頒講武之法、修檢旗、物)——萊於野——立表

2. 田之日:Ⅰ司馬建旗——群吏以旗物鼓鐸鐲鐃帥民致——陳戰陣、車徒坐——群吏聽誓、斬牲——鳴鼓鐸、樹旗、車徒起——鳴鼓鐲、車徒行、至表止——鳴鼓鐸、弊旗、車徒止——再鼓鐸、樹旗、車徒起——再鼓鐲、車徒行、至表止——三鼓、車徒馳走、至表止——鼓三闋、車三發、徒三刺——鳴鼓鐃、車徒退、至表止——Ⅱ狩田、陳車徒——設驅逆之車、行表貉之祭——命鼓鐸、車徒起——鳴鼓、車徒進、狩獵——至田所、吏士鼓譟——徒止、獻禽四郊、入祭宗廟

從以上流程來看,《周禮》仲冬大閱包括前期與田獵當日兩個時期,田獵當天的儀式又包含了兩部分内容。第一部分是以中原車戰與步兵爲主,以鼓鐸爲令,號令車徒三行三止,並制服仇敵的軍事演練;第二部分則是圍獵、獻祭的田獵内容。前一部分與其説是軍事訓練,不如説更側重於令行禁止的儀式感,表現的是居安思危、“不忘戰”的政治理念。而田獵部分,四季各有特點。據《周禮》,“春田主用火,因焚萊除陳草”;[⑤]“夏田爲苗。擇取不孕任者,若治苗去不秀實者云”;[⑥]“秋田主用網,中殺者多也”;[⑦]“冬田主用衆,物多,衆得取也”。[⑧] 其四時田獵,正模擬了四季農耕從除草、去蕪存菁,到收穫、分配的關鍵環節。由此可知,《周禮》所載講武是中原地區脱離漁獵生産、完全進入

---

① 鄭玄注,孔穎達疏:《禮記正義》卷一七《月令》,鄭玄注,阮元校刻:《十三經注疏》,北京:中華書局,2009年,第2993頁。

② 《漢書》卷七六《韓延壽傳》,北京:中華書局,1964年,第3211頁。

③ 《史記》卷一一二《平津侯主父列傳》,第2954頁。

④ 參鄭玄注,賈公彦疏:《周禮注疏》卷二九《大司馬》,阮元校刻:《十三經注疏》,第1805—1813頁。

⑤ 鄭玄注,賈公彦疏:《周禮注疏》卷二九《大司馬》鄭玄注,第1806頁。

⑥ 鄭玄注,賈公彦疏:《周禮注疏》卷二九《大司馬》鄭玄注,第1807頁。

⑦ 鄭玄注,賈公彦疏:《周禮注疏》卷二九《大司馬》鄭玄注,第1808頁。

⑧ 鄭玄注,賈公彦疏:《周禮注疏》卷二九《大司馬》鄭玄注,第1811頁。

農業社會以後產生的禮儀,體現的是中原王朝居安思危、注重農事的政治思想。從這點來看,北魏早期七月七日祭饗與《周禮》所見講武禮儀具有完全不同的文化内核。

但若忽略二者不同的文化内涵,單從兩種儀式的形式上來看,鮮卑七月秋祭與中原四時田獵也有某些相似之處。例如,前期準備工作中,鮮卑秋祭需修築壇埒,而中原田獵則需萊野、建表;儀式當日,鮮卑諸部畢集,中原則彙集朝野之臣、鄉里之民;鮮卑借射獵考校馬射之術,中原借田獵演練戰陣之法;鮮卑有蹛林之祭,中原亦有郊廟之饗。中原國家還利用蒐獵之時,點閱民夫,[①]北魏早期講武可能也涉及人口、牲畜數目的檢校。[②] 結合以上諸點,若將集軍事演練、田獵、祭祀爲一體的中原國家集會活動看作講武禮儀的話,那麽,將符合以上要點的拓跋部落聯盟祭祀習俗稱作"講武",也就不奇怪了。

鮮卑七月秋祭與中原田獵之間有不少暗合之處,但北魏季秋講武之典據,卻不那麽明確。

文成帝時,北魏開始於九月舉行講武儀式,這一時間與《周禮》四時田獵的時間均不相同。《禮記・月令》記載田獵的時間在季秋,記載講武的時間卻在孟冬。據《禮記・月令》:

> 是月(季秋)也,天子乃教於田獵,以習五戎,班馬政。命僕及七騶咸駕,載旌旐,授車以級,整設于屏外。司徒搢扑,北面誓之。天子乃厲飾,執弓挾矢以獵。命主祠祭禽于四方。[③]
>
> (孟冬)天子乃命將帥講武,習射禦,角力。[④]

根據《禮記》,季秋田獵時,具五兵(弓矢、殳、矛、戈、戟),整齊馬色,備車駕,樹旗幟,並按照等級分授將帥,列陣於所田之處。司徒誓衆,天子服戎服,親執弓矢以射獵,並以所獲之物祭祀四方之神。《禮記》記載雖簡略,但就儀式内容來看,實與前見《周禮》仲冬大閲相去不遠。而孟冬"將帥講武",則只是練習騎射、比較氣力。鄭玄注曰:"(季秋)

---

① 參杜正勝:《編户齊民的出現》,《編户齊民》,臺北:聯經出版事業公司,1991年,第23頁。

② 《史記》與《漢書》記載匈奴五月龍城大會曰:"五月,大會蘢(《漢書》作'龍')城,祭其先、天地、鬼神。秋,馬肥,大會蹛林,課校人畜計",見《史記》卷一一〇《匈奴列傳》,第2892頁;《漢書》卷九四上《匈奴傳上》,第3752頁。鮮卑春秋二祭與匈奴相近,可能亦有課校。

③ 鄭玄注、孔穎達疏:《禮記正義》卷一七《月令》,第2987—2988頁。

④ 鄭玄注、孔穎達疏:《禮記正義》卷一七《月令》,第2993頁。

田獵之禮教民以戰法也",[①]而孟冬講武則是"爲仲冬將大閱,簡習之"。[②] 就時間來看,北魏季秋講武,似以《禮記》季秋田獵爲依據。

而就講武的内容來看,北魏季秋講武在祭祀、騎射内容之外,不僅增加了符合中原禮典的戰陣之法,還多出了皇帝訓政、奬勵治績的部分。這多出的内容,不僅超出了禮儀經典的規定,也不見於南朝的講武儀式。

東晉偏居江左,禮儀多闕。繼東晉之後的劉宋,既有閲武,又行大蒐,二者均於春季舉行。[③] 其中,宋文帝元嘉二十五年(448)二月舉行的大蒐之禮在《宋書・禮志》中留下了詳細的記載。其時正逢幕府山南崗宣武場完工,宋文帝於宣武場設"行宫殿便坐武帳"及"王公百官便坐幔省",樹門建旗。大蒐之日,文帝從太極殿出發,東出雲龍門,再經北廣莫門至宣武場。其時百官從駕,太子入守。至宣武場後,部曲張圍,衆軍進圍,文帝親入旌門射禽。其後犒賞衆軍,還宫。[④] 此次大蒐車服制度,一應俱全,不僅是劉宋大蒐之模版,更對南朝大蒐禮儀産生了長久的影響。[⑤] 但其内容只有《周禮》大閲田獵部分,軍事訓練則在閲武時舉行,内容當是訓練步兵與水軍。如孝武帝大明五年(461)二月閲武,下詔曰:"朕以聽覽餘閑,因時講事,坐作有儀,進退無爽";[⑥]又大明七年(463)正月,欲"克日於玄武湖大閲水師"。[⑦] 則劉宋時期,大蒐與講武實爲兩種禮儀,此與《周禮》不同,而與《禮記》相似。但不論何者,均不見君臣問對、奬勵政績的内容。

南齊講武時間並不固定。《南齊書》帝紀所見講武雖多在九月,但亦有正月、八月及十月的記載。《南齊書・禮志上》曰:

> 九月九日馬射。或説云,秋金之節,講武習射,像漢立秋之禮。[⑧]

乍看此一記載,似乎南齊的講武即是九月九日馬射,實則不然。據《南齊書》,此制出自宋武帝劉裕爲宋公時,九月九日彭城項羽戲馬臺馬射一事,然此一禮儀或習俗卻全不見

---

① 鄭玄注、孔穎達疏:《禮記正義》卷一七《月令》鄭玄注,第 2987 頁。

② 鄭玄注、孔穎達疏:《禮記正義》卷一七《月令》鄭玄注,第 2993 頁。

③ 就《宋書》帝紀所見,劉宋閲武常在春季舉行,僅孝武帝孝建二年(455)於九月在宣武場舉行閲武,事見《宋書》卷六《孝武帝紀》,第 117 頁。

④ 見《宋書》卷一四《禮志一》,第 369—371 頁。

⑤ 《隋書・禮儀志》曰:"梁、陳時,依宋元嘉二十五年蒐宣武場",見《隋書》卷八《禮儀志三》,北京:中華書局,1973 年,第 163 頁。

⑥ 《宋書》卷六《孝武帝紀》,第 127 頁。

⑦ 《宋書》卷六《孝武帝紀》,第 130 頁。

⑧ 《南齊書》卷九《禮志上》,第 150 頁。

於《宋書》。丸橋充拓認爲這一禮儀並非單純的講武,而是"射禮與講武的混合"。[①] 而實際上這是"名人效應"下産生的一種娱樂活動,此前可能只是民間或軍中的遊戲,南齊時又在宫廷中舉行,因此記入《南齊書·禮志》,並非有經典依據的國家禮儀。由於記載簡略,南齊講武的具體流程不得而知。但就儀式内容來説,南齊的講武依然以水軍與步兵的訓練爲主,[②]並未超出劉宋講武的範圍。

如此,在比較了劉宋、蕭齊講武之後,已不難看出北魏講武發展過程的獨特之處。本爲鮮卑秋日祭祀的七月七日集會活動,依託《周禮》,以"講武"的面貌進入了北魏早期國家政治生活中。而隨着華北的統一,隨着北魏皇帝巡幸傳統的逐漸消亡,伴隨戰事而轉移、以胡族部落爲核心的祭祀集會漸漸不符合國家統治的需要。固定於都城、以君臣關係爲紐帶、包容胡、漢朝臣的季秋講武就此出現,而來源於草原文化的馬射活動也得到保留。北魏講武在吸收中原禮典要素的同時,也發展出了超出禮典的部分。本以草原遊牧文化爲内核的七月七日祭,轉變爲北魏國家宣揚文治武功的國家儀典。這樣的講武雖有不倫不類之感,但卻真實地反映了北魏時期草原傳統與華夏禮儀之間調試、融合的政治文化進程。

四、結　論

出身遊牧部族的北魏政權,在建國之初,在政治、制度、社會、文化等各個方面都延續着來自草原的傳統。就禮儀方面來説,除了特色顯著的西郊祭天外,北魏早期必然還存在着其他性質相似的禮儀與祭祀。但由於歷史記載的原因,這些富有异族色彩的儀式活動被有意、無意地從史書中抹去,在北魏的歷史中留下了巨大的空白。儘管如此,通過歷史留下的蛛絲馬迹,我們依然能够捕捉到這些活動的存在。本文對北魏早期七月七日講武的探索,便是一次小小的嘗試。

就現有的記載來看,七月七日講武與四月祭天儀式類似,均來自北方草原傳統。但在史籍中,四月四日的西郊祭天被寫於《魏書·禮志》,獲得了與中原南郊祭天相匹敵的地位,而七月七日祭儀卻僅僅散見於各帝紀,喪失了作爲拓跋鮮卑秋祭的本來面目,成爲歷史記載中無足輕重的一筆。即使如此,依然不能忽視北魏早期七月七日祭饗所具有的重要性。高井康典行曾以遼代會同三年行朝移動中,遼代與各國外交展開的過

① 參見(日)丸橋充拓:《唐代射礼の源流》,《中国古代軍事制度の総合的研究》,第145—153頁。

② 如永明六年(488),"九月壬寅,車駕幸琅邪城講武,習水步軍",見《南齊書》卷三《武帝紀》,第55頁。

程爲中心,探討了遼代皇帝行幸時,移動的政治空間所具有的政治功能,指出遼代皇帝的巡幸及巡幸途中的外交禮儀,宣示了對新領地的支配,展現了遼代統治的權威。[①] 北魏早期七月七日的集會活動也恰好形成了一種類似的移動的政治空間。如果説,固定在平城西郊的四月四日祭天通過參與的人員、儀式的内容確認了拓跋部及北人的核心地位與權力,那伴隨皇帝巡幸及征伐活動而進行的七月七日秋祭則通過召集諸部、講武馬射、賞賜、宴饗等活動,宣揚了對其統治之下的各部族及領土的領有權力,展示了國威,加强了北魏皇權與政治中心之外諸部族之間的聯繫。對於部族勢力仍廣泛存在的北魏早期來説,其重要性可能並不亞於平城西郊祭天禮儀。

隨着華北的統一和北境戰事的消弭,北魏統治的重心逐漸向南轉移,巡幸的減少與講武固定於南郊是這一發展過程的必然結果。在由部族活動轉向宫廷儀式的過程中,北魏講武不可避免的受到華夏禮儀文化的影響,在草原傳統的基礎上,依託於中原禮典,最終形成了一種特有的講武禮儀。這一轉變過程發生在孝文帝改革之前,包含了胡、漢兩種因素,不能簡單的以"漢化"加以概括。它是北魏政治文化自然發展的結果,反映了北魏早期政治、社會發展的歷程。

另一方面,北魏七月七日講武衰亡的過程也反映了政治、政策改變與社會、文化變遷之間的差距。文成以後講武雖在九月實行,但胡族原有的七月七日儀式卻以宴饗的形式保留到了孝文帝太和十八年。即使遷都洛陽,改胡服、禁胡語之後,七月七日馬射依然留存在地方與個人的記憶中。從這一點來説,政治上的斷絶與禁止並不等同於社會文化的改變。從《洛陽伽藍記》以及北魏後期出土墓誌的記載來看,北魏後期詩書文物,似乎一片"鬱鬱乎文哉"之景象,但孝文之後不到三十年,北魏即陷入混亂。相比於短暫的"後改革時代"的"文明榮光",存續了將近一百年的"平城傳統",是否依然影響着北魏後期宫城内外人們的生活呢?

在南北政權對立的背景下,講武禮儀經過北魏時期的發展,逐漸成爲重要的國家禮儀。南北使節往來時,講武活動則成爲雙方炫耀國威的政治舞臺。北魏太和五年(481),孝文帝因講武宴群臣,宋使殷靈誕與齊使車僧朗參與其間。[②] 兩年後,即南齊永

---

① (日)高井康典行:《遼代の遊幸と外交—もう一つの伝統"中国"—》,《中国伝統社会への視角》宋代史研究會研究報告第十集,東京:汲古書院,2015年,第125—150頁。

② 見《魏書》卷七上《高祖紀上》,第151頁;《魏書》卷九八《島夷蕭道成傳》,第2164頁;《南齊書》卷五七《魏虜傳》,第988—989頁。

明二年(483),齊武帝於玄武湖講武時,接見北魏使者李道固,"自此歲使往來,疆埸無事"。[①] 北齊於季秋講武於都外(後改爲季冬),又有四時田獵,北周則依《周禮》於四時田獵講武。[②] 其時具體情況如何雖難以知曉,但從北周天和三年(568)十月,武帝"親率六軍講武於城南,京邑觀者,輿馬彌漫數十里,諸蕃使咸在焉"的盛況來看,[③]北朝後期,以皇帝、大臣爲核心的講武活動,已轉變爲集合了京城居民、外國使者的大型展示活動。若將時代向下延伸,從唐代"公衆性"儀式文化形成的角度來看,[④]北魏講武對於北朝後期及隋唐禮儀制度與文化的形成,亦影響深遠。

① 《南齊書》卷五七《魏虜傳》,第989頁。

② 《隋書》卷八《禮儀志三》,第164—167頁。

③ 《周書》卷五《武帝紀上》,第76頁,北京:中華書局,1971年,第76頁。

④ 關於唐代的公衆性文化,參見(美) 宇文所安著,田曉菲譯:《唐朝的公衆性與文字的藝術》,《他山的石頭記——宇文所安自選集》,南京:江蘇人民出版社,2002年,第172—191頁。唐代的政治與文化活動常常帶有公衆性的特點,而唐代的禮儀活動也常常帶有很强的展演性,參見(日) 妹尾達彦:《唐長安城的禮儀空間——以皇帝禮儀的舞臺爲中心》,(日) 溝口雄三、(日) 小島毅主編,黄正建譯:《中國的思維世界》,南京:江蘇人民出版社,2006年,第466—498頁;(日) 妹尾達彦著,劉瑩譯:《唐代的科舉制度與長安的合格禮儀》,《魏晉南北朝隋唐史資料》第29輯,武漢大學出版社,2013年。

《魏晉南北朝隋唐史資料》第三十五輯

2017 年 7 月,97—111 頁

蠻女文羅氣的一生

——新出墓誌所見北魏後期蠻人的命運

胡　鴻

新近公布的河北正定劉氏墨香閣收藏的北朝墓誌中,有一方題爲"魏故長秋雷氏文夫人墓誌銘記"(録文附於文末)。[①] 這位文夫人,字羅氣,而"其先槃護之苗裔"。從傳世文獻中可知,文氏與雷氏都是蠻中大姓,尤其活躍於襄陽、南陽周邊的山區。"槃護"即"槃瓠",墓誌追槃護爲先祖,[②]而《宋書》云"荆、雍州蠻,槃瓠之後也",[③]《魏書·蠻傳》云"蠻之種類,蓋槃瓠之後",[④]正可與之相印證。這説明在南北朝後期,襄陽、南陽一帶山區的非華夏人群,不僅被主流知識認定是槃瓠蠻,他們自身也建立了一定程度的認同。[⑤] 因此,我們暫且稱文羅氣爲"蠻女",應不至大謬。無獨有偶,同一批公布的墨香閣藏墓誌中,還有一方"問度墓誌"(録文見文末附録二),[⑥]從内容來看誌主也是蠻人,而且與文羅氣出自同一家族。在此以前,北朝時期的蠻人墓誌尚不爲學界所知。至

---

① 録文和拓片見葉煒、劉秀峰主編:《墨香閣藏北朝墓誌》,上海古籍出版社,2016 年,第 68—69 頁。文羅氣墓誌的拓片圖版和簡體字未標點録文,此前已刊布於賈振林編:《文化安豐》,大象出版社,2011 年,第 200—201 頁。後者有幾處錯誤,本文的録文以《墨香閣藏北朝墓誌》爲準。

② 至於墓誌中説"曾祖欽,晉司徒公",顯然是拙劣的攀附。文欽是曹魏揚州刺史,曾起兵反司馬氏,未入晉而死,不可能是"晉司徒公"。其年代與文虎龍也相差了 200 年,怎麼可能中間只隔一代?

③ 《宋書》卷九七《蠻傳》,第 2396 頁。

④ 《魏書》卷一〇一《蠻傳》,第 2245 頁。

⑤ 此地區的蠻人是内部發展出這一祖先信仰,抑或是從"權威知識"中輸入的這一觀念,這方墓誌並不能給我們答案,權威知識與民間觀念之間的互相轉化仍是一個有待深入探討的問題。另外,關於范曄《後漢書》、干寶《晉紀》以及沈約《宋書》在蠻人支系與地域關聯上的矛盾,以及由此反映出的華夏史家對蠻人進行種姓分類時的主觀性,可參看胡鴻:《中古前期有關异族的知識建構——正史异族傳的基礎性研究》,載徐沖主編:《中國中古史研究: 中國中古史青年學者聯誼會會刊》第四卷,中華書局,2014 年,第 37—41 頁。

⑥ 録文和拓片見葉煒、劉秀峰主編:《墨香閣藏北朝墓誌》,第 248—249 頁。這兩方墓誌的關聯,最初曾蒙北京大學歷史學系廖基添博士教示,特此致谢!

隋代已知的有一方《大隋隰城處士梅淵墓誌》,[1]乃是北魏時蠻人北遷汾陽者的後裔,其事迹平庸,歷史信息並不豐富。這次同時公布了兩方北朝蠻人墓誌,而且提供了不少有價值的歷史信息,足以令研究者爲之興奮。尤其這位文羅氣夫人,大約與孝文帝同齡,而遠比孝文帝長壽,其家族又生活在魯陽這樣一個南北交通要道之上,見證且經歷了北魏後期的許多重大事件。在宏大的王朝歷史敘事背後,文羅氣個人從蠻酋之女、鄉望之妻,淪落爲罪人親眷而被没入宫廷,後又因女兒在後宫得位而再度富貴。從魯陽到洛陽再到鄴城,她漫長的一生承載了太多時代的烙印。而出自同一家族的問度,經歷則要平淡一些,但其墓誌中也有不少信息可以與《文羅氣墓誌》相互補充。因此本文擬聚焦於文羅氣,充分利用這樣兩方信息密集的墓誌,采取考證式敘述的方法,試着還原這位魯陽蠻女的一生和她所經歷的時代。

一、家　　世

文羅氣和問度都出生於蠻人中的上層家庭。雖然姓氏使用了不同的漢字,但按照各自的墓誌,二人的祖父都是大名鼎鼎的"蠻王"文虎龍(唐代成書的《北史》爲避諱記作文武龍),[2]换言之他們是從姊弟關係。關於文虎龍,《魏書·高宗紀》記載:"(太安三年,457)十有一月,蠻王文虎龍率千餘家内附。"[3]而《北史·蠻傳》則記作:"興光(454—455)中,蠻王文武龍請降,詔褒慰之,拜南雍州刺史、魯陽侯。"[4]這兩條材料所記有兩三年的出入,基本是一致的。可是《文羅氣墓誌》卻説:

A. 太延三年(437)秋七月,帝以龍承勛望冑,文武超群,詔除冠軍將軍、梁城鎮將、魯陽侯。

B. 真君五年(444)春三月,帝以龍鎮捍有方,威名肅振,詔遷洛州刺史,在任薨殂。

讓事情更混亂的是,《問度墓誌》對文虎龍的追述又有所不同:

C. 祖虎龍,正平年中(451—452),以祖英略有聞,文成皇帝召赴平城都。帝問

---

① 參看山西省博物館、汾陽縣博物館:《山西汾陽北關隋梅淵墓誌清理簡報》,《文物》1992年第10期,第23—27頁。録文收入羅新、葉煒《新出魏晉南北朝墓誌疏證》,北京:中華書局,2005年,第445—446頁。

② 兩方墓誌在文虎龍之前的祖先譜系完全不同,《文羅氣墓誌》攀附文欽爲曾祖,已見前注;《問度墓誌》的遠祖譜系虚構色彩更加明顯,官職、人名、時代都顯示出隨意編造的痕迹,讀者可自行鑒别。兩誌祖父以下的内容,較爲可靠。

③ 《魏書》卷五《高宗紀》,第116頁。

④ 《北史》卷九五《蠻傳》,第3149頁。

左俗之事,答詔有能。上甚嘉辯,爾可心膂驅使,戎威若舉,委以前驅。釋褐直閤將軍。

D. 祖勤恭帝側,除龍驤將軍、雍州刺史。

E. 後除冠軍將軍、梁城鎮將、魯陽侯,在任身喪。

F. 帝思忠節,贈使持、洛州刺史,謚/曰恭侯。

史料A所記文武龍與北魏初次接觸的時間是437年,比《魏書》的記載提前了20年。而史料C的年代與《魏書》較爲接近。不過史料C有一個明顯的錯誤,即正平是太武帝最後一個年號,不應該由"文成帝召赴平城"。如果相信年號有誤而皇帝不誤,那麽史料C便與《魏書》一致了。然而我們也不能輕易推測《文羅氣墓誌》的史料A中"太延"是"太安"之誤,因爲後文史料B真君五年仍在太安三年之前很久。除了年代的差异,兩方墓誌中文虎龍的任官履歷也區别很大,而後出的《問度墓誌》明顯增加了更多細節。出自同一家族的兩方墓誌不僅遠祖譜系完全不同,而且對同一位著名祖父的生平重要事迹記載有如此大的差异,實在令人吃驚。這種情形在譜牒、家傳發達的世家大族那裏,應該是不可能發生的。這提示我們本文所涉及的兩位人物的特殊背景。另外,如後文還將説明的,兩方墓誌的製作時間相差了十幾年,製作地點又分别在鄴城和晉陽,時空的隔離也應是造成敘述差异的原因。

文武龍與北魏初次接觸的時間有無可能在437年左右呢?437年前後,北魏正日漸崛起爲統攝華北的强大勢力。十年前的427年,魏攻破赫連夏的統萬城,並獲得關中地區;太延三年(437),北魏剛剛平定了北燕,威名大振,西域龜兹、焉耆、粟特等國各遣使朝獻。至於南方,早在明元帝泰常七年(422),北魏就趁劉裕去世之機,攻占了滑臺、虎牢和洛陽,之後南朝一直未能奪回洛陽。[①] 獲得了洛陽,便對更南的汝水、湍水流域形成了影響。衆所周知,洛陽往西往南,溯伊水而上南至陸渾,即進入秦嶺東段餘脉的熊耳山、伏牛山中。山地阻礙了來自平原的統治力量深入其中,東周時期,伊洛之戎、陸渾之戎[②]即活躍在此,再往南則是楚國西北境的蠻。永嘉之亂以後,洛陽從天下之中的

① 魏太武帝在430年曾説,"我生頭髮未燥,便聞河南是我家地。"(《宋書》卷九五《索虜傳》,第2331頁)此説雖不屬實,但很好地表現了當時北魏牢固控制洛陽一帶的信心。

② 《左傳·僖公二十二年》:"秋,秦、晉遷陸渾之戎於伊川。"(《十三經注疏》(清嘉慶刊本),阮元校刻,北京:中華書局影印,2009年,第3936頁)學者多依杜注,以爲陸渾之戎原在瓜州,即允姓之戎,爲秦晉强迫遷徙到伊川。參看顧頡剛:《史林雜識初編》瓜州條,北京:中華書局,1963年,第46—47頁。

帝都,淪爲屢遭兵燹的邊城。① 其周邊的山谷,更成爲無論南北政權都無法深入控制的地區,成爲"中間地帶",②其間生活的人們無須向南北任一方納賦稅供徭役,他們結成許多規模不大的政治體,生存於"王化"之外。這些山中居民,被南北朝雙方都稱作"蠻"。③ 魏收説"自劉石亂後,諸蠻無所忌憚,故其族類,漸得北遷,陸渾以南,滿於山谷,宛洛蕭條,略爲丘墟",④即對此種狀況的概括。蠻的生存策略之一,是根據南北方政治軍事形勢的變化,適當地在兩者間選擇臣服、聯合、逃離或抵抗。成功地運用臣服策略,可以給他們——至少是蠻人中的上層帶來相當的利益,包括官爵名號、金帛物資等等,而且外來的支持也能鞏固他們在蠻人内部的地位。文虎龍有無可能在墓誌所記的 437 年就歸附北魏呢? 這還得考慮一下他所處的地理位置。

縱使墓誌與《魏書》在時間上有着巨大差距,仍有一點是一致的,那就是文虎龍的封爵"魯陽侯"。北魏對周邊未完全臣服者的封爵,大多是與其實際統治的地域一致,以表示政治上的承認。魯陽,漢置縣,魏晉因之,以在魯山之南而得名。漢代魯陽縣屬南陽郡,這就是墓誌記文羅氣爲"南陽人"的來歷。據《魏書・地形志》,北魏時魯陽於太和十一年(487)置鎮,十八年改爲荆州,二十二年罷,置魯陽郡。⑤ 因此在文虎龍歸附北魏之時,魯陽尚未設鎮或郡,事實上尚未納入北魏直接管轄的範圍之内。⑥ 文虎龍受封魯陽侯,只是表示他的集團活動於魏晉的魯陽縣境内。魯陽位於從洛陽向南陽的交通要道上,根據《水經注》的描述,從魯陽向南有座分水嶺(又稱分頭山),嶺上有魯陽關,北魏時分水嶺南北兩邊的河流都稱作魯陽關水,北水至魯陽匯入滍水,南水向南流而入淯水。⑦ 事實上,滍水爲汝水支流,屬淮河水系;淯水爲沔水支流,屬長江水系,兩水同稱魯陽關水的確會引起誤導。魯陽關所在的分頭山,實爲江淮分水嶺之一部分。

---

① 《魏書》卷三一《于栗磾傳》云:"洛陽雖歷代所都,久爲邊裔,城闕蕭條,野無烟火"(第 736 頁),這是 422 年北魏初得洛陽時的狀態。

② 參看陳金鳳:《魏晉南北朝中間地帶研究》,天津古籍出版社,2005 年。

③ 關於"蠻"的較新研究,參看魯西奇:《釋"蠻"》,原載《文史》2008 年第 3 輯,收入同作者:《人群・聚落・地域社會: 中古南方史地初探》,厦門大學出版社,2012 年,第 23—56 頁;羅新:《王化與山險: 中古早期南方諸蠻歷史命運之概觀》,《歷史研究》2009 年第 2 期,第 4—20 頁;胡鴻:《六朝時期的華夏網絡與山地族群》,《歷史研究》2016 年第 5 期,第 19—38 頁。

④ 《魏書》卷一〇一《蠻傳》,第 2246 頁。

⑤ 《魏書》卷一〇一中《地形志中》廣州魯陽郡條,第 2544 頁。

⑥ 宣武帝時期,酈道元試守魯陽郡請立學校,詔答曰:"魯陽本以蠻人,不立大學"(《北史》卷二七《酈道元傳》,第 995 頁)。"本以蠻人"一句頗可説明魯陽郡的真實來歷。

⑦ 酈道元注,楊守敬、熊會貞疏:《水經注疏》卷三一滍水條、淯水條,上海古籍出版社,1989 年,第 2586—2587 頁,又第 2594—2595 頁。

沿着魯陽關南北二水翻越分水嶺的道路，就是溝通宛洛的捷徑，戰國時楚國由此北上争霸，此地已有魯關，直至20世紀70年代修築焦柳鐵路，仍然取道於此而在古路之下開通九里山隧道，此地在交通上意義可見一斑。北魏時，這條道路被稱爲“三鵶道”，三鵶分別對應由南向北的三段，故亦簡稱“鵶路”。[①] 鵶路是一條艱險的孔道，穿行在重山深澗之中，西晉張協有詩曰：“朝登魯陽關，狹路峭且深。流澗萬餘丈，圍木數千尋。咆虎響窮山，鳴鶴聒空林。”[②]這樣的地形，正適合逍遥於王化之外的蠻人活躍其中。文羅氣的祖父文虎龍，即率領着種落生息在魯陽關附近的重山之中。墓誌中還提到“梁城鎮將”，梁城位於魯陽向北通往洛陽的交通綫上，在汝水岸邊，即今汝州市臨汝鎮附近。“梁城鎮將”與“魯陽侯”一樣，都僅是一個虚銜，但它再次印證了文虎龍集團與這條交通綫的關係。[③] 甚至明顯不太可靠的“洛州刺史”——因爲此時的洛州是洛陽，[④]其刺史不可能是文虎龍——也是順着這條交通綫延伸而虚構的記憶。

既然文虎龍活動的地域就是洛陽以南的山中，且在洛陽、南陽間交通要道附近，而北魏勢力已達到洛陽一帶，必然對南邊山中政治形勢産生影響。泰常七年（422），明元帝初至洛陽，即有“蠻王梅安率渠帥數千人來貢方物”。[⑤] 而在《文羅氣墓誌》所記文虎龍歸附的後一年，即太延四年（438）十二月，又有上洛巴泉蕇等相率内附。[⑥] 上洛地區位於洛水以及沔水支流丹水的上游，與宛洛之間的山地毗鄰，兩地有着密切的聯繫。[⑦]由此視之，文虎龍在太延三年即與北魏發生聯絡並以某種形式表示歸附的可能性，是不能排除的。

原本率領着千餘家的“蠻王”文虎龍，在歸附北魏以後，得到了北魏政權的大力扶

---

① 關於魯陽關和三鵶路，參看徐少華：《〈水經注〉所載魯陽關水及相關地理考述》，《歷史地理》第25輯，2011年，第29—37頁；王懷周：《伏牛山交通隘道三鵶路的歷史地位》，《南都學壇（人文社會科學學報）》2012年第6期，第139—140頁。

② 《文選》卷二九《雜詩上》張景陽《雜擬十首》，北京：中華書局影印胡刻本，2005年，第421頁。《水經注·淯水》僅引前二句。

③ 太和二十三年孝文帝第二次南征南陽，《魏書·高祖紀下》記曰“三月庚辰，車駕南伐。癸未，次梁城”（第185頁），正是取道梁城向魯陽之路，洛陽至梁城大軍行進需要三天，行程約50公里。

④ 《魏書》卷一〇六中《地形志中》：“洛州，太宗置，太和十七年改爲司州，天平初復。”（第2547頁）而上洛置洛州是在太和十八年以後，見《魏書》卷一〇六下《地形志下》，第2632頁。

⑤ 《魏書》卷三《太宗紀》，第63頁。

⑥ 《魏書》卷四上《世祖紀上》，第89頁。緊接着，太延五年三月丁卯，“詔衛大將軍、樂安王範遣雍州刺史葛那取上洛，劉義隆上洛太守鐔長生弃郡走。”（同上，第89頁）可見泉蕇的歸附帶來了上洛地區的形勢變化。

⑦ 《隋書》卷三〇《地理志中》豫州條：“上洛、弘農，本與三輔同俗。自漢高發巴、蜀之人，定三秦，遷巴之渠率七姓，居於商、洛之地，由是風俗不改其壤。其人自巴來者，風俗猶同巴郡。淅陽、淯陽，亦頗同其俗云。”（第843頁）

持,封侯任官,直至去世。可以想見文家在魯陽地區的勢力一定大爲增强,成爲當地蠻人中的第一望族,文羅氣就在這樣的家庭裏出生了。

二、厄　運

根據墓誌,文羅氣去世的具體年月不詳,僅知她葬於東魏武定五年(547)二月,這是其卒年的下限。誌文於此前又述及元象二年(539)詔贈其弟翹廣州刺史事,文羅氣的去世不應在此之前。她享年71歲,那麽她的出生年大約在469至477年之間。而墓誌又云其父稚清於"獻文皇帝延興三年(473)夏四月不幸早終",[①]故其出生年可以進一步鎖定爲469至473年之間。從她還有名爲文翹的弟弟來看,還可以將下限473年再往前推一兩年,爲便於敍述,暫且定爲471年左右。這一年,北魏獻文帝禪位爲太上皇,五歲的孝文帝即位,文羅氣比467年出生的孝文帝略小幾歲。

雖然出生在權勢貴盛的家庭,但文羅氣幼年喪父,童年很難説是幸福的。不妨大膽推測一下,可能正因爲缺少父親的保護,使她有機會養成堅毅的性格,這將成爲她坎坷起伏的一生中最大的財富。文家在文虎龍之後,似乎有些衰落了,文虎龍的子孫都没有被正史記録下來。墓誌中記雷亥郎在太和末被魯陽太守辟爲中正,説明此時魯陽地區最有影響力的蠻酋,已從文氏轉成了雷氏。據《魏書》記載,太和十七年(493)五月,襄陽蠻酋雷婆思等率一千三百餘户内徙,居於太和川。[②]《水經注》記滍水從堯山發源不久,即歷太和川,又東,徑小和川。楊守敬以爲:"滍水只一水,上稱太和川,此又稱小和川,蓋鄉俗以意名之也。"[③]太和川位於魯陽以西的滍水上游,可以無疑,雷婆思的部落所徙居的正是此處。[④] 雷婆思歸附的時間也頗爲微妙,這年二三月間,南齊控制下的襄陽城發生了重大變故,雍州刺史王奂擅殺寧蠻長史劉興祖,遭到朝廷軍隊的討伐最終兵敗身死,闔家伏誅,僅其子王肅自建康奔入北魏。這場持續兩月的事變,一定也受到了襄陽以北山中蠻人的密切關注,雷婆思的北遷或與此有些關係。另外,王肅北奔以後受到重用,積極建議孝文帝南伐,戰略所指即是南陽及襄陽地區,當然這是後來的事。太

① 嚴格來説,延興是孝文帝的第一個年號。此時獻文帝雖已禪位成爲太上皇,仍是實際上的最高統治者。此處"獻文皇帝延興三年"或反映了北朝後期民間對禪位事件的一種認識。

② 《魏書》卷七下《高祖紀下》,第172頁。

③ 《水經注疏》卷三一"滍水"條,第2580頁。

④ 《資治通鑑》卷一三八齊武帝永明十一年五月條云:"襄陽蠻酋雷婆思等帥户千餘求内徙於魏,魏人處之沔北。"(第4329頁)

和十七年四月，東邊大别山北麓的光城蠻酋田益宗率部落四千餘户歸附了北魏，[①]五月雷婆思徙居太和川，六月孝文帝定計南遷，詔造河橋。田益宗和雷婆思一東一西的歸附行動，是否與北魏爲配合南遷或南伐而實施的邊境戰略有關，從目前的史料難以確知，但北魏定都洛陽的確完全改變了雷亥郎和文羅氣這些蠻人的命運。

從時間、地域、政治地位的高度重合來看，雷亥郎極可能是雷婆思家族的年輕成員。太和十七年，文羅氣 23 歲，或許早在此之前，她已經與雷亥郎結婚了。一個是魯陽昔日的蠻王家族，一個是新遷入正在崛起的新貴家族，兩者聯姻合情合理。婚後育有一子，名暄，此後過了幾年平静日子。太和十八年十月，尚在南遷途中的孝文帝，發布了一道頗有深意的詔書：

> 比聞緣邊之蠻，多有竊掠，致有父子乖離，室家分絶，既虧和氣，有傷仁厚。方一區宇，子育萬姓，若苟如此，南人豈知朝德哉？可詔荆、郢、東荆三州勒敕蠻民，勿有侵暴。[②]

尚未進入洛陽的孝文帝已經意識到，號稱天下之中的洛陽，其實已經距離南北兵爭的前綫不太遥遠，而在洛陽和前綫之間，還有大量不服州郡管束的蠻民。這道詔書標誌着，北魏不再將這些蠻民置之度外，要開始以國家力量加以征服和管理。[③] 詔書涉及荆、郢、東荆三州，而荆州州治正是在此年從上洛移到了魯陽。這三州既處深險之地，又各自掌控一條通往南朝荆雍地區的交通要道，十月的詔書也可看作是大軍出擊前的清道行動。緊接着到了十二月，果然有四路大軍南伐之事，其中“行征南將軍薛真度督四將出襄陽”、“大將軍劉昶出義陽”即分别取道詔書中的荆、郢二州，兵鋒指向南朝襄陽和義陽兩個重鎮。薛真度所率四將，在出魯陽關三鵶道之後兵分兩路，盧淵等三將圍攻赭陽（今方城），薛真度軍於沙堨。沙堨位於宛城與新野之間，因而遭到兩地齊軍的堅拒。這次戰争以北魏失敗撤軍而告終。薛真度的失敗引起孝文帝的憤怒，“以南陽小郡，志必滅之”，乃於太和二十一年（497）八月親統大軍南伐。此役持續至翌年三月班師，北魏大勝，盡得南齊沔北五郡之地，觀兵襄沔，耀武而還。翌年（498），南齊太尉陳顯達又率軍欲奪回沔北五郡，孝文帝帶病再次親征，在宛城西南的馬圈城打敗陳顯達之後，孝文帝病逝於回師途中的谷塘原。

---

① 《魏書》卷七下《高祖紀下》，第 171 頁。

② 同上，第 175 頁。

③ 吕思勉：《兩晉南北朝史》第 11 章：“既欲遷都京洛，則宛、鄧、義陽皆迫近畿甸，其形勢迥非立國平城時比矣。”（上海古籍出版社，2005 年，第 465 頁）

自太和十七年起,孝文帝對南陽的多次軍事行動主力軍隊都取道魯陽關的三鴉路。長期在邊地蠻區擔任刺史的韋珍,善於招撫,受到蠻左的支持,孝文帝第一次南伐獲得沔北之後,即任命他爲魯陽郡太守。第二次南伐時,孝文帝特命韋珍在郡留守,説道"三鴉險惡,非卿無以守也"。孝文帝病死在外,秘匿而還,到了韋珍的魯陽纔發喪。[①]之所以如此,主要是擔心在三鴉險途出現變故。

對於魯陽的蠻人雷亥郎和文羅氣來説,這一時期是他們命運轉折的開始。北魏始對南陽地區用兵時,對魯陽一帶並未深入統治。而三鴉道既是出奇的捷徑,欲取道於此,必須争取蠻民的合作,保證軍隊順利通過。魯陽承擔了沉重的後勤負擔,因此第一次親征班師之後,孝文帝隨即"曲赦二荆、魯陽郡",[②]及時給予補償。作爲較早接受北魏官爵的文氏和雷氏家族,一定在此時擔當了溝通北魏朝廷與山林蠻衆的中介。在獲得沔北五郡之後,爲了獎賞雷婆思部落,特"令有沔北之地",[③]其實無异於允許蠻人自願返回故里。此時北魏對這一地區的蠻人以籠絡爲主,雙方關係融洽,"蠻人安堵,不爲寇賊"。[④] 墓誌記載雷亥郎在"太和廿四年,魯陽太守石公辟爲中正,令充鄉道,鴉左信服,遠近袛肅"。孝文帝死於太和二十三年,墓誌中的太和廿四年應是景明元年(500)之誤,太守石公不見於正史,應是韋珍的後任。辟爲中正,既表示對雷氏家族既有地位的肯定,也是酬賞近年爲保障三鴉道立下的功勞。這位中正的任務,竟然不是品第人物,而是"充鄉道",即充嚮導,仍然是擔任政府與"鴉左"即三鴉一帶蠻民的中間人。

隨着北魏對沔北地區控制的加强,魯陽關不再是邊關,三鴉路也不能總依賴蠻人的合作,而須切實控制在政府之手。蠻民的優待逐漸減少,義務不斷增加,法網也一天比一天嚴密起來。從招誘、優待,走向控制、矛盾,再到反抗和鎮壓,再到新一輪招撫、教化,[⑤]這種關係模式在中古時期無論南北的帝國政權與山地不臣人群之間屢見不鮮。已成内地的魯陽,也走上了這條道路。從《魏書・蠻傳》不難看出,北魏的"蠻亂"主要就發生在荆州、東荆州、西郢州,一個重要的原因就是北魏獲得沔北之後它們已經從邊境變成了内地。揭開北魏後期蠻亂大幕的,就是景明三年(502)魯陽蠻魯北燕之亂。

---

① 《魏書》卷四五《韋珍傳》,第1014頁。

② 《魏書》卷七下《高祖紀下》,第183頁。

③ 《魏書》卷一〇一《蠻傳》,第2246頁。

④ 同上。

⑤ 著名酷吏酈道元即曾任魯陽太守和東荆州刺史,他在魯陽建立學校,實施教化,"山蠻伏其威名,不敢爲寇"。延昌年間他在東荆州威猛爲政,導致"蠻人詣闕訟其刻峻"。(《北史》卷二七《酈道元傳》,第995頁)

《魏書·蠻傳》載：

> 魯陽蠻魯北燕等聚衆攻逼潁川，詔左衛將軍李崇討平之，徙萬餘家於河北諸州及六鎮。[1]

又《魏書·李崇傳》載：

> 魯陽蠻柳北喜、魯北燕等聚衆反叛，諸蠻悉應之，圍逼湖陽。游擊將軍李暉先鎮此城，盡力捍禦，賊勢甚盛。詔以崇爲使持節、都督征蠻諸軍事以討之。蠻衆數萬，屯據形要，以拒官軍。崇累戰破之，斬北燕等，徙萬餘户於幽、并諸州。[2]

兩傳所述攻擊地點不同，潁川、湖陽，一北一南，魯陽居於兩者之間。《資治通鑑》兩從之，分别繫於該年三月與四月，處理成戰争的兩個階段。關於這場動亂，我們所知甚少，僅從"蠻衆數萬"、"徙萬餘户"的規模來看，涉及的人群數量很大，遠遠超過了之前雷氏或文氏所率千餘户的規模。太和末到景明三年之間僅三四年時間，魯陽地區的蠻人就從北魏的合作者轉爲激烈反抗者，這中間一定發生了重大的政策變化。根據類似的歷史經驗，很可能是賦役加重和地方官的粗暴執法造成了普遍不滿，可惜官方文獻中毫無反映。

文氏與雷氏作爲蠻酋與帝國代理人的雙重身份，讓他們無可避免地捲入了這場動亂。《問度墓誌》云：

> 父猛，除大都督李崇下千人軍主。蠢爾蠻荆，大邦之仇，恐更充斥，合鄉擁移晉陽。

結合前引《李崇傳》，可以知道文猛正是在討伐魯陽蠻魯北燕的戰争中擔任了千人軍主，並且參與了戰後向北方遷徙蠻人的行動。"千人軍主"與其父文虎龍"率千餘家内附"隱約有些聯繫。這位參與鎮壓蠻亂的文猛，便是文羅氣的叔父。（參看文末附録三的世系圖）

正如文猛與魯北燕的對立提示了魯陽蠻内部政治立場的分化，文氏家族内部同樣存在着抉擇的分歧。《問度墓誌》接着寫道：

> 景明年初，伯父石他思戀鄉廛，率領移徒，安爾還鄉爲國。以無旨放，擬比逆節，没爲官人。

景明年初不確，按《魏書》這只能是景明三年的事。《魏書·蠻傳》載：

① 《魏書》卷一〇一《蠻傳》，第 2247 頁。
② 《魏書》卷六六《李崇傳》，第 1467 頁。

徙萬餘家於河北諸州及六鎮。尋叛南走,所在追討,比及河,殺之皆盡。[①]

文猛之兄、同時也是問度與文羅氣伯父的文石他,竟是率領北徙蠻人"尋叛南走"的領導者之一。此事是否牽涉到文猛,兄弟之間就此是否存在對立,已無從知曉。可以確定的是,南逃的蠻人陷入了悲慘的命運,在很短時間内便被剿殺殆盡,而文石他的這一舉動也讓文氏家族乃至雷氏家族的命運就此改變。《文羅氣墓誌》記文羅氣之夫雷亥郎:

世宗宣武皇帝景明之季,因鄉人逆亂,横染徒黨。

"横染徒黨"一語,不知是對雷亥郎參與叛亂的委婉説法,還是包含了受文石他之牽連的憤懣。曾任魯陽郡中正的雷亥郎,從此消失在我們的視野中。至此,雷氏和文氏從蠻酋、鄉望、魯陽郡中正,陡然淪落爲北魏朝廷的罪犯,文羅氣和兒子雷暄,作爲罪臣家屬被没入宫禁,成爲女奴和宦官。[②] 而年僅五六歲的問度,雖然其父在戰争中爲朝廷效命,仍受到伯父的牽連而被"没爲官人",成爲了宦官。這一年,文羅氣33歲。

三、轉　　機

文羅氣没入宫禁以後的遭遇,墓誌不著一字,諱莫如深。誌文中緊接的一句轉折十分突兀:

女劉貴華挺胄譙國,窈窕美稱,正光之世,孝明皇帝聘爲淑儀。

這中間有無數略去的情節。雷氏文夫人的女兒爲何名爲"劉貴華"?唯一的解釋是,文羅氣又結了一次婚,第二任丈夫姓劉。北魏對於戰争俘虜或因罪被没爲官奴婢的人,常常會作爲賞賜物資分配出去。如太武帝時平定山胡白龍之亂,"諸與白龍同惡,斬數千人,虜其妻子,班賜將士各有差"。[③] 太和二年,孝文帝行幸代之湯泉,"所過問民疾苦,以宫人賜貧民無妻者。"[④]官婢中原本有些身份的,常會被皇帝賞賜給大臣爲妻妾以示恩寵。如太武帝時崔浩之女嫁盧遐爲妻,待崔浩、盧遐被誅,盧遐妻被賜給度河鎮

---

① 《魏書》卷一〇一《蠻傳》,第2247頁。將荆郢地區不服管教的蠻人移往六鎮,似是北魏後期一個流行的方略,爾朱榮也曾豪言:"出魯陽,歷三荆,悉擁生蠻北填六鎮。"(《魏書》卷七四《爾朱榮傳》,第1653頁)魏末活躍的樊子鵠,"其先荆州蠻酋,被遷於代"(《魏書》卷八〇《樊子鵠傳》,第1777頁),便是一例。本文前面提到的隋代《梅淵墓誌》,其祖父梅遜就是在此背景下被强制遷徙到汾河上游的。

② 雷亥郎被定的罪名和具體適用的刑律,都難以確知。《隋書》卷二五《刑法志》載梁武帝時《梁律》有:"其謀反、降叛、大逆已上皆斬。父子同産男,無少長,皆弃市。母妻姊妹及應從坐弃市者,妻子女妾同補奚官爲奴婢。資財没官。"(第699頁)北齊天保中,崔季舒被懷疑謀反,被徙北邊,"妻女子婦配奚官,小男下蠶室,没入資産"。(《北齊書》卷三九《崔季舒傳》,第513頁)這兩例可以參考。

③ 《魏書》卷四《世祖紀上》,第84頁。

④ 《魏書》卷七上《孝文帝紀上》,第145頁。

高車滑骨。[①] 又如北齊魏收之例:"魏太常劉芳女,中書郎崔肇師女,夫家坐事,帝並賜收爲妻,時人比之賈充置左右夫人。"[②]文羅氣的家世不如崔浩、劉芳之女,但亦不同於普通戰俘,很可能賜給了一位中級官員。十幾年後,他們的女兒劉貴華因緣際會,被選爲孝明帝的淑儀。

淑儀之號,起於西晉,《晉書·輿服制》載:

> 淑妃、淑媛、淑儀、修華、修容、修儀、婕妤、容華、充華,是爲九嬪,銀印青綬,佩采瓄玉。[③]

北魏沿用了這套名號,孝文帝時改定内官:

> 左右昭儀位視大司馬,三夫人視三公,三嬪視三卿,六嬪視六卿,世婦視中大夫,御女視元士。[④]

爲配合外朝的九卿分爲三卿和六卿,於是九嬪也被分爲三嬪和六嬪,淑儀即是三嬪的最末一位,在后妃中位居第四等,位視三卿,在後宫中地位較高。由此,文羅氣從罪人宫婢轉身成爲了外戚。關於孝明帝的後宫,《魏書》記載:

> 孝明皇后胡氏,靈太后從兄冀州刺史盛之女。靈太后欲榮重門族,故立爲皇后。肅宗頗有酒德,專嬖充華潘氏,后及嬪御并無過寵。太后爲肅宗選納,抑屈人流。時博陵崔孝芬、范陽盧道約、隴西李瓚等女,但爲世婦。諸人訴訟,咸見忿責。[⑤]

在後宫裏,太后除了立自己侄女爲皇后,還壓抑崔、盧等世家大族之女,僅僅給她們世婦的身份。而文羅氣之女劉桂華卻能位居淑儀的高位,是否别有内情?墓誌明言劉桂華被聘爲淑儀是在正光之世,而正光元年(520)七月,元叉、劉騰發動政變,幽禁胡太后於北宫,直到孝昌元年(525)四月太后再度奪回權力爲止,整個正光年間都是元叉執掌大權的時期,可以斷定劉桂華在後宫的地位與胡太后無關。

墓誌云劉桂華"挺胄譙國",是一條值得分析的綫索。劉氏以譙國爲郡望者,《元和姓纂》卷五"劉姓"條載:

① 《魏書》卷三八《王寶興傳》,第877頁。
② 《北齊書》卷三七《魏收傳》,第490頁。
③ 《晉書》卷二五《輿服志》,第774頁。
④ 《魏書》卷一三《皇后傳》,第321頁。
⑤ 同上,第340頁。

"譙郡":狀云宋文帝子義陽王昶後。《貞觀志》云勘非實。①

此條竟未舉出一例人名。劉昶於文成帝末年奔魏,卒於太和二十一年(497),假托劉昶之後説明譙國劉氏淵源甚近。當然這是唐朝的一種説法,北朝後期是否已有此説難以確知。不過,譙國劉氏並非顯赫的世家,應該可以確定。目前可知北魏時期以譙國爲籍貫的劉氏人物,僅有劉騰一人:

劉騰,字青龍,本平原城民,徙屬南兖州之譙郡。②

劉騰是幫助元叉發動政變從而在正光年間執掌大權的關鍵人物。史言:

四年之中,生殺之威,決於叉、騰之手。八坐、九卿,旦造騰宅,參其顔色,然後方赴省府,亦有歷日不能見者。公私屬請,唯在財貨。舟車之利,水陸無遺;山澤之饒,所在固護;剥削六鎮,交通互市。歲入利息以巨萬計。又頗役嬪御,時有徵求;婦女器物,公然受納。逼奪鄰居,廣開室宇。③

深諳後宫政治的宦官劉騰,一定非常重視妃嬪與外戚的動向,在正光年間選聘淑儀的事件,很難想像没有經過他的干預。同稱爲譙國劉氏的劉桂華和劉騰,有無可能存在某種關係呢? 劉騰雖然是宦官,但北魏宦官多有養子,④其他兄弟子侄更不在少數,而文羅氣再嫁的劉姓人物,極有可能是劉騰兄弟子侄中的一員。劉騰貴盛雖在正光年間,但早在太和之末,他已通過告密獲得孝文帝賞識,在宣武帝朝已做到大長秋卿、金紫光禄大夫、太府卿,或許是在此時期皇帝將文羅氣賜予某位劉氏子弟。正光中,借助劉騰的權勢,劉桂華被送進後宫,以使這個宦官家族獲得一重外戚的身份,這是很可能發生的事情。正光四年(523)劉騰死,兩年後胡太后重新奪回政權,元叉一黨失勢,對劉騰"追奪爵位,發其冢,散露骸骨,没入財産"。後來劉騰的一位養子逃奔南梁,太后大怒,徙騰餘養於北裔,劉桂華之父或亦受到株連。如果上文劉桂華屬劉騰家族的猜測成立,那麽以上諸事就成了劉桂華"不幸花葉早落"的背景。劉桂華的具體去世時間亦不可知,或許她没有等到爾朱榮渡河之際,否則她也會在胡太后"盡召肅宗六宫皆令入道"之列。⑤

四、尾　聲

正光四年劉騰死時,文羅氣已經 53 歲,在古代已算進入晚年,與她大約同齡的孝文

① 岑仲勉:《元和姓纂(附四校記)》卷五,北京:中華書局,1994 年,第 694 頁。

② 《魏書》卷九四《閹官·劉騰傳》,第 2027 頁。

③ 同上,第 2028 頁。

④ 史書中記載了劉騰的養子,"所養二子,爲郡守、尚書郎"。(《魏書》卷九四《閹官·劉騰傳》,第 2027 頁)

⑤ 《魏書》卷一三《皇后傳》,第 340 頁。

帝早已去世，其孫孝明帝也即將於五年後神秘死亡。50 多歲的文羅氣又經歷了一場家庭從榮顯到凋零的變故，然而她的生活還將繼續。此後洛陽朝廷動蕩不安，爾朱榮、元顥、孝莊帝、高歡等人所玩的權力遊戲，遠離宮廷政治的文羅氣大概並不關心。從六鎮經河北不斷向南涌來的流民中，間或還有昔日魯陽的舊識，如果見面，一定不勝唏噓。時局越來越混亂，洛陽已是四郊多壘，直到天平元年(534)，高歡一聲令下，天子百官遷往鄴城。“詔下三日，車駕便發，文武四十萬狼狽就道”。① 64 歲高齡的文羅氣，也被裹挾在浩浩蕩蕩的官民遷徙隊伍中，奔赴鄴城度過最後的歲月。

與文羅氣同行最久的親人是弟弟文翹，他在孝静帝朝做到了嘗食典御。嘗食典御是負責皇帝飲食的官職，需要獲得皇帝的信任，有機會成爲恩倖，比如侯剛曾爲此職三十多年，後來做到了侍中、左衛將軍，仍領嘗食典御。② 此職亦常授予外戚，如胡太后初執政時即以之授予妹夫元叉。擅權的宦官亦有任此職者，稱中嘗食典御，如成軌。問度在北齊長期擔任中嘗食典御，在高氏政權中“歷侍四帝”，死後得到“冠軍將軍、假節、督東徐州諸軍事、東徐州刺史”的優厚贈官，其墓誌規格亦高於文羅氣。③ 文翹雖然也任此職，然而在鄴城的孝静帝不過是高歡的傀儡，皇權都已旁落，依附於皇權的恩倖政治自然烟消雲散了，宦官文翹在政治上大概没有發揮的空間。元象二年(539)，文翹去世，文羅氣亦於數年後走完了漫長的一生。

劉騰家族衰落之後，文羅氣的劉姓丈夫情況不明。文羅氣的墓誌中根本没有提到他，這讓人有些難以理解。合理的推測是，墓誌並非劉家後人所立，而是前夫雷氏之子，即墓誌中專門提到的“魏伏波將軍、園池丞�暄”。景明之末，尚未成年的雷暄與母親同墜宮禁，應是“下蠶室”成了宦官。北齊長秋寺“領中黄門、掖庭、晉陽宫、中山宫、園池、中宫僕、奚官等署令、丞”，④除了晉陽宫和中山宫，其他諸職皆承襲自北魏，雷暄後來擔任的就是其中的園池丞。在文羅氣晚年，應是雷暄與文翹共同承擔了照顧她的責任。也正因此，雷暄主持刻寫的墓誌中，用較多篇幅寫了父親雷亥郎的事迹，且對母親的二次婚姻表達得十分隱晦。誌題中“魏故長秋雷氏”即指雷亥郎，他是否擔任過這一官職已無法求證，大長秋是宦官中的最高官職，此處更有可能是墓誌中常出現的虚構。

① 《北齊書》卷二《神武帝紀下》，第 18 頁。

② 《魏書》卷九三《恩倖・侯剛傳》，第 2004—2006 頁。

③ 文羅氣墓誌共 20 行，滿行 20 字，誌石長寬皆爲 37 釐米。問度墓誌共 23 行，滿行 23 字，誌石邊長爲 46 釐米。

④ 《隋書》卷二七《百官志中》，第 757 頁。志中所記是北齊制度，但“北齊制度，多循後魏”(同卷，第 751 頁)，亦可認爲是魏末之制。

與其説文羅氣的一生見證了北魏洛陽時代,不如説是這個時代塑造了她曲折的人生。歷史學家在關注宏大時代脉絡之餘,駐足體味一下那些遠離歷史舞臺中心的普通人的人生,或能對遥遠的時代增加一份了解之同情。最後以大事年表的形式,簡要列出文羅氣的一生,作爲本文的結束:

471 年(約),文羅氣(簡稱文)生於魯陽,獻文帝禪位孝文帝。

473 年 4 月,父文稚清卒。

500 年,文 30 歲,夫雷亥郎任魯陽郡中正,充嚮導,鵶左信服。

502—503 年,文 32—33 歲,夫雷亥郎捲入蠻亂,文與兒暄墜入宫禁(洛陽)。

504—508 年間某年,文 34—38 歲,再嫁,夫姓劉。

520—525 年,正光之世,文 50—55 歲,女劉桂華被聘孝明帝淑儀。

539 年,文 69 歲,弟嘗食典御翹卒於鄴城。

541 年(約),文卒於鄴城,終年 71 歲。

547 年,葬於鄴城西豹寺之南。

附　　録

一、《文羅氣墓誌》録文

魏故長秋雷氏文夫人墓誌銘記/

夫人姓文,字羅氣,南陽人也。其先槃護之苗裔,曾祖/欽,晉司徒公。祖虎龍,魏太武皇帝太延三年秋七月,/帝以龍承勛望胄,文武超群,詔除冠軍將軍、梁城鎮/將、魯陽侯。真君五年春三月,帝以龍鎮捍有方,威名/肅振,詔遷洛州刺史。在任薨俎。嘉其誠績,謚粵恭公。父稚清,獻文皇帝延興三年夏四月不幸早終。夫人/望斑鄉鼎,貞節昭著,禮從降適雷亥郎爲妻,時郎太和廿四年魯陽太守石公辟爲中正,令充鄉道,鵶左/信服,遠近祇肅。世宗宣武皇帝景明之季,因鄉人逆/亂,横染徒黨。文唯與兒魏伏波將軍、菌池烝暄,携抱/孤遺,俱墜宫禁。女劉貴華挺冑譙國,窈窕美稱,正光/之世,孝明皇帝聘爲淑儀。嬪敬上撫下,光揚椒閨,不/幸花葉早落。文弟翹,聖世嘗食典御,遇病殞喪,元象/二年九月從龍驤將軍,詔贈廣州刺史。文春秋七十/有一,殞於鄴都德宫里。大魏武定五年歲次丁卯二/月戊辰朔十七日甲申,窆於鄴城西豹寺之南公田/之際。龍輴將引,方相啓途,親朋痛切,號感行雲。見者/流淚,聞者酸心,送尸而往,迎神而來。嗚呼窀穸,恒夜/□□。其詞曰：○墓門一閉，地户永關。深燈絶滅，有去不還。

二、《問度墓誌》録文

故中常侍、中嘗食典御問度，字延度，廣州魯陽石臺人也。導/源江漢，分崿嵩華，蓋周姬之苗胄。漢驃騎大將軍、散騎常侍、/使持節、司豫二州刺史、汝南公敞之後。漢昭帝使持節、前軍/將軍、兗州刺史、源陽侯徹之玄孫。曾祖定能，魏天興年中，瀼/沔搔擾，扇連中夏，祖率領鄉酋以安静之，私厭世榮，保壁自/固，潛居不仕。高祖盛興，真君年中，魯陽之民險如難禦，祖乃/乘彼軒輶，秉玆耄節，亟陳成敗，押如伏之。祖虎龍，正平年中，/以祖英略有聞，文成皇帝召赴平城都。帝問左俗之事，答詔/有能。上甚嘉辯，爾可心膂驅使，戎威若舉，委以前驅。釋褐直/閤將軍。祖勤恭帝側，除龍驤將軍、雍州刺史。後除冠軍將軍、/梁城鎮將、魯陽侯，在任身喪。帝思忠節，贈使持、洛州刺史，謚/曰恭侯。父猛，除大都督李崇下千人軍主。蠢爾蠻荆，大邦之/仇，恐更充斥，合鄉擁移晉陽。景明年初，伯父石他思戀鄉廛，/率領移徒，安爾還鄉爲國。以無旨放，擬比逆節，没爲官人。小/心敬公，永熙年中，釋褐爲黄門丞。興和年末，爲慕容獻牒爲/中兵參軍。武定年中，獻武皇帝召爲郎中令，帝嘉勞止。天保/年中，除中嘗食典御，在公勤恪。皇建元年，除中常侍，仍典御。/而六龍難頓，再中無感，春秋六十四，大寧元年十二月廿七/日，卒於晉陽。帝念勤勞，長隨物化，其年閏月十七日詔曰：故/中常侍、中嘗食典御問度，歷侍四帝，恭有聞，不幸早喪，朕甚/悼惜。可除冠軍將軍、贈假節、督東徐州諸軍事、東徐州刺史。/□蹈履忠貞，干櫓仁義，弘遠之量，發自□年，慷慨之心，篤於/壯歲。冀窮遐禬，畢一生之意氣，有志無□，奈何命也。①

三、《文羅氣墓誌》與《問度墓誌》記載的文虎龍家族世系圖

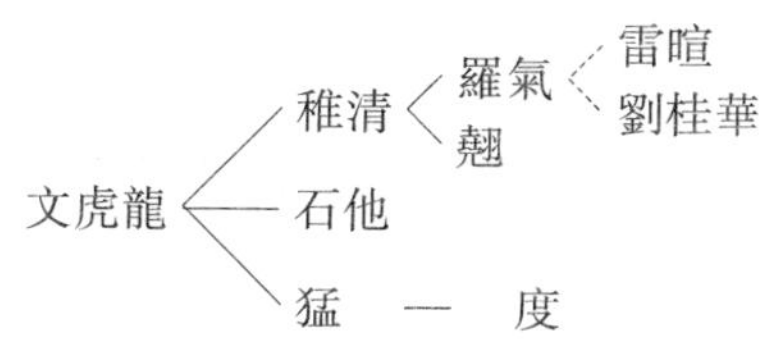

① 附録中兩墓誌録文中部分异體字改爲了正體，與《墨香閣藏北朝墓誌》一書統一，原字請以拓片爲準。

《魏晋南北朝隋唐史資料》第三十五輯
2017 年 7 月，112—124 頁

家國之間：北齊宗王政治變遷與末年皇位争奪

姜望來

由高氏所建立的北齊是南北朝後期一個重要而特殊的王朝：前期强盛而後期衰亂，矛盾重重而終難解决，立國短暫而影響深遠。與之相關，北齊政治史研究歷來是學界關注的重點並已取得豐富的成果。[①] 但是，由於問題本身的複雜性，由於相關史料的相對缺乏與混亂，北齊政治運作與演進及其内在矛盾之問題，仍然存在頗多令人迷惑的歷史疑難或學術研究之薄弱處；已有研究所遺留的分歧、所未及關注或深入之處仍然存在，尤其北齊皇帝及其家族在皇權政治中之動向、矛盾與背景未得到足够的重視，有待在進一步梳理、挖掘、審視資料的基礎上進行細緻考察和系統闡釋。

如所周知，皇權政治的核心在於皇帝及其家族，[②]此點在北齊尤爲明顯，皇位的傳承與争奪、皇室的參政與矛盾始終是北齊政治發展的主導因素，尤其宗王政治之變遷與

① 有關北齊政治史研究成果相當豐富，筆者僅能就己所知、與本文關係較近者略加回顧。其一，有關北齊史料、史事之考訂。如清人錢大昕《廿二史考异》、趙翼《廿二史札記》、王鳴盛《十七史商榷》之北齊部分，近人周一良《魏晉南北朝史札記》北齊部分、唐長孺《北齊書》（中華書局點校本）之"校勘記"等。其二，有關北齊史之通論。如吕思勉《兩晉南北朝史》、萬繩楠《陳寅恪魏晉南北朝史講演録》、王仲犖《魏晉南北朝史》，對於北齊王朝之盛衰及相關重要政治人物與事件，作了較詳細的梳理；日本學者尾形勇所著《中國古代的"家"與國家》雖不是以北齊時代爲重點，但其討論中國古代皇帝與家及國家之關係，從方法論上對本文有着重要啓迪。其三，有關北齊史之專論，主要集中在三個方面：（1）北齊制度研究。陳寅恪《隋唐制度淵源略論稿》論述了北齊一朝制度流變與對隋唐制度之影響，奠定了北齊制度研究之基礎與規模，對學界有着深遠影響，但陳先生高屋建瓴所論宏大精深，某些具體制度如本文所關注之皇位傳承制度仍待深入。（2）北齊政治集團與國家興亡研究。如毛漢光《北魏東魏北齊之核心集團與核心區》（收入氏著《中國中古政治史論》）、谷川道雄《隋唐帝國形成史論》之第二章《北齊政治史與漢人貴族》、吕春盛《北齊政治史研究——北齊衰亡原因之考察》、王怡辰《東魏北齊的統治集團》，從階級、地域、胡漢、新舊等多個層面對北齊政治進行了分析。（3）北齊胡漢衝突。此方面成果尤多，如繆鉞《東魏北齊政治上漢人與鮮卑人之衝突》（收入氏著《讀史存稿》）、孫同勛《北魏末年與北齊時代的胡漢衝突》（《思與言》第 2 卷第 4 期，1964 年）、蕭璠《東魏北齊内部的胡漢問題及其背景》（《食貨月刊（復刊）》第 6 卷第 8 期，1976 年）、胡勝源《東魏北齊政治與文化問題新探》（臺灣清華大學碩士論文，2004 年），但論者對於北齊是否存在明顯的胡漢衝突問題或贊成或反對，論證方法、角度與所得結論也不盡一致。

② 參見尾形勇：《中國古代的"家"與國家》序章第一節"序論——所謂'國家家族觀'"，張鶴泉譯，北京：中華書局，2010 年，第 1—14 頁。

北齊末年之衰亂有着密切聯繫。本文擬參考前人研究成果，並在筆者之前相關研究基礎上，[①]重點從家族盛衰與國家興亡之角度考察北齊皇族在北齊皇權政治演進中的角色與影響，試圖揭示在北朝後期特殊歷史環境下高齊皇族與皇帝在家國之間的困境與衝突；當然，本文所提出的一些見解或看法未必妥當，筆者希望能够拋磚引玉並得到學界師長友朋之教正，或有助於相關論題之深化或解決。

一、北齊宗王政治之變遷與恩倖政治之興起

《北齊書》卷五〇《恩倖傳·序》云：

> 甚哉齊末之嬖倖也，蓋書契以降未之有焉。心利錐刀，居台鼎之任。智昏菽麥，當機衡之重。刑殘閹宦、蒼頭盧兒、西域醜胡、龜兹雜伎，封王者接武，開府者比肩。非直獨守弄臣，且復多干朝政。賜予之費，帑藏以虚。杼軸之資，剥掠將盡。縱龜鼎之祚，卜世靈長，屬此淫昏，無不亡之理，齊運短促，固其宜哉。高祖、世宗情存庶政，文武任寄，多貞幹之臣，唯郭秀小人，有累明德。天保五年之後，雖罔念作狂，所幸之徒唯左右驅馳，内外褻狎，其朝廷之事一不與聞。大寧之後，奸佞浸繁，盛業鴻基，以之顛覆。

按，北齊後期自世祖武成皇帝高湛以後，和士開、陸令萱、穆提婆、高阿那肱等嬖倖當權，操弄國柄，勢淩皇族（本文稱之爲恩倖政治），其參與和影響政局之深，無論較之前代還是同時的北周王朝都迥有過之，可謂北齊政治之一大特色，史臣所謂"甚哉齊末之嬖倖也，蓋書契以降未之有焉"並非虚言。[②] 不過，此序雖然概括了北齊恩倖横行的情形及

---

① 參見拙撰：《高洋所謂"殷家弟及"試釋》（《武漢大學學報》2010年第2期）、《北齊功臣配饗小考》（《中國史研究》2014年第2期）、《祖宗與正統：北齊宗廟變遷與帝位傳承》（《首都師範大學學報》2015年第1期）等文。

② 恩倖政治興起於武成時及主要源於君權之需要，前人多有指出，如谷川道雄："據《北齊書》卷五〇《恩倖傳序》，北齊政治史上極具特色的恩倖之政並非從來就有，而是始於'大寧之後'。"（谷川道雄著，李濟滄譯《隋唐帝國形成史論》，上海古籍出版社，2011年，第209頁。）吕春盛："要探討北齊末恩倖特别嚴重的原因，由君主權問題的探討入手，可能纔是最根本的癥結所在。""恩倖政治隨着君權發展的需要而興起……君位的鞏固與轉移爲當時統治者最嚴重關切的難題，此一難題到了武成帝高湛時代所采取的解決之道，是用恩倖之臣助其剷除异己，而恩倖人物也循此邀寵求功。""高湛即位之後大量引用寵倖，恩倖政治隨着興起。"（吕春盛：《北齊政治史研究——北齊衰亡原因之考察》，臺灣大學出版委員會，1987年，第160、229—230、257頁。）王怡辰："高湛和高緯統治時代，政治形勢又有大轉變，爲提高皇權和保障皇位繼承的穩定性，高湛父子及妻妾間有另結班底穩固政權的共識，於是籍着恩倖人物逐步分卸勛貴的大權，另外形成一個政治上的主流派系。"（王怡辰《東魏北齊的統治集團》，北京：文津出版社有限公司，2006年，第312頁。）按，本文所謂恩倖，其實比較籠統，也没有列出具體包括哪些人，主要是因爲考慮到恩倖成分比較複雜難於盡舉和在某些具體人物上會存在争議；大致上還是認爲主要包括依附於皇權邀寵得幸的一批人，主體是商胡閹宦内廷驅使之人，也包括部分官僚、勛貴、宗室之類；王怡辰謂："他們的組成成分頗複雜，有皇帝引爲心腹的勛貴和宗室成員，有漢人士族和鮮卑國姓，有婦女裙帶的外戚，有西域胡人，有相命師，有工音樂書畫藝術之人，有蒼頭侍衛門閽驅使，不論何種出身，都只爲一件事：'恒出入門禁，往來園苑，趨侍左右，通宵累日。承候顔色，競進諂諛，莫不發言動意，多會深旨。'"（《東魏北齊的統治集團》，第312—313頁）筆者基本贊同和沿襲其看法。又，某些宗室也可視爲恩倖，如武成時代之高元海、高歸彦等；有一點頗有意味，即北齊後期受到重用的宗室往往是和皇帝關係較爲疏遠的高歡子孫一系以外的疏宗；所以本文認爲，宗王與恩倖之對立大致上可以成立，但並非二者絶不相混。

其興起的大致時間,而於恩倖政治何以興起、與皇族輔政之盛衰(本文稱之爲宗王政治)有何關係以及二者之進退於北齊衰亡有何影響等問題並未深究,當然前人已有注目和研究,本文擬從皇帝與其家族矛盾之角度略加補充。

隋人盧思道述及北齊後主時恩倖權勢云:

舞弄王法,掩塞天聽。慶賞威刑,出於婢口;頑嚚弟侄,布於列位。帝戚皇支,不能及也。①

盧思道,《隋書》卷五七、《北史》卷三〇有傳,出自范陽盧氏,仕歷北齊數朝,後主時爲給事黄門侍郎、待詔文林館,爲北齊著名文人,齊亡入周,再入隋。思道本齊人,又仕近職,可謂北齊史之親歷者,其所謂"帝戚皇支,不能及也"正道出北齊皇族(皇支)與恩倖小人之進退關係。②

宗室輔政,歷代多有,北齊亦如之,其統治前期(武成之前即神武、文襄、文宣、孝昭時期)宗王參政尤爲明顯,多有執軍國大權,藩屏王室。以皇權政治中關鍵之皇位傳承爲例,文宣帝高洋、孝昭帝高演、武成帝高湛均以諸王身份以弟繼兄入居大位,自不待言;而諸帝之登位,亦往往有宗王在其間起到核心作用:孝昭誅楊愔等輔政大臣廢黜廢帝高殷,弟長廣王高湛、侄河南王高孝瑜、族叔平秦王高歸彦、從子上洛王高元海等預謀;武成謀取帝位時,侄河南王孝瑜、從子上洛王元海等預謀,後孝昭崩後宣遺詔至晉陽征武成入居大統者有上洛王元海、從兄趙郡王叡、族叔平秦王歸彦。③ 高氏前期宗室輔政之具體情形及宗王政治之興盛,前賢具有論述,無須多言;④然而高氏皇族並非一直能够居於統治核心,其地位亦隨時局之發展而變化,下面略加考察。

《北史》卷五二《齊宗室諸王下·廣寧王孝珩傳》云:

齊王憲問孝珩齊亡所由……孝珩獨歎曰:"李穆叔言齊氏二十八年,今果然矣!自神武皇帝以外,吾諸父兄弟無一人得至四十者,命也。嗣君無獨見之明,宰相非柱石之寄,恨不得握兵符,受廟算,展我心力耳。"

廣寧王高孝珩,北齊世宗文襄皇帝高澄第二子,北周滅北齊後爲周人所俘,其對周齊王

① 《文苑英華》卷七五一載盧思道《北齊興亡論》。

② 又《文苑英華》卷七五三載唐人朱敬則謂:"弃親即仇,高緯之志。"高緯即北齊後主,所謂"弃親"當主要指其壓抑宗室,所謂"即仇"當主要指其信用恩倖。

③ 見《北史》卷七《齊本紀中·孝昭紀》及《武成紀》,《北史》卷五一《齊宗室諸王上·上洛王思宗附子元海傳》、《齊宗室諸王上·平秦王歸彦傳》,《北齊書》卷一三《趙郡王琛附子叡傳》等相關記載。

④ 較全面者可參考前揭吕春盛《北齊政治史研究——北齊衰亡原因之考察》、王怡辰《東魏北齊的統治集團》。

宇文憲問"齊亡所由"時所謂"自神武皇帝以外，吾諸父兄弟無一人得至四十者"，即高齊皇族成員之短命。又同書卷五一《齊宗室諸王上·任城王湝傳》：

湝與廣寧王孝珩於冀州召募，得四萬餘人，拒周軍。周齊王憲來伐，先遣送書，並赦詔，湝並沉諸井。戰敗，湝、孝珩俱被禽。憲曰："任城王，何苦至此！"湝曰："下官神武帝子，兄弟十五人，幸而獨存。逢宗社顛覆，今日得死，無愧墳陵。"

任城王高湝，齊高祖神武皇帝高歡第十子、廣寧王之叔父，其所謂"下官神武帝子，兄弟十五人，幸而獨存"，亦從一側面印證廣寧王之歎高氏皇族的促壽。

按《南史》卷六二《顧協傳》："張率嘗薦之於帝，問協年，率言三十有五。帝曰：'北方高涼，四十强仕，南方卑濕，三十已衰。如協便爲已老，但其事親孝，與友信，亦不可遺於草澤。卿便稱敕喚出。'"北方之人，四十正當强壯之年，但高齊皇族除高歡以外，無人卒時年過四十，可謂極不正常，而此既是高齊皇族内部激烈、殘酷政争之結果，又反映出宗王政治在皇權體制下的兩面性：一方面皇族是皇權的重要基礎和維護皇權的重要力量；另一方面因爲皇族内的派系分立和利益之争（以皇位争奪爲核心），皇族内部矛盾重重，尤其在北齊皇位傳承制度與現實的複雜情境下，宗室無疑會捲入其中，宗王政治由盛而衰遂不可避免。①

高氏皇位傳承，前期以弟及爲主，至武成時期通過内禪之非常方式確立子繼模式，然而縱貫北齊統治時期，弟及與子繼之矛盾始終存在且相當激烈，弟及之觀念亦是根深蒂固，並深刻影響到政局變遷。② 文襄、文宣、孝昭、武成四帝爲兄弟之現實，所導致的顯然後果就是各帝子孫（尤其是較年長的文襄、文宣諸子）及其擁護者的分裂與對立，對皇位的争奪或覬覦變得順理成章：如果帝位傳承貫徹弟及，則上一代兄弟盡後下一代當依次兄弟繼立；如果子繼確立其正統性，則各帝子孫（尤其作爲高歡長子的文襄之諸子）皆有當承皇位之理由；無論何種情形，各帝子孫的争奪均將難免。爲防範各支系和諸弟的争奪，"各愛其子"的在位皇帝積極抑制甚至誅殺諸弟和其他兄弟支系就成爲常見之事（《北齊書》、《北史》諸宗室傳不勝枚舉），高氏皇族成員尤其是血緣本更親近的皇帝之兄弟叔侄等核心成員，成爲首要的清洗目標，這正是廣寧王高孝珩感歎"自神武皇帝以外，吾諸父兄弟無一人得至四十者"的背景。

---

① 當然，本文並非認爲高氏皇族具體成員之短命全爲政治之犧牲品，其中亦有因病、因傷之例；只是説，從高氏皇族整體而言，其普遍早卒主因在於皇族内争。

② 參見拙撰《高洋所謂"殷家弟及"試釋》（《武漢大學學報》2010 年第 2 期）、《北齊功臣配饗小考》（《中國史研究》2014 年第 2 期）、《祖宗與正統：北齊宗廟變遷與帝位傳承》（《首都師範大學學報》2015 年第 1 期）等文。

《北史》卷五二《齊宗室諸王傳下》史臣"論曰"在列舉文襄、文宣、孝昭諸子多罹不幸之後謂:"各愛其子,豈其然乎?"一語道出以弟及登位的諸帝卻不遺餘力企圖確立子繼這樣看似矛盾卻又合乎人情之現實,亦進一步佐證弟及與子繼間不可調和之矛盾。隨着皇帝對宗室的猜忌常態化,隨着高氏皇族普遍的壯年甚或幼年非正常死亡,北齊宗王在政治上逐漸失勢、宗王政治逐漸趨於衰落遂成必然之勢。①

源於對皇權的爭奪,北齊宗王政治漸趨衰落,尤其在武成内禪傳位其子後主高緯、强行確立皇位傳承子繼模式後,原作爲皇權重要基礎的皇族權位更被壓抑;爲加强和鞏固皇權,也爲填補宗王失勢後留下的權力真空,皇帝身邊的近習小人紛紛登場,《北齊書》卷五〇《恩倖傳・序》云"大寧之後,奸佞浸繁,盛業鴻基,以之顛覆","大寧"即武成第一個年號,史臣將北齊恩倖之"浸繁"系於武成以後,大致不誤。不過,儘管武成以後恩倖政治盛極一時,北齊恩倖也不是驟然興起,而是在之前伴隨皇族内部從來不曾完全斷絶的矛盾有一個醞釀發展的過程。

《恩倖傳・序》云:"天保五年之後,雖罔念作狂,所幸之徒唯左右驅馳,内外褻狎,其朝廷之事一不與聞。"似乎文宣時並無恩倖干政之事,不過考之史籍卻不儘然。《北史》卷二四《王憲附王晞傳》:

> 及帝崩,濟南嗣立。王謂晞曰:"一人垂拱,吾曹亦保優閑。"因言:"朝廷寬仁慈恕,真守文良主。"晞曰:"天保享祚,東宫委一胡人。今卒覽萬機,駕馭雄傑。如聖德幼沖,未堪多難,而使他姓出納詔命,必權有所歸。殿下雖欲守藩職,其可得也?假令得遂沖退,自審家祚得保靈長不?"王默然,思念久之,曰:"何以處我?"晞曰:"周公抱成王朝諸侯,攝政七年,然後復子明辟。幸有故事,惟殿下慮之。"

按,王晞所謂"天保享祚,東宫委一胡人"之"胡人"即康虎兒,②王晞特以太子近習康虎兒爲言並深致憂慮,且常山王高演(即後來之孝昭帝)亦認同,至少表明天保之時已有皇帝、太子親任"小人"的迹象,雖然未必已經干政,但已引起高演及其謀士王晞警惕。《文苑英華》卷七五一載盧思道《北齊興亡論》云:

① 《齊宗室諸王下・淮南王仁光傳》記載:"琅邪王死後,諸王守禁彌切。武平末年,仁邕已下,始得出外,供給儉薄,取充而已。"諸王被禁守,天子(後主)之弟仁邕等供給儉薄,與北齊前期宗室輔政重任形成强烈反差,正是宗王政治衰落的鮮明反映。

② 《資治通鑑》卷一六八陳文帝天嘉元年二月記載王晞進言常山王高演之後謂:"顯祖常遣胡人康虎兒保護太子,故晞言及之。"

文宣不豫，斃於趨孽。儲君繼體，纔歷數旬，近習預權，小人並進。

所謂廢帝即位後"近習預權，小人並進"雖未明言"近習"、"小人"爲誰，卻表明廢帝時恩倖之徒似已獲進用，亦印證此前王晞關於康虎兒之言並非空穴來風。又《北史》卷五一《齊宗室諸王上·襄城王淯傳》：

襄城景王淯，神武第八子也……天保初，封襄城郡王。二年春，薨。齊氏諸王選國臣府佐，多取富商群小，鷹犬少年。唯襄城、廣寧、蘭陵王等，頗引文藝清識之士，當時以此稱之。

襄城王高淯薨於天保二年，其時已是"齊氏諸王選國臣府佐，多取富商群小，鷹犬少年"，群小之徒充斥諸王府。

武成之前的文宣、廢帝時，無論皇帝、太子還是諸王，身邊多有近習小人且已獲一定程度信用，雖不確知涉入政治至何種程度，但視其爲武成以後恩倖政治興起之濫觴與先聲應無不可。

輔政之宗王與皇帝身邊的恩倖某種程度上可以説是天然對立的：宗王任重並獲信用，恩倖之徒自無多少騰達空間；恩倖勢盛，宗王權位自必遭到削弱，因恩倖實際上也是依附於皇帝，其受重用，不過是皇族内争中皇帝維護自身權威和以之抗衡宗王之工具。常山王高演與王晞關於康虎兒的憂慮已經表明此點。事實上，北齊宗王政治由盛而漸衰，雖然根源於皇帝與皇族在皇權争奪上的矛盾，不過宗王與恩倖在政治舞臺上的表現確呈現出互爲進退之關係，此點在武成以後尤爲明顯：[①]因至武成時代，方成功確立父死子繼之皇位傳承模式，武成一系與皇族其他宗支的矛盾成爲高齊皇室内部的主要衝突，恩倖之徒成爲武成父子抗衡、壓制諸宗王的最有效工具，我們稱之爲恩倖政治的現象纔終於興起。

武成以後，北齊政治舞臺上恩倖進宗王退，兩者間矛盾（實質上是武成父子與皇族

① 《北齊書》卷一三："史臣曰：《易》稱：'天地盈虚，與時消息，況於人乎。'蓋以通塞有期，汙隆適道。舉世思治，則顯仁以應之。小人道長，則儉德以避之。至若負博陸之圖，處藩屏之地，而欲迷邦違難，其可得乎。"按，《北齊書》卷一〇至一四爲宗室諸傳，但卷一〇、一一、一二、一四闕失，後人以《北史》卷五一《齊宗室諸王傳上》、卷五二《齊宗室諸王傳下》相關諸傳補全而删去《北史》卷末史臣論；僅卷一三趙郡、清河二王傳乃《北齊書》原文並存有卷末"史臣曰"，以之與《北史》史臣論相關部分比較，可見《北史》史臣論基本沿襲《北齊書》而有所删節。因此，以《北齊書》卷一三"史臣曰"與《北史》卷五一、五二史臣論合而觀之，基本可見北齊宗室諸王傳史臣論之大概。但《北史》有關宗室傳論基本就某一傳主而發論，不見綜合性的議論；只有上引《北齊書》卷一三此段史論頗有綜合的意味，其中所謂"小人"當即指恩倖之徒，從其言論間，亦可略見宗室與恩倖此消則彼長之意。

其他宗支的矛盾)愈演愈烈,内耗越來越深。[1] 北齊國家與高氏皇權,在武成時代進入由盛而衰的轉捩點,亦基本上史無异辭。如《北史》卷八《齊本紀下》卷末史臣總論:

(文襄時)河陰之役,摧宇文如反掌……故能氣懾西鄰……(文宣時)外内充實,疆埸無警,胡騎息其南侵,秦人不敢東顧……武成即位,雅道陵遲,昭、襄之風,摧焉已墜。暨乎後主,外内崩離,衆潰於平陽,身禽於青土。

又《北史》卷五四《斛律金附子光傳》:

初,文宣時,周人常懼齊兵之西度,恒以冬月,守河椎冰。及帝(武成帝)即位,朝政漸紊,齊人椎冰,懼周兵之逼。

又《文苑英華》卷七五一載盧思道《北齊興亡論》在敍述武成時和士開得寵擅權後謂:

齊室大壞,其源始於此。

可以説,武成以後,北齊由盛而衰,與宗王政治之衰落和恩倖政治之興起俱有所關聯,然其根源,仍在於北齊皇帝及其家族圍繞皇權争奪而導致的難以調和的矛盾。[2]

二、北齊末年的皇位争奪

北齊皇位傳承矛盾重重,至武成時雖以壯年内禪、改宗廟與配饗、壓抑宗王、信用恩倖等舉措成功實現了皇位由父傳子並加以相當的鞏固,但因高氏弟及之事實與觀念由來已久,在天統四年(568)十二月武成駕崩以後,年僅十二歲的後主高緯(生於天保七年,556)畢竟資歷、才能與政治經驗均尚淺,宗王的勢力和影響難以清除,北齊末年的皇位争奪仍然相當激烈。

後主親政以後,其權威不斷受到來自宗王的威脅。《北齊書》卷四〇《馮子琮傳》:

及世祖崩,僕射和士開先恒侍疾,秘喪三日不發。子琮問士開不發喪之意。士開引神武、文襄初崩並秘喪不舉,至尊年少,恐王公有貳心,意欲普追集涼風堂,然後與公詳議,子琮素知士開忌(趙郡王)叡及領軍臨淮王婁定遠,恐其矯遺詔出叡外任,奪定遠禁衛之權。

---

① 武成以後,宗王每謀除去當權恩倖,恩倖亦多借助皇帝之支持而反噬。較著者如後主天統四年(568)武成崩後,趙郡王高叡謀出和士開等反被殺;武平二年(570)七月,琅邪王高儼矯詔殺録尚書事和士開於南臺,廣寧王高孝珩、安德王高延宗更欲鼓動其率衆入宫,後陸令萱穆提婆母子主謀殺儼;武平七年(576)後主晉州敗後齊將亡前夕,廣寧王高孝珩猶謀率衆誅殺高阿那肱而不果,而高阿那肱亦始終抑兵權不予孝珩。

② 本節内容曾提交2015年7月底在陝西師範大學召開的"第三届中國中古史前沿論壇",承范兆飛教授賜示批評意見,並據之做了一些修改和補充,謹在此説明致謝;但是由於本人學識和時間限制以及思考仍非成熟,仍有相當的問題存在和未能補正之處,只能留待將來再加補綴。

其時和士開所忌、對後主威脅最大者實爲趙郡王叡。叡，神武帝高歡弟高琛子，武成從弟。《北齊書》卷一三《趙郡王琛附子叡傳》：

(天統中)叡久典朝政，清真自守，譽望日隆，漸被疏忌……世祖崩，葬後數日，叡與馮翊王潤、安德王延宗及元文遥奏後主云："和士開不宜仍居内任。"并入奏太后，因出士開爲兖州刺史。太后曰："士開舊經驅使，欲留過百日。"叡正色不許……太后令酌酒賜叡。叡正色曰："今論國家大事，非爲巵酒！"言訖便出。

同書卷五〇《恩倖・和士開傳》：

趙郡王叡與婁定遠等謀出士開，引諸貴人共爲計策。屬太后觴朝貴於前殿，叡面陳士開罪失，云："士開先帝弄臣，城狐社鼠，受納貨賄，穢亂宫掖，臣等義無杜口，冒死以陳。"太后曰："先帝在時，王等何不道，今日欲欺孤寡耶。但飲酒，勿多言。"叡詞色愈厲。或曰："不出士開，朝野不定。"叡等或投冠於地，或拂衣而起，言詞咆勃，無所不至……(士開)進説曰："先帝一旦登遐，臣愧不能自死。觀朝貴勢欲以陛下爲乾明。臣出之後，必有大變，復何面見先帝於地下。"因慟哭。帝及太后皆泣，問計將安出……於是詔出定遠青州刺史，責趙郡王叡以不臣之罪，召入而殺之。

趙郡王叡以武成從弟之親，聲望隆重，故被疏忌。史雖謂叡忠耿，但觀其武成崩後即與諸貴謀出後主最爲親信之和士開，又對太后"詞色愈厲"、"言詞咆勃，無所不至"，已可見跋扈之迹，又高氏本有弟及之傳統，和士開所謂"觀朝貴勢欲以陛下爲乾明"不無可能。乾明指廢帝，廢帝以子繼父而爲孝昭所奪。"帝及太后皆泣"，亦表明當時後主母子情形之危急。

武成崩後，對後主帝位造成威脅者，除趙郡王叡之外，尚有博陵王濟。《北史》卷五一《齊宗室諸王上・博陵王濟傳》：

天統五年，在州語人云："計次第，亦應到我。"後主聞之，陰使人殺之。

《通鑑》卷一七〇陳宣帝太建元年(北齊天統五年)正月條：

齊博陵文簡王濟，世祖之母弟也，爲定州刺史，語人曰："次敍當至我矣。"齊主聞之，陰使人就州殺之。

濟爲武成母弟，其同母五兄除襄城王淯薨於天保二年外，其餘皆先後登帝位，故武成崩後濟云"計次第，亦應到我"，可見弟及之觀念在高氏兄弟間尤其婁后諸子間影響之深，而濟終以此見殺。又《北史》卷五一《齊宗室諸王上・任城王湝傳》："神武第十子也……及安德王稱尊號于晉陽，使劉子昂修啓於湝：'至尊出奔，宗廟既重，群公勸迫，權主號令。事寧終歸叔父。'湝曰:'我人臣,何容受此啓。'執子昂送鄴。帝至濟州,禪位於湝,竟不達。"任城王湝雖未必有覬覦之意,而神武諸子兄終弟及之觀念直至齊亡仍有相當影響。

後主因弟及傳統之威脅而殺其叔父博陵王濟、從叔趙郡王叡,於諸弟亦深加防範。後主母弟琅邪王儼,"(與和士開、駱提婆不平)由是忌之。武平二年,出儼居北宫,五日一朝,不復得無時見太后",後矯詔殺和士開並欲奪帝位,爲後主所殺。[①]《北史》卷五二《齊宗室諸王下·齊安王廓等十王傳》:"琅邪王死後,諸王守禁彌切。武平末年,仁邕已下,始得出外,供給儉薄,取充而已。"帝王之弟,竟同於庶民。

除去諸父諸弟以外,當時對後主威脅最大者則當屬文襄諸子(文襄六子:河南王孝瑜、廣寧王孝珩、河間王孝琬、蘭陵王長恭、安德王延宗、漁陽王紹信)。文襄皇帝高澄爲高歡嫡長子,文宣、孝昭、武成之長兄,隨高歡創業並以世子身份在高歡薨後繼承王位,雖生前未登帝位,但文宣受魏禪後即追謚爲世宗文襄皇帝,其功勛與地位不容置疑。文宣天保初,不欲文襄神主入於宗廟而遭到"衆議不同"之反對,雖然不明確究竟是哪些人反對,但可以想見忠於或傾向於文襄之舊臣、皇族成員等不可小視;孝昭定功臣配饗時,配饗文襄者爲七人,配饗文宣者爲三人,亦可佐證。可以説,文襄一系在高氏皇族内部有其特殊地位,因之文襄諸子也頗爲自負和不滿。《北史》卷五二《齊宗室諸王下·河間王孝琬傳》:

> 孝琬以文襄世嫡,驕矜自負……帝怒,使武衛赫連輔玄倒鞭撾之。孝琬呼阿叔。帝怒曰:"誰是爾叔?敢唤我作叔!"孝琬曰:"神武皇帝嫡孫,文襄皇帝嫡子,魏孝静皇帝外甥,何爲不得唤作叔也?"帝愈怒,折其兩脛而死。

按,河間王孝琬,文襄第三子,文襄敬皇后元氏所生,若當年文襄不暴崩,孝琬本應繼立,故其"以文襄世嫡,驕矜自負",自謂"神武皇帝嫡孫,文襄皇帝嫡子",招致其叔武成大怒而殺之。文襄諸子在文襄、文宣、孝昭、武成諸帝子中年紀亦最長,同書同卷《齊宗室諸王下·河間王孝琬傳》:

> 初,孝瑜養於神武宫中,與武成同年相愛。

按,武成生於東魏天平四年(537),而文襄長子、武成之侄孝瑜與之同年。其餘文襄五王雖史未載其年紀,但文襄崩於東魏武定七年(549),其諸子出生最晚亦當在武定七年之前,其餘諸帝子最長者屬文宣長子濟南王殷,生於武定三年(545),大概與文襄幼子

① 《北史》卷五二《齊宗室諸王下·琅邪王儼傳》。

漁陽王紹信年紀相近。[①] 又文襄諸子，多有才幹令譽。《北史》卷五一《齊宗室諸王上·襄城王淯傳》：

齊氏諸王選國臣府佐，多取富商群小，鷹犬少年。唯襄城、廣寧、蘭陵王等，頗引文藝清識之士，當時以此稱之。

所舉齊氏諸王爲時所稱之三王，廣寧、蘭陵二王皆文襄子；又文襄第四子蘭陵王長恭、第五子安德王延宗，皆以武勇聞。[②]

北齊重大政治事變中，也往往有文襄諸子身影出現。如《北史》卷五二《齊宗室諸王下·河南王孝瑜傳》：

將誅楊愔等，孝瑜預其謀。

同書卷五一《齊宗室諸王上·上洛王思宗附子元海傳》：

（孝昭）恒留濟南於鄴，除領軍厙狄伏連爲幽州刺史，以斛律豐樂爲領軍，以分武成之權。武成留伏連而不聽豐樂視事。乃與河南王孝瑜僞獵，謀於野，暗乃歸。

同書卷五二《齊宗室諸王下·琅邪王儼傳》：

（儼殺和士開）儼徒本意，唯殺士開。及是，因逼儼曰："事既然，不可中止。"儼遂率京畿軍士三千餘人，屯千秋門外……廣寧、安德二王適從西來，欲助成其事，曰："何不入？"辟强曰："人少。"安德王顧衆而言曰："孝昭殺楊遵彦，止八十人，今乃數千，何言人少？"

無論地位、年紀還是才能，文襄諸子在皇族尤其是文襄、文宣、孝昭、武成諸帝子中均較突出，又屢次涉入政治异動中，故其受到更多的猜忌與排擠自屬難免。武成、後主時，河南王孝瑜、河間王孝琬、蘭陵王長恭相繼被殺，且前二者史均明言與恩倖之徒有關。《北史》卷五二《齊宗室諸王下·河南王孝瑜傳》：

武成嘗使和士開與胡后對坐握槊，孝瑜諫曰："皇后天下之母，不可與臣下接手。"帝深納之。後又言趙郡王父死非命，不可而親。由是叡及士開皆側目。士開密告其奢僭；叡又言山東唯聞河南王，不聞有陛下。帝由是忌之。尒朱御女名摩女，本事太后，孝瑜先與之通，後因太子婚夜，孝瑜竊與之言。武成大怒，頓飲其酒三十七杯。體至肥大，腰帶十圍，使婁子彦載以出，酖之於車。至西華門，煩熱躁

① 河南王孝瑜、河間王孝琬，天保元年七月封，在高歡孫輩中封王最早；廣寧王孝珩、安德王延宗，天保六年三月封；蘭陵王長恭，乾明元年三月封；漁陽王紹信，封年不詳。文襄諸子，封王較早，自然與其較年長有關。

② 《北史》卷五二《齊宗室諸王傳下》史臣"論曰"謂："文襄諸子，咸有風骨。雖文雅之道，有謝間、平。然武藝英姿，多堪禦侮。縱咸陽賜劍，殲覆有征，若使蘭陵獲全，未可量也。"

悶,投水而絶。

武成殺孝琬已見前文所引,其間亦有和士開、祖珽譖毁之故,同書卷五二《齊宗室諸王下·河間王孝琬傳》:

又怨執政,爲草人而射之。和士開與祖珽譖之云:"草人擬聖躬也。又前突厥至州,孝琬脱兜鍪抵地云:'豈是老嫗,須着此!'此言屬大家也。"……帝頗惑之。

同書卷五二《齊宗室諸王下·蘭陵王長恭傳》:

芒山之捷,後主謂長恭曰:"入陣太深,失利悔無所及。"對曰:"家事親切,不覺遂然。"帝嫌其稱家事,遂忌之……武平四年五月,帝使徐之範飲以毒藥……遂飲藥而薨。

文襄六王,至後主時河南、河間、蘭陵三王已爲後主父子所殺,其餘廣寧、安德二王,亦深被猜疑。[①] 此外,後主似乎還有籠絡文宣一系以對抗文襄一系之意圖與舉動。《北史》卷八《齊本紀下·後主紀》:

(武平元年十月)己丑,復改威宗景烈皇帝謚號爲"顯祖文宣皇帝"。

按,武成改文宣廟號和謚號,有壓抑文宣一系、鞏固武成一系父子相繼之意圖,[②]而此時後主復改文宣廟謚,似和其父舉措反道而行。又《北齊書》卷四二《陽休之傳》:

又魏收監史之日,立《高祖本紀》,取平四胡之歲爲齊元。收在齊州,恐史官改奪其意,上表論之。武平中,收還朝,敕集朝賢議其事。休之立議從天保爲限斷。魏收存日,猶兩議未決。收死後,便諷動内外,發詔從其議。

後主武平中,將齊之起元由之前高祖高歡時改爲顯祖高洋時,亦與其父相反。[③] 筆者認爲,後主之改高洋廟謚與改天保爲齊元,並不能謂爲文宣一系在此時興起(事實上,文宣諸子並無過人才幹,功業亦乏善可陳,地位較之文襄一系遠不如之),而是由於後主

① 《北史》卷五二《齊宗室諸王下·廣寧王孝珩傳》:"後主自晋州敗,奔鄴,詔王公議於含光殿。孝珩以大敵既深,事藉機變,宜使任城王領幽州道兵入土門,揚聲趣并州;獨孤永業領洛州道兵趣潼關,揚聲取長安;臣請領京畿兵出滏口,鼓行逆戰。敵聞南北有兵,自然潰散。又請出宫人寶物賞將士,帝不能用……乃求出拒西軍,謂阿那肱、韓長鸞、陳德信等云:'朝廷不賜遣擊賊,豈不畏孝珩反邪?破宇文邕遂至長安,反時何與國家事?以今日之急,猶作如此猜!'高、韓恐其變,出孝珩爲滄州刺史。"同書卷八《齊本紀下·後主紀》:"廣寧王孝珩奏請出宫人及珍寶,班賜將士,帝不悦。"同書卷五二《齊宗室諸王下·安德王延宗傳》:"河間死,延宗哭之,淚赤。又爲草人以像武成,鞭而訊之曰:'何故殺我兄!'奴告之,武成覆卧延宗於地,馬鞭撾之二百,幾死。"

② 參前揭拙撰《北齊功臣配饗小考》、《祖宗與正統:北齊宗廟變遷與帝位傳承》。

③ 《文館詞林》卷六六八《北齊武成帝即位改元大赦詔》:"大齊禀籙冥圖,締構王業,人神協契,年將三紀。"《日藏弘文本文館詞林校證》,第345頁。文宣天保元年(550)受魏禪,武成大寧元年(561)即帝位,其謂大齊王業"年將三紀",自然是以高歡崛起爲齊元。

有聯合文宣一系對抗文襄一系之企圖。[①]

如前所論，文襄一系在皇族與大臣中不乏支持者，所以武成父子雖然深加防範屢有誅戮，仍有三王得以幸存；而在後主末年周師圍逼的情勢下，後主統治摇摇欲墜，文襄之子廣寧、安德二王乃成爲人心之所向，[②]頗有勢力圖謀擁廣寧王爲帝，並最終將安德王推上帝位。《北史》卷八《齊本紀下·後主紀》：

（武平七年十二月）乙卯，詔募兵，遣安德王延宗爲左，廣寧王孝珩爲右。

《北史》卷五二《齊宗室諸王下·廣寧王孝珩傳》：

承光即位，以孝珩爲太宰，與呼延族、莫多婁敬顯、尉相願同謀，期正月五日，孝珩於千秋門斬高阿那肱；相願在内，以禁兵應之；族與敬顯自遊豫園勒兵出。既而阿那肱從别宅取便路入宫，事不果。

《北齊書》卷一九《尉摽附子相願傳》：

强幹有膽略。武平末，領軍大將軍。自平陽至并州，及到鄴，每立計將殺高阿那肱，廢後主，立廣寧王，事竟不果。及廣寧被出，相願拔佩刀斫柱而歎曰："大事去矣，知復何言！"

《北史》卷五二《齊宗室諸王下·安德王延宗傳》：

後主將奔晉陽，延宗言："大家但在營莫動，以兵馬付臣，臣能破之。"帝不納。及至并州，又聞周軍已入雀鼠谷，乃以延宗爲相國、并州刺史，總山西兵事。謂曰："并州阿兄取，兒今去也。"延宗曰："陛下爲社稷莫動，臣爲陛下出死力戰。"駱提婆曰："至尊計已成，王不得輒沮。"後主竟奔鄴。在并將帥咸請曰："王若不作天子，諸人實不能與王出死力。"延宗不得已，即皇帝位。下詔曰："武平孱弱，政由宦豎，釁結蕭牆，盜起疆埸。斬關夜遁，莫知所之，則我高祖之業，將墜於地。王公卿士，猥見推逼，今便祗承寶位，可大赦天下。"改武平七年爲德昌元年，以晉昌王唐邕爲宰輔，齊昌王莫多婁敬顯、沭陽王和阿于子、右衛大將軍段暢、武衛將軍相里僧伽、

---

① 又，文宣長子廢帝高殷被廢時，其心腹大臣楊愔、燕子獻、宋欽道、鄭頤等俱被戮，至天統五年同被追贈（見《北史》卷四一《楊播附楊愔傳》、《楊播附燕子獻傳》及《北齊書》卷三四《宋欽道傳》、《鄭頤傳》），當亦有安撫文宣一系及其支持者之意。

② 《北京圖書館藏中國歷代石刻拓本彙編》第八册收《齊故假黄鉞太師太尉公蘭陵忠武王碑》敍蘭陵之死時云："兄弟交□，憂若魯喪。"（北京圖書館金石組編：《北京圖書館藏中國歷代石刻拓本彙編》，鄭州：中州古籍出版社，1989年，第75頁）碑文雖有闕字，但其用魯莊公薨後三子公子般、公子開、公子申争立而致魯國大亂之典故則顯然；碑又刻有安德王延宗經蘭陵墓之五言詩一首，内云"獨有魚山樹，鬱鬱向西傾"，所謂"魚山樹"，系用曹魏陳思王曹植墓在魚山之典故，亦影射兄弟相煎之意。按，此碑立於武平六年九月，尚在周師大舉進攻之前，此時蘭陵之碑與安德之詩已能够近乎公然指斥高氏之兄弟相争相煎，可見後主統治後期，文襄一系地位重又上升和公開不滿。

開府韓骨胡、侯莫陳洛州爲爪牙。衆聞之,不召而至者前後相屬……後主謂近臣曰:"我寧使周得并州,不欲安德得之!"左右曰:"理然。"

按,謀立廣寧王主謀之一尉相願曾爲廣寧王兄蘭陵王親信屬下,另一主謀莫多婁敬顯後又成爲擁立安德王之功臣,可見擁護文襄一系之勢力實具有相當的連續性。而觀後主"我寧使周得并州,不欲安德得之"之言及其左右(應即恩倖之徒)附和"理然",高氏皇族内部矛盾、宗王與作爲皇帝爪牙之恩倖間矛盾不可調和豁然可見,北齊之亡自難避免。局勢發展亦確如後主所願,安德王在并州雖登帝位,旋爲北周破滅,北齊根本與主力隨之傾覆,高氏三世數十年霸業就此成空。

三、結　論

日本學者尾形勇謂:"(中國)古代帝國基礎的秩序構造,歸納起來就是:以受'家人之禮'這一家族秩序制約的'私'場域的'家的世界'爲基礎,在其上部矗立着被'君臣之禮'秩序化的'公'場域的'君臣'世界。"[①]公與私、國與家、君與臣之關係在傳統儒家倫理規範之下達到相對平衡與穩定的狀態,可説是古代中國皇權政治維持良性發展的基本要素。在北朝後期民族關係緊張、複雜的背景下,北齊高氏王朝在文化上的矛盾即胡化與漢化間之艱難取捨與曲折反復,決定了皇權政治演進中的連綿衝突和皇權在衝突中趨於衰弱的路向,並集中反映在皇帝及其家族圍繞皇位傳承與争奪而展開的殘酷鬥争中;無論北齊的宗廟變遷、宗王政治盛衰還是恩倖政治的興起,都不是孤立的現象,而是彼此勾連、共同呈現了高齊皇族與皇帝在家國之間的困境與衝突,亦爲我們理解北齊之衰亡提供了重要綫索。

① 前揭尾形勇《中國古代的"家"與國家》,第251頁。

《魏晋南北朝隋唐史資料》第三十五輯

2017 年 7 月,125—137 頁

唐代官倉庫管理中的量覆與交割

郁曉剛

《唐律疏議》卷一五《廄庫律》"損敗倉庫積聚物"條,疏議曰:"倉謂貯粟、麥之屬,庫謂貯器仗、綿絹之類,積聚謂貯柴草、雜物之所。"[①]又《舊唐書・食貨志》云:"大抵有唐之御天下也,有兩稅焉,有鹽鐵焉,有漕運焉,有倉廩焉,有雜稅焉。"[②]各種層級、類型的官倉庫和積聚是唐代國家財政活動的構成關鍵,與賦斂、轉運具有等同地位,它們負載着國家物資的收儲、出納、調配等職能,關乎整個國家機器的暢順運轉。惟其如此重要,唐代在官倉庫管理方面設計有一系列嚴謹的法規、制度,目前學界已多有宏論,[③]本文僅擬就其中的量覆、交割之制及相關問題略作補釋。

一、官倉庫管理和財務勾檢中的量覆制度

帳證核對、帳帳核對和帳實核對是現代會計檢查和財務審計的常用技術方法。從唐前期官廳財務帳曆中的"會案同"、"會曆同"、"會所由款帖同"等勾檢用語可以看出,唐代官廳會計和審計活動中即已采用到帳帳核對、帳證核對。實際上,除了校檢帳曆文案,帳實核對即實物盤點也是當時會計檢查和審計的重要手段。唐代文獻中,覆、檢覆、量覆(覆量)、勾覆等詞不僅含有校核之意,有時也專指實物盤點。高適《單父逢鄧司倉覆倉庫因而有贈》略云:"邦牧今坐嘯,群賢趨紀綱。……粲粲府中妙,授詞如履霜。……匹馬度睢水,清風何激揚。校緡閱帑藏,發廩忻斯箱。"[④]詩人邂逅的鄧司倉正是由州刺史派往屬縣校緡、發廩,實地盤點倉庫的斛斗錢物。又,吐魯番阿斯塔那 506

① 劉俊文:《唐律疏議箋解》,北京:中華書局,1996 年,第 1139 頁。

② 《舊唐書》卷四八《食貨上》,北京:中華書局,1975 年,第 2088 頁。

③ 主要研究成果可參閱葛承雍:《唐代國庫制度》,西安:三秦出版社,1990 年;張弓:《唐朝倉廩制度初探》,北京:中華書局,1986 年;李錦繡:《唐代財政史稿》(上卷),北京大學出版社,1995 年,第 146—289 頁,等。

④ 高適著,孫欽善校注:《高適集校注》,上海古籍出版社,1984 年,第 9 頁。

號墓《唐上元二年(761)蒲昌縣界長行小作具收支飼草數請處分狀》載:

1 蒲昌縣界長行小作　　　　　　狀□

(中略)

14　　右被長行坊差行官王敬賓至場點檢前件作草。使未至已前奉

15　　都督判命及縣牒支給,破用、見在如前,請處分。謹狀。

17　　　　　　上元二年正月　日作頭左思訓等牒

18　　　　　　　　　　　知作官别將李小仙①

蒲昌縣界長行小作是西州長行坊轄下機構之一。長行坊派遣行官王敬賓到長行小作點檢草料,同樣屬於就地進行實物盤點。而長行小作在"使未至已前"牒上長行坊彙報收支結餘狀況,可使點檢者預先就對其整體財務狀況有所了解,爲隨後實地盤點提供便利,其先期審計的設計安排妥貼有序。

唐前期,官倉庫的實物盤點既有臨時盤點,也存在定期盤點。前揭蒲昌縣長行小作上元二年正月前後的點檢或即年終定期盤點。又《唐天寶八載(749)羅通牒尾判》載:

(前缺)

1　　　]日　　　府羅通牒

2　　　]記　　鎮倉檢覆訖,勘會

3　]其欠物已從别狀處分訖。記。

4　]諮,庭蘭　白。

5　依判,諮,休胤 示。②

《唐天寶八載(749)羅通牒爲檢見在倉糧事》云:

(前缺)

1　　]來? 文帳,又檢天八正月一日見在倉糧

2　　　]處分

3　　　　]牒

4　　　　　]日　府羅通 牒

① 國家文物局古文獻研究室、新疆維吾爾自治區博物館、武漢大學歷史系編:《吐魯番出土文書》第十册,北京:文物出版社,1991年,第252—254頁。

② 陳國燦:《斯坦因所獲吐魯番文書研究(修訂本)》,武漢大學出版社,1997年,第313頁。

5　　　]護倉庫申稱覆了檢尋(後缺)①

以上兩件是西州羅護鎮鎮倉就内部盤點事宜向州司請示處分的牒文。牒文中所云檢覆見在倉糧主要就是對照相關帳曆盤點實際庫存。羅護鎮倉的這次檢覆時間在天寶八載正月一日前後,由是亦可推測其爲年終的定期盤點。又唐《營繕令》復原17條(唐1條)略云:

諸軍器供宿衛者,每年二時,衛尉卿巡檢。②

本條令文規定的衛尉寺卿對宿衛所使用兵器須每年進行兩次實地巡檢也是典型的定期盤點。與定期盤點相補充,臨時盤點則進一步强化了對官倉庫的監管。《唐神龍二年(706)都司牒伍潤爲敕監覆倉庫兼訪察諸州軍使事》略云:

3 都司　　　牒伍潤

4　交城守捉使　大斗守捉使

5 牒,被　敕監覆倉庫兼訪察諸州軍使牒稱:檢

6 案内被　敕訪察諸州軍使牒稱:得東都右御史

7 □□(台牒):得吏部牒稱:奉　敕旨如右,牒至准(後缺)③

顧名思義,中央派向河西地方的"敕監覆倉庫兼訪察諸州軍使"的職務之一即監察或主導當地的倉庫盤點。這類見諸文獻記載的執行財務勾檢或勾徵職能的使職還有支度使、支度使判官、巡察使、覆囚使等多種。④ 而出使郎官、御史銜命親詣地方從事倉庫盤點則多爲臨時性質。

宋天聖《倉庫令》規定,"倉内仍爲磚場,以擬輸户量覆税物",《慶元條法事類》引《慶元令》亦謂諸官倉"仍置磚場以備量覆"。⑤ 唐《倉庫令》雖未必有如是内容,但官倉庫管理中存在量覆制度殆無疑義。⑥ 據BD.16013《社會文書》載:"]碩,覆,入第四眼。

① 陳國燦:《斯坦因所獲吐魯番文書研究(修訂本)》,第312頁。

② 天一閣博物館、中國社會科學院歷史研究所天聖令整理課題組校證:《天一閣藏明鈔本天聖令校證:附唐令復原研究》,北京:中華書局,2006年,第673頁。

③ (日)岩佐精一郎:《唐代粟特城塞之發掘及其出土文書》,轉引自萬斯年輯譯:《唐代文獻叢考》,上海:商務印書館,1957年,第148頁。又,本件文書標題依據孫繼民先生的定名,參閲氏著:《唐代瀚海軍文書研究》,蘭州:甘肅文化出版社,2002年,第60頁。

④ 如《天聖令》卷二三《倉庫令》唐12條云:"在外凡有倉庫之處,覆囚使及御史出日,即令案行。"又參閲丁俊:《從新出吐魯番文書看唐前期的勾徵》,榮新江、李肖、孟憲實主編:《新獲吐魯番出土文獻研究論集》,北京:中國人民大學出版社,2010年,第410—416頁。

⑤ 參閲《天一閣藏明鈔本天聖令校證:附唐令復原研究》,第483頁。

⑥ 如,趙晶指出,唐代倉場是否如天聖《倉庫令》宋1條規定"布磚爲地"雖無法確定,但可以斷言,"以擬輸户量覆税物"應爲李唐舊制。當是。詳參氏著:《羽25V〈倉夫令狐良嗣牒〉補説——兼論〈倉庫令〉宋1的唐令復原問題》,韓國中國史學會編:《中國史研究》第90輯,2014年,第111—126頁。

更壹阡碩,准上覆入[”。[①] 本條記帳即反映出官倉斛斗入窖收貯前所須履行之量覆手續。綜上所述,唐前期官倉庫量覆不僅限於百姓輸納租賦時稱量税物,更主要的是各種定期和臨時性的實物盤點與核驗。

唐後期,實物盤點仍然是官倉庫管理和財務勾檢活動中的重要内容和手段。《折獄龜鑒》卷四《宥過》載:“唐韋丹鎮江西,有吏掌倉十年,數盈五十萬,因覆量,欠負三千餘石。”此案中倉庫的巨額虧空即是通過實物盤點發現。而且官倉庫盤點制度的執行有漸趨加强之勢,如義倉管理中,唐僖宗《乾符二年南郊赦》云:

> 義倉斛斗,本防災年。所貯積歲多,翻成侵害。又差重丁大户充倉督子弟主管。凡節、察及監軍使、刺史、縣令到任,仍須一一斛量。差役鄉夫,數重勞擾。每一量覆,欠折轉多。主掌之人,貼家竭産。生靈塗炭,州縣困窮。[②]

是知,節度、觀察使、刺史、縣令三級地方行政長官履新之始均須盤點義倉貯積。義倉量覆已然成爲普遍之定制,而且這種量覆是“一一斛量”的全面盤點,執行嚴謹。

與單純審校帳簿文案相比,就地進行實物盤點需要耗費大量人力、物力。緣此《天聖令·倉庫令》宋14條規定:

> 諸州縣修理倉屋、窖及覆倉分付所須人物,先役本倉兵人,調度還用舊物。即本倉無人者,聽用雜役兵人。[③]

李錦繡先生將本條宋令復原爲唐令:“諸州縣修理倉屋、窖及覆倉分付所須人物,先役本倉兵人,調度還用舊物。即本倉無人者,聽役諸軍兵士。”[④]“分付”意即交割,“覆倉”即盤點倉庫、校驗貯存。[⑤] 覆倉與分付相繼以行,故此處相承而言。據本條令文,覆倉與交割所動用的物資從官物支出,所須勞力若本倉庫無人則可以通過調配兵役解决。吐魯番木納爾102號墓出土《唐永徽六年(655)某月西州諸府主帥牒爲請替番上事》(二)略云:“□:□□[身][當][今]月十六日番至,配在[常][平]倉職掌。”[⑥]府兵番上地方

① 中國國家圖書館編,任繼愈主編:《國家圖書館藏敦煌遺書》第145册,北京圖書館出版社,2012年,第79頁。

② 《唐大詔令集》卷七二,北京:中華書局,2008年,第403頁。

③ 《天一閣藏明鈔本天聖令校證:附唐令復原研究》,第489頁。

④ 李錦繡:《唐開元二十五年〈倉庫令〉研究》,榮新江主編:《唐研究》第十二卷,北京大學出版社,2006年,第20頁。

⑤ “覆倉”,中國社會科學院歷史研究所《天聖令》讀書班譯作“覆蓋倉糧”,參閲《〈天聖令·倉庫令〉譯注稿》,中國政法大學法律古籍整理研究所編:《中國古代法律文獻研究》第七輯,北京:社會科學文獻出版社,2013年,第261頁。

⑥ 榮新江、李肖、孟憲實主編:《新獲吐魯番出土文獻》,北京:中華書局,2008年,第118頁。

常平倉服役主要是守當倉庫,或也承擔其他雜務。又,吐魯番阿斯塔那 210 號墓所出《唐西州都督府諸司廳、倉、庫等配役名籍》載:

(三)1 牛懷願

2 魏海伯 以上倉子(後略)

(六)(前略)

3 □□住 功[曹]庫

4 □□歡 倉曹庫

5 □□仁 桃庫

6 □□□ 油庫(後缺)①

本篇名籍記載了貞觀年間西州都督府徵發民夫於地方官倉庫服役的詳細配置情況。倉子和在官廳諸庫服役者從事的力役中或者就包括倉庫盤點等内容。而據前揭《乾符二年南郊赦》,唐後期地方義倉進行實物盤點則普遍通過“差役鄉夫”,即徵發地方鄉里民夫承役。唐後期官場庫設有孔目、勾檢、勾覆等名目多樣的官典專事審計,②但大型官倉庫進行一次全面盤點仍然需要臨時差配大量百姓,以致造成“數重勞擾”,可見量覆是一項相當繁複的工作。

二、官倉庫的交割

唐代管理官物者實行定期輪换制度,交割是監臨主守官典輪替之際的必要手續。官物交割一般包括文案和實物兩部分。《唐律疏議》卷二七《雜律》“主守亡失簿書”條略云:

諸主守官物而亡失簿書,致數有乖錯者,計所錯數以主守不覺盜論。

[疏]議曰:凡是官物,皆立簿書……

其主典替代者,文案皆立正案分付後人,違者杖一百。並去官不免。

[疏]議曰:謂主典替代,所有文案皆須立正案分付承後人,違而不付者合杖一百。縱雖去官,不同《名例》免法,故注云:“並去官不免。”

以上法條針對主守官物者遺失簿書和替代不付正案兩種情形進行了界定和量刑。據律

① 國家文物局古文獻研究室、新疆維吾爾自治區博物館、武漢大學歷史系編:《吐魯番出土文書》第六册,北京:文物出版社,1985 年,第 89、92 頁。

② 參閲李錦綉《隋唐審計史略》,北京:昆侖出版社,2009 年,第 67—69 頁。

文及律疏,主守官典交替時前任必須“立正案”交付繼任者。否則,前任即使已經離職也要被追究刑責,而不適用《名例》篇中“在官犯罪,去官事發或事發去官,犯公罪流以下各勿論”的規定。這就意味着唐律對此類失職瀆職犯罪行爲的處罰較其他職務犯罪爲重,主守官物者交割帳曆文案制度的嚴厲程度由此可見一斑。

與律文配伍,唐令中有針對官倉庫交割事宜的專門條款。唐《倉庫令》復原 27 條略云:

> 諸倉庫及文案孔目,專當官人交代之日,並相分付,然後放還。①

令文規定官倉庫前後任主守官典交代時,倉庫現存財貨以及記録倉庫過往出納的文案等帳、實必須一並交割清楚,然後前任纔能正式離職。此舉的目的正在於釐清前後執掌者的責任,避免出現錯謬時互相推諉。又唐《倉庫令》復原 29 條載:

> 諸倉庫受納,於後出給,若有欠者,皆徵給納之人。已經分付,徵後人。(後略)②

主當倉庫的前後任官典交割完畢後,如果再有發現帳實上的欠漏就只向現任執掌者徵責。這種責任交接制度是唐代官倉庫實行責任制管理的重要體現。

官倉庫收貯的物資往往數量龐大、體積笨重不便移動,主守者在實際交割中難以完全做到當面逐一授付。故唐《倉庫令》復原 27 條又予以變通:“諸倉在窖雜種,數多不可移動者,據帳分付。”③據帳分付即交割時可以依照帳面數額(如結餘數等),核對倉庫實際庫存的數量與狀況。

唐後期,官方還在不斷以制敕、法令等形式調整和加强官倉庫交割制度。《唐會要》卷六九《刺史下》載:

> (宣宗大中)五年九月,中書門下奏:“……自今已後,望令應諸州刺史得替已除官者,即敕到後交割了,便赴任。如未除官者,敕到後,與知州官分明交割倉庫及諸色事。如不分明交割,便令舊刺史離本任,不要更待新刺史到。交割公事後,稱有小小异同,即令勘問知州官,並任行牒聽勘問,詰前刺史。如大段差謬,即委具事狀奏聞,其知州官別議推……”敕旨:“宜依,仍編入格令,永爲常式。”④

上引中書門下奏狀就州刺史去職之際的公事交割問題明確提出,交割事項應包括其轄

① 《天一閣藏明鈔本天聖令校證:附唐令復原研究》,第 495 頁。
② 同上。
③ 同上。
④ 《唐會要》卷六九《刺史下》,上海古籍出版社,2006 年,第 1432—1433 頁。

下諸官倉庫。作爲一州長官,州刺史並不直接參與倉庫管理業務,卻被要求須"與知州官分明交割倉庫"。可見,官倉庫交割制度針對的不僅是直接負責物資管理的主守官典,而且涉及更高職級的州刺史等監臨官。這就尤能體現交割制度在官倉庫管理,乃至整個地方行政運作中的重要性。交割倉庫完畢,刺史纔能離職,並且一旦出現差錯,還會啓動對交割的當事者——離任刺史和臨時知州官的雙向追詰問責。

在地方義倉管理方面,穆宗長慶四年三月"制曰:義倉之制,其來日久。近歲所在盗用没入,致使小有水旱,生民坐委溝壑,推言其弊,職此之由。宜令諸州録事參軍專主勾當……考滿之日,户部差官交割。如無欠負,與減一選;如欠少者,量加一選;欠數過多,户部奏聞,節級科處。"①户部專門委任州勾官録事參軍勾當地方義倉出納事務的目的在於强化對義倉的監督和管理,力矯盗用欺没之弊。而且,此項制度設計中還進一步規定,户部在録事參軍考滿之際須專門差官辦理交割,交割核算的結果也即考核結果又和前任官的遷轉與獎懲直接掛鈎。於此可見交割制度在義倉監督管理活動中占據的重要地位。

交割與盤點緊密相關。監臨主守官典輪換,辦理財物交割之前往往須履行盤點程序,以檢查倉庫的實際收貯内容、數量與帳面結餘是否相符。P.3559 + P.3664《唐天寶一三載(754)敦煌郡會計牒》略云:

6　壹阡柒伯捌拾壹碩貫匹零貳斗叁勝叁丈[陸尺捌]

7　寸,錢叁伯壹拾伍文,正帳,入　敕限,並勾徵,並[天]

8　十二載,竇侍御准　敕交覆,並緣官貸便及□

9　馬料未填。

13　壹阡伍伯陸拾捌碩貫匹零貳斗叁勝叁丈陸[尺]

14　捌寸,錢叁伯壹拾伍文,正帳應在,竇侍御准

15　敕交覆欠。所由典令狐良嗣

26　貳伯壹拾叁碩粟。天十一閏三月烏山等四戍[馬]

27　料勾徵。竇侍御准　敕交覆欠。所由坊正何寧□②

天寶十四載八月以前,竇侍御由中央派往河西知和糴事。據本件勾帳可知,竇侍御作爲敕使參與或直接主導了天寶十三載沙州官倉庫的交覆活動,檢查出"官貸便及□馬料

① 《唐會要》卷八八《倉及常平倉》,第1917頁。

② (日)池田温著,龔澤銑譯:《中國古代籍帳研究·録文與插圖》,北京:中華書局,2007年,第335—336頁。

未填"等覆欠帳目。此文書中的"交覆"一語又見於《唐天寶某載前庭縣(?)新納斛斗破除見在曆》,文書略云:

1]日以前交覆後新納得斛斗(後缺)①

本件官廳財務帳曆損泐嚴重,上引殘文當爲原帳曆中的新收入總帳。這筆本期新收斛斗從"交覆後"起算,質言之,該帳曆的編制是以"交覆"活動作爲前後兩個會計期的界限。"交覆"應兼具有交割、盤存、結帳等多重内涵。官典任滿離職時,對官倉庫等機構收貯的財物進行量覆盤點爲交割之基礎,是職務交接活動的初始環節,所以在官廳財務帳曆中兩者又被合稱爲"交覆"。②

除帳曆以外,在官倉庫的其他會計記録中也可以見到有關交覆活動的記載,如《金石續編》卷四《和糴粟窖磚文四種》其三云:

東南場東南院,從北第三行,從西第二窖,貯大中三年户部和糴粟壹萬陸阡玖伯捌拾貳碩。 從大中十年□月廿二日起,重毫量揚擲入窖,至八月廿六日畢。□用五石函。元納行概人南公素、王義、張榮。□□人李行儒。函頭段楚□□□并入窖場□□雷昌培。元納監事焦密。元納專知官陳洙。丞(承)替入窖專知官竇全真。

元納卿薛從

丞(承)替入窖卿盧籍③

唐《倉庫令》規定,斛斗入窖須"鑿磚銘,記斛數、年月及同受官吏姓名"。④ 據此磚銘,大中十年八月廿二日至廿六日太倉某窖對所藏户部和糴粟重新進行了稱量、揚擲。磚銘末尾有行概人、函頭、監事、專知官、司農少卿等與事者的簽署。以上署名的諸色官典又區分出"元納"和"承替"兩類不同身份。是知,磚銘是倉場專知官(或司農寺少卿)在輪替之際,量覆斛斗後重新入窖時所立。同書《和糴粟窖磚文四種》之四所記則爲另一倉窖的檢核情況,同樣有元納和承替官典的分别署名。大約本次交覆活動逐一盤點了倉場中的所有相關窖藏。以上兩例磚銘是唐後期官倉庫因交覆活動而製作的重要原始

① 陳國燦:《斯坦因所獲吐魯番文書研究(修訂本)》,第317頁。

② 案,宋元以後各類史籍文獻中常見"交點"、"交盤"等財計術語,唐代財務帳曆中所見"交覆"一語或當與之意近。又,王永興先生推測P.3559+P.3664《唐天寶十三載(754)敦煌郡會計牒》中的"交覆"或應解作"共同勾會",參閱氏著:《唐勾檢制研究》,上海古籍出版社,1991年,第89頁。

③ 《石刻史料新編》第1輯第4册,臺北:新文豐出版公司,1982年,第3079頁。

④ 《天聖令·倉庫令》"復原3條",見《天一閣藏明鈔本天聖令校證:附唐令復原研究》,第494頁。

憑證。

三、覆剩與覆欠的帳務處理

經過量覆與交割,官倉庫往往可以檢獲大量覆剩與覆欠。覆剩與覆欠是唐代官廳財務文書中的習見術語。覆剩近似於現代會計中的盤盈,是由清查盤點發現的實際存在而帳面未予記録的溢餘財物。從現存帳曆看,唐代官廳會計中對覆剩的處理辦法通常是將其重新登載在相關帳曆之中,即附記入帳,[①]如《唐天寶某載(749—756)行館器物帳》云:

5 破食合貳拾具。破羹椀貳拾枚。荷葉盤子陸面

6 已上物,天八春夏覆剩,附。(後略)[②]

據帳曆中小字注脚,食盒、羹椀等器皿係經天寶八載春夏兩季的季度盤點檢獲而補記入此帳。又 P.3446V《吐蕃[巳年?](789?)沙州倉曹會計牒》第 24 行記載:

貳伯肆拾碩陸斗貳勝,覆剩斛斗附。[③]

本條記帳中的 240.62 碩覆剩斛斗同樣爲盤存所得溢餘。這筆溢餘則被計入了沙州州倉巳年春夏季四柱式勾帳牒的第二柱"新加附"部分,作爲本會計期的收入。

與覆剩相對,覆欠或相當於盤虧,是通過盤點檢勘出的隱漏侵蠹之類的欠損。覆欠在唐代官廳財務帳曆中一般被列入應在帳項,如羽 036R 號《開元年間米麥粟麵等折錢帳》應在柱載有:

肆伯捌拾叁碩叁斗□勝貳合叁勺麥米麵等、玖阡伍伯捌拾肆文錢、鐺壹口諸館戍應在,並緣交替回殘覆欠。[④]

值得注意的是,本帳帳面上還進一步指出諸館戍名下的 480 餘碩斛斗等應在錢物屬於"並緣交替回殘覆欠"。回殘即收支結餘,"交替回殘覆欠"是前後任執事者輪替交割本期結餘時檢覆發現的欠損錢物。這就解明了上述應在錢物的産生緣由。

覆欠由於涉及欠損錢物斛斗的確認、放免或勾徵等,所以較之覆剩的直接附記入帳,其帳務處理過程更爲複雜。覆欠的具體成因多種多樣,但大致又可以將其區分爲合

---

① 參閱李錦繡《隋唐審計史略》,第 141—142 頁。

② 國家文物局古文獻研究室、新疆維吾爾自治區博物館、武漢大學歷史系編:《吐魯番出土文書》第八册,北京:文物出版社,1987 年,第 498 頁。

③ (日)池田温:《中國古代籍帳研究·録文與插圖》,第 367 頁。

④ (日)武田科學振興財団、杏雨書屋、吉川忠夫編:《敦煌秘笈》影片册一,大阪:武田科學振興財団,2009 年,第 241—243 頁。

理欠損與非理欠損兩類。唐《倉庫令》復原4條(唐1條)云:

諸倉窖貯積者……(粟、米及雜種)貯經三年以上,一斛聽耗一升;五年以上,二升。其下濕處,稻穀及粳米各聽加耗一倍。此外不得計年除耗……①

唐代官倉庫根據不同的貯存條件、穀物品種和貯藏年限,設定有不同的合理損耗,這部分損耗數額可以計入除耗,在帳曆中予以正常破除。據P.2049V《後唐同光三年(925)正月沙州淨土寺直歲保護手下諸色入破曆算會牒》破除柱記載:"麥肆碩伍斗,逐年囤下濕爛蟲吃不堪用。"②該四柱帳將濕爛蟲蝕的糧食計入了當年破用部分,直接開銷過去。這是五代時期敦煌寺院對倉儲損耗的處理辦法,唐代官倉庫的合理損耗在帳面上大約也是作類似處置。

官倉庫等機構在收支、保管過程中出現的其他非理欠損哪部分屬於勾獲合徵、哪部分屬於勾獲而不合徵則有待上級官司的審核、處置。唐比部格規定,諸州及軍府"每日(月)諸色句徵,令所由長官、録事參軍、本判官據案狀子細句會。其一年句獲數及句當名品,申比部。一千里已下,正月到;二千里已下,二月到;餘盡三月到盡。省司檢勘,續下州知,都至六月内結。"唐前期,經檢勘、確定後的勾獲名品及數額,由比部陸續反饋給地方諸州、軍府,同時"數關度支,便入其年支用。旨下之後,限當年十二月三[十]日内納足者。"③省司下達的旨符是地方州軍執行勾徵的最終依據。覆欠帳目經過如是層層核訂,進而地方相關機構纔能行下符帖牒文等對責任者直接進行勾徵或再予以變通調整,如《流沙遺珍》第十二號文書記載:

(前缺)

1]遷延不爲徵送,虔勖見欠中館回

2 殘米廿石,麵八石八斗,錢一十八千文,今被縣司徵撮切急,

3 合取前件帖料填還,折除外欠,即合虔勖出。今見捉

4 達匪館,祇承猶自不濟,其回殘錢物請爲徵交河帖(後缺)④

① 《天一閣藏明鈔本天聖令校證:附唐令復原研究》,第494頁。

② 唐耕耦、陸宏基編:《敦煌社會經濟文獻真迹釋録》第三輯,北京:全國圖書館文獻縮微複製中心,1990年,第357頁。

③ 《唐會要》卷五九《尚書省諸司下·比部員外郎》,第1218頁。又,大津透、李錦繡先生等對此條史料的性質及其反映的財務勾檢勾徵流程均有申釋,參閱大津透:《唐律令制國家的預算——儀鳳三年度支奏抄、四年金部旨符試釋》,劉俊文主編:《日本中青年學者論中國史》(六朝隋唐卷),上海古籍出版社,1995年,第467—468頁;李錦繡:《隋唐審計史略》,第111—113頁,等。

④ 金祖同輯:《流沙遺珍》,黄永武主編:《敦煌叢刊初集》(五),臺北:新文豐出版公司,1985年,第263頁。

虔勖是西州中館前捉館官,因欠負中館回殘錢物而被高昌縣司切急徵索。本件殘文書首先列記了虔勖的全部見欠帳目包括米、麵、錢等,然後釐定他須要清償的錢物是扣除了其他機構或個人欠負中館的部分,即所謂"折除外欠"。當然,因爲虔勖財力短絀且又在主理達匪館業務,似乎這筆勾徵最終另有所出。

被確定勾徵的財貨屬於國用支度,[①]所以應在覆欠不能隨意銷帳,如羽 036R《開元年間米麥粟麵等折錢帳》應在柱中,開元十四年的覆欠錢物就仍赫然在列。但已下達的勾徵旨令也可能發生變化,前揭 P.3559+ P.3664《唐天寶十三載(754)敦煌郡會計牒》中的應在勾徵覆欠帳目被分爲"正帳,入敕限"和"帳外,不入敕限"兩類。"正帳,入敕限"是符合詔敕相關條款,核訂後可以放免的部分,而"帳外,不入敕限"則須繼續執行勾徵。[②] 所以本件是根據相關放免敕令重新審訂後形成的帳目。當然,被勾徵者對勾徵判決如果存有异議可以進行申訴,不綴述。

某一財年勾徵活動結束,地方州軍應編制有匯總性質的帳曆以做統計,P.3841 V + 羽 036R 會計帳是有關於此方面的一件重要文書,兹節録如下:

4　壹伯肆拾叁碩貳斗玖勝玖合糜粟、壹拾壹疋叁丈捌尺小練、壹伯捌拾叁節半鐧、

5　　　　貳隻破釧、筋壹斤、壹拾伍枚破碎車材木、叁拾貳挺墨

6　　　　牛衣氈柒領、叁阡文錢,階亭納。

22　陸阡壹伯玖拾伍張紙、壹張半皮、陸拾叁屯疋壹丈綿練、伍拾壹碩柒斗麥粟、

23　　　　貳拾斤壹拾兩麻、壹拾肆事雜具,秦刀坊納。

34　壹拾叁碩捌斗捌勝米粟、壹拾伍阡柒伯壹拾文錢,先徵納漏不收,請附冬季帳。

42　貳阡貳拾玖碩壹斗陸勝貳合麥粟等、肆伯陸拾玖屯疋叁

116　壹伯玖疋玖尺玖寸雜州小練,和糴庫應在,前典劉慶欠。

127　壹拾伍屯疋貳丈肆寸,正庫應在,武慶瞻欠。

131　壹伯玖拾玖碩陸斗壹勝,州倉應在。

141　肆伯捌拾叁碩叁斗貳勝貳合叁勺麥米麵等、玖阡伍伯捌拾肆文錢、鐺壹口

① 李錦繡:《唐代財政史稿》(上卷),第25—26頁。

② 關於本件勾帳的詳細分析可參閱李錦繡《隋唐審計史略》,第157—162頁。

142　　　　　　　諸館戍應在,並緣交替回殘覆欠。

149　壹伯叁拾肆碩陸斗壹勝陸合捌勺米麪麥,壹阡壹伯陸拾柒文錢,鐺壹口,中館[①]

P.3841 V、羽036R兩件文書綴合後計162行,首尾殘缺。唐代,一篇完整的勾帳順次有前帳回殘、新收、支破、應及見在(結餘)四柱,一般也至少包括支用、結餘兩部分。本帳有收無支,卻又有應在,帳式結構特殊。文書1—41行爲收入部分,現存四筆收入帳:第一筆繳納機構不詳,其後兩筆分别爲沙州"階亭(坊)納"、"秦刀坊納",第四筆爲"先徵納漏不收"。這四筆收入帳應均屬勾徵所得,[②]不同之處在於,前三筆是本會計期徵獲的勾徵收入,後一筆是往期已經徵納卻未及時入帳的漏落帳項,而在本期被再次勾檢發現。42行以下爲應在柱,記載了截止本期尚未收回的應在帳項。42—115行爲應在斛斗錢物總數、分類數;116行以後則分機構逐一登載其應在明細帳目,目前所見依次爲和糴庫、正庫、州倉和諸館諸戍。關於本篇帳曆的性質,池田温先生推測爲唐開元二十三年沙州會計曆,陳國燦先生亦贊同其説,[③]李錦繡先生擬訂爲開元二十二年冬季沙州勾帳草。[④]

據前揭比部格,理論上地方州軍前一年勾獲的全部錢物斛斗最遲應在來年省司下達勾徵旨符之後、十二月三十日之前納足。P.3841V+羽036R號帳簿涉及的勾徵對象包括沙州州倉、正庫、館戍、坊等機構。由是推測,本篇文書更或可能是開元二十三年年終前後,沙州倉曹司或徵所之類針對轄境内機構的勾徵結果所編制的匯總性帳簿。至此,沙州地方關於開元二十二財年所有已徵獲和徵而未獲的應在覆欠錢物斛斗的一個帳務處理循環也正式完結。

四、結　　語

唐代官倉庫管理具備了完善的帳簿體系,建立了規範的會計核算和財務勾檢制度。

① (日)池田温:《中國古代籍帳研究·録文與插圖》,第226—229頁;(日)武田科學振興財团、杏雨書屋、吉川忠夫編:《敦煌秘笈》影片册一,第240—243頁。P.3841 V、羽036R兩件文書係由陳國燦先生綴合,參閲氏著:《讀〈杏雨書屋藏敦煌秘笈〉札記》,《史學史研究》2013年第1期,第120—122頁。

② 本篇文書第2行所載"肆碩玖斗貳勝肆合麥粟"爲稍竿戍"欠納";第5行所載收入項包括"破釧"、"破碎車材木"等殘破之物;第四筆收入爲"先徵納漏不收"。綜合來看,筆者認爲這四筆收入均非賦税或生産經營性收入,而是勾徵收入。

③ 陳國燦:《讀〈杏雨書屋藏敦煌秘笈〉札記》,第122頁。

④ 李錦繡:《唐開元二十二年秋季沙州會計曆考釋》,中國敦煌吐魯番學會編:《敦煌吐魯番學研究論文集》,上海:漢語大詞典出版社,1990年,第910—912頁;李錦繡:《唐代財政史稿》(上卷),第246頁。

如所周知,其財務勾檢又可分爲自勾和他勾。[①] 以現代審計學角度觀察,自勾與他勾均采用到了送達審計和就地審計兩種方式。如唐前期,地方上"支度使及軍州每年終各具破用、見在數申金部、度支、倉部勘會"。[②] 又如,陸贄《論裴延齡奸蠹書一首》指出,唐後期司掌財貨出納的太府"其出納之數,則每旬申聞;其見在之數,則每月計奏。皆經度支勾覆,又有御史監臨;旬旬相承,月月相繼,明若指掌,端如貫珠,財貨少多,無容隱漏。"[③]太府(左藏)每旬申報物資出納情況,每月計結現存財貨並編制帳曆呈繳度支以作審計。這類"旬旬相承、月月相繼"、年復一年的帳面盤存方法使勾檢機構和官典藉由相關帳曆就可以方便地審計和掌握倉庫的收支、結存動態。

當然,送達審計僅僅根據被審計機構報送的帳證及資料進行,帳面盤存的方法又難以避免主守官典在帳曆上弄虛作假等弊端。所以在審計方法上,唐代官倉庫既采取帳面盤存,又進行實物量覆。其量覆活動包括定期盤點和臨時盤點。定期盤點一般在會計期末進行;臨時性盤點或由中央差遣使職,或由物資收儲單位的上級機構臨時委任官典負責,他們或直接主導實施或參與監督官倉庫的量覆活動。臨時性盤點往往又與監臨主守官典的輪替密切關聯,盤點是執事者交割的前提環節,兩者在財務帳曆中被記爲"交覆"。

就地審計、實物量覆、帳實核對等審計方式和方法能較爲有效地檢查出官倉庫財物的實際損益,便於更加清晰精准地掌握倉庫的收儲情狀。就地審計與送達審計、實物量覆與帳面盤存相輔而行,實現了對官倉庫等物資收儲機構的嚴密監管。最後,官倉庫量覆檢查出的溢餘或欠損將被全部如實記帳並進行處理。這些溢餘和欠損的錢物斛斗在官廳財務帳曆中分別稱爲覆剩、覆欠。覆剩通常被直接附記入相關帳曆;覆欠錢物斛斗則須經過進一步的檢勘、勾徵、編制匯總帳簿結計勾徵情況,從而形成了一個完整有序的財務運作程式。

要之,包括量覆、交割在內的官倉庫管理、審計制度在維護唐代國家物資財產安全方面發揮了重要作用。

① 李錦繡:《唐代財政史稿》(上卷),第232—237頁。

② 李林甫等撰,陳仲夫點校:《唐六典》卷三《尚書户部》"度支郎中員外郎條"注,北京:中華書局,1992年,第81頁。

③ 陸贄撰,王素點校:《陸贄集》,北京:中華書局,2006年,第672頁。

《魏晉南北朝隋唐史資料》第三十五輯
2017 年 7 月,138—152 頁

唐貞觀二十二年崑丘道行軍再探討[①]
——以新出《楊弘禮墓誌》爲中心

王慶衛

唐太宗貞觀二十二年(648),唐廷發動平定龜茲、焉耆、處月等西突厥西域附屬國的大規模征討行動,史稱崑丘道行軍。[②] 此役是唐代前期一次重要的軍事行動,奠定了唐王朝經營西域的基礎。新出唐人墓誌已有多方提及誌主參與此次戰事,引起相關學者的關注,並作了精闢的考論。[③] 此前涉及崑丘道行軍的墓誌誌主多爲中下層將官,所能提供的信息較爲有限。近年長安地區新出楊弘禮墓誌,誌主爲崑丘道行軍副大總管,價值彌足珍貴。今擬以《楊弘禮墓誌》爲中心,在前人已有研究基礎上對崑丘道行軍的若干情況略陳己見,敬請方家教示(參見附圖 1、2)。

一、《楊弘禮墓誌》略考

楊弘禮墓誌近年出土於西安地區,出土訊息不詳,誌石或歸私室收藏,近偶得見原誌拓本。據拓本,墓誌高寬均 57 釐米,誌蓋高 61、寬 60 釐米。蓋題 5 行,行 4 字,篆書

① 本文爲國家社會科學基金一般項目“唐代石刻史料編年輯證”(項目號 17BZS033)階段性成果。

② 崑丘道行軍,史傳中有時亦寫作崑山道行軍。《資治通鑑》(下簡稱《通鑑》)卷一九八太宗貞觀二十一年十二月條下胡注云:“自古相傳,西域有崑崙山,河源所出。又《爾雅》曰:‘三成爲崑崙丘,故曰崑丘道。’”岑仲勉以爲“崑山”者疑因“丘”字缺筆,遂轉訛爲“山”,見氏著《突厥集史》,北京:中華書局,1958 年,第 259 頁。王素先生認爲“龜茲”可寫作“丘慈”,“ 崑丘”之“丘”似可釋爲“龜茲”,見氏著《唐華文弘墓誌中有關崑丘道行軍的資料——近年新刊墓誌所見隋唐西域史事考釋之一》,《西域研究》2013 年第 4 期,第 81 頁。相關研究參王永興:《唐代前期軍事史略論稿》,北京:崑崙出版社,2003 年;薛宗正:《突厥史》,北京:中國社會科學出版社,1992 年;《安西與北庭——唐代西陲邊政研究》,哈尔濱:黑龍江教育出版社,1998 年;吴玉貴:《突厥汗國與隋唐關係史研究》,北京:中國社會科學出版社,1998 年。

③ 利用新出墓誌研究崑丘道行軍的學術成果主要有:張全民:《〈唐華文弘墓誌銘〉所載唐朝經略邊疆史事考略》,《唐研究》第十七卷,北京大學出版社,2011 年,第 441—454 頁;王素:《唐華文弘墓誌中有關崑丘道行軍的資料——近年新刊墓誌所見隋唐西域史事考釋之一》,《西域研究》2013 年第 4 期,第 81—89 頁;傅清音:《新見武則天堂兄〈武思元墓誌〉考釋》,《文博》2014 年第 5 期,第 66—72 頁。

"大唐故太府卿上柱國清河郡開國公楊府君墓誌"(附圖1);誌文36行,滿行35字,有方界格,正書(附圖2)。爲研究方便,謹迻録誌文並標點如下:

大唐故太府卿上柱國清河郡開國公楊府君墓誌銘并序

公諱弘禮,字履莊,弘農華陰人也。系冥符於黄雀,餘慶宿彰;疏遠派於赤泉,靈源斯永。故能門基迴搆,與仙掌而齊高;世德相仍,共長河而比濬。豈直羽儀西漢,冠冕東都而已哉。曾祖暄,周尚書、臨貞公。局量夷綽,機神雄爽。掩嵇松而擢秀,鏘卞玉而光朝。祖旉,周汾州刺史,贈大將軍、淮廣復三州諸軍事、三州刺史、臨貞忠壯公。氣盖雲霄,聲華篆册。臨大節而弥固,執貞心而詎移。考岳,隨雍州萬年縣令。望高單父,譽重太丘。方嗣美於緇衣,竟淪華於墨綬。公滋芳蘭畹,蓄寶崐峯。識洞知十,器優寡二。逸調與風筠競爽,淑質將琬琰同温。登秋實於□場,艶春華於筆海。言必蹈禮,動不踰閑。專對符於日餘,賞鑒同於月旦。弓彎貫葉,妙絶附枝。翰寫臨池,巧窮垂露。既而鳴寉已暢,漸陸方騫。望菀佇賢,春闈曠列。釋褐太子通事舍人。振彩宫樞,美秩均於三署;告休儲禁,青宴光於四郊。尋封□河郡開國公。累遷兵部員外郎、兵部郎中。起草騰華,屢入青縑之帳;握蘭趍務,頻遊丹漆之墀。俄轉中書舍人,遷兵部侍郎、中書侍郎。五兵爰揔,任切端闈。尺一攸司,任華綸閣。參謀元愷,必藉异人。貳職張裴,咸資正士。公之此授,是謂當仁。頃之,遷司農卿,仍兼兵部侍郎。列棘崇班,騰規政首。含香近署,叶曜天文。自非譽揔士衡,聲高子復。求之前載,莫或兼司。龜月挻妖,城郭離貳。方誅姑翼,深佇常羅。廿二年,授崐丘道行軍副大揔管。鹽澤疏源,鼓長波而沃日;崐峯發地,横峭壁而干天。金滿城遥,玉關路阻。跨分流之絶隥,陟縣度之危巒。鶴陣頻開,龍韜數運。何止一日三捷,固亦所向無前。旌旆所臨,凡平處月等六國,并獲名王入朝。豈若將軍擁節,空出白檀;校尉連兵,唯屠赤谷。俄而司勛命賞,言酬定遠之功;胤子推恩,竟啓忿生之邑。下詔封長子元嗣爲脩武伯。躬珪祚土,光裂壤於三河;玉樹滋榮,沐濯枝於兩葉。尋以邊方寄重,司牧任殷。徙綜六條,言辞九列。出爲涇州刺史,遷勝州都督。棠陰所及,瓠脯斯甘。雖羊祜之督荆州,郭伋之臨并部,不之尚也。以永徽三年入爲太府卿。三市開厘,商侣臻湊。九土作貢,琛幣塡委。蠹良背竄,蚩眩克除。充帑盈藏,積滯斯在。務殷任重,於是允釐。方當訪道襄城,輶玄蹤於七聖;經邦揆路,紆緑綬於三槐。而白日不留,夜臺方永。黄扉未啓,泉户俄扃。永徽四年八月廿日,遘疾薨於長安縣延福里,春秋五十六。贈兵部尚書、使持節都督蘭河濡鄯郭緣七州諸軍事、蘭州刺史。五年三月三日,遷窆於萬年縣少陵原,禮也。惟公操履貞固,風尚凝邈。幼挺明珠之目,早擅如璋之美。遊其室者,如賀雀之仰翔鶤;挹其波者,似河馮之宗海若。金匱瑶壇之説,迴鏡心源;蘭臺石室之文。洞緘靈府。故能頡頏多士,謨明庶績。入光列寺,出捴中權。翼垂拱於薫琴,暢稜威於蕙極。騈衡吕邵,叶契伊峯。既而廣柳晨移,吟笳曉引。松門納駟,寧闕飛蓋之遊;薤露悲歌,弥增埋玉之慟。式鐫芳懿,乃作銘云:三秦寶地,九府神京。里摽台衮,世載公卿。尚書挺秀,忠壯馳英。重輝照廡,疊耀連城。篤生髦傑,家聲嗣響。育慶龍門,資靈仙掌。器宇明澈,神情散朗。際日孤騫,干雲直上。温温碩德,豐豐高風。芝蘭馥性,水月清衷。譽摽岐嶷,業擅該通。藻鮮秋景,談秀春叢。爰初漸陸,濯纓登仕。鶴禁龍扃,鶏林鳳水。騰華演藹,馳芳扇美。貢職禮闈,獻規天扆。黄綸夜受,絳節晨征。圖雲起陣,寫月開營。銷氛鹽澤,卷旆金城。勛超定遠,績茂長平。涣發紫泥,榮加皂盖。千里胥悦,百城繄賴。典郡惟良,端州稱最。化高鳳集,仁深鸞翽。年催激矢,世急奔流。高舂徙照,巨壑移舟。始臨分棘,詎列行楸。寂寥人代,零落山丘。池館荒凉,琴樽已矣。痛深壞木,哀纏罷市。鳥思山空,松悲風起。桑田徒變,蘭芬無已。

楊弘禮,出自弘農楊氏越公房,兩《唐書》俱有本傳。楊弘禮父楊岳乃隋代權臣越國公楊素之弟。楊岳與楊素之子楊玄感不和,嘗密上表稱玄感必爲亂。及玄感兵敗伏誅,楊岳因份屬同族而下獄,煬帝遣使赦免。使者至時楊岳已被殺,唯楊弘禮等遇赦免歸。入唐後,楊弘禮頗受高祖、太宗器重。《舊唐書》本傳云:"太宗有事遼東,以弘禮有文武材,擢拜兵部侍郎,專典兵機之務。弘禮每入參謀議,出則統衆攻戰。駐蹕之陣,領馬步二十四軍,出其不意以擊之,所向摧破……時諸宰相並在定州留輔皇太子,唯有褚遂良、許敬宗及弘禮在所,掌知機務。"①貞觀二十年,楊弘禮拜中書侍郎;二十一年加銀青光禄大夫,又遷司農卿,兼充崑丘道副大總管,節制諸軍征討龜兹。二十三年班師回朝。太宗崩,楊弘禮與大臣不和,出爲涇州刺史。永徽初,追論崑丘之功,改授勝州都督。尋遷太府卿。永徽四年卒,贈蘭州都督。

《楊弘禮墓誌》所記與兩《唐書》本傳大體相合。墓誌載楊弘禮卒於永徽四年(653),年五十六歲,當生於隋文帝開皇十八年(598);又云楊弘禮釋褐太子通事舍人,封清河郡開國公,後遷兵部員外郎、兵部郎中、中書舍人。《舊唐書》本傳無兵部郎中,有西河道行軍大總管府長史職,二者稍有差异。

---

① 《舊唐書》卷七七《楊弘禮傳》,第2674頁。

二、楊弘禮與崑丘道行軍

高祖、太宗時,西突厥勢力强盛。龜兹等西域諸國常遣使入貢,同時也臣服於西突厥。貞觀十八年,焉耆王龍突騎支與西突厥屈利啜勾結反唐,太宗命安西都護郭孝恪攻取焉耆,"龜兹遣兵援助,自是職貢頗闕"。[①] 貞觀二十一年,龜兹王伐疊卒,弟訶黎布失畢立,"浸失臣禮,侵漁鄰國",[②]是年十二月,太宗以左驍衛大將軍阿史那社爾、右驍衛大將軍契苾何力、安西都護郭孝恪、司農卿楊弘禮爲崑丘道行軍四大總管討伐龜兹等國,是爲"崑丘道行軍"。[③] 龜兹是主要目標之一,但行軍最終的打擊目標是西突厥乙毗射匱可汗。[④]《楊弘禮墓誌》言崑丘道行軍的原因乃"龜月挻妖,城郭離貳","龜月"即龜兹與處月(含處密)。[⑤] 龜兹與處月共同作爲征討對象,也反映了太宗内在目的乃是西突厥。

崑丘道行軍主帥爲番將阿史那社爾,參與者以遊牧部族兵爲主。史稱"發鐵勒兵牧十有三部、突厥侯王十餘萬騎……道自金微,會於葱嶺",[⑥]漢族軍隊主要限於沙州、伊州、西州等邊州地區。新出《侯仁愷墓誌》中誌主侯仁愷被殺於貞觀二十一年初,此時崑丘道行軍尚未進行,而墓誌卻言"以征龜兹有功,酬庸之賞",[⑦]似乎在此次戰事正式發生前,太宗已經命西州等地準備針對西突厥戰争的相關事宜,甚至已有零星戰鬥發生。

楊弘禮在崑丘道行軍中的主要功績,墓誌歸納爲"平處月等六國,並獲名王入朝"。《舊唐書》卷七七《楊弘禮傳》:"兼充崑丘道副大總管,諸道軍將咸受節度。於是破處

---

① 《舊唐書》卷一九八《龜兹傳》,第 5303 頁。

② 《通鑑》卷一九八太宗貞觀二十一年十二月條,第 6250 頁。

③ 除阿史那社爾、契苾何力、郭孝恪、楊弘禮之外,還有左武衛將軍李海岸分領一軍,但是史傳只載崑丘道行軍有四大總管,未提及李海岸,故本文行文暫以四大總管指稱此次戰事。《通鑑》卷一九九太宗貞觀二十二年四月乙亥條:"(阿史那)賀魯帥其餘衆數千帳内屬,詔處之於庭州莫賀城,拜左驍衛將軍。賀魯聞唐兵討龜兹,請爲鄉導,仍從數十騎入朝。上以爲崑丘道行軍總管,厚宴賜而遣之。"太宗發動崑丘道行軍之時,阿史那賀魯尚未歸降唐朝,並不在崑丘道行軍計劃之内。賀魯招撫西突厥部落行動可視爲崑丘道行軍的後續或餘波。

④ 相關研究參看吴玉貴:《突厥汗國與隋唐關係史研究》,第 362—363 頁;王永興:《唐代前期軍事史略論稿》,第 264—266 頁。

⑤ 處月、處密在貞觀後期唐王朝與西突厥的争奪中具有重要的位置,其詳情可參閲岑仲勉《處月處密所在部地考》(《西突厥史料補闕及考證》,北京: 中華書局,1958 年,第 194—201 頁)與吴玉貴《唐朝"撫慰"處月、處密部落考》(見《突厥汗國與隋唐關係史研究》,第 348—354 頁)二文。

⑥ 宋・王欽若等:《册府元龜》卷九八五《外臣部・征討四》,北京: 中華書局,2010 年,第 11572 頁。

⑦ 趙君平、趙文成:《秦晉豫新出墓誌蒐佚》,北京: 國家圖書館出版社,2011 年,第 146 頁;毛陽光、余扶危:《洛陽流散唐代墓誌彙編》,北京: 國家圖書館出版社,2013 年,第 7 頁。

月,降處密,殺焉耆王,降馺支部,獲龜兹、于闐王。"[1]誌中所謂"名王入朝"指龜兹王、于闐王入朝事,"處月六國"即史傳所言之處月、處密、焉耆、馺支部、龜兹、于闐。貞觀二十二年九月,唐軍先破處月、處密,然後分兵五路直逼焉耆,西突厥扶植的焉耆王薛婆阿那支退保龜兹東部。十月,唐軍擒殺焉耆王阿那支;閏十二月,破龜兹都城,生擒龜兹王訶黎布失畢等。于闐王伏闍信大懼,自請入朝。所破六國中,處密、處月屬西突厥部族,馺支部罕見記載。[2] 從行軍路綫來看,馺支部約在焉耆與龜兹之間的天山南麓,位於西突厥遊牧地帶,或即突厥别種部落。

在所破六國國王中,對焉耆王薛婆阿那支的處置存有較大争議。前引《舊唐書·楊弘禮傳》云楊弘禮"殺焉耆王",同書《焉耆傳》卻云:"及阿史那社爾之討龜兹,阿那支大懼,遂奔龜兹,保其東城,以禦官軍,社爾擊擒之,數其罪而斬焉。"[3]《通鑑》亦云:"社爾遣兵追擊,擒而斬之,立其從父弟先那準爲焉耆王,使修職貢。"[4]所記與《焉耆傳》略同。那麽,殺焉耆王阿那支者是楊弘禮還是阿史那社爾?近年新出《華文弘墓誌》敍崑丘道行軍,有云"昔陳湯矯詔以立功,傅介權宜以行事,終掃郅支之域,竟致樓蘭之首",王素先生據此推測阿史那社爾擒獲阿那支後,將其移交給了楊弘禮,而弘禮知道太宗深恨此人,故矯詔殺之。[5]《楊弘禮墓誌》的出土,促使我們對這一問題重新進行審視。

《楊弘禮墓誌》唯云"凡平處月等六國,並獲名王入朝",没有直接涉及斬焉耆王一事。此次行軍以番兵爲主,且作戰對象主要針對西突厥,以阿史那社爾、契苾何力等胡族將領爲將帥是一個英明的決策,但這並不意味着太宗不設防禁,完全放權於番將。《舊唐書》卷一〇六《李林甫傳》:

> 國家武德、貞觀已來,蕃將如阿史那社爾、契苾何力,忠孝有才略,亦不專委大將之任,多以重臣領使以制之。[6]

---

① 《舊唐書》,第2674頁。

② 關於楊弘禮降馺支部事,宋本《册府元龜》卷三五八《將帥部·立功一一》(王欽若等《宋本册府元龜》,北京:中華書局,1989年,第818頁)載爲:"楊弘禮爲兵部侍郎。貞觀十九年從太宗征遼,領馬步二十四軍,出其不意以擊之,所向摧破。二十一年爲崑丘道大總管,諸道副大總管、軍將咸受節度,於是破處月,降處密,殺焉耆王,降馺支部落,獲龜兹、于闐王,凱還。"而明本《册府元龜》則載"馺支部落"爲"鄢支部支部落"(《册府元龜》,第4241頁),誤,當以宋本記載爲是。

③ 《舊唐書》卷一九八《焉耆傳》,第5302頁。

④ 《通鑑》卷一九九太宗貞觀二十二年十月條,第6262頁。

⑤ 王素:《唐華文弘墓誌中有關崑丘道行軍的資料——近年新刊墓誌所見隋唐西域史事考釋之一》,第81—89頁。

⑥ 《舊唐書》卷一〇六《李林甫傳》,第3239頁。

太宗這一任用蕃將的原則,在崑丘道行軍中得到充分體現。與阿史那社爾、契苾何力一起行動的還有郭孝恪、楊弘禮兩位漢人總管。郭孝恪本職爲安西都護,諳熟西域形勢,爲當道領兵官。楊弘禮則屬於朝中直接委派的大將。太宗討遼東時楊弘禮從駕參知機密,崑丘道行軍時本官爲司農卿兼兵部侍郎,諸軍糧草、賞賜等或皆其職掌。《舊唐書・楊弘禮傳》稱"諸道軍將咸受節度",並非虚言。也就是説,崑丘道行軍中阿史那社爾爲軍事主帥,楊弘禮則略相當於牽制阿史那社爾和契苾何力的"重臣"。那麽,處死焉耆王這麽重要的事情必然是阿史那社爾和楊弘禮都認可的,謂楊弘禮抑或阿史那社爾殺死阿那支,都可説得通,其中楊弘禮的態度甚至更爲重要。

龜兹、焉耆同爲西域緑洲國家,但在當時政治秩序中的地位卻迥然不同。龜兹長期役屬西突厥,與唐朝關係較疏遠,焉耆則不然。太宗經營西域之前,焉耆王突騎支事唐最爲恭順,首請開大磧路。新道開通後,西域諸國皆由焉耆入貢貿易,致使高昌王國財路大受影響。貞觀十二年,高昌聯合處月、處密等西突厥勢力,圍攻焉耆,陷其五城。貞觀十四年,侯君集率軍討伐高昌,也得到焉耆王的大力支持。唐滅高昌後突騎支懼被唐朝吞并,轉而依附西突厥。貞觀十六年,安西都護郭孝恪發兵擊破焉耆,俘突騎支入朝,立其弟栗婆準爲新王,栗婆準從兄薛婆阿那支在西突厥的支持下,也自立爲王,執送栗婆準於龜兹,旋將其殺害。崑丘道討伐開始後,阿那支收縮兵力,與龜兹合兵一處,繼續負隅頑抗。阿那支殺害唐朝委任名王,奪其王位,公然挑戰唐朝權威,這是比龜兹王還要嚴重的不赦之"罪"。就焉耆國而言,老焉耆王突騎支反叛唐朝,結果僅被俘入朝,阿那支等有恃無恐,導致唐廷所立栗婆準威望不足,最終被殺。唐朝已有栗婆準的前車之鑒,對阿那支"數其罪而斬之",以威懾西域,不失爲一種可行的選擇。

綜上所述,阿那支竊名擅命,很大程度上是自取死道。在漢唐都護體制下,都護府軍政長官"掌統諸蕃,撫慰、征討、敘功、罰過",[①]可以便宜行事,甚至代皇帝處置西域諸國國王。安西都護郭孝恪率軍攻破焉耆,立栗婆準爲焉耆王即循漢代舊例。崑丘道戰事中,阿史那社爾等殺阿那支,立阿那支堂弟先那準,也從側面印證了阿史那社爾具有與郭孝恪同樣的權力。阿史那社爾、楊弘禮斬殺阿那支,本在其臨事權斷範圍之内,所謂"矯詔"之説非常令人生疑。西漢陳湯矯詔發兵滅北匈奴郅支單于,以及傅介子用計斬殺樓蘭王,是古人常用的兩個典故,用以比擬在邊疆僻遠之地建功立勛,從中

① 《新唐書》卷四九下《百官四下》,第1317頁。

引申出楊弘禮矯詔殺焉耆王,恐有過度解讀之嫌。

貞觀二十三年正月,崑丘道戰事結束,楊弘禮返回京師長安,同年五月太宗去世。《舊唐書·楊弘禮傳》云:"未及行賞,太宗晏駕。弘禮頗忤大臣之旨,由是出爲涇州刺史。永徽初,論崑丘之功,改授勝州都督,尋遷太府卿,四年卒。"[①]但是,《楊弘禮墓誌》則云"俄而司勛命賞,言酬定遠之功;胤子推恩,竟啓忿生之邑。下詔封長子元嗣爲脩武伯",忿生,即蘇忿生,西周開國功臣,周武王賜蘇忿生十二邑建蘇國。司勛爲吏部四司之一,掌校定勛績,論官賞勛官告身等事。楊弘禮此前爵位爲□河郡開國公,故朝廷恩許其勛爵回賜其子。唐制,勛官和爵位都没有實際職任,戰事結束後即可論功賜給。但是有職任的職事官,則需等待一段時間,出現相應的官闕,六品以下的職事官還要等到次年正月的兵部、吏部銓選。貞觀二十三年楊弘禮回朝後得到勛爵的賞賜,還没有來得及獎擢職事官,同年五月,太宗發病駕崩。楊弘禮由於觸犯權要,不僅没有得到相應的遷轉,反貶爲涇州刺史。其本傳中所謂的"未及行賞",並不是指完全没有論功行賞,而是指賞功的程序中途停止,没有最終完成。

楊弘禮的遭遇具有一定的普遍性。兩《唐書》阿史那社爾本傳也不載其受賞之事。出土墓誌材料中,參與行軍的華文弘、劉文禕等在崑丘道行軍結束後同樣僅得到勛賞,没有實際遷轉(詳見下文)。如此大範圍的"未及行賞",恐怕並非個人恩怨所能解釋,這中間很可能涉及朝廷對整個崑丘道行軍的態度或評價問題。

高宗即位初,政事悉委元舅長孫無忌、中書令褚遂良等貞觀老臣。太宗晚歲漸漸好大喜功,頻年征戰,民間漸有怨言,魏徵、房玄齡等也屢有諫止。高宗即位後,在長孫無忌的主持下,立即宣布"罷遼東之役及諸土木之役"。[②] 唐朝的基本國策也作了重大調整,從貞觀後期的開疆拓土轉爲與民生息的和平政策。那麽,崑丘道行軍作爲太宗臨終前的大規模軍事遠征,隨着罷兵一派的完全得勢,其官方評價不能不大受影響。

楊弘禮長期在兵部供職,是太宗晚年屢興討伐政策的積極支持者。太宗征遼東時,諸宰相多留守京城,"唯有褚遂良、許敬宗及弘禮在行在所,掌知機務"。[③] 褚遂良、許敬宗爲文辭之士,主擬詔書,真正參決軍機的實即楊弘禮。一貫謹慎的長孫無忌並没有隨駕親征,而是以輔佐太子之名留守京師。太宗這一人事安排很耐人尋味。

① 《舊唐書》卷七七《楊弘禮傳》,第 2674 頁。

② 《資治通鑑》卷一九九太宗貞观二十三年五月條,第 6268 頁。

③ 《舊唐書》卷七七《楊弘禮傳》,第 2674 頁。

《楊弘禮墓誌》還披露了一個非常重要的細節,即楊弘禮以司農卿討伐龜兹時,仍兼兵部侍郎一職。也就是説,從隨太宗親征遼東之後,楊弘禮一直處在參謀軍機的位置上,一直都是太宗制定遼東策略的核心成員。那麽,太宗以楊弘禮爲崑丘道副大總管顯得别有深意。如所周知,唐代疆域遼闊,難以東西兩綫同時作戰。唐太宗親征遼東時,薛延陀趁機起兵寇掠,太宗不得不草草收兵。初征高句麗失敗後,太宗調整戰略,采取襲擾疲敵之策,派遣偏師連續騷擾高句麗,同時再伐遼東的其他戰争準備也在緊鑼密鼓地進行中。貞觀二十二年太宗派遣楊弘禮主持崑丘道行軍,應該是汲取前次薛延陀趁虚起兵的教訓,預爲平遼東清除後顧之憂。如此看來,焉耆王作爲屢次挑釁唐朝權威的出頭鳥,被直接斬殺,恐怕並非是楊弘禮等人的邀寵行爲,而含有威懾西域、爲再討遼東解除隱患的策略導向。

楊弘禮等崑丘道行軍獲得大勝,也徹底穩固了西北後方。此時高句麗在李勣、薛萬徹等將的打擊下,屢遭挫敗,疲弊不堪,而唐朝方面,太宗大量招募勇士,積儲軍糧器械,在江南、劍南征發工匠建造大型艦船。再次討伐遼東,時機已完全成熟。但是,太宗的突然駕崩,徹底打亂了攻遼部署。長孫無忌等上臺輔政,立刻廢止征遼計劃,諸多戰争準備付諸東流。這一轉變是否出於太宗遺志姑可不論,楊弘禮是主戰派的代表人物,在政策極轉過程中,必然會大受衝擊。本傳中所謂"忤大臣之旨",很可能就是在是否續討遼東問題上,與長孫無忌等産生了尖鋭對立。結果不僅本人遭到貶斥,崑丘道行軍作爲主戰派"好戰喜功"的典型成果,不被朝廷認可,參與將士的功賞遷延不授也就不足爲奇了。

這場關於遼東問題的國策之争很快結束。永徽初,朝廷追録崑丘道行軍之功,楊弘禮遷爲勝州都督,不久入爲太府卿,但是自此再没能介入軍機大事,永徽四年卒於長安。以宰相身份從太宗征遼東,本是楊弘禮仕途的巔峯時期,但也是楊弘禮得罪獲貶的緣由。永徽五年楊弘禮下葬之日,掌權的仍是長孫無忌等元老舊臣,故墓誌撰者不敢忤逆權要,直書遼東功業,只能諱而不言,付之闕如。

三、墓誌所見崑丘道行軍其他軍將

除《楊弘禮墓誌》外,石刻文獻中涉及崑丘道行軍的墓誌還有八方。這些墓誌的誌主多是此次行軍的中下層軍官,雖然重要性不如楊弘禮,但也從不同方面提供了當時行軍的某些層面的問題。爲討論方便,今摘引列表如下:

表1　崑丘道行軍人員墓誌一覽表

墓誌名稱	相關內容
《元武壽墓誌》	廿一年,奉敕征龜兹,充虞候總管。虹旗還拂,光翻弱水之濱;日羽平飛,影入蒙池之曲。①
《武思元暨妻韋氏墓誌并蓋》	貞觀末年,爲崑丘道行軍兵曹,從阿史那社爾平龜兹、處月,以勛加上騎都尉。②
《大唐故右領軍長樂府果毅執失府君(奉節)墓誌之銘》	逮乎玉關烟密,寫晨燧於甘泉;金微塵起,類變衣於京洛。公從左衛大將軍、行軍總管、畢國公阿史那社爾平崑丘道,於時暢戎旃於絶域,驅征馬於邊庭。直上輪臺,猶入仲宣之賦;府臨懸米,似矚文泉之圖。時乃虜騎連雲,胡戈蔽日,嗚鼙聒地,紅塵亘天。召雨征風,雲飛電集。鐵馬悲鳴而蹀影,鳴鏑曳響而交飛。元帥命公帥所部落,伺其要害。公逸氣雷駭,壯髮衝冠。瞋目而舉彫戈,奮臂而馳虜壁。既而敵陣糜潰,長雲與征鳥俱分;戎營幅裂,偃月將驚魚共散。其醜虜餘黨,走保危城。公夕構奇謀,朝登峻堞。應屈指而無舛,纔反手而已摧。然以告至定勛,蒙加上騎都尉。③
《華文弘墓誌》	廿二年,充崑丘道右一軍騎曹。昔陳湯矯詔以立功,傅介權宜以行事,終掃郅支之域,竟致樓蘭之首。君之望古,彼獨何人。④
《仵欽墓誌》	太宗文皇帝紉地垂則,維天闡化。睠崑丘之不賓,弔東夷之多僻。長轂亘野,雷動玄免之郊;高鋒慧雲,電照狼河之曲。……貞觀廿三年,詔授上輕車都尉。⑤
《侯任愷墓誌》	上以西州創置,鄰狄跨羌,天山一邦,寔惟襟帶。……以征龜兹有功,酬庸之賞巨萬。既而功高見疾,賞厚被疑,甘臨之謗遂興,采葛之讒斯及。以貞觀廿一年二月十三日非命於任,春秋卌有九。⑥

① 胡戟、榮新江主編:《大唐西市博物館藏墓誌》,北京:北京大學出版社,2012年,第173頁。

② 趙力光主編:《西安碑林博物館新藏墓誌續編》,西安:陝西師範大學出版總社有限公司,2014年,第192頁。

③ 中國文物研究所、陝西省古籍整理辦公室:《新中國出土墓誌(陝西貳)》,北京:文物出版社,2003年,第30頁;吴鋼主編:《全唐文補遺》第三輯,西安:三秦出版社,1996年,第362—363頁。

④ 張全民:《唐華文弘墓誌銘所載唐朝經略邊疆史事考略》,《唐研究》第十七卷"中古碑誌與社會文化研究專號",北京大學出版社,2011年,第441—454頁。

⑤ 北京圖書館金石組編:《北京圖書館藏中國歷代石刻拓本彙編》第十五册,鄭州:中州古籍出版社,1989年,第140頁;孫蘭風、胡海帆主編:《隋唐五代墓誌彙編》(北京大學卷),天津古籍出版社,1992年,第59頁;周紹良、趙超:《唐代墓誌彙編》,第526頁;吴鋼主編:《全唐文補遺》第六輯,西安:三秦出版社,1999年,第311—312頁。

⑥ 趙君平、趙文成:《秦晉豫新出墓誌蒐佚》,北京:國家圖書館出版社,2011年,第146頁;毛陽光、余扶危:《洛陽流散唐代墓誌彙編》,北京:國家圖書館出版社,2013年,第7頁。

續表

墓誌名稱	相關内容
《劉文褘墓誌》	廿二年,又征龜兹。威嚴夏日,氣烈秋霜。發黄石之兵機,運白登之奇策。勛高後勁,效著前鋒,頻獻捷於轅門,數申功於清廟。[①]
《薛萬備墓誌》	廿二年,以公爲崑丘道行軍長史。龜兹王聞官軍過磧,遂拔城西走,大總管使公領輕騎數千,星言追躡,舉懸師以深入,策疲兵而轉戰,途將千里,日逾十合,至撥换城,其王勢蹙道窮,嬰城自守,大軍絞至,竟以擒獲。在此行也,功冠諸軍。于闐憑阻荒遐,未嘗朝貢,公遂將左右卌人便往招慰其王,遂隨公入朝,蒙賞五百段。轉左衛翊二府中郎將。[②]

元武壽 後魏景穆皇帝之後。曾祖曄,魏長廣王,改封東海王,後爲建明皇帝。元武壽貞觀十四年,任右衛長上校尉,奉敕差充西蕃絶域使,至十九年返命,授左衛涼泉府左果毅都尉,從駕入遼。[③] 元武壽出使西域的緣由從目前史料來看還無法確知,不過他在西域居留長達六年之久,對於當地的環境、軍事、地理、風俗都有着深入的了解,故在崑丘道行軍中出爲虞候總管。在行軍軍將中,有左右虞候二軍,而元武壽所任虞候總管似掌左軍之職。在崑丘道行軍四大總管中,阿史那社爾爲主帥,元武壽當隸其指揮。

武思元 父武士逸,乃則天皇后之堂兄。武思元貞觀十五年明經及第,守選期間受辟爲崑丘道行軍兵曹,隨阿史那社爾征討龜兹、處月。唐代行軍的軍司僚佐主要有長史、司馬及倉曹、胄曹、兵曹、騎曹等四曹,[④]兵曹主要掌武官與士兵的名籍。傅清音女士以爲武思元出爲崑丘道行軍兵曹與楊弘禮有關聯,[⑤]武思元既隸阿史那社爾,似應出於阿史那社爾的辟署。崑丘道行軍後武思元獲授上騎都尉,並因勛得授襄州安養縣令。

執失奉節 父思力。奉節以常樂府左果毅都尉隨阿史那社爾平崑丘道。瓜州有常樂縣,常樂府疑在瓜州下。社爾軍前後破大城五所,虜男女數萬,在這些戰事中,執失奉

① 王慶衛:《新出唐劉文褘墓誌所見西域史事考》,待刊。

② 胡戟:《珍稀墓誌百品》,陝西師範大學出版總社,2016 年,第 69 頁。

③ 關於元武壽貞觀十四年充西蕃絶域使,學界存有不同的推測,榮新江先生以爲可能在平高昌之後,王素先生則推測在平高昌之前。詳參榮新江撰,(日)梶山智史譯:《大唐西市博物館所藏墓誌の整理と唐研究上の意義》,《東アジア石刻研究》第 5 號,東京:明治大學,2013 年,第 81—82 頁。王素:《唐麴建泰墓誌與高昌"義和政變"家族——近年新刊墓誌所見隋唐西域史事考釋之二》,《魏晉南北朝隋唐史資料》第三十輯,上海古籍出版社,2014 年,第 158 頁。

④ 李林甫:《唐六典》,北京:中華書局,2008 年,第 158 頁。

⑤ 傅清音:《新見武則天堂兄〈武思元墓誌〉考釋》,第 66—72 頁。

節爲社爾軍的重要力量,衝鋒陷陣,屢立功勛,平龜兹後授正五品勛階之上騎都尉。

華文弘 平原人,出身士族,夫人爲陳後主的孫女。華文弘先以挽郎釋褐獲得任官資格,再調補左虞候率府録事參軍,貞觀十八年從太宗征遼東,充遼東道右二軍騎曹。至貞觀二十二年平崑丘道,充右一軍騎曹,行軍中的騎曹爲軍司僚佐,直接爲行軍大總管服務。王素先生通過討論,以爲華文弘兩次參加行軍的右軍,長官可能爲同一人,均應爲楊弘禮。[①] 華文弘在平崑丘道後也没有受到官爵賞賜,直到永徽二年授交州都督府户曹參軍,此經歷正與楊弘禮歷官相符合。

仵欽 薊縣人。武德五年授朝散大夫、儀同三司。貞觀末參與了征討遼東與崑丘道之戰事,事後因功授正四品勛職的上輕車都尉。在崑丘道四大總管中,仵欽不會在郭孝恪麾下,而應該是在阿史那社爾、契苾何力或楊弘禮之軍中。

侯仁愷 上谷人。貞觀十四年以潁州司户職參與了交河道行軍。唐滅高昌後,以其地置西州,侯仁愷任天山縣令。李方《唐西州官吏編年考證》天山縣官員條目下未收,可據補。[②] 墓誌言侯仁愷貞觀廿一年二月十三日非命於任,或與邊州錯綜複雜的民族關係有關。誌言"以征龜兹有功,酬庸之賞",唐征龜兹乃貞觀二十一年十二月至二十二年事,侯仁愷應爲郭孝恪部下,疑是在任天山縣令時爲崑丘道行軍戰事作準備時被敵對人員所殺害。

劉文禕 河間人,先後參加了征討遼東與平定龜兹之戰事。在遼東戰事時劉文禕在太宗行在所,或與楊弘禮已有關連,故崑丘道行軍中,也在弘禮軍中效力。與華文弘經歷類似,劉文禕在唐軍回師後也無賞賜,永徽元年適逢丁憂,直到顯慶四年纔授同州臨高府左果毅都尉。

薛萬備 薛萬徹季弟,曾先後參加了太宗親征遼東之戰和崑丘道行軍。在遼東戰事中萬備以守尚輦奉御充爲馬軍總管。軍還,授上柱國、汾陰縣公。崑丘道行軍中,薛萬備爲阿史那社爾的行軍長史,行軍長史不僅是首僚,有時還相當於副帥或實際意義上的統領。萬備武力過人,隨軍征戰屢有建功,戰事之末曾以兵威説于闐王入朝,"秋,七月,己酉,伏闍信隨萬備入朝,詔入謁梓宫",[③]墓誌所言萬備蒙賞五百段,轉左衛翊二府

① 王素:《唐華文弘墓誌中有關崑丘道行軍的資料——近年新刊墓誌所見隋唐西域史事考釋之一》,第81—89頁。

② 李方:《唐西州官吏編年考證》,北京:中國人民大學出版社,2010年,第205頁。

③ 《資治通鑑》卷一九九唐太宗貞觀二十二年十月條,第6269頁。

中郎將約在隨于闐王到京師之時。頃之,遷左驍衛將軍。[①]

崑丘道行軍中,除了上述墓誌資料外,傳世文獻提及的將領還有左武衛將軍李海岸、伊州刺史韓威、沙州刺史蘇海政、右驍衛將軍曹繼叔等。阿史那社爾帳下有記室張昌齡、左衛郎將權祇甫,郭孝恪軍中有倉部郎中崔義起。[②] 權祇甫、崔義起文獻記載簡略,其生平未詳,在崑丘道行軍後的仕宦無法確定,可略去不論。張昌齡爲阿史那社爾記室,軍書露布等皆爲其所寫,《舊唐書》卷一九〇上《張昌齡傳》云:"尋爲崑山道行軍記室,破盧明月,平龜兹,軍書露布,皆昌齡之文也。再轉長安尉,出爲襄州司户,丁憂去官。"[③]行軍中記室地位在長史、司馬之下,疑長安尉爲戰後酬功。

從目前材料來看,可考的參與崑丘道行軍且戰事結束後仕宦明晰的中層人員主要有八人,分别是薛萬備、劉文禕、華文弘、元武壽、武思元、執失奉節、仵欽、張昌齡。平定崑丘道後,八人境遇大不相同。武思元、執失奉節在崑丘道行軍後被授予正五品勛階的上騎都尉,仵欽詔授正四品勛階的上輕車都尉。張昌齡史傳記載得簡略,比照武思元來看,他應先得到一定的勛階,然後出任長安尉。華文弘直到永徽二年纔授交州都督府户曹參軍;元武壽至永徽三年十二月始授左衛勛二府郎將;劉文禕也没有立即獲得封賞,顯慶四年方授同州臨高府左果毅都尉。薛萬備在崑丘道行軍中立功頗多,尤其招慰于闐王並護送其入朝,得以仕進左衛翊二府中郎將一職,而他得授左驍衛將軍疑在戰事結束之後。據此來看在崑丘道行軍後,參與的中層官員以獲得勛階爲主,多未在此時獲得職事官升等,唯有薛萬備的官職由虛轉實,這應該與其招慰于闐王一事有所關聯。

四、結　語

崑丘道行軍後,唐王朝不僅完成對西域南路諸國的控制,還把自己的直接統治延續到了帕米爾地區,隨後阿史那賀魯降唐,唐於天山以北的西突厥屬地設立瑶池都督府,

① 關於薛萬備生平,兩《唐書》本傳記載較爲簡略,新見墓誌詳盡可參,與史傳有异,本文以其墓誌爲據。

② 關於倉部郎中崔義起事,《舊唐書》卷一九八《西戎傳》、《新唐書》卷二二一上《西域傳》、《册府元龜》卷九八五《外臣部·征討第四》均有載,而《資治通鑑》卷一九九太宗貞觀二十二年十二月條云其姓名爲"崔義超",二者有异。《太平廣記》卷一一五《報應十四·崔義起妻》:"唐司元少常伯崔義起妻蕭氏,父文鏗,少不食葷茹酒肉,蕭氏以龍朔三年五月亡,其家爲修初七齋。"比照《新唐書》卷七二下《宰相世系表》、《元和姓纂》卷七來看,崔義起爲户部侍郎應在高宗時(嚴耕望:《唐僕尚丞郎表》,上海古籍出版社,2007年,第676頁)。唐代郎官石柱户部郎中條有崔義起(勞格、趙鉞:《唐尚書省郎官石柱題名考》,北京:中華書局,2010年,第588頁),據此本文以崔義起爲是。

③ 《舊唐書》卷一九〇上《張昌齡傳》,第4995頁。

完成了西域政策的轉化。[1] 傳世文獻提供了崑丘道行軍的主體面貌,石刻史料則進一步展示出宏大敍事畫面下的歷史細節。例如,關於崑丘道行軍參與者的來源、組成及其勛賞等問題,《楊弘禮墓誌》等唐人墓誌材料加深了我們對崑丘道行軍的認識,揭示出一些正史中没有記載的歷史事實。

楊弘禮一生,主要參與了兩件歷史大事。其一,從太宗征討遼東,是太宗討遼東的心腹之臣。其二,充任崑丘道行軍副大總管,討平龜兹等國。曾有學者推測崑丘道行軍中楊弘禮矯詔殺焉耆王阿那支,此點在《楊弘禮墓誌》中無法得到證實。楊弘禮本傳稱崑丘道行軍後,楊弘禮"未及行賞",因"忤大臣之旨",遭到貶斥。從墓誌來看,朝廷已回賜其子勛爵,但未及獎擢實職便遭貶斥。

楊弘禮長期在兵部供職,是太宗討伐遼東所仰仗的核心人員。太宗以其負責崑丘道行軍,很大程度上有翦除西顧之憂的考量。貞觀二十三年太宗病逝,討伐遼東的籌劃被新君廢止。墓誌避而不書遼東之事,印證了本傳中含糊其辭的"忤大臣之旨",很可能主要指在是否繼續征討遼東問題上楊弘禮與長孫無忌等産生矛盾。這直接導致其遭到貶斥,自此喪失參知軍機的權力。

楊弘禮的境遇並非孤例,從出土墓誌看,參與崑丘道行軍的華文弘、武思元、劉文禕等人多也僅得勛賞,没有遷轉官職。太宗晚年漸趨驕奢,好大喜功,屢興兵戈,甚至引起百姓的騷動。高宗即位之初,長孫無忌等罷遼東之役,轉向休養生息之政,貞觀末年的一些政策也被重新檢討。楊弘禮等人的境遇,表明高宗永徽年間朝議關於崑丘道行軍的評價曾有比較微妙的變化,此點亦需治史者所關注。

---

① 吴玉貴:《突厥汗國與隋唐關係史研究》,第 369 頁。

附圖 1　楊弘禮墓誌蓋

附圖 2　楊弘禮墓誌

《魏晉南北朝隋唐史資料》第三十五輯
2017年7月,153—167頁

唐德宗興元元年"寧陵之戰"史實考辨[1]

黄 樓

唐德宗建中年間,朝廷與河北、河南割據藩鎮進行了大規模的戰争。建中四年(783),哥舒曜所率數萬禁軍被叛亂的淮西節度使李希烈困於襄城。德宗急令西北邊鎮抽兵赴援。涇原士卒路經長安時發生嘩變,攻陷長安,德宗倉皇出奔奉天。其後,河南戰場上官軍全面潰敗,哥舒曜援絶,弃城奔守洛陽,李希烈乘勝進圍汴州。河南都統李勉遺弃大量軍械糧食,南奔宋州。李希烈乘勢攻占汴州,建號稱帝。興元元年(784)四月,李希烈率軍南下,占領襄邑,以五萬重兵圍困宋州北面重鎮寧陵,企圖進占宋州,并吞江淮之地。寧陵守將高彦昭、劉昌率數千官軍,日夜奮戰,堅守四十五日,旦夕城破,在危急關頭浙西節度使韓滉援軍趕到,趁夜鳧水入城,擊退李希烈,寧陵之圍遂解。寧陵之戰是河南戰場的轉捩點,其後官軍轉守爲攻,相繼收復汴州等失地。此戰發生在興元初,時德宗正爲李懷光所逼,南奔梁州,與河南諸鎮音訊受阻,致使這場關係朝廷命運的重要戰役,兩《唐書》、《資治通鑑》(下簡稱《通鑑》)等史書雖有記載,卻失於簡略,且多有舛訛。有鑒於此,今擬參據諸種史料,對寧陵之戰的年代及相關史實加以考辨,不足之處,敬請指正。

一、河南戰場的危局

興元元年,德宗在梁州發罪己詔,曲赦河朔藩鎮,專力營復長安。此後,河北藩鎮相繼歸順,結束與朝廷的軍事對抗,但河南戰場的局勢反更爲嚴峻。李希烈既自立爲帝,淮西蔡、光、申三州,非帝王之基,富庶的江淮地區爲其必取之地。同樣,江淮財賦也是唐廷賴以收復長安的根基,其得失將直接決定唐朝的命運。正如謀士李通遊説張建封

---

[1] 本文爲武漢大學青年學術團隊建設項目"中國歷史上的國家凝聚、族群融合與信仰變遷"研究成果之一。

時所説的那樣,“今天下安危在於淮、楚,師律振則三吴安;三吴安則國家不失外府”。[①] 但此時淮、楚諸鎮互不統轄,甚至個别節度使心懷鬼胎,摇擺不定,形勢極爲嚴峻。

《通鑑》卷二二九德宗興元元年(784)正月條:

> 王武俊、田悦、李納見赦令,皆去王號,上表謝罪。惟李希烈自恃兵强財富,遂謀稱帝……希烈又遣其將楊峰齎赦賜陳少遊及壽州刺史張建封。建封執峰徇於軍,腰斬於市,少遊聞之駭懼。建封具以少遊與希烈交通之狀聞,上悦,以建封爲濠、壽、廬三州都團練使。希烈乃以其將杜少誠爲淮南節度使,使將步騎萬餘人先取壽州,後之江都,建封遣其將賀蘭元均、邵怡守霍丘秋柵。少誠竟不能過,遂南寇蘄、黄,欲斷江路。時上命包佶自督江、淮財賦,泝江詣行在;至蘄口,遇少誠入寇。曹王皋遣蘄州刺史伊慎將兵七千拒之,戰於永安戍,大破之,少誠脱身走,斬首萬級,包佶乃得前。後佶入朝,具奏陳少遊奪財賦事;少遊懼,厚斂所部以償之。李希烈以夏口上流要地,使其驍將董侍募死士七千人襲鄂州,刺史李兼偃旗卧鼓閉門以待之。侍撤屋材以焚門,兼帥士卒出戰,大破之。上以兼爲鄂、岳、沔都團練使。於是希烈東畏曹王皋,西畏李兼,不敢復有窺江、淮之志矣。[②]

據《通鑑》,李希烈擴張之勢似被遏止。但嗣曹王皋所轄之地屬山南東道,不當江淮漕運要路,李希烈自汴州沿運河南下之路未受損傷。李希烈雖然酷毒,但生性狡黠,頗知兵法。杜少誠本梁崇義降將,所將並非李希烈嫡系主力。其轉寇山南,意即在作出自山南渡江的假象,掩護李希烈主攻宋州的行動。《文苑英華》(下簡稱《英華》)卷八三二符載《保安鎮陣圖記》:

> 是時天王居梁州,丞相司徒勉出於陳留,逆豎乘是,遂爲六合鯨吞虎踞。使宿賊杜少誠長短兵三萬,方將拔蘄取黄,濟江而南,至于五嶺,盡以天子之地懸自受署焉。春二月,逆師自穆陵、陰山、白沙三大關支下而進。[③]

杜少誠寇蘄口之時日,《通鑑》繫年於興元元年正月,《陣圖記》繫於春二月。杜少誠久

① 趙元一:《奉天録》卷三,北京:中華書局,2014年,第64頁。

② 司馬光:《資治通鑑》卷二二九德宗興元元年(784)正月條,北京:中華書局,1956年,第7393—7394頁。《通鑑》在嗣曹王皋破杜少誠事下又書鄂州刺史李兼於夏口大敗李希烈將董侍。興元元年董侍寇夏口事不見《奉天録》、《舊唐書》等書。《新唐書》卷七《德宗紀》:“(建中三年)三月辛卯,李希烈寇鄂州,刺史李兼敗之。”《通鑑》云李兼爲鄂州刺史,所記與新《紀》應爲同一事,但二者前後相差一年多時間。據《舊唐書》卷一五〇《舒王誼傳》,建中四年,德宗擬以舒王誼爲元帥,“江西節度使嗣曹王皋爲前軍兵馬使,鄂岳團練使李兼爲之副”。是則建中四年,李兼已爲都團練使,或因守夏口功所遷,《通鑑》此處李兼破夏口事系年應有訛誤。

③ 符載:《保安鎮陣圖記》,載李昉:《文苑英華》卷八三二,北京:中華書局,1966年,第4391頁。

攻霍邱不下,轉攻蘄口,距其南下已有時日,應以二月爲是。此時,官軍頻遭敗衄,無力組織有效的戰略反攻。即便嗣曹王皋等在鄂州、蘄州取得一些戰果,戰場態勢並没有發生扭轉。就在朝廷慶幸李希烈“不敢復有窺江、淮之志”的時候,李希烈突率五萬精鋭,傾巢出動,自汴州沿運河南下,對官軍展開凌厲的攻擊。

《奉天録》卷三:

時蔡人縱兵,已下汴州,遂有吞江淮之志,三吴股慄,其遊騎達於襄邑縣。宣武軍先鋒、寧陵襄邑兩城都知兵馬使兼御史中丞高翼。統卒一萬固守襄邑。有轉輸之粟,利器山積,爲賊所乘。不逾旬日,軍敗城陷,戎裝委粟,悉爲盗資矣,襄邑爲蔡人所有。高翼有勇無謀,不思孟明之敗,遂憤惋投河而卒。①

李希烈陷襄邑的時間,《新唐書·德宗紀》作“(建中四年十月)癸丑,李希烈陷襄城,宣武軍兵馬使高翼死之”。《通鑑》紀年並同。按,建中四年十月李希烈所陷爲哥舒曜所守之襄城,新《紀》誤襄城、襄邑爲一地,其所記月日亦不足據。《奉天録》敍其事在興元元年李希烈稱帝之後。今據《保安鎮陣圖記》,興元元年二月杜少誠寇蘄口時尚未言及李希烈陷襄邑之事,故其陷襄邑應在杜少誠寇蘄口之後,約當興元元年三月前後。顧況《華陽集》卷下《韓滉行狀》敍其事在韓滉獻綾縠練十萬疋於梁州行在後,《行狀》稱韓滉表至梁州,“時屬維夏,未頒春衣”,與《奉天録》亦可暗合。

汴州陷落後,李勉南潰宋州,宋州成爲官軍的大本營,而襄邑則是其重要屏障。宣武軍在襄邑屯重兵一萬餘人,城内有江淮轉輸之粟,軍儲充裕。守將高翼有勇無謀,被李希烈聲東擊西的伎倆迷惑,不虞其突然進攻,襄邑迅速陷落,高翼也自殺殉國。我們注意到,高翼使銜爲襄邑、寧陵兩城都知兵馬使,寧陵與襄邑處於同一節制之下,比照襄邑之積儲情況,寧陵城内也應有囤積的轉輸之粟,甚至守城戎器也非常充裕。後來的事實也印證此點。

爲挽回戰局,襄邑失陷後,新任河南都統劉治匯合諸方鎮之兵,與李希烈在汴水附近的白塔進行了一場大會戰。《奉天録》敍其事云:

時都統副使、右僕射兼御史大夫、宋亳節度劉公治,幽隴兵馬使、御史大夫曲環,淄青兵馬使、御史大夫李克信,並永平、同華等軍,有詔以劉公爲都統諸軍事。五軍步騎十五萬大會,決戰於汴水之陽,白塔之地。自辰至於申、酉之間,勝負相半。賊益生兵,我師不利,夜後抽軍,各不相救。都統劉公宵迷細柳,縱騎奔於敵營

① 趙元一:《奉天録》卷三,第57—58頁。

也。去賊稍近,步卒桓少清謂劉公曰:"僕射是萬里長城,國家天柱,軍有先虛而後實,今少有不利,縱騎奔敵,以愚度之,恐非計也。"便逼劉公而控其轡。劉公謂少清曰:"若審爾者,終不相負。假我戎器,意乃決也。"少清以戎器授於劉公,遂控轡而回,三更達於宋州。劉公收離集散,保守城池,秣馬厲兵,以俟後舉。①

《奉天録》記白塔之戰的時間在"孟夏之月",即興元元年四月。李翱《柏良器神道碑》云:"是時劉玄佐敗於白塔,收其卒保宋州,使將王彦昭守寧陵。"②《奉天録》及《柏良器神道碑》均提及白塔之戰,但《通鑑》、《册府元龜》(下簡稱《册府》)、《唐會要》(下簡稱《會要》)等傳世文獻中皆無只字提及。時德宗出奔梁州,無暇關注河南戰況,其後,劉玄佐反敗爲勝,有巨勳於國,這次大敗遂被諱隱不書。

參與白塔之戰的五鎮兵成分非常複雜。其中有幽隴兵馬使曲環,所將兵爲朱泚舊部,曲環將之解徐州之圍困,羇寓多時,糧餉屢絶。陸贄曾有《興元論請優獎曲環所領將士狀》,③密令韓滉、劉洽等厚加扶持。此外還有淄青兵馬使李克信,《通鑑》卷二二七建中三年(782)七月條:"納攻宋州不克,遣兵馬使李克信、李欽遥戍濮陽、南華以拒劉洽",④《册府》卷四一四《將帥部・赴援門》:"李納爲淄青節度使,建中四年(應爲興元元年)李希烈攻圍陳州,納遣大將軍李克信、李欽遥將兵救之。與諸軍奮擊,大破之,因解陳州之圍。"⑤李克信自李納拒命時便在宋州附近活動,興元元年四月,李納去王號,歸順朝廷。李克信轉變兵鋒,成爲官軍,與其他藩鎮共攻李希烈。

《奉天録》稱此戰官軍規模爲十五萬人,宣武軍新經襄邑慘敗,不可能短期聚合十萬大軍,其數顯屬誇大。但五鎮之兵相加,至少爲數萬人的大會戰。諸鎮之間素有隔閡,特别是淄青李克信軍剛剛化敵爲友,無法與士氣正盛的李希烈相匹敵,官軍交戰不

---

① 趙元一:《奉天録》卷三,第58頁。《新唐書・李希烈傳》本於《奉天録》,史料價值不大,且多有誤述。《新唐書》卷二二五《李希烈傳》:"汴滑副都統劉洽率曲環、李克信軍十餘萬戰白塔,不利,洽引還,卒柏少清攬轡曰:'公小不利遽北,奈何?'洽不聽,夜入宋州。"按,《新唐書・李希烈傳》采自《奉天録》,《奉天録》記劉洽敗後,"宵迷細柳,縱騎奔於敵營",劉洽不帶兵器"奔於敵營",爲其意欲投降的委婉之辭。寧陵圍解後,劉洽與高彦昭書云"洽與五軍大戰,幾落奸便,走馬奔馳,分爲擒虜",正爲此意。步卒桓少清勸其忍敗回營,圖謀後舉。劉洽纔"意乃決也"。《新唐書》文字精簡,喜歡隱括原文,往往曲解原意。這裏改爲劉洽欲歸宋州,桓少清勸其再戰,與原意差之甚遠。

② 李翱:《唐故特進左領軍衛上將軍兼御史大夫平原郡王贈司空柏公神道碑》,載《李文公集》卷一三,上海古籍出版社,1993年,第166頁。正文簡稱《柏良器神道碑》。

③ 陸贄撰,王素點校:《陸贄集》卷一五《興元論請優獎曲環所領將士狀》,北京:中華書局,2006年,第464—467頁。

④ 司馬光:《資治通鑑》卷二二七建中三年(782)正月條,第7333頁。

⑤ 王欽若:《册府元龜》卷四一四《將帥部・赴援門》,北京:中華書局,1955年,第4930頁。

利,深夜各自潰營散去。劉洽一度絶望,丢弃兵器,"宵迷細柳,縱騎奔於敵營",幾近投降,被屬下勸説後纔糾合餘衆,退保宋州。

李希烈占領襄邑,繳獲大量軍械物資,氣焰更爲囂張,乘勝率軍沿運河南下,進逼寧陵。

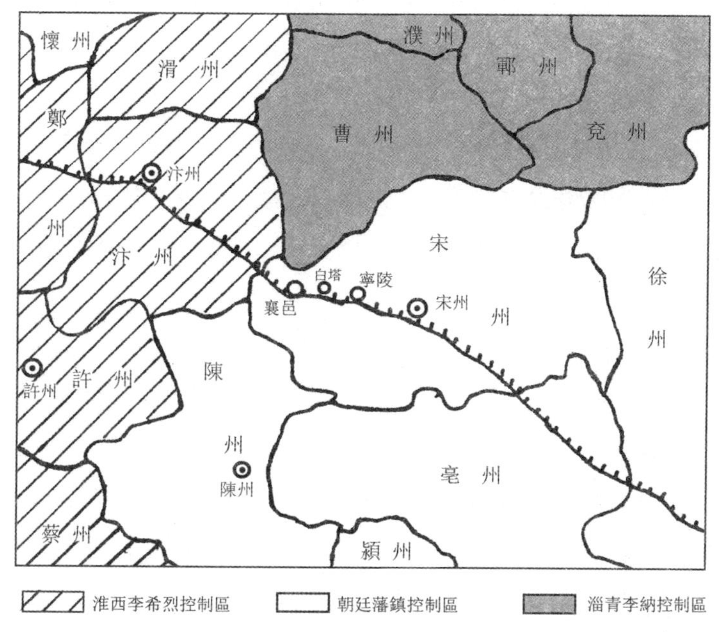

圖 1　寧陵地理位置示意圖

寧陵位於宋州西四十里處,南臨汴河,是宋州的最後一道防綫。劉洽敗退宋州後,亟需時間收散離和,整備防務。寧陵守將的任務就是拖住李希烈,阻緩其進攻宋州,爲官軍重振旗鼓贏取主動。同樣,李希烈欲奪取宋州,吞并江淮,也必須竭盡全力,攻下寧陵,直搗宋州。進攻者异常凶猛,防守者則無地可退,背水一戰,戰場的態勢决定了寧陵之戰是一場异常激烈的攻堅戰。

二、高彦昭、劉昌堅守寧陵

寧陵之戰緊隨白塔會戰後,應發生在興元元年四月。寧陵之圍歷時四十五日,解圍時約在興元元年六月。《通鑑》附寧陵解圍於興元元年二月條下,當屬誤附。此戰發生在德宗幸梁、中外斷絶的非常時期,寧陵守將的相關記載也是五花八門。《册府》卷四〇〇《將帥部・固守門二》:

曲環爲幽隴行營節度使,時李希烈侵陷汴州,環與諸軍固守寧陵,累破賊衆,擒其驍將翟輝,希烈因遁歸蔡州。[①]

《舊唐書》卷一二二《曲環傳》與之略同。初看此條,似寧陵之戰曲環之功居多。但據前考,曲環參與白塔之戰,此時驚疑未定,以此軍固守寧陵,似於常理不合。翟暉(一作翟崇暉)之擒,事在興元元年十一月曲環等解陳州之圍,蓋史官將寧陵之戰與許州大捷混爲一談。寧陵之戰中,曲環至多參與解圍階段的行動,固守寧陵者應另有其人。

《通鑑》卷二三〇德宗興元元年(784)二月條:

李希烈將兵五萬圍寧陵,引水灌之。濮州刺史劉昌以三千人守之。[②]

《通鑑》所記守城者爲濮州刺史劉昌。《舊唐書》卷一四五《劉玄佐傳》作:"希烈圍寧陵,洽大將劉昌言堅守不下",此"劉昌言"爲"劉昌"之訛,所記與《通鑑》同。

《奉天録》卷三則云:

時寧陵兩城都知鎮遏使兼御史中丞高彦昭,宣武軍馬步都虞候、先鋒救援兵馬使兼御史中丞劉昌、御史端公張昌等,築壘清野,秣馬訓兵,憤氣填胸,誓雪國恥。[③]

《新唐書·李希烈傳》取《奉天録》之説,作"時洽將高彦昭、劉昌共嬰壘以守"。守城者中多出高彦昭、張昌二將。李翱《柏良器神道碑》云:"是時劉玄佐敗於白塔,收其卒保宋州。使將王(高)彦昭守寧陵",碑末複有"將昌集軍中將校大哭"云云,則高彦昭、劉昌俱爲寧陵守將。《奉天録》所記守城將中尚有御史張昌,《册府》卷四〇〇《將帥部·固守門二》:"張敬則本名昌,始事汴州節度劉玄佐,將兵數千拒李希烈,是時賊甚盛,昌感勵士卒,堅守城邑,賊不能下。"張昌雖在守城將中,不過其憲銜爲御史,低於高、劉二將,非爲主將。綜合諸書情況來看,寧陵守將應爲高彦昭、劉昌二將。唯二將統屬關係尚不明了。

高彦昭,兩《唐書》無傳,《册府》卷七五九《總録部·忠門二》:

高彦昭,不知何許人。初事李正巳,子納叛,彦昭以濮州降於河南都統劉玄佐。納怒,殺其妻子。彦昭後從玄佐,救寧陵,復汴州,累以功授潁州刺史。[④]

又《册府》卷一六五《帝王部·招懷門三》:

(建中三年)是月,宣武軍節度使劉洽攻李納之濮陽,降其守將高彦昭平恩郡

① 王欽若:《册府元龜》卷四〇〇《將帥部·固守門二》,第 4760 頁。

② 司馬光:《資治通鑑》卷二三〇德宗興元元年(784)二月條,第 7400 頁。

③ 趙元一:《奉天録》卷三,第 59 頁。

④ 王欽若:《册府元龜》卷七五九《總録部·忠門二》,第 9030 頁。

王,賜實封五百户。[1]

劉玄佐即劉洽。高彦昭確實参與寧陵之圍,但他非宣武嫡系,本爲淄青降將,建中三年,以濮陽歸朝,被安置在寧陵。《奉天録》題高彦昭使銜爲“寧陵兩城都知鎮遏使”,此前在襄邑兵敗自殺的高翼使銜爲“襄邑、寧陵兩城都知兵馬使”,蓋高翼自殺後,高彦昭繼其任。由於襄邑已經陷落,後人傳刻中遂省“襄邑”二字。

劉昌,汴州人,宣武軍馬步都虞候,劉洽的心腹舊將。劉昌善守城,安史之亂中史朝義圍宋州,昌在圍中連月不解衣甲,直待李光弼援兵至。劉洽遣此人固守寧陵,深意不言自明。劉昌的官職爲宣武軍先鋒救援兵馬使,“救援使”則表明其是臨時救援的客軍,身份上與高彦昭不同。劉洽新敗,無暇布防,只能派遣劉昌率部分宣武軍作爲先鋒,助守寧陵。

高彦昭、劉昌二人,一爲新附降將,一爲心腹舊將;一爲本地鎮軍,一爲救援客軍,二人之間的關係比較微妙。高彦昭爲城主,但卻爲降將,劉昌雖爲客軍,卻爲劉洽心腹,故其名爲救援,實則帶有一定的監陣色彩。高彦昭也不能完全以客軍之禮待之。《奉天録》載寧陵城内金帛山積,高彦昭雖爲城主,相關處置卻需徵得劉昌的許可,“賞給之備,請中丞條流。”

高、劉二將身份上不同,在是否固守寧陵問題上,曾有一定的分歧。《奉天録》云:

> 時中丞劉昌潛謂左右曰:“乘勝之軍不可敵,況彼衆我寡,倍兵不戰,軍機所誡。不如拔城以示弱,東至宋州與僕射連轡,出其不意,攻必易成。”遂令廝養之卒策騎而備焉。高公知之,敕諸守人各固封界,無令失機。遂自往下城,先謂公曰:“頃爲女牆、戰棚,未得用機。今戰棚已燒,女牆又盡,乃可展其方略也。天下功勛,在此城取之。”劉公有所懼,强請高公曰:“准節昌取之,中丞勛業何啻淮西也。”二將言訖,高公登城,號令三軍曰:“劉中丞意欲拔城示弱,覆而取之。且中丞是救援之軍,彦昭是兩城之主,得失只在城主。又將士身中刀箭者,並於城内養之。彦昭弃城而遁,則傷者死於内,逃者死於外,何以能安三軍?忝與兒郎爲主,不能堅守城池,忍遣兒郎頸犯白刃?吾不爲也……昔謝安石以羸兵七萬,敗苻秦百萬之師;魯姑女子之義,尚能罷齊軍之衆。況丈夫食人之禄,死人之事,匪石之心,確乎不拔,臣節有在!”[2]

---

① 王欽若:《册府元龜》卷一六五《帝王部·招懷門三》,第1986頁。

② 趙元一:《奉天録》卷三,第60頁。

劉昌本非寧陵之軍,想奔宋州與劉洽合軍一處。高彦昭看出劉昌的心思,借匯報戰況之機,堅請劉昌固守。就當日情形而言,劉昌本爲救援軍,弃寧陵後可歸宋州。高彦昭新自淄青歸降,家口皆被李納所害,若弃寧陵,士衆無容身之所,只有殊死一搏。寧陵城内多爲高彦昭舊部,劉昌見彦昭慷慨激揚,也堅定了守城的意志。

寧陵當南北漕運轉輸要路,城内亦多有金帛。高彦昭勸劉昌皆用以犒賞將士。城内士卒爲守富貴,皆欲死戰,始終保持着高昂的鬥志。李希烈數萬與兵,將寧陵圍得水泄不通,相持四十餘日後,終於在城西北角打開缺口。"時圍益急,西北角女牆悉盡賊居。平坐顧視,城中無不委悉,軍士皆有難色。"

西北隅的失陷同劉昌甥張俊違令潰歸有直接關係。杜牧《宋州寧陵縣記》云:

> 後司徒劉公玄佐見昌,問曰:"爾以孤城,用一當十,凡百日間,何以能守?"昌泣曰:"以負心能守之耳。昌令陴者曰:'内顧者斬!'昌孤甥張俊守西北隅,未嘗内顧,捽下斬之,軍士有死志,故能堅守。"①

《縣記》作"未嘗内顧",但據《奉天録》考之,當日西北隅陷落,張俊實有内顧之舉。杜牧故爲諱言罷了。不管怎麽説,在緊要關頭,劉昌與高彦昭同心同德,大義滅親,將擅歸的外甥斬首示衆,對守城將士是一種極大的激勸。高彦昭身先士卒,親自帥軍營復,寧陵城纔勉强守住。

西北的短暫陷落是寧陵防守開始崩潰的徵兆。此時距寧陵被圍已四十餘日,守城一方已筋疲力盡。李希烈眼看陷城在即,更是加强了攻勢,"擁水灌其南,築甬道親臨其北,令軍中曰:'明日日中陷城'",寧陵之圍進入最爲危急的階段。

三、江淮弩手解寧陵之圍

就在李希烈認爲大功且成,準備發動總攻的時候,事情發生了戲劇性的變化。李希烈引汴水灌城南,放鬆對城南的戒備。不料官軍一支精鋭的援兵,在夜色的掩護下鳧渡入城。李希烈驚覺後不得不解圍退去。這次極具傳奇色彩的軍事行動,兩《唐書》、《通鑑》等均有記載,但説法各异。歸納起來,大致有以下四種説法。

(一)《奉天録》卷三:

> 高公命幕佐修狀,請益兵。判官尚華狀稱:"賊於西北,壘道更高,左擊右攻,

① 杜牧:《宋州寧陵縣記》,載《樊川文集》卷一〇,上海古籍出版社,1978年,第159頁。

平視城内。日夜交戰,以棚爲牆。鋒刃相持,不逾咫尺。伏惟僕射去食存信,救此孤城。遊魂之年,返骸之日。謹録狀上,伏聽處分。”判官將呈高公,高公見之,謂尚華曰:“判官輕我軍士,卑我將帥……”索紙自修其狀。高公狀云:“看此賊勢,朝夕西遁,以今月十八、十九日,頻日出師,乘其不意,生擒大將等三十五人。今見令所由,錮身送上。斬首三千二百級,賊徒膽破,軍勢不安,逃遁有迹,日夜枝梧,免落奸便。伏惟高枕,不用遠憂。謹録狀上。”劉僕射得狀,忻然慰懷,謂將士曰:“良將在西,吾無患矣!”選驍雄之士八百人,重加錫賚,戎械鮮潔,令赴寧陵。半夜而入,蔡人不知。平明,蔡人逼我城邑,且貔虎之士,一以抗百。鞞鼓一振,萬矢在弦;鳴笛一吹,千弩齊發。凶徒瓦解,何牧野之類焉;遍野積屍,豈昆陽之可匹。蔡人謂我救軍從天上來,遂亡旗而遁。①

《新唐書·李希烈傳》系據《奉天録》修,所記與之略同。據此,發兵救寧陵的是汴宋節度使劉洽,援兵八百人。

(二)《册府》卷三五九《將帥部·立功門十二》:

李希烈既陷汴州,乘勝東侵,連陷陳留、雍丘,頓軍寧陵,期下宋州。浙西節度使韓混命栖曜將强弩數千夜入寧陵,希烈不之知。晨朝,弩矢及希烈坐幄,希烈驚曰:“此江淮弩士入矣。”遂不敢東。②

杜牧《寧陵縣記》、《舊唐書》卷一五二《王栖曜傳》、《新唐書》卷一七〇《王栖曜傳》、《通鑑》卷二三〇德宗興元元年(784)二月條略同。據此,救援寧陵的是韓滉部將王栖曜,援兵數千人。

(三)顧況《晉國公贈太傅韓公行狀》:

李希烈衆軍東下,志吞淮濟。公即日遣兵馬使王栖曜、李長榮、栢良器以勁卒萬人泝流千里,倍程救援。纔及睢陽,賊已陷襄邑、攻寧陵,栖曜等突圍乘城,矢中元惡,凶徒慴遁不敢東顧。③

新舊《唐書·韓滉傳》所記略同,應據行狀所修。行狀謂當日救寧陵的爲韓滉部將李長

① 趙元一:《奉天録》卷三,第61—62頁。

② 王欽若:《册府元龜》卷三五九《將帥部·立功門十二》,第4260頁。

③ 顧況:《檢校尚書左僕射同中書門下平章事上柱國晉國公贈太傅韓公(滉)行狀》,載《文苑英華》卷九七三,第5118—5119頁。

榮、王栖曜、柏良器,救援者"勁卒萬人"。

(四)李翱《唐故特進左領軍衛上將軍兼御史大夫平原郡王贈司空柏公神道碑》:

> 及德宗如梁州,李希烈陷汴州,逐李勉,遂僭帝號,寇陳州,圍宋寧陵。滉使公將卒萬人救陳並寧陵。是時劉玄佐敗於白塔,收其卒保宋州,使將王彦昭守寧陵。希烈擁水灌其南,築埇道親臨其北,令軍中曰:"明日日中陷城。"公聞之,厲所將兵成陣以進,恐城陷不及,使弩手善游者五百人沿汴渠夜進,去城數里没於水中,遂得入。及旦賊驅勇卒登城,城中伏弩悉發,皆貫人斃其後。希烈始知救兵得入,殺守將,因罷去。將昌集城中人哭曰:"向非浙西救至,則此城已屠矣。"遂拔襄邑,收漳口,宋州由是獲全。①

《新唐書》卷一三六《柏良器傳》多據《柏良器神道碑》,所記略同。此謂解圍者爲韓滉部將柏良器。柏良器所將兵數亦作萬人,但是夜入解圍者爲五百弩手,其數與《奉天録》的八百人接近。援兵僅五百人,在夜間行動目標不大,而《縣記》、《通鑑》等作泗水入城者數千人,當與史實不合。

諸將在行狀碑記中多將寧陵之功據爲己有,何人解寧陵之圍,就有劉洽、韓滉、王栖曜、柏良器等多種説法。《新唐書》采自不同的史源,《李希烈傳》、《韓滉傳》、《王栖曜傳》、《柏良器傳》四傳竟各不相同。史料記載之駁雜,可見一斑。王栖曜、柏良器皆韓滉部將,解圍者大體可分爲劉洽、韓滉兩種説法。劉洽救援説出自《奉天録》。宋州距寧陵不足四十里,劉洽最有條件率先救援寧陵,但此説可疑處有二:其一,寧陵之戰是一場敵衆我寡的防禦戰,劉洽對此心知肚明,劉昌即其所遣。若有其他後續援兵,不當拖延至此日。其二,李希烈五萬衆圍城,劉洽僅遣八百人爲援軍,未免杯水車薪,視同兒戲。

高彦昭等苦守寧陵四十餘日,劉洽近在咫尺,爲何按兵不動,視死不援?就當時情形而言,李希烈兵强馬壯,宋州官軍連經襄邑、白塔兩次大敗,傾巢而出亦難解寧陵之圍。與其在毫無勝算的條件下出擊,不如完城繕甲,在宋州以逸待勞。寧陵實際上相當於阻緩對手的一枚"弃子"。劉洽采取的正是犧牲寧陵,以寧陵拖住李希烈,完成宋州布防的布局策略。

---

① 李翱:《唐故特進左領軍衛上將軍兼御史大夫平原郡王贈司空柏公神道碑》,載《李文公集》卷一三,第66頁。

除去劉洽之後,只剩下韓滉遣人解寧陵之圍的觀點,《寧陵縣記》、《通鑑》、《柏良器神道碑》等皆持此説。浙西觀察使韓滉,當時兼任鹽鐵轉運使。德宗幸梁州,韓滉得知德宗轉危爲安,轉運江淮糧帛至行在,又遣王栖曜、柏良器等將兵萬人助守運河。浙西軍"泝流千里",沿運河北上,纔及睢陽,李希烈已陷襄邑,圍寧陵。寧陵當汴河南北交通要道,是浙西軍打通漕運的必争之地。於是便有江淮弩手沿汴渠夜入城中助守之事。浙西軍與劉洽所統之河南諸軍别出一系統,介入寧陵之戰,目的與劉洽不同。寧陵解圍,漕路復通,韓滉功居第一。

韓滉遣何人將兵解寧陵之圍,諸史又有王栖曜、柏良器、李長榮等不同説法。此三將爲韓滉麾下大將,同受命北上救援。《李長榮墓誌》云:"時逆賊李希烈憑陵淮汴,將逼睢陽。諸軍攻守,鮮克成績。公稟節鉞之命,張勤王之師,號令嚴明,忠勇齊奮,所當必破。大振軍聲。"[①]並没有明確提及其有入寧陵功。三將之中,解寧陵之圍的很可能爲柏良器。其一,李翺曾在汴州幕府,熟知汴宋故事。而杜牧距寧陵之戰較遠,《縣記》等喜作奇語,細節上與之多有出入。就史料的準確性來看,《柏良器神道碑》更爲可靠。其二,從朝廷論功行賞來看。貞元初柏良器入爲神策大將軍,與李晟、渾瑊等一起被圖形淩烟閣,王栖曜、李長榮卻無此殊榮。觀柏良器生平,唯有寧陵解圍之功可圈可點,其立殊勋或在此時。綜上,我們認爲,韓滉遣王栖曜、柏良器將萬人救援寧陵,直接指揮數百弩手夜渡入城者爲柏良器。

《奉天録》云:"鞞鼓一振,萬矢在弦;鳴笛一吹,千弩齊發",趙元一對夜入入援者爲弓弩手是非常清楚的。德宗奉天蒙難消息傳到江南時,韓滉在宋州有兵三千,悉數抽回,並在金陵大修城池軍械,與淮南節度使陳少遊隔江大會,甚至劫掠財臣包佶押送的兩税財賦。韓滉上述"不臣"舉動一度引起德宗君臣的疑懼。趙元一對韓滉頗有微辭,不明言救援寧陵者爲韓滉,蓋欲以此掩韓滉之功。

李希烈本爲騎將,淮西少馬,精鋭乘騾,號爲騾軍。騾軍野戰攻擊力强,但卻無法用於攻城。寧陵城内富有糧儲,又新得弩手助守,如虎添翼,城守更爲完備。[②] 另外,在圍攻寧陵的四十多天時間裹,局勢又發生很大的變化。韓滉兩浙鋭卒的參戰,極大地改變了雙方的軍力對比。淮西精鋭悉出,後方空虚,淄青等鎮隨時可能趁虚襲取汴州。甚至淮西的大後方申、光、蔡三州局勢也不太妙。壽州刺史張建封以精鋭出光州固始縣,作

① 潘孟陽:《祁連郡王李公(元淳)墓誌》,載《康熙孟縣志》卷八《藝文》。此墓誌《乾隆孟縣志》收於卷二《地理下》;《民國孟縣志》收於卷五《地理下》。李元淳即李長榮,元淳爲德宗賜名。

② 關於唐代江淮弩手的研究,可參看拙著:《江淮弩手與唐代政局》,《許昌學院學報》2005 年第 1 期。

出直搗蔡州的姿態。淮西主力若不及早撤離,很可能腹背受敵,陷入被官軍反包圍的危險境地。

在速勝無望的情况下,李希烈不得不解圍而去,以確保汴州安全。寧陵解圍之後,柏良器、王栖曜等繼續沿汴河北上,高彦昭也率騎軍追攝,收復襄邑。"俘斬萬計。自寧陵至於襄邑,樓船寶貝,悉爲我有,倉痍輜重,實我資糧。汴河之陰,枕屍數十里,皆高公義勇之功也。"[①]至此,寧陵之戰以官軍的勝利爲結束。

四、高彦昭其人其事

寧陵之戰是李希烈首次遭到重創,叛軍爲之奪氣,此後河南戰場形勢全綫逆轉。李希烈敗歸汴州後,不甘心失敗,是年十月,遣其將翟崇暉率軍襲取陳州,劉洽率諸鎮兵三萬人前往救援。十一月,雙方戰於陳州城下,結果李希烈又慘遭敗績。《册府》卷四三四《將帥部・獻捷門一》:

> 劉洽爲宋亳節度。興元元年十一月洽與曲環、並淄青將李欽瑶(遥)大破李希烈軍於陳州城下,殺獲逆衆三萬五千人,擒其大將翟崇揮(暉)以獻。命斬於皇城西南隅。[②]

陳州之戰諸書記載略同,《通鑑》作"遣馬步都虞候劉昌與隴右幽州行營節度使曲環等將兵三萬救陳州",宣武軍領兵大將正是堅守寧陵的劉昌。曲環、淄青行營等皆白塔潰退之軍。這些軍隊退歸宋州後,得到休整,恢復了戰鬥力。

在李希烈悉衆襲取陳州的時候,滑州刺史李澄知汴州兵少,焚毁李希烈所授旌節,誓衆歸國。陳州大捷後,劉洽乘勢收復汴州。李希烈所署鄭州守將孫液也向李澄投誠。魏博田緒、澤潞李抱真各遣兵五千助討李希烈。張建封、嗣曹王皋等也不斷自東南、西南攻取淮西郡縣。李希烈兵勢日蹙,衆叛親離。貞元二年四月,大將陳仙奇等鴆殺李希烈,誅其兄弟妻子,投降官軍。不可一世的李希烈最終遭到覆滅的命運。

安史亂中,張巡、許遠,死守睢陽,與叛軍激戰二月,城破之日,張巡、許遠及大將南齊雲等皆慷慨就義。睢陽雖破,卻使東南半壁江山免遭兵火塗炭。高彦昭、劉昌死守寧陵四十五日,阻止李希烈陷落宋州,保全了江淮財賦之地,其功亦張巡、許遠之亞。劉禹錫評張巡、許遠事迹云:"此二公,天贊其心,俾之守死善道。向若救至身存,不過是一

---

① 趙元一:《奉天録》卷三,第 62 頁。

② 王欽若:《册府元龜》卷四三四《將帥部・獻捷門一》,第 5161 頁。

張僕射耳。則張巡、許遠之名,焉得以光揚於萬古哉!"[①]寧陵之圍,因浙西柏良器救至,故高彦昭、劉昌得免張巡、許遠之厄,但對二人功名亦有一些影響。

李希烈平後,諸將論功行賞。劉洽以都統功第一,李澄、曲環、嗣曹王皋、樊澤等爲次之,賈耽、盧玄卿、張建封次之。韓滉、李納、李抱真、田緒等遣兵入援者亦有賞賜。[②]據《奉天録》及《舊唐書·劉昌傳》,高彦昭自御史中丞拜御史大夫,加實封一百五十户,劉昌加檢校工部尚書,增實封通前二百户。此後二人仕途卻截然不同。

《新唐書》卷二〇五《烈女傳·高滑女傳》云:

> 彦昭從玄佐救寧陵,復汴州,累功授潁州刺史。朝廷録其忠,居州二十年不徙,卒贈陝州都督。[③]

劉昌後爲涇原節度使,柏良器爲神策大將軍,圖形淩烟閣。參與寧陵之戰的諸將多位至節度使,高彦昭僅得一州刺史。貞元中朝廷姑息藩鎮,不生除節度使,高彦昭二十年不改任,或被德宗視爲微縮的藩鎮。蓋德宗雖知高彦昭有大功於國,但終不能用之。當建中之時,高彦昭本割據藩鎮李納所署濮州守將,以軍歸國,妻兒家口並爲李納所屠,二人有不共戴天的血仇。建中四年,德宗不得已,赦李納之罪,李納復爲唐臣,但李、高二人勢不能共容。爲安撫李納,只得委曲求全,將彦昭弃於閑地。

高彦昭毁家報國,因並非宣武軍嫡系,被弃置於寧陵這一死地。寧陵之戰後,功高不賞,再弃置於潁州,不予大用。高彦昭的境遇引起時人的廣泛同情。趙元一爲德宗時人,借劉洽之口"請回洽官爵,並與中丞",表達不滿之情。《奉天録》全書四卷,竟獨用一卷篇幅鋪陳彦昭之功,並爲之作贊云:

> 公英謀獨斷,爲天下紀綱,武略雄圖,有濟世之策。變化在乎方寸,神鬼不測奇謀。拔濮陽則齊魯亡魂,守寧陵則獨正王室。趙魏燕齊之列將争來款附。嗚呼!天降凶孽,禍亂相尋,蚊虻亂飛,處處皆有。高公獨守孤城,奮不顧命。徘徊歎息,嗟漢祚之暫衰;慷慨懷忠,知唐運之復振。烈士臨難而盡節,忠臣見危而致命,力竭弓劍,血殷朱輪,杖戟咄嗟,懦夫增勇。積屍成觀,豈寧陵之足高;流血爲池,嫌汴河之不廣。元兇遁走,江淮乂安。千載之後,尋巨唐良臣傳,知高公盛德之不朽也。何必寇恂河内,鄧侯關中而已哉。夫子曰:"丹漆不文,白玉不雕,質有餘也。"公之

---

① 王讜撰,周勛初校證:《唐語林校證》卷五《補遺》,北京:中華書局,1987年,第483頁。

② 王欽若:《册府元龜》卷一三一《帝王部·延賞門二》,第1575—1576頁。另見《唐大詔令集》卷一二四《破淮西李希烈敕》,北京:中華書局,2008年,第664頁。

③ 歐陽修、宋祁:《新唐書》卷二〇五《烈女傳·高滑女傳》,北京:中華書局,1975年,第5825頁。

元勛碩德,巧思奇謀,隨機應敵,戰必勝,守必全,實曠代罕儔也。[①]

當德宗之世,國運多艱,亦多剛烈之士。顔真卿、段秀實事迹彰之青史,獨彦昭事迹被隱没,翻檢史册,兩唐書竟皆無其傳,《册府》亦云"不知何許人也",惜哉!今勾籍史料,略補史乘之闕。

高彦昭籍貫不詳,其自淄青歸國時受封平恩郡王,高姓爲洺州平恩縣的大族,疑其出於平恩高氏。《奉天録》記其常以廉、牧自許,且能自書與劉洽信,頗解詩書,實爲中唐時期少有的儒將。安史之亂時,固守睢陽者張巡、許遠,二人一文一武,德宗興元元年寧陵之戰時高彦昭、劉昌亦一文一武。蓋固守危城,非獨賴以武力,亦需仰仗主將的機謀韜略。臨危不懼,激勸將士,鞏固軍心皆儒將所長,寧陵重圍之下,四十餘日矣不陷,並非出於僥倖。

潁州隸屬宣武節度使管轄。貞元年間,宣武軍驕縱動蕩,軍亂頻仍,高彦昭始終堅定地站在朝廷一方。貞元十二年,朝廷平李迺之亂,下詔云:"潁州刺史兼御史大夫高彦昭等咸竭爲臣之節,各懷奉國之心,並可檢校右散騎常侍,各賜實封一百户。"[②]二十年,高彦昭由潁州刺史致仕,元和十年病逝。時在位者爲唐憲宗。憲宗給予了高規格的賻贈。《册府》卷一四〇《帝王部·旌表門四》:"(元和)十年四月贈工部尚書致仕高彦昭陝府都督。如有子孫,委中書門下服闋後量材敍用。"[③]

高彦昭妻子皆被李納屠戮,歸朝後或有再娶,其後人曾見於碑誌。柳開《河東集》卷一五《宋故中大夫左補闕致仕高公(嶼)墓誌銘》:

> 唐建中年,太常爲七歲女子以父彦昭事能死賊中,謚之爲湣,名曰妹妹。彦昭守濮陽,背賊納,歸於德宗,封平恩郡王。生同州文學諱衡,衡生西吾,隱而不仕,西吾生公。公字子奇,用文取進士高第,歷慈丘、遂平二主簿,安、申等州,大名府觀察兩支使。[④]

柳開爲宋初時人。從德宗,歷五代入宋,前後約一二百年,高氏僅傳三代絶無可能。墓誌所敍高彦昭後世譜系顯不可信,這裏不排除宋人虚託先祖的可能性。但墓誌特别

---

① 趙元一:《奉天録》卷三,第63頁。

② 佚名:《平李迺詔》,載宋敏求:《唐大詔令集》卷一二四,北京:中華書局,2008年,第664—665頁。"高彦昭",訛作"高立昭",今徑改。

③ 王欽若:《册府元龜》卷一四〇《帝王部·旌表門四》,第1692頁。

④ 柳開:《宋故中大夫左補闕致仕高公(嶼)墓誌銘並序》,載《全宋文》卷一二九,上海、合肥:上海辭書出版社、安徽教育出版社,2006年,第420頁。

提到高彦昭七歲女高妹妹,則實有其人。《新唐書》卷二〇五《高滑女傳》:

> 高滑女名妹妹,父彦昭事李正己。及納拒命,質其妻子,使守濮陽。建中二年,挈城歸河南都統劉玄佐,納屠其家。時女七歲,母李憐其幼,請免死爲婢,許之。女不肯,曰:"母兄皆不免,何賴而生?"母兄將被刑,遍拜四方。女問故,答曰:"神可祈也。"女曰:"我家以忠義誅,神尚何知而拜之!"問父在所,西向哭,再拜就死。德宗駭歎,詔太常謚曰滑。諸儒争爲之誄。[①]

《新唐書》本傳出自李翱《李文公集》卷一二《高滑女碑》。高彦昭之子女雖幼,亦知忠君報國之義。若非彦昭素日以國家大義教之,必不能貞烈若此。建中三年李納猶爲叛臣,德宗詔太常謚其女爲滑。貞元中,其事也被冷落。貞元十三年李翱在汴州聽其事後感歎:"异哉!滑女之行而不家聞户知也。"從宋初《高頔墓誌》來看,高滑女事迹一直在士大夫中傳頌,又被歐陽修等修入正史。唯其父高彦昭忠烈事,由於種種原因,幾被湮没。趙元一云"千載之後,尋巨唐良臣傳,知高公盛德之不朽也。何必寇恂河内,酇侯關中而已哉?"誠哉斯言。

① 歐陽修、宋祁:《新唐書》卷二〇五《烈女傳·高滑女傳》,第5825頁。

《魏晋南北朝隋唐史資料》第三十五輯
2017年7月,168—183頁

牛僧孺長於江西永新補考

周　浩

牛僧孺生平基本史實,丁鼎《牛僧孺年譜》已有較詳盡的考證,①其後李潤强《牛僧孺研究》第二部分年譜,也有所增益。② 牛僧孺永貞元年中進士,元和三年登制科,此後的生平經歷較爲清晰,而此前的生活,則頗爲模糊。考察其幼年的生長環境,對於釐清其生平經歷,理解其思想、性格與個人趣味,均有一定的意義。

一、兩種説法及其證據

牛僧孺永貞元年登進士第,這一點並無疑義。然而,他在永貞元年之前的生活足迹與狀態,則記載很少,行蹤隱諱,不得而知。李珏《故丞相太子少師贈太尉牛公神道碑銘并序》與杜牧《唐故太子少師奇章郡開國公贈太尉牛公墓誌銘并序》均指出,牛僧孺貞元二年七歲時喪父,依外家周氏,貞元十年十五歲時至長安南下杜樊鄉祖宅讀書,其間有出外遊歷干謁,永貞元年中進士。根據這一記載,牛僧孺十五歲以前在何處生活不得而知。

宋龍衮《江南野史》卷六"彭昌"條、宋曾鞏《隆平集》卷五《劉沆傳》記載牛僧孺七歲喪父之後隨母在江西永新縣生活,成爲牛僧孺曾生活於江西永新的主要依據。至於何時離開永新赴京考進士,則並未載明。《唐摭言》卷六所載牛僧孺被韓愈、皇甫湜提拔事,與上兩處記載又有互相發明處。今先引三處記載於下。

五代王定保《唐摭言》卷六載:

> 韓文公、皇甫湜,貞元中名價籍甚,亦一代之龍門也。奇章公始來自江黄間,置書囊於國東門,携所業,先詣二公卜進退。偶屬二公,從容皆謁之,各袖一軸面贄。

① 丁鼎:《牛僧孺年譜》,沈陽:遼海出版社,1997年。

② 李潤强:《牛僧孺研究》,蘭州:甘肅人民出版社,2002年。

其首篇説樂。韓始見題而掩卷問之曰:"且以拍板爲什麽?"僧孺曰:"樂句。"二公因大稱賞之。問所止,僧孺曰:"某始出山隨計,進退唯公命,故未敢入國門。"答曰:"吾子之文,不止一第,當垂名耳。"因命於客户坊僦一室而居。俟其他適,二公訪之,因大署其門曰:"韓愈、皇甫湜同訪幾官先輩,不遇。"翌日,自遺闕而下,觀者如堵,咸投刺先謁之。由是僧孺之名,大振天下。①

宋龍衮《江南野史》卷六"彭昌"條載:

彭昌者,其先隴西人也。世習儒學,爲鄉里所推。初,唐相牛僧孺其祖遠仕交廣,罷秩,還至郴、衡間,爲山賊所剽掠,惟僧孺母子獲存。遂亡入江南,止于廬陵禾川焉。迨長,爲母所訓,遂習先業。縣之北有山名絮芋源,下有古臺,古老傳爲聰明臺,其下有湧水曰聰明泉,古今學者多於此成業。僧孺乃舍其上而肄業,迨十數年,博有文學。會母死,遂葬于縣之西南才德鄉大學里。既隨計長安,以文投吏部韓退之與皇甫湜,大爲知遇,使候其出,乃往署門以譽之。凡自遺補而下迨百人皆刺謁焉,由是聲華蔚然。擢上第,不十數年,累秩相輔。時昌四世祖居于僧孺母墓之側,應諸科舉,至京師,僧孺聞而引與見,問其墳陵,彭氏幼而不知,默不能對。及歸,爲修其塋。會僧孺罷相,出鎮襄陽,未幾暴薨,故其墳未曾封。至今本縣圖經俱載聰明泉側有牛相讀書堂,餘址尚存。其墓所左右前後峰巒絶秀,宛如侍衛,曲澗流波,逶迤而去,頗爲人所欽慕。而昌之子孫,或農或儒,世不絶人焉。②

宋曾鞏《隆平集》卷五《劉沆傳》載:

劉沆,字沖之,吉州永新人。父素不仕,以財雄鄉里。曾祖景洪,事楊行密,爲江南牙將。有彭玕者,據州稱太保,脅景洪附湖南。僞許之,復以州歸行密,遂不仕。嘗謂人曰:"我不從彭玕,當活萬餘人,後必有隆者。"因名所居山曰後隆山。山有唐牛僧孺讀書堂故基,即其上築臺,曰聰明臺。沆母夢牛相公來而生沆。③

關於這一記載,宋吴曾在《能改齋漫録》卷五"牛僧孺聰明臺"條專門予以批駁:

國史劉沆列傳,曾南豐撰。云……以上皆列傳所載。予按,《江南野史》彭昌傳云……《野史》本吉州人龍衮所撰,或得其真。今沆傳以祖景洪即其上築臺,曰聰明臺,誤也。《野史》以爲古老相傳爲聰明臺耳。此國史之失也。予又按,唐杜牧所撰僧孺墓誌敍曰:"公孤始七歲。長安南下杜樊鄉東,祖文安侯有隋氏賜田數

① 王定保:《唐摭言》卷六,上海:古典文學出版社,1957年,第63—64頁。
② 龍衮:《江南野史》卷六,叢書集成續編本,第166册,上海書店出版社,1994年,第92頁。
③ 曾鞏:《隆平集》卷五,《景印文淵閣四庫全書》史部129册,臺北:商務印書館,1986年,第58頁。

頃,書千卷,尚存。公年十五,依以爲學,不出一室。數年業就,名聲入都中。故丞相韋執誼,命柳宗元、劉禹錫訪公于樊鄉。公乘驢至門,遂登進士第。"今《野史》以僧孺肄業于聰明臺十數年,會母死葬于彼,因隨計長安,擢上第,誤也。墓誌以爲七歲而孤,至年十五,依樊鄉以爲學。及其上第,亦自樊鄉出焉。此《野史》之失也。予又按墓誌曰:"除河南尉,拜監察御史,丁母夫人憂。制終,復拜監察御史。"今《野史》乃以僧孺母死在未第之前,此又《野史》之失也。予又按墓誌曰:"僧孺以大中二年,薨于東都城南别墅。"今《野史》乃以僧孺罷相,出鎮襄陽,未幾暴薨,此又《野史》之失也。①

雖然吴曾指出了龍衮《江南野史》與曾鞏所撰《劉沆傳》中的錯誤,但並未明確否定牛僧孺曾生長於江西,且認爲龍衮爲吉州人,所記"或得其真",只是對圍繞這一記載的若干細節作了駁正。今人趙吕甫、尹占華對龍衮所記均表同意。

趙吕甫在《牛僧孺、李德裕史實辨誤》中指出,牛僧孺六歲以前,跟隨其父客居滑州鄭縣;六歲到十四歲養於廬陵禾川外族周氏;到二十六歲考中進士,始從廬陵寓於長安南下杜樊鄉祖業。並認爲,《唐摭言》卷六《公薦門》、卷七《升沉後進門》所載韓愈、皇甫湜提携牛僧孺事,是好事者根據杜牧與李珏的記載,將永貞之後失勢的柳宗元、劉禹錫改爲韓愈、皇甫湜;因爲按照《唐摭言》記載,牛僧孺舉進士在永貞元年,時韓愈並不在長安;同時認爲,《唐摭言》卷六《公薦門》所載"奇章公始來自江黄間"的説法,純屬虚構。② 丁鼎在《牛僧孺年譜》中,對趙吕甫的説法進行了反駁。丁氏先引吴曾《能改齋漫録》卷五專門對《江南野史》記載錯誤所作的辨正,證明《江南野史》不可靠。丁氏指出,舉進士並不代表考中進士,舉進士不第的説法,史籍多有;牛僧孺極有可能考了多次進士,其受韓愈、皇甫湜提拔,則是完全可能的,丁氏定在貞元十八年;另外,趙氏所述牛僧孺二十六歲前之經歷,並未給出依據,丁氏認爲趙氏極有可能是捏合《江南野史》與杜牧、李珏的記載,但是依然不能找出其外家周氏在廬陵禾川的依據,並認爲《唐摭言》"來自江、黄間"的説法,可能是指牛僧孺之前到襄陽于頔處投謁之事。③ 丁氏讚同李珏、杜牧的記載。

此後,尹占華在《唐詩人考辨五則》中,專門對牛僧孺幼年生活地方的問題進行了考辨。他有兩個結論:牛僧孺的父親爲山賊所殺;牛僧孺早年隨其母改嫁,生活在江西

① 吴曾:《能改齋漫録》卷五,上海古籍出版社,1979年,第106—108頁。
② 趙吕甫:《牛僧孺、李德裕史實辨誤》,《南充師院學報(哲學社會科學版)》1983年第1期。
③ 參見丁鼎:《牛僧孺年譜》,沈陽:遼海出版社,1997年,第58—61頁。

廬陵,是從廬陵入京考進士的。其所依據的主要材料爲龍衮《江南野史》。尹氏結合《江南野史》與《續牛羊日曆》的記載,認爲牛僧孺母親改嫁於江西廬陵。其母改嫁是可信的,但改嫁於江西廬陵,則是依據《江南野史》所作推論。關於僧孺由廬陵入京考進士,尹氏的推論頗爲複雜。他將張固《幽閑鼓吹》所記牛僧孺投謁于頔事與《唐摭言》卷六所記"奇章公始來自江黄間"結合起來看,認爲牛僧孺從江州、黄州而來,中途於襄陽拜謁于頔,江州、黄州、襄陽恰好是由江西入京的路綫,恰可證明牛僧孺幼年生活於江西。又依據李珏神道碑文的如下記載:"年十五,知先奇章公城南有隋室賜田數頃、書千卷,乃辭親肄習,孜孜矻矻,不捨蚤夜。洎四五年,業成,舉進士,軒然有聲。"[①]作了推斷:牛僧孺永貞元年登進士第,上推四五年,爲貞元十六七年,此時僧孺年在二十一二歲,與李珏、杜牧所記十五歲不合。牛僧孺應該於貞元十六年二十一歲由江西入京,此時于頔正好爲山南東道節度使,韓愈也於貞元十六年離開徐州張建封幕,於年底到長安,十七年爲四門博士。李珏、杜牧所記十五歲入京不確。[②]

這一考證,將牛僧孺從江西入京的路綫與投謁于頔、受韓愈、皇甫湜提携串聯起來,頗爲巧妙,但也存在一些漏洞。首先,與丁鼎反駁趙吕甫相同,尹氏於此處將"舉進士"看成考中進士,不確。事實上,牛僧孺有可能考過多次進士,據宋王讜《唐語林》卷二載:"劉禹錫曰:'牛丞相奇章公初爲詩,務奇特之語,至有"地瘦草叢短"之句。明年秋卷成,呈之,乃有"求人氣色沮,憑酒意乃伸",益加能矣。明年乃上第。'"[③]阮閱《詩話總龜》卷一四也摘録此條,注明出自"劉禹錫《佳話録》"[④],則此條當屬可信。根據此條記載,牛僧孺曾兩次行卷於劉禹錫,則也有可能多次參加進士考試,牛僧孺考中進士時二十六歲,從年齡上講,也可能並非第一次參考。第二,根據現有資料,並無貞元十六七年皇甫湜在長安的可靠依據,皇甫湜於貞元十九年在京應進士舉,不第,此後貞元二十年、二十一年、元和元年均在長安出没。[⑤] 丁鼎、李芊將此次提携定在貞元十八年,[⑥]韓愈貞元十九年貶陽山,故定在貞元十八、十九年均可能。由此,則尹氏貞元十六七年之説,缺乏確實依據。第三,牛僧孺在樊鄉確實有居宅。據《舊唐書》牛僧孺本傳載,僧孺

① 董誥等編:《全唐文》卷七二〇,北京:中華書局影印本,1983年,第7406頁。

② 尹占華:《唐詩人考辨五則》,《中國典籍與文化》2004年第2期。

③ 王讜撰,周勛初校證:《唐語林校證》卷二,北京:中華書局,1987年,第135頁。

④ 同上。

⑤ 參見劉真倫:《皇甫湜行年考》,《古籍研究》2009年上·下合卷,合肥:安徽大學出版社,2010年,第391—401頁。

⑥ 參見李芊:《皇甫湜年譜簡編》貞元十八年譜文,厦門大學2008年中國古代文學碩士論文,第8—9頁。

孫牛徽"以刑部尚書致仕,乃歸樊川別墅",[①]《新唐書》牛僧孺傳也載牛徽"以刑部尚書致仕,歸樊川"。[②] 又宋張禮《遊城南記》載:"過塔院,抵韋趙,覽牛相公樊鄉郊居。張注曰:塔院者,京兆開元寺福昌塔之莊也,俗謂之塔院。修竹喬林,森結參天。池臺廢基頗多,不知在唐爲誰氏業。俗傳國初狂人李琰居之,琰誅没官。後福昌塔成,賜之爲常住。韋趙郁有牛相僧孺郊居,子孫尚有存者。僧孺八世祖某,隋封奇章公,長安城南下杜樊鄉有賜田數頃、書千卷,僧孺居之,依以爲學。後爲相,與李德裕相惡,門生故吏各相爲黨。先是,泓陟相德裕宅爲玉盌,僧孺宅爲金杯,且云'金毁可作他器,玉毁不復用矣。'其言果驗。然唐史傳方技者不載其事,其亦闕文矣乎。"[③]據清瞿鏞《鐵琴銅劍樓藏書目録》卷一一史部四載:"《遊城南記》一卷(鈔本)。宋張禮撰并自注,各條下有續注,不詳何人。"[④]則所謂張氏注,即張禮本人之注。據張禮的實地考察,牛僧孺在樊川確實有居宅,且張禮時尚有子孫生活於此。

根據以上論述,則目前關於牛僧孺幼年生活於江西永新的説法,尚無確證。

二、關於牛僧孺生活於江西永新的其他記載

關於牛僧孺曾生活於江西永新縣,除《江南野史》與曾鞏的記載外,尚有其他材料。

(一) 僧孺同時人李遠的記載

與牛僧孺同時的李遠有一篇題爲《送賀著作憑出宰永新序》:

會稽賀憑以著作郎出宰永新,其行也,其色似若有不懌者。一時學省、憲府之友,咸共語之,舉杜甫詩云:"樽前失詩流,塞上得國寶。"乃相與賦詩送别秦東亭。隴西李遠獨後至,舉杯而前曰:"子毋以邑小去國萬里而難治。古者公侯之地方百里,自秦以來,大縣且倍而過之,小縣亦不下十室而有餘。漢晉以士爲之宰,俾教其鑿井耕田、養生送死而無憾,歲賦其租以供軍士,且以償士之直,非以榮禄之也,特養其廉以教民爾。士既得民社之寄,則早作夜止,盡心以理之,使訟平賦均,老弱無懷詐暴憎,斯無愧於取直,而不負其所寄矣。今永新之爲邑也,僻在江南西道,吾聞牛僧孺之言,與荆楚爲隣。其地有崇山疊嶂,平田沃野,又有寒泉清流,以灌溉之。

① 劉昫等:《舊唐書》卷一七二《牛僧孺傳》附《牛徽傳》,第4476頁。
② 歐陽修、宋祁:《新唐書》卷一七四《牛僧孺傳》,北京:中華書局,1975年,第5234頁。
③ 張禮:《遊城南記》,叢書集成初編本,第3202册,第12頁。
④ 瞿鏞:《鐵琴銅劍樓藏書目録》卷一一,北京:中華書局影印本,1990年,第176頁。

其君子好義而尚文，其小人力耕而喜鬪，而其俗信巫鬼，悲歌激烈，嗚嗚鳴鼓角，雞卜以祈年，有屈宋之遺風焉。今子往而宰之，勿以險遠難治而自貽伊戚也。以樂易近之，均其賦，息其争，因其利而役之，則無怨。明文王之政以教之，使知禮讓，則尊君親上、養老慈幼，悉知而勸於爲善，自無懷詐暴憎之習矣。然後手揮五絃於堂上，樂其志高山流水間，一動一静，居仁由義，皥皥熙熙，同登壽域矣。吾屬在憲府，與考績黜陟之事，待子三載而來歸報政也。勉之！行無忘。"①

李遠的生平經歷，《唐才子傳校箋》卷七有較詳細的考證。據該書考證，李遠應該是會昌二年從福建觀察使幕府調入京城爲監察御史，會昌六年爲司門員外郎。② 這一考證應該是可信的，乾隆修《蓮花廳志》卷七載："賀憑，字持衡，浙江會稽人，集賢學士知章之後。會昌四年，以著作郎任永新令。有惠政，秩滿當去，邑民遮道留之，公遂擇邑之良坊家焉。今其後播分列邑，科甲世盛于郡中。"③這一記載的來源，已不可考。但會昌四年出宰永新，與《唐才子傳校箋》的推論，恰相吻合。另，李遠年輩，較僧孺爲晚，而在文中直呼牛僧孺之名，以僧孺的年輩、官爵、地位均似不符合。但是，會昌年間，李德裕秉政，牛黨受打壓；會昌二年十二月，牛僧孺出爲檢校司徒、太子太傅、東都留守；會昌四年十月，牛僧孺先貶爲太子少保分司，不久又貶爲汀州刺史，十一月貶爲循州長史。結合這一背景，李遠此文應該寫於會昌四年十月以後，其時牛僧孺已因罪遠貶，李遠年輩地位雖均在其下，直呼其名是可以理解的。

這篇文章從牛僧孺同時人的記載中，明確指出，牛僧孺對江西永新之地理、風俗、民情，十分了解。這種了解，與一般的道聽途説，有所不同。應該要在該地有過長期生活經歷，方有如此全面而深刻的認識。

（二）唐以後的相關記載

南宋潘自牧《記纂淵海》卷一一收有劉沆詩一首："義山山下有靈泉，泉號聰明自古傳。四百年中三出相，不才何幸繼前賢。"④這首詩，南宋王象之《輿地紀勝》卷三一、南宋祝穆《方輿勝覽》卷二〇均有收録。明楊守阯《碧川文選》卷七《明故都察院右都御史劉公墓誌銘》云："邑有忠義山，唐相姚元之、牛僧孺遺迹存焉，宋相劉楚公沆嘗有'五百

① 董誥等編：《全唐文》卷七六五，第7950—7951頁。

② 傅璇琮主編：《唐才子傳校箋》卷七，第三册，北京：中華書局，1990年，第223頁。

③ 李其昌纂修：《(乾隆)蓮花廳志》卷七，清乾隆二十五年刻本。

④ 潘自牧：《記纂淵海》卷一一，《景印文淵閣四庫全書》子部236册，第276頁。

年來三出相,不才何幸繼前賢'之句,公每游詠其間,輒有企慕之意。"[①]劉沆這首詩所吟詠的,正是這個傳説。結合前引曾鞏所撰劉沆傳記可知,最早在唐末五代時,牛僧孺生長讀書於江西永新的説法,即已流傳。前引五代王定保《唐摭言》卷六所載"奇章公始來自江黄間"、"僧孺曰:'某始出山隨計'",[②]雖然具體内容尚有出入,但時間恰好在五代。

唐吉州永新縣的建制變化如下:西漢名廬陵縣,屬豫章郡;東漢名西昌縣,屬廬陵郡;建安時名永新縣,屬廬陵郡;晉武帝時名永新縣,屬安成郡;晉惠帝元康元年,分爲永新縣、廣興縣;隋文帝開皇九年,屬吉州;開皇十一年,東昌、安豐、西昌、廣興、永興合并爲泰和縣;煬帝大業三年,屬廬陵郡;唐高祖武德五年,復置永新、廣興、東昌三縣,屬南平州;武德八年,廢南平州,復屬吉州,永新縣復并入太和縣;高宗顯慶二年,從太和縣分出永新縣,於禾山東南六十七里置理所;玄宗天寶元年,吉州復改廬陵郡,肅宗乾元元年,改回吉州,永新皆爲下屬縣;至唐末五代,建制均未變化。[③] 在各種文獻中,提到牛僧孺讀書處,或言廬陵,或言永新,均指唐永新縣。而《泰和縣志》提到該縣太玄觀有牛僧孺所撰碑,從上述歷代泰和與永新的分合沿革來看,也算合理。

涉及牛僧孺讀書地方的記載,目前所存文獻出現四個地方:曾鞏所撰《劉沆傳》謂在後隆山,龍袞《江南野史》謂在絮芓源山,劉沆詩謂在義山,同治《永新縣志》謂在禾山。該書卷四引宋侍講龔源記云:"吉之永新縣西出六十里爲禾山,山有甘露寺,寺有三相堂。三相者,唐姚公崇、牛公僧孺、今朝劉公沆是也。"[④]後來各種傳統文獻及地方志,提到牛僧孺讀書永新,均不出這四種説法。

禾山,據嘉靖《江西通志》卷二四載:"禾山,在泰和縣西北五十里,嘗生嘉禾,因名。"[⑤]同治《永新縣志》卷一引張景齡《重修文廟序》云:"永新踞廬陵上游,義山峙東南,禾山亘西北,勝業琴水,映帶秀麗,代毓偉人,環廬安龍泉及楚之茶攸,爲四面衝突之區。"[⑥]同書卷二引《名山志勝考》云:"永新禾山,距縣西北六十里,連跨五百里,其嶺平袤,昔産嘉禾,因以名焉。山居兑方,又名秋山。奇峰纍纍,與衡、潭相接,如覆釜之形者

① 楊守阯:《碧川文選》卷七,叢書集成續编本,第112册,上海書店出版社,第842頁。
② 王定保:《唐摭言》卷六,上海:古典文學出版社,1957年,第63—64頁。
③ 參見蕭玉春修,李煒纂:《(同治)永新縣志》卷一"沿革表",清同治十三年刻本。
④ 蕭玉春修,李煒纂:《(同治)永新縣志》卷四,清同治十三年刻本。
⑤ 林庭㭿修,周廣纂:《(嘉靖)江西通志》卷二四,明嘉靖刻本。
⑥ 蕭玉春修,李煒纂:《(同治)永新縣志》卷一,清同治十三年刻本。

七十一,最高者名赤面峰,而凌霄、白雲、五老、六字、翠微諸峰爲最勝,山頂有倚天湖、玉女亭、雙童石、羅漢洞諸勝迹。宋邑令侯彭老嘗留詩山中,有'頗愛似南嶽,但恨一峰虧'之句。山有姚相臺,相傳唐姚梁公曾寓於此,故云。"①又引《方輿紀要》云:"下爲白石室,瀑布懸流,蕩爲一泓,深不可測,號曰龍溪,亦曰龍門溪,下流爲禾江。"②又引《萬曆志》云:"下有甘露寺,唐宋僧徒最盛。有一鑊,徑丈許,半瘞土中,稱千僧釜,今尚存。唐姚崇、牛僧孺、宋劉沆嘗讀書寺中,後人立三相堂祀之。"③

嘉靖《江西通志》卷二四載:"義山,在永新縣東南二十里,峰巒相顧,若有長幼之序,故名。一名龍頭,唐天寶初嘗改名永新山。有雙巽、文筆二峰,下有聰明泉。宋劉沆詩:'義山山下有靈泉,泉號聰明自古傳。'秋山,在永新縣西四十里,周廻五百餘里,勢接衡、潭。昔嘉禾生於□,又曰禾山。上有七十二峰,其白雲、凌霄,下有白石室,有瀑布直下,蕩爲一泓,深不可測,號龍溪也。傳唐梁文獻公姚崇未遇時,卜居其側,遺趾猶存。顏魯公爲吉州别駕時,嘗遊此,大書龍溪二字,刻石上。"⑤

圖1　同治《永新縣志》卷首所繪"後隆北山圖"④

據同治《永新縣志》卷二引《萬曆志》載:"後隆山,距縣北十里,世傳宋丞相劉沆祖景洪居此,自占其後當隆,故名。上有聰明臺,下有墨池,爲沆讀書處。"⑥此條後面,修志者按云:"按《舊志》劉楚公傳内稱,後隆山下聰明臺,係唐牛相讀書堂故址。考《江南野史》載縣北有山名絮芋源,下有聰

① 蕭玉春修,李煒纂:《(同治)永新縣志》卷二,清同治十三年刻本。
② 同上。
③ 同上。
④ 蕭玉春修,李煒纂:《(同治)永新縣志》卷首,清同治十三年刻本。
⑤ 林庭棉修,周廣纂:《(嘉靖)江西通志》卷二四,明嘉靖刻本。
⑥ 蕭玉春修,李煒纂:《(同治)永新縣志》卷二,清同治十三年刻本。

明臺,牛僧孺肄業其上。今絮芋源山名無考,而《野史》文義與舊志後隆山注相符,則絮芋源疑即係此山,姑存俟考。"①

據同治《永新縣志》卷二"山水總"記載,結合上面所引材料,以縣城爲中心點,西北面爲禾山,北面爲後隆山,東南面爲義山,同治《永新縣志》又懷疑龍袞所謂絮芋源山即爲後隆山,這一懷疑比較合理。曾鞏《劉沆傳》言劉曾祖"名所居山曰後隆山",而《宋史》卷二八五《劉沆傳》則言"名所居北山曰後隆山",②則後隆山確在北。對禾山的記載,是説牛僧孺等讀書甘露寺,後人立三相堂;對後隆北山的記載,是説有讀書臺,即聰明臺,臺下有聰明泉;對義山的記載,是説有聰明泉,並未明説牛僧孺讀書義山下。對出現於兩處的聰明泉,同治《永新縣志》卷三認爲,兩處都存在:"聰明泉,一在縣北二十里,水自山湧出,古今學者飲之多成事,土人謂之聰明泉。(《大平寰字記》)縣北絮芋源山下有湧水,曰聰明泉。(《江南野史》)一在義山下。(《府志》)"③後人附會與隨意命名,因此有兩處聰明泉是合理的。讀書的地方也有兩處,一在禾山,一在後隆北山。二山均在永新北面,且名字不同,禾山讀書處曰甘露寺,後人稱三相堂,後隆北山則曰讀書臺。兩者並無絶對矛盾,讀書多處,可以理解。因而,對於牛僧孺讀書永新縣的記載,雖有細微差异,但並無大的矛盾。

《永新縣志》引南宋紹興十五年永新人尹躬爲新修學堂所作記文,其中提到讀書臺的事:"躬,永新人也。……夫大江之西,山高水深,吉爲之最。義山直南叠嶂,綿延百里,川流秀澈,萬折皆東,异材世出,史不絶書。若姚元之、牛思黯、劉冲之皆後先相踵爲相,下此殆無論已。然冲之世永新人,按史元之則硤石人,思黯隋僕射奇章公後,安定鶉觚人。二公固寓迹於邑者也。今縣東有古墓,世傳元之母葬焉。北有聰明臺,元之築舍其上,覽山川勝概,以博通群籍,下筆成章。思黯之祖自交廣罷官,旋至郴、衡間,爲土寇所掠,方幼,與母獲免,避入邑西鄉。逮長,與母舍元之故基,積十餘年,成學工文,母卒,葬才德鄉大學里。尋遊長安,第進士第一。……紹興十五年十二月。"④按照尹躬的講法,牛僧孺先居永新縣西,禾山正在縣西北;後改居縣北聰明臺,後隆北山正在縣北。由此,關於牛僧孺讀書永新諸多細節上的矛盾,基本得到解釋。

---

① 蕭玉春修,李煒纂:《(同治)永新縣志》卷二,清同治十三年刻本。
② 脱脱等:《宋史》卷二八五,北京:中華書局,1977年,第9605頁。
③ 蕭玉春修,李煒纂:《(同治)永新縣志》卷三,清同治十三年刻本。
④ 蕭玉春修,李煒纂:《(同治)永新縣志》卷一三,清同治十三年刻本。

三、牛僧孺與江西其他地方有關的記載

除以上對牛僧孺與江西永新的直接記載之外,尚有一些牛僧孺和江西其他地方相關的材料,對於考證牛僧孺曾生活於江西永新,有一定的輔助作用。

北宋陳舜俞《廬山記》卷二:“由廣澤下山至太平興國寺七里,寺前之水曰清溪,溪上有清溪亭寺,晉武帝太元九年置,舊名東林,唐會昌三年廢,大中三年復,皇朝興國二年,賜今名。法師諱慧遠,俗姓賈,鴈門樓煩人,師道安於恒山,爲安高弟。始住荆州上明寺,後欲之羅浮,道由廬山,居龍泉精舍,去東林十五里而遠。既而學侶寖衆,同時惠永禪師已居香谷山,請結鄰好,刺史桓伊,亦所欽仰,乃置寺焉。事具寺碑,開元十九年七月十五日,前陳州刺史李邕撰并書,會昌三年,僧雲臯始刻石焉。時裴休爲江南西道觀察使,張又新爲江州刺史,實助成之。裴題其篇末云:‘覽北海詞翰,想見風采。’張亦作記于碑陰。大中十年四月十三日,沙門玄觀請河東裴光遠篆額,光遠,國子監太學博士。初,遠師之欲徙香谷也,山神告夢曰:‘此處幽静,足以栖神。’忽於後夜,雷雨震擊,明旦視之,惟素沙匝地,兼有楩枏文梓良木,既作殿,故名神運。牛僧孺太和四年自武昌還朝,過之,爲書其榜‘神運之殿’四字。又有木數尺,南唐元宗題曰‘神運木’,今並存焉。會昌中,寺與林木並係户部毁賣。大中興復,刺史崔黯爲捐私錢以倡施者,搢紳從者數百人,姓名爵里,今刊於石,仍藏當時之疏,亦崔之詞也。崔又作復寺碑,左散騎常侍柳公權書。”[①]陳舜俞的記載,言會昌四年牛僧孺自武昌還京師經廬山時爲東林寺題“神運之殿”四字,但鄂州在江州與京城之間,從鄂州赴京城,並不經過江州,有可能是離開武昌赴京城前先赴廬山遊覽。

宋周必大《文忠集》卷一六九《泛舟遊山録》記孝宗乾道三年遊覽廬山所見云:“午後,至林口市(謂二林之口),過香谷彗永禪師塔,入西林寺,即彗永道場也。流水瀸瀸循階除,賞玩不能去。寺不經兵火,但不葺爾。牛僧孺書寺額。佛像獨被冠纓,訪水閣院已廢,但存浮圖七級。次至東林,晉彗遠法師道場。法師雁門人,虎溪在寺門之外,《山記》云清溪有亭,今廢。牛僧孺太和四年書神運之殿,今非其舊。”[②]

宋陸游《入蜀記》第四記乾道六年遊廬山所見云:“東、西林寺舊額皆牛奇章八分書,筆力極渾厚。”[③]

---

① 陳舜俞:《廬山記》卷二,叢書集成初編本,第2998册,第8—9頁。

② 周必大:《文忠集》卷一六九,《景印文淵閣四庫全書》集部87册,第840頁。

③ 陸游:《廬山記》第四,《渭南文集》卷四六,四部叢刊初編本。

明王世貞《弇州四部稿》卷七三《遊東林天池記》載:“始及蘭若,其殿曰‘神運’,晉江州刺史桓伊建,周、陸記所稱唐牛相僧孺署寺、裴相休署殿,二書今皆已亡之。”①

按照北宋陳舜俞的記載,牛僧孺所書爲東林寺“神運之殿”四字;按照周必大的記載,牛僧孺所書有西林寺寺額、東林寺“神運之殿”四字;按照陸游記載,東、西林寺寺額爲牛僧孺所書,東林寺“神運殿”三字乃裴休所書,但又説裴休書乃傳聞。

根據陳舜俞對於東林寺修建過程的詳細記載,裴休並未書額,則廬山東、西林寺寺額、東林寺“神運之殿”四字,當屬牛僧孺所書。兩寺寺額,在周必大、陸游於乾道年間遊覽時尚存,而“神運之殿”四字,北宋陳舜俞時尚存,南宋即已不存。

元劉壎《水雲村稿》卷三《西林院修造記》云:“吾豐北出揖僊門外有支徑,繇支徑西復北數十武有精藍,其名西林,其題扁唐牛丞相筆。”②劉壎系江西南豐人。

這一記載在後來的縣志中,多次被引用。對於其中西林寺的記載也更爲清楚。

清謝旻《(雍正)江西通志》卷一一二載:“西林寺,南豐縣有二:一在縣西七十里,唐開元十三年建;一在北門外,去城里許,唐會昌二年建,牛僧孺書額,宋紹定咸淳後先修葺,元大德、明正德間又修,嘉靖間寇亂,惟此寺獨存。”③

清穆彰阿《(嘉慶)大清一統志》卷三二一載:“西林寺在南豐縣北門外里許,唐建,牛僧孺書額。”④

民國包發鸞修、趙惟仁纂《(民國)南豐縣志》卷三載:“西林寺,北門外去城里許,唐會昌二年置,是爲張聖者道場,廟名英澤,在寺門之右,俗所謂張破陂者也。寺匾西林二字,唐丞相牛僧孺以八分書之。宋紹定二年、寶祐二年、咸淳八年,先後修葺。元大德八年重加修飾,明正德間又修,三十六年寇亂,惟此寺獨存。清康熙六十年圮,僧多霖募建。乾隆十五年,僧歷行於殿左建屋十二間;二十七年,建五帝殿一所,又置贍香火田二十餘石。”⑤

對於該寺的前後沿革,所記甚爲分明。惟寺名西林,與廬山西林同名,又皆八分書,而最早記録者爲元代劉壎,去僧孺時代頗遠,不免啓人疑竇,是否將周必大、陸游所記,轉嫁於南豐西林寺。不過,南豐唐屬撫州,與吉州相鄰,在永新、泰和之東,若牛僧孺果真在

① 王世貞:《弇州四部稿》卷七三,《景印文淵閣四庫全書》集部219册,第242頁。

② 劉壎:《水雲村稿》卷三,《景印文淵閣四庫全書》集部134册,第360頁。

③ 謝旻:《(雍正)江西通志》卷一一二,《景印文淵閣四庫全書》史部274册,第694頁。

④ 穆彰阿:《(嘉慶)大清一統志》卷三二一,四部叢刊續編景舊鈔本。

⑤ 包發鸞修,趙惟仁纂:《(民國)南豐縣志》卷三,民國十三年鉛印本。

永新生活過，則又有其合理處。另，牛僧孺善書，史有明文。現存記録碑刻的書中，録有多方牛僧孺所書碑文。《寶刻類編》卷五載："《谿堂詩序》，韓愈撰，僧孺書，祁篆額，長慶二年立。"①《寶刻叢編》卷一三載："唐赤城山中巖寺碑，沙門神邕撰，牛僧孺書，開成元年。"②南宋王象之《輿地碑記目》卷一載："佛説尊勝陀羅尼呪，牛僧孺八分書。……臯亭神祠碑，牛僧孺書。"③這四方牛僧孺所書寫的碑文，都可找到明顯的書寫綫索。第一方作者韓愈，與僧孺頗有交情；後三方，均爲淮南節度使治下郡縣，牛僧孺曾爲淮南節度使。宋朱長文《墨池編》卷三品評歷代書法，分爲神品三人、妙品十六人、能品六十六人，牛僧孺在能品之列，並論牛僧孺書法云："唐牛僧孺，字思黯，系出隴西狄道。少與韓吏部並遊，文重一時。相穆、文二宗，德全而清，唐之名宰。嘗書馬總谿堂碑，師法元常，落落不俗，亦可尚云，以太子少師薨。"④魏鍾繇字元常，善八分書。宋羅願《爾雅翼》卷十六云："古之論書者，言鍾繇善八分，有隼尾。"⑤明王圻《續文獻通考》卷一八七《書考》下《書評》條有："漢時八分稱宜官，爲最。魏鍾繇書最妙者八分，有魏受禪碑，爲最。或云，隸尤得八分之精微。唐韓擇木工八分，師蔡邕法，風流閑媚，號伯喈中興。"⑥可見，牛僧孺書取法鍾繇，造詣非常，在唐代頗爲有名，尤以八分書爲善，故言其八分書額，不足爲奇。

以上關於廬山東、西林寺三處題字，當實有其事；關於南豐西林寺的題額，應該可信。

明羅欽順《整菴存稿》卷十九有《謁初祖主簿府君墓太玄觀主蕭雲漢候于途因過觀中少憩而歸》四首，其三云："髯翁疑是地行仙，手把熏爐導我前。溪上路窮琳館出，屋頭山合錦屏連。古碑有字渾能辨（殿中有碑，題云牛僧孺撰），鴻寶非人可浪傳。追省舊遊還一笑，苦寒曾訝酒無權。（廿年前送司空張公之葬，寒甚，殆不可支，歸途略憩于此，座客皆相先引滿，累觴而散）"⑦指出太玄觀立有牛僧孺所撰之碑，文字且已模糊不清，羅欽順判定爲古碑。

明蕭士瑋《蕭齋日紀》有關於羅欽順此詩的記載："初六，晤朱元長。元長篤行而好

① 佚名：《寶刻類編》卷五，叢書集成初編本，第1514册，第160頁。
② 陳思：《寶刻叢編》卷一三，叢書集成初編本，第1604册，第350頁。
③ 王象之：《輿地碑記目》卷一，叢書集成初編本，第1580册，第1頁。
④ 朱長文：《墨池編》卷三，《景印文淵閣四庫全書》子部118册，第748頁。
⑤ 羅願：《爾雅翼》卷一六，叢書集成初編本，第1146册，第170頁。
⑥ 王圻：《續文獻通考》卷一八七，明萬曆三十年松江府刻本。
⑦ 羅欽順：《整菴存稿》卷一九，《景印文淵閣四庫全書》集部200册，第253頁。

學,至老不輟。余藏周益公集,卷間有脱落,元長本獨完好,許借余補録之。日午,馬季房至,共坐水簾處。季房云:'廬陵固原有三絶碑,爲王荆公文、蔡忠惠書、蔣之奇鑒賞也,碑委灌莽中,牧豎樵芻其下,日夕刓敝,僅存數十字,羅念菴先生披荆伐翳,挖而得之。'余鄉太玄觀有牛僧孺碑,吉水龍華寺有韓熙載碑,此皆初刻,更度越歲時,亦恐漫漶不可讀矣。"[①]清黄虞稷《千頃堂書目》卷二七録有蕭士瑋《春浮園集》十卷,下注云:"字伯玉,泰和人。丙辰會試中式,壬戌賜同進士出身。吏部郎中,光禄寺少卿。"[②]則蕭士瑋《蕭齋日紀》所記牛僧孺碑,正在泰和縣。明李賢《明一統志》卷五六記:"太玄觀在泰和縣北龍門,唐建,有牛僧孺記。"[③]

同治《泰和縣志》卷三〇記載此事,有不同:"太元觀,在四十八都三華山下。《通志》在縣北龍門。唐咸通四年建。相傳顔、董、羅三仙上昇處。長慶三年重修,牛僧儒有記。元季兵燹,明洪武二十一年修葺。按《舊志》長慶三年修,又在咸通前四十年矣,當是長興之訛。"[④]《縣志》疑長慶當爲長興,則牛僧孺有記事便可懷疑。也有可能是"咸通"誤,當作"咸亨",則長慶三年重修、牛僧孺作記,以及其他各處所言牛僧孺有碑記其事,均可成立。

圖 2　唐吉州下屬永新、太和縣地理示意圖[⑤]

以上記載表明,明代時江西泰和縣太玄觀存有牛僧孺撰文的石碑。

泰和縣與永新縣相鄰,在唐代同屬江南西道管下的吉州府,上文已詳述泰和、永新兩縣的歷代分合與沿革。

《永新县志》卷二四載刘定之《書劉丞相詩後》:"是詩公既仕而歸遊禾山寺作也。寺燬於兵,而塔猶存。近歲寺僧攀緣

① 蕭士瑋《蕭齋日紀》,清光绪十八年刻本。

② 黄虞稷著,瞿鳳起、潘景鄭整理:《千頃堂書目》卷二七,上海古籍出版社影印本,2001 年,第 665 頁。

③ 李賢:《明一統志》卷五六,《景印文淵閣四庫全書》史部 231 册,第 141 頁。

④ 宋瑛修,彭啓瑞纂:《泰和縣志》卷三〇,清光緒四年刻本。

⑤ 圖片截自:譚其驤主編:《中國歷史地圖集》第五册《隋・唐・五代十國時期》,北京:中國地圖出版社,1982 年,第 57 頁。

登塔,直至其頂,探得小册,有姚元之、牛僧孺、泊公三人遊寺詩,皆五言四韻。公蓋邑人也,姚、牛仕宦踪迹,嘗偶過是邑,而可徵於文字間者,是詩之外亦罕見矣。然邑猶因是得號爲三相鄉云。"[①]劉定之認爲牛僧孺是偶然經過永新,但認爲禾山寺找到的姚崇、牛僧孺、劉沆五言詩是真。今未見這幾首詩,僞造與附會的可能性較大。

還有一個説法,永新縣有牛僧孺後人。宋陳仁子《牧萊脞語》卷七有《送牛文翔歸廬陵序》,其中言道:"有逢掖紆徐,翩然扣門者,閲其刺,奇章氏之冑而文翔其字也。"[②]牛文翔要歸往廬陵,又自言是牛僧孺後人,不知是實有其事,還是誇誕自托名人之後。按照文中的記述:"坐甫定,摇麈劇談,舌本瀾翻,指掌山川,氣脉若銅丸走坂、駿馬注坡,燭蓍蔡而揭水鏡。"[③]按照這一描述,則牛文翔有點誇誇其談,可能是自托僧孺之後。

四、推測與結論

在關於牛僧孺與永新的文獻記載中,僧孺同時人李遠説他熟悉永新的地理、風俗、民情,是可信的。這條材料所顯示的牛僧孺對永新的了解程度,絶非道聽途説者所能達到,應該是在永新生活過。劉沆詠聰明泉的詩、《江南野史》、曾鞏《劉沆傳》對於牛僧孺讀書永新的記載,並無大的矛盾,前已分析;《劉沆傳》的記載顯示,牛僧孺生活於永新的説法,最早在唐末五代即已流傳,而《唐摭言》卷六也記載牛僧孺從江黄間入京,也是五代時期的文獻。廬山東西林寺均有僧孺題字,雖與吉州永新相去較遠,但均屬江南西道;泰和太玄觀有牛僧孺碑記,應該可信;南豐西林寺有僧孺題額,也應該可信;泰和與永新相鄰,歷史沿革中永新多次從屬泰和,均屬吉州;南豐縣屬撫州,與吉州相鄰,與永新相去並不算遠。如前文所述,目前所能見到的僧孺其他四處碑文記録,均有清晰合理的寫作緣由,而此三處則不明顯。這三處題記碑文,多爲其成名後所作,可能出於遊玩觀賞,或出於同僚所請,抑或在那些地方置有别莊田宅。而無論是遊玩或請託或置買田宅,這種與江西特别是永新周圍地帶的緊密聯繫,都能够從側面對牛僧孺與永新的關係作輔助説明。

在如此多的關於牛僧孺與永新相關的記載中,李遠的記載最真實;《唐摭言》卷六所謂"奇章公始來自江黄間,置書囊於國東門"、"某始出山隨計"的説法,最爲可疑,如

① 蕭玉春修,李煒纂:《(同治)永新縣志》卷二四,清同治十三年刻本。

② 陳仁子:《牧萊脞語》卷七,清初景元抄本。

③ 同上。

果這一説法爲真,那麽李珏、杜牧所謂牛僧孺生活在長安南下杜樊鄉的説法,可能不可信,或者時間上應該作調整;另外牛僧孺又有如此之多的與永新相關的記載與傳説,而就其目前所確知的生平仕履來看,與江西並無關係。

本文的推測是,牛僧孺應該在永新生活過。目前能將所有事情較好串聯在一起的,還是前述尹占華先生在《唐詩人考辨五則》中的推測,雖然其中有若干漏洞,但漏洞處均是兩可處,故其推論並不能被完全推翻。牛僧孺於貞元十六七年從永新經江州、黄州赴京考進士,中途投謁于頔,入京後,又拜謁韓愈、皇甫湜,得到提携,此後可能於樊鄉祖宅居住,並多次參加科舉考試,於永貞元年在韋執誼、柳宗元、劉禹錫的提携下,考中進士。

知人論世,生長環境對於一個人的影響,尤其是少年生長環境對於人性格、思想、行爲等方面産生的影響,是終身的。江西自漢末三國以來即是道教中心,[①]這大大影響了江西的民風。江西地區尚巫風氣濃厚,《宋史》卷二八三《夏竦傳》載:"仁宗即位,遷户部郎中,徙壽、安、洪三州。洪俗尚鬼,多巫覡惑民,竦索部中得千餘家,敕還農業,毁其淫祠以聞。詔江、浙以南悉禁絶之。"[②]雖然説的是洪州"尚鬼多巫覡",但整個江西均如此。前引李遠《送賀著作憑出宰永新序》中牛僧孺對永新的描述,也是如此:"今永新之爲邑也,僻在江南西道,吾聞牛僧孺之言,與荆楚爲隣。其地有崇山疊嶂,平田沃野,又有寒泉清流,以灌溉之。其君子好義而尚文,其小人力耕而喜鬬,而其俗信巫鬼,悲歌激烈,嗚嗚鳴鼓角,雞卜以祈年,有屈宋之遺風焉。"[③]牛僧孺幼年在永新生活過,受當地風俗的影響與浸潤,對道教及神鬼之事具特别的興趣,成爲一種深植内心的追求。其寫作《玄怪録》,畢生嗜好鬼神故事,晚年服食丹藥、結交道士並約爲道弟,由此能得到較合理的解釋。

牛僧孺的思想成分,具有一些相互矛盾的内容,有時頗令人費解。[④] 他畢生嗜好神鬼故事,津津於其中的報應輪回,但同時又在其散文中表現出强烈的無神論傾向與殉道意識,對鬼神之説持尖鋭批判態度。他兼具儒家與道家思想,同時又深受道教及神鬼之説的影響。這裏面有時代的因素,但單用時代來作解釋,力度似乎不够,需對其個人生

① 參見孔令宏、韓松濤:《江西道教史》第一章《漢代三國時期江西道教的醖釀》,北京:中華書局,2011年,第1—37頁。

② 脱脱等:《宋史》卷二八三《夏竦傳》,第9571頁。

③ 董誥等編:《全唐文》卷七六五,第7950頁。

④ 參見周浩:《論牛僧孺論説文中的思維混亂現象:基於信念的考察》,《唐史論叢》第22輯,西安:三秦出版社,2016年,第259—276頁。

長環境與生命歷程作細緻探索,以求得其中的根源。牛僧孺幼年時代即生長於江西永新,此地道教發達,巫風興盛,道教與巫雖不能完全等同,但形式每多相似之處。此種環境,對於幼年牛僧孺的興趣與心理,應該會産生影響,以至雖學習儒家與道家思想,有志於改革弊政,但道教與神鬼的興趣,終身未除。

《魏晋南北朝隋唐史資料》第三十五輯
2017年7月,184—212頁

因宦徙居:唐代墓誌所見潞州人口遷入情況的個案考察

張 葳

近年來,對墓誌等出土文獻的研究已成爲唐史研究的重要部分,大大拓展了我們對相關問題研究的深度和廣度。但墓誌材料的局限性也是顯而易見的,出土地域的分佈不太均衡,導致相關研究較爲零散。[①] 我們在翻檢唐代墓誌的過程中,注意到有一個地區較爲集中,目前尚未得到充分利用和研究,即唐潞州出土的墓誌。潞州,屬唐河東道,大致在今山西東南部和河北西南部,包括山西長治、壺關、長子、屯留、潞城、黎城、沁縣、榆社、武鄉和河北涉縣一帶。這一地區出土的隋唐時期墓誌,根據我的粗略統計,大約有470多方,[②]尤以唐上黨分佈最多,有將近300方,其餘則屬唐屯留、潞城、壺關等地。這些墓誌涉及的社會階層大多並非士族,但亦多屬地方社會的中上層。有一些有官職,但職位都不高,平民也有不少。對這批墓誌的研究或許可以幫助我們更多地認識唐代地方社會、普通民衆的生活。

張正田先生是對唐代澤潞地區墓誌較早加以關注的學者,其《"中原"邊緣——唐代昭義軍研究》一書,[③]便利用此一地區的墓誌,釐清了不少傳世文獻未能明晰的問題,

① 在長安、洛陽之外,根據墓誌進行區域研究的,就筆者所見,有孫繼民主編:《河北新發現石刻題記與隋唐史研究》,石家莊:河北人民出版社,2006年;馮金忠:《唐代河北藩鎮研究》,北京:科學出版社,2012年等。

② 本文的統計資料主要來自於周紹良主編:《唐代墓誌彙編》(以下簡稱《彙編》),上海古籍出版社,1992年;周紹良、趙超主編:《唐代墓誌彙編續集》(以下簡稱《續集》),上海古籍出版社,2001年;吴鋼主編:《全唐文補遺》(第1—9輯)、《全唐文補遺》(千唐誌齋新藏專輯)(以下簡稱《千唐誌齋新藏》),西安:三秦出版社,1994—2007年;常福江主編:《長治金石萃編》(上下),太原:山西春秋電子音像出版社,2006年;趙君平、趙文成主編:《秦晉豫新出墓誌蒐佚》,北京:國家圖書館出版社,2011年;齊運通主編:《洛陽新獲七朝墓誌》,北京:中華書局,2012年;胡戟、榮新江主編:《大唐西市博物館藏墓誌》,北京大學出版社,2012年;趙力光主編:《西安碑林博物館新藏墓誌彙編》(以下簡稱《碑林》),北京:綫裝書局,2007年;趙力光主編:《西安碑林博物館新藏墓誌續編》(以下簡稱《碑林續編》),西安:陝西師範大學出版社,2014年;趙文成、趙君平主編:《秦晉豫新出墓誌蒐佚續編》,北京:國家圖書館出版社,2015年;以及已發表於刊物的經過整理的零散墓誌。

③ 臺北:稻鄉出版社,2007年。

是我們寫作本文的重要參考。但他寫作時可供參考的墓誌還比較有限，近年來，隨着《西安碑林博物館新藏墓誌彙編》等墓誌彙編陸續出版，大量新的有關潞州地區的墓誌得以刊布，專題研究論文也不斷涌現。[①] 這些圍繞新出墓誌展開的研究，除了對具體墓誌内容進行討論外，還涉及唐代潞州地區宗教信仰、喪葬習俗、民衆觀念、地域文化等問題，顯示了新出材料對推動研究的價值。

潞州位於今山西省東南部、黄土高原東南角，與今河北、河南省相接。其地勢東枕太行、南臨中原、西視河東、北接太原，周邊爲太行、太嶽、中條三大山脉所圍繞，形成一個相對封閉的區域。潞州之名因春秋時的潞子之國而得，三家分晉後其地爲韓、趙、魏所分割，秦漢時爲上黨郡，植被豐茂，“邑帶山林，茂松生焉”。[②] 地方豪强勢力强大，號爲“難治”。《漢書・地理志下》記：

> 太原、上黨又多晉公族子孫，以詐力相傾，矜誇功名，報仇過直，嫁取送死奢靡。漢興，號爲難治，常擇嚴猛之將，或任殺伐爲威。父兄被誅，子弟怨憤，至告訐刺史二千石，或報殺其親屬。[③]

魏晉以後，隨着羯、氐、鮮卑等族相繼進入這一地區，多民族混居，形勢更顯複雜。北周武帝時置潞州，隋改爲上黨郡，中廢而復置。唐又改爲潞州，後期此地成爲重要的藩鎮昭義鎮的治所。本文選取潞州作爲研究對象，既是考慮到這一地區唐代墓誌出土較爲集中，適合進行微觀個案的考察，同時也是因爲潞州所屬的昭義鎮在中晚唐的北方藩鎮格局中是重要的一環，有其獨特性。我們希望通過對這些墓誌内容的探討，進一步了解唐代潞州地區政治、社會變化的一些情況，也期望對中晚唐藩鎮，尤其是對藩鎮内部和基層的情況有更進一步的認識。鄙陋之處，還望方家指正。

---

① 這方面的論文就筆者所見有陳忠凱：《墓誌瑣談——讀〈西安碑林博物館新藏墓誌彙編〉》，《碑林集刊》第14輯，西安：三秦出版社，2008年，第412—423頁；陳忠凱、張婷：《西安碑林新藏唐—宋墓誌蓋上的挽歌》，《出土文獻研究》第8輯，上海古籍出版社，2007年，第292—302頁；胡可先：《墓誌新輯唐代挽歌考論》，《浙江大學學報》（人文社會科學版）2009年第3期，第175—183頁；郭桂豪：《〈唐車營十將安士和墓誌銘〉考釋》，《北京大學研究生學志》2009年第4期，第105—111頁；梁海燕：《唐人墓誌蓋題詩考論》，《中國典籍與文化》2011年第4期，第8—16頁；王慶衛：《從新見墓誌挽歌看唐五代澤潞地區民間的生死觀念》，《陝西師範大學學報》（哲學社會科學版）2012年第5期，第111—117頁；王慶衛、王煊：《生死之間：唐代墓誌中新見挽歌研究》，《碑林集刊》第16輯，西安：三秦出版社，2010年，第82—107頁；王慶衛、韓釗、傅清音：《唐代墓誌誌蓋鋪首紋飾之文化蘊意探析——以碑林新藏墓誌爲例》，《文博》2012年第5期，第28—32頁；景亞鸝、楊婉萍、劉寧：《唐代墓誌所見相墓習俗——以西安碑林博物館新藏墓誌爲例》，《碑林集刊》第17輯，西安：三秦出版社，2011年，第162—177頁；劉天琪：《墓誌“讖語”現象及誌蓋地域風格——以西安碑林新入藏隋唐潞州地區墓誌爲例》，《榮寶齋》2013年第6期，第118—131頁。

② 《後漢書・郡國五》襄垣條下注引《上黨記》，北京：中華書局，1965年，第3522頁。

③ 《漢書》卷二八下《地理志下》，北京：中華書局，1962年，第1656頁。

一、爲何徙居主要"因宦"?

《舊唐書·地理志二》記載了唐前期潞州大都督府建制的情況:

潞州大都督府 隋上黨郡。武德元年,改爲潞州。領上黨、長子、屯留、潞城四縣。二年,置總管府。管潞、澤、沁、韓、蓋五州。四年,分上黨置壺關縣。貞觀元年,廢都督府。八年,置大都督府。十年,又改爲都督府。貞觀十七年,廢韓州,以所管襄垣等五縣屬潞州。開元十七年,以玄宗歷職此州,置大都督府,管慈、儀、石、沁四州。天寶元年,改爲上黨郡。乾元元年,依舊爲潞州大都督府。①

可知,安史之亂以前此地的行政設置屢有變化,潞州曾陸續設爲總管府、都督府、大都督府。安史之亂爆發後,由於其特殊的地理位置,唐廷開始在潞州設置藩鎮。《新唐書》記:"至德元載(756),置澤潞沁節度使,治潞州。"②自大曆十二年(777)至建中三年(782),爲了防禦和制衡河北强藩,澤潞鎮跨越太行山脉,兼領邢、洺、磁三州,與昭義軍合并。此後多以昭義稱之,直至唐末。③

儘管潞州總管府、大都督府、都督府、澤潞鎮及昭義軍節度使的轄區在唐代不同時期屢經變化,但就潞州一地而言,其所統縣的數量主要還是在唐初有幾次變動。初領上黨、長子、屯留、潞城四縣,武德四年(621)從上黨分出壺關縣,貞觀十七年(643)韓州廢除後,舊所管五縣襄垣、黎城、涉、銅鞮、武鄉歸於潞州,④此後,其轄境一直比較穩定,没有太大改變。

我們現在所見潞州出土墓誌主要分佈在唐代的上黨(今山西長治市)、屯留(今山西屯留)、壺關(今山西壺關)、長子(今山西長子)、襄垣(今山西襄垣)、黎城(今山西黎

① 《舊唐書》卷三九《地理志二》,北京:中華書局,1975年,第1476頁。這段記載中,説到開元十七年時設置潞州大都督府,所管爲慈、儀、石、沁州,其中還應包括潞州。之所以未提可能是舊史記載的習慣所致。參陳翔《唐代澤潞鎮建置及擴建考》,《江西社會科學》2013年第2期,第109—116頁。

② 《新唐書》卷六六《方鎮三》,北京:中華書局,1975年,第1838頁。

③ 關於安史亂後澤潞地區藩鎮的設置和變動情況,可參賴青壽:《唐後期方鎮建置沿革研究》,復旦大學1999年博士學位論文;成一農:《唐代地緣政治結構》,收於李孝聰主編:《唐代地域結構與運作空間》,上海辭書出版社,2003年;王韻:《論唐、五代的昭義鎮》,四川師範大學歷史旅遊學院2003年碩士論文;郎潔:《唐中晚期昭義鎮研究》,中央民族大學歷史系2007年碩士論文;陳翔:《唐代後期澤潞鎮軍事地位的變化》,《中國歷史地理論叢》2008年第3期,第86—91頁;陳翔:《唐代澤潞鎮建置及擴建考》,《江西社會科學》2013年第2期,第109—116頁。此段論述對以上諸文均有參考,可以注意到澤潞鎮(昭義軍)的轄區在安史之亂後一段時間内變更情況較多,對此論者有不同的意見,關於澤潞(昭義)應如何準確稱呼,論者似乎也不太一致。這類問題因並非本文討論主旨,故在此略而不論,後文僅以昭義鎮統而稱之。

④ 李吉甫撰,賀次君注解:《元和郡縣圖志》卷一五《河東道四》,第420—423頁。

城縣西北古縣）、銅鞮（今山西沁縣西南故城）等地，即今山西東南部一帶，幾乎涵蓋了唐潞州全境。雖然墓誌出土存在一定的偶然性，但上黨出土的墓誌占總數的三分之二左右，已顯示出它作爲府城在潞州的核心地位。唐代製作墓誌、撰寫墓誌銘、購買家族墓地都需要相當的財力支撑，張正田先生判斷，墓主"以當地小姓以上之中上階層居多。"[①]這些中上階層，從墓誌内容來看，有一小部分是父祖三代或四代中曾擔任過中央官員、節度使軍職的家庭，也有父祖三代或四代中擔任過州級或縣級官員的家庭，還有則是家族成員擔任過試官、勛官、低級文武散官、版授官等，也存在父祖三代或四代皆爲處士或從事商業的情況。總的來看，他們政治地位較低，對中央政治事務的參與度不高，但根基於本地屬於潞州地方社會的中堅力量。這或許與潞州本地的政治、文化特點相關。唐代這一地區能躋身中央的士人家族不多，比較知名的僅有苗晉卿家族。所以，看上去在潞州社會發揮作用的主要是一些地方家族，如《王休泰墓誌》記其子嘉運"爲仁之領袖，鄉黨悌焉；作君子之模，宗族述其孝矣"。[②]《蕭知義墓誌》記其"祖玄、父金，並高蹈不仕，淑德遐聞，代推領袖，家傳禮樂"。[③] 郝四"恂恂於鄉人，平揖於府縣"。[④]郭延壽妻房氏"時蝗爲災，人阻艱弊。井税之外，請納金三百萬，粟十秉，以供軍用。"[⑤]這些人中蕭知義版授肅州刺史，房氏夫郭延壽爲試太子左贊善大夫，王嘉運祖父惠爲版授潞郡博士，郝四父科爲陪戎副尉，其家族隱約都有一些"官"的背景。可見像試官、勛官、低級文武散官、版授官這類官職，在地方上可能仍被視爲一種政治資源。特别是在具有中央背景的地方大族缺席的情況下，這類官員有可能成爲地方社會日常事務與活動的積極參與者，而官方史書很難注意到他們的存在。從這一角度來看，科舉制度的實行不僅逐漸消弭了世家大族的力量，或許也導致了中央與地方之間的有機政治聯繫被削弱和割裂，使地方社會從官方視野中淡出。

潞州墓誌分佈的情況還顯示，其治下的各縣里，中上層人士分佈的情況並不均衡。其中以上黨最爲集中，而隨着與上黨空間距離的增加，其密集程度逐漸減弱，如屯留、長子、壺關都有 30 方以上，稍周邊的潞城 24 方，襄垣 18 方，更邊緣的銅鞮、黎城則都没有超過 10 方，呈現出以上黨爲中心，屯留、長子、壺關爲内環，襄垣、銅鞮、潞城、黎城爲外

① 張正田：《"中原"邊緣——唐代昭義軍研究》，第 114 頁。
② 《彙編》大曆 023《唐故王府君（休泰）墓誌之銘》，第 1774—1775 頁。
③ 《碑林》一五五，第 392 頁。
④ 《碑林》一八三，第 461 頁。
⑤ 《碑林》二一九，第 558 頁。

環的輻射狀分佈,表明上黨集中了潞州主要的政治、經濟、文化資源,對周邊地區具有絶對的主導地位,其向背可以直接影響潞州的政治選擇,也對澤潞地區的政治走向有決定性作用。潞城、襄垣、銅鞮、黎城在潞州所處的邊緣性地位,既與空間地理距離有關,也説明了其地人才資源的匱乏。貞觀十七年(643)韓州的廢除或有這一考慮,不過并入潞州似乎對其地的政治、文化並没有太大的影響和改變。

下面我們先從移民角度出發,對潞州墓誌中記録的漢唐時期人口移徙的情況進行一些探究。

翻讀潞州墓誌,述及墓主的籍貫和先世時,往往以"本望他貫,後徙居潞州,今爲潞州××人"這樣的敍述結構出現。徙居的原因包括因宦,宗支流散,避地,有别業等。其中,"因宦移居"或"食采於邑"是最爲普遍的説法。如:

《李石墓誌》:"君諱石,字黄石。隴西成紀人也。食保無歸,流萍遂實,故爲襄垣縣人焉。"[①]

《劉節墓誌》:"河間人也。遠祖因官上黨,子孫家焉,故今爲潞州上黨人。"[②]

《王貞墓誌》:"太原人也。遠祖鐘,晉朝上黨太守,子孫因而家焉。"[③]

這類説法不僅見於潞州,在隋唐墓誌中也非常普遍,像是遵循某一模式的套話,很容易被視作墓誌的固定程式而受到忽略。然而,爲什麽這種關於望貫變化的敍述在隋唐墓誌中如此盛行?在其模式化語言的背後能否發掘出一些歷史信息呢?

如所周知,望貫不一致是唐代士族中普遍存在的現象。岑仲勉先生曾指出,"故就最初言之,郡望、籍貫,是一非二。歷世稍遠……而望與貫漸分,然人仍多自稱其望者,亦以明厥氏所從出也。延及六朝,門户益重。……此風逮唐,仍而未革,或久仕江南而望猶河北,或世居東魯而人曰隴西,於後世極糅錯之奇,在當時本通行之習。"[④]郭鋒先生認爲中古時期郡望與籍貫的不一致,主要源於士族家庭的遷徙。[⑤]楊向奎先生也注意到唐墓誌題書中郡望的增加與開天後士族遷徙情況的增多有密切關聯。[⑥]總之,望、

① 郎保利:《山西襄垣唐代李石夫婦合葬墓》,《文物》2004年第10期,第49—54、60頁。

② 《續集》開元041《大唐故騎都尉劉君(節)墓誌銘并序》,第481頁。

③ 《彙編》天寶104《唐故上騎都尉王君(貞)之誌銘并序》,第1604頁。

④ 岑仲勉:《唐史餘瀋》卷四《雜述·唐史中之望與貫》,北京:中華書局,2004年,第229頁。

⑤ 郭鋒:《晉唐士族的郡望與士族等級的判定標準——以吴郡清河范陽敦煌張氏郡望之形成爲例》,《唐研究》第2卷,北京大學出版社,1996年,第245—264頁。

⑥ 楊向奎:《唐墓誌題書郡望的增多及其原因探析》,《新疆大學學報(哲學·人文社會科學版)》2012年第6期,第111—115頁。

貫分離是唐代士族家庭現實生活的常態，與他們的中央化、官僚化有關。然而潞州的情況有所不同，在這些墓誌中，墓主身份能够稱得上士族的寥寥無幾，[①]誌文中雖然也敘及地望，但卻可視爲唐代郡望觀念普及乃至僞濫的結果。那麼，這些對望、貫不一致的敘述，是單純的攀附郡望？還是也與遷徙有關？擬或另有原因？

首先可以確定的是，這些墓誌在書寫模式上深受士族文化影響。如潞州人暴賢的墓誌是一方頗爲普通、常見的平民墓誌，其文曰：

君諱賢，字洪相。元出清州。暴也，周文王之孫叔懷是也。乃德俠弘遠，虁首成龍，乃致太平，神基敻遠。迢迢麗筆，列封諸侯；迹迹巧詞，遂封叔懷於暴城侯，因宦任官，子孫遂居潞部。曾祖諱歲，齊任并州郡守……[②]

將他的墓誌與同時期的士族墓誌比較，不難發現他們在撰寫模式上的相類之處。如出自南朝梁宗室、蘭陵蕭氏之後的《蕭令懲墓誌》是這樣記述的：

君諱令懲，字令懲，蘭陵人，帝嚳之遠裔也。昔微子以殷王之嫡嗣，建國於前；丞相以漢帝之功□，封□於後。自兹以降，弈葉彌隆。七代祖順之，梁文皇帝。六代祖衍，梁武皇帝。五代祖統，梁昭明皇帝。高祖詧，梁宣皇帝。曾祖岑，梁吴王。祖瑾，梁侍中，永脩侯。父澤，廬州司馬。[③]

從結構上來説，墓誌開章都追溯姓氏源流至黄帝、西周時代，後敘父祖姓名官爵，大體相似。高祖自北魏已開始任官、家族政治地位從北朝至唐一直很高的《唐儉墓誌》也不例外：

公諱儉，字茂約，太原晉陽人也。其先出自帝嚳，是生放勛，綿瓞克昌，濬源長發。夏御、周杜，皆分若木之華；楚勒、鄖羌，各挺詞林之秀。伯高飭行，位極文昌。儒宗創謀，竟淩天塹。焕前王之典册，光列代之油緗。事可征於博聞，此無得而稱矣。高祖岳，後魏肆州刺史；曾祖靈芝，齊贈尚書右僕射、司空公……祖邕，侍中、中書監、左右僕射、尚書令、録尚書事、晉昌王……父鑒，齊中書舍人、通直散騎常侍，

① 郭鋒先生在《晉唐士族的郡望與士族等級的判定標準——以吴郡清河范陽敦煌張氏郡望之形成爲例》（《唐研究》第2卷）一文中將是否列入郡望作爲判定某家族進入士族等級與否的標誌之一，本文也依照這一標準對唐代士族進行認定，即以敦煌文書所存唐代氏族譜殘卷中所列郡望爲依據，具體可參姜士彬著，范兆飛、秦伊譯，仇鹿鳴校：《中古中國的寡頭政治》附録五《唐代郡望表所見氏族索引》，上海：中西書局，2016年，第227—256頁。另外潞州地區出土的墓誌中雖然墓主多稱自己的郡望爲太原王氏、太原郭氏、清河崔氏、隴西李氏等，但大多爲無據可考者，對這類情況本文皆以非士族看待。

② 《彙編》顯慶084，第281頁。按誌題失墓主姓氏，根據墓誌内容推測墓主應姓暴。

③ 《續集》顯慶026《唐故梁□□□孫蕭君（令懲）墓誌記》，第101頁。

隋武賁郎將、戎順二州刺史、晉昌郡公,皇朝贈太常卿、上柱國。[①]

雖然從今人的眼光來看,這些關於姓氏的追溯都玄遠而難以證實,但在隋唐墓誌中這已成爲約定俗成的書寫習慣。其風氣應始於北魏末年以降,尤其是東西對峙之後,一些胡漢士人出於攀附心態,將祖先遠溯秦漢乃至上古,[②]我們甚至還可以將這一風氣的源頭追溯至魏晉以來"引譜入誌"的傳統,[③]至唐代已成爲墓誌書寫的標準格式,官僚、士族至平民皆如此。不過在敍述内容上,三誌的差别十分明顯。《蕭令懲墓誌》中關於蕭氏姓氏源流的説法與《元和姓纂》所記基本一致,以蕭爲微子之後。[④]《唐儉墓誌》雖在源流敍述上從略,但引用了大量典故來書寫唐氏歷史人物,如"夏御、周杜"乃指陶唐氏的後裔劉累曾爲夏後御龍,賜姓御龍氏,在周爲唐杜氏,[⑤]"楚勒"則指戰國時楚國的辭賦家唐勒,[⑥]"鄖羌"爲東漢桂陽郡臨武縣令唐羌,[⑦]"伯高"指西漢的清名之士沛郡唐尊,[⑧]"儒宗"指西晉平吴將領唐彬,[⑨]這些精緻的用典顯然與墓誌撰者許敬宗南朝文學世家的出身有關。相比之下,《(暴)賢墓誌》中關於暴氏姓氏淵源的描述雖然篇幅不少,卻甚爲粗疏,與《元和姓纂》所記暴氏姓氏淵源並不相符,[⑩]而翻遍史籍,也難覓得"暴城侯(暴成侯)"蹤迹,[⑪]這個"暴城侯"或是爲了符合士族墓誌的敍述習慣,"依葫蘆畫瓢"的隨意編造。

我們當然不是苛責暴賢墓誌所犯的知識性錯誤,只想由此指出在唐代非士族墓誌中,這類關於世系源流書寫不知何據的情況是普遍存在的,隨手即可拈出數例。如《封深墓誌》:"君諱深,字泰澄,渤海人。若乃殷人受氏,乃興微子之封;梁運膺符,□□延

---

① 《續集》顯慶006《大唐故開府儀同三司特進户部尚書上柱國莒國公唐君(儉)墓誌》,第88頁。案此段"夏御、周杜"、"楚勒、鄖羌",原文作"夏御周、杜"、"楚勒鄖、羌",我認爲斷句標點有誤,詳見下文考證。

② 范兆飛:《中古郡望的成立與崩潰》,《厦門大學學報》(哲學社會科學版)2013年第5期,第28—38頁。

③ 參陳爽:《出土墓誌所見中古譜牒研究》,上海:學林出版社,2015年,第98頁,第111頁。

④ 林寶撰,岑仲勉校記,郁賢皓、陶敏整理,孫望審訂:《元和姓纂》(附四校記)卷五記:"蕭,宋微子之後,支孫封於蕭,蕭叔大心子孫有功,因邑命氏焉。"(北京:中華書局,1994年,第556頁。)

⑤ 《元和姓纂》(附四校記)卷五,第662頁。

⑥ 《史記》卷八四《屈原賈生列傳第二十四》,北京:中華書局,1959年,第2491頁。

⑦ 《資治通鑑》卷四八《漢紀四十·和帝永元十五年(103)》,北京:中華書局,1956年,第1559頁。

⑧ 《漢書》卷七二《鮑宣傳》,第3095頁。

⑨ 《晉書》卷四二《唐彬傳》,北京:中華書局,1974年,第1217—1220頁。

⑩ 《元和姓纂》(附四校記)卷九記:"暴公,周卿士,見《毛詩》。應劭《風俗通》云:'暴辛,周諸侯也。'"第1311頁。

⑪ 在《(暴)廉墓誌》中,作"暴成侯",參見《彙編》咸亨079,第567頁。

陵之國。"[①]將封氏與微子、延陵聯繫在一起，似乎離題甚遠。[②] 又《陽城縣丞王君夫人陰氏墓誌》中稱："夫人諱容，晉陽汾陰人。其先晉大夫陰飴甥之後。"[③]陰飴甥其人雖然史書有記，但岑仲勉先生已指出此方墓誌對姓氏淵源的敍述"與林氏所舉兩説异"。[④] 還有些墓誌乾脆以非常籠統、模糊的方式來敍述祖先淵源，如《杜旻墓誌》就稱他是"神龍之苗，襲帝嚳之裔"。[⑤] 雖不確切，卻也不至大錯。這些説法雖不能説是完全隨意的編造，但顯然也不是出於熟稔典故的士人之手，撰寫者所具備的歷史知識與士人有較大差异，似足以説明非士族墓誌主要是從形式上接近和模仿士族墓誌。

這類形式上的模仿還表現在，一些非士族墓誌中關於父祖姓名、官爵的敍述常常會有所闕略。魏晉以來士族重門閥，因之父祖的世系、官爵在墓誌中歷來是敍述的重點。這一傳統也延續至唐代墓誌中，大部分墓誌在敍述祖先淵源後會對父祖三代以上的情況有所交待。[⑥] 但父祖名諱、官職闕略的情況卻不少見，如《(暴)賢墓誌》僅記其曾祖姓名、官職。又如《孫欽墓誌》："曾祖遇，隨朝任河東録事參軍。祖貞。"[⑦]父親的情況未記。《王貞墓誌》："曾祖德，梁國子祭酒；父弼，輕車都尉。夫人李氏。"[⑧]祖父的情況未記。《李公素妻王氏墓誌》："祖諱不載緒，父諱衛。"[⑨]明確説到祖父的情況已不詳。又或是父祖名諱、官職一律不見，如《張四胡墓誌》："曾祖、祖、父並明慎令德，謹□謙柔。"[⑩]以上所舉墓誌皆出於潞州，誌文的闕略之處各不相同，原因應也多樣，有些父祖的官職不書，也許是因爲未出仕；有些父祖的名諱不書，可能是缺乏記載；也有些只書任官的父祖情況，可能出於對官爵的崇重。不管爲何，内容的闕略在一定程度上説明現實的情形與士族墓誌中已固定化的父祖姓名、官爵敍述模式並不完全相契。在潞州墓誌中，這種闕略是普遍存在的，説明父祖姓名、官爵的闕略在非士族墓誌中比較常見，應具有一定的代表性。當然，不能否認在士族墓誌中也存在闕略的情況，只是並未如此普遍而已。

---

① 《續集》顯慶020《大唐故封府君(深)墓誌銘并序》，第97頁。

② 《元和姓纂》(附四校記)卷一記："姜姓，炎帝之後，封鉅爲黄帝師，胙土命氏。"第50頁。

③ 《彙編》顯慶003《唐故黄州總管府陽城縣丞王君夫人陰氏(容)墓誌》，第231頁。

④ 《元和姓纂》(附四校記)卷五，第749頁。

⑤ 《碑林》二七三，第704頁。

⑥ 就筆者所見，大部分唐代墓誌都采用這種行文格式，比較例外的是亡宫墓誌，對此將另文專論。

⑦ 《碑林》一九三，第488頁。

⑧ 《彙編》天寶104《唐故上騎都尉王君(貞)之誌銘并序》，第1604頁。

⑨ 《碑林》三三四，第873頁。

⑩ 《碑林》一〇七，第499頁。

從以上角度來思考潞州墓誌中的“因宦徙居”解釋模式,我們認爲很有可能是由於士族墓誌中對郡望的强調,導致、影響了士族以外的群體對這種書寫模式的模仿和套用。只是士族墓誌中往往只提郡望,少言現居地。而對非士族來説,郡望本爲牽附,現居地纔是其家鄉所在,從情感、現實利益方面都無法割捨,因此在墓誌中,他們往往會更强調籍貫(現居地),以“因宦”作爲望貫分離的堂皇借口,其實反而欲蓋彌彰。正如上舉三誌中,《蕭令懲墓誌》與《唐儉墓誌》中都只强調郡望而不及其他,僅《(暴)賢墓誌》特别提及其家因宦徙居潞州。

不過,我們認爲從蕭、唐類型墓誌到暴賢類型的墓誌,中間還應存在過渡階段。雖然墓主出身確認爲士族的墓誌中幾乎很少提及現居地,但在一些僞冒郡望的官僚家族墓誌中,這卻是比較常見的情形,[①]因此望貫並舉最初可能較多出現在一些僞冒郡望的官僚家族墓誌中,如唐初的李弘節家族就是一個明顯的例證。[②] 因而我們推測,最初在墓誌中同時敍述郡望與籍貫的,可能就是這樣一些政治地位提高後,試圖擠入士族圈的官僚家族。他們希望通過僞冒郡望改頭换面,提升社會地位,但又不能不提及其真正的家鄉,遂以“因宦徙居”一語帶過。而隨着社會中下層郡望僞濫情況的增多,這種説法也被很方便地借用並成爲固定的書寫樣板。當然並不是所有墓誌都以“宦”作爲徙居的解釋,但“本望他貫,後徙居×州,今爲×州××人”的敍述結構,來自於模仿一些類似於李弘節家族這樣的——試圖通過僞冒郡望提升社會地位的官僚家族,這點應該是可以確定的。其濫觴並不在唐,北魏已出現。如《張整墓誌》記:“君諱整,字菩提,并州上黨郡刈陵縣東路鄉吉遷里人。源出荆州南陽郡白水縣。五世祖充,晉末爲路川戍主,因宦遂居上黨焉。”[③]此張整,學者已明其乃出身稽胡白氏,並不姓張,其郡望更爲僞託。[④] 近

① 以上只是一個大略的説法,並不排除在一些士族墓誌中也會提到現居地或籍貫,而非士族墓誌中也可能不會提到郡望。但從普遍的情況來看,山東五姓士族墓誌中提到現居地或籍貫的情況比較少見,他們往往還是强調郡望。如《鄭仲連墓誌》:“公諱仲連,族鄭氏,其先肇自宗周,宣王母弟友封之於鄭,是爲桓公子孫,因氏焉。……今爲滎陽人也。”(《彙編》寶曆019,第2093頁)從墓誌記載來看,鄭仲連自高祖以下世代爲官,其家族在唐中後期還居住在滎陽的可能性很小,但墓誌中稱其今爲滎陽人,是注重郡望的表現。非士族群體更傾向於强調現居地或籍貫,如《秦進舉墓誌》:“貫居上黨縣,鄉號雄山,湖泐之里,西火村。土居莊東,鷄鳴嶺下。”(《碑林》三六三,第949頁)

② 參見張葳《唐代李弘節家族略考》,《中國典籍與文化》2015年第4期,第122—125、146頁。

③ 《魏故中常侍大長秋卿平北將軍并州刺史雲陽男張君(整)墓誌銘》,收於趙超主編:《漢魏南北朝墓誌彙編》,天津古籍出版社,1992年,第43頁。

④ 參見姚薇元:《北朝胡姓考》,武漢大學出版社,2013年,第202頁;何德章:《僞託望族與冒襲先祖——以北朝人墓誌爲中心》,《魏晉南北朝隋唐史資料》第17輯,武漢大學出版社,2000年,第137—143頁。

來，還有論者注意到"因官徙居"的敘事模式在唐代胡姓家族的族源敘事中也很常見，[①]這無疑也是漢族士族文化被效仿的結果。

由此可見，北魏至唐以來，在墓誌中頻繁出現的"因官徙居"敘述模式源於社會上對士族郡望的崇尚及攀附心態的流行，體現了非士族階層的心理特點。唐代墓誌中這一敘述模式的普遍化反映了唐代社會仍然深受魏晉以來士族文化的影響，同時又對士族文化進行着改寫和發揮。

二、隋唐以前徙居潞州的情况

"因宦"或許是一種方便的借用，"徙居"卻未必全是虛造。在潞州墓誌中看似通篇一律的描述中，仍有一些不盡相同之處，其中透露的歷史上潞州人口遷入的情况，耐人尋味。比如關於徙居的時間，就比較鮮明地分爲幾個階段。有自西晉時已徙居至潞州的，如：

《陳亮墓誌》："九世祖鐘，晉上黨郡守。因官就封，遂爲上黨人也。"[②]

《王貞墓誌》："遠祖鐘，晉朝上黨太守，子孫因而家焉。"[③]

《崔日進墓誌》："列祖公侯以至十八代祖暉，晉太尉、上黨太守、開國公，封屯留侯，子孫因居上黨矣。"[④]

《韓鄭墓誌》："祖韓温，晉鎮東大將軍、兗州刺史、上黨太守、長子侯。祖禰襲封，因即家於兹矣。"[⑤]

《牛征墓誌》："隴西狄道人。五代祖金，晉永嘉爲上黨太守。"[⑥]

《王讓墓誌》："潞州壺關人也……我先祖往爲晉懷帝徵上黨太守。"[⑦]

以上幾方墓主的祖先有着驚人相似的經歷，其説法值得懷疑。首先，宣稱祖先曾擔任上黨太守（郡守），或許與兩晉南北朝時期地方官職多用於贈官有關。張小穩先生指出："兩晉南朝，地方官職的主要贈與對象爲死難將士、地方官員和其他官員；作爲贈官的地方官職以都督、刺史、太守爲主……五品以下的低級官僚或無官職而死王事者獲贈

① 尚永亮、龍成松：《中古胡姓家族之族源敘事與民族認同》，《文史哲》2016年第4期，第123—138頁。

② 《碑林》一六三，第411頁。

③ 《彙編》天寶104《唐故上騎都尉王君之誌銘并序》，第1604頁。

④ 《碑林》二七一，第699頁。

⑤ 《秦晉豫新出墓誌蒐佚續編》二五三《唐韓鄭墓誌》，第311頁。

⑥ 《秦晉豫新出墓誌蒐佚》四〇三《唐牛征墓誌并蓋》，第512頁。

⑦ 《碑林》〇四〇，第118頁。

太守。”“北朝前期,以贈刺史、太守爲主,五品以上的官員死後獲贈刺史,五品以下的官員死後獲贈太守……北朝後期,贈地方官職轉以都督、行臺、總管爲主,太守僅用於對地位極低或無官位者的追贈。”①可見,兩晉南北朝,給予低級官僚或無官職而死於王事者的贈官往往是太守。墓誌中所稱的太守或即這一類贈官,在諛墓風氣的影響下,相沿而統稱官職不高或未有官職的祖先。

其次,上列墓誌中,陳亮和王貞的先祖都恰巧名“鐘”。遠祖名鐘在潞州不僅見此兩例,但大部分都出於王氏,王鐘似乎被相當一部分自太原遷居潞州的王氏視爲共同祖先,如《王能墓誌》中提到其遠祖鐘,授使持節冀州諸軍事、上黨太守、侯封潞縣,②雖未提及時代,但冀州諸軍事是西晉的官職,所以其“遠祖鐘”與《王貞墓誌》中的“遠祖鐘”應該處於同一時代,很可能即同一人。又《王美墓誌》:“并州太原人也。……上黨太守王鐘之胤緒。”③《賈紹墓誌》:“夫人王氏,即王鐘九代孫也。”④《王里奴墓誌》:“其先太原人。……王鐘之後。”⑤等等。雖然這些王氏彼此之間的血緣關係無法探明,但將西晉時的王鐘視爲徙居上黨的祖先,大概是存在於潞州王氏中的一種普遍認識。在《晉書》中我們僅找到一條有關王鐘的記載,“(姚)弼至姑臧,屯於西苑。州人王鐘、宋鐘、王娥等秘爲内應,候人執其使送之。”⑥此王鐘是否爲彼王鐘,殊難確定。⑦但潞州王氏的先祖王鐘顯然不是史傳中具有名望的某個太原王氏人物。上述墓誌中提到的陳鐘、牛金、崔暉等可能也是類似的情況,這就很值得進行更深入的探討。

以西晉爲先祖徙居潞州的時間,應該不完全是隨意僞託。我們知道,魏晉以來,上黨是胡族特别是羯胡内遷的主要地區,⑧永嘉之亂前後更是這一地區人口頻繁流動的時期,匈奴、羯等諸胡都曾在并州一帶起兵、活動。⑨這些必然會引起上黨人口劇烈的變動,尤其是以匈奴爲主的胡人大量遷徙,因此墓誌中提到徙居發生在這一時期合乎常

① 張小穩:《魏晉南北朝時期地方官職的品位化》,《江蘇社會科學》2014年第6期,第245—253頁。

② 《碑林》〇二五,第83頁。

③ 《碑林》〇四一,第121頁。

④ 《碑林》〇七七,第207頁。

⑤ 《碑林》〇八二,第220頁。

⑥ 《晉書》卷一二六《載記二十六·禿髮傉檀傳》,第3152頁。

⑦ 根據筆者的考察,潞州的移民有一部分來自於北魏初期的平涼户,即有可能來自於河西。而《晉書》所記的王鐘亦爲河西人,這是否只是歷史的巧合,目前無法確定。參張葳《隋唐時期潞州的申屠氏溯源》,待刊。

⑧ 《魏書》卷九五《羯胡石勒傳》,北京:中華書局,1974年,第2047頁。

⑨ 參《晉書》卷四《惠帝紀》,第92頁;《晉書》卷一〇一《劉元海載記》,第2644—2652頁;《晉書》卷一〇四、一〇五《石勒載記上、下》,第2707—2756頁;《晉書》卷一一九《姚泓載記》,第3009頁。

理。然而從姓氏上來看，陳、王、崔、韓等都是傳統的漢姓。根據我們的了解，漢人並不屬於這一階段移民的主體，對他們來說，這一時期上黨地區反而是要逃離和避開的。那麽墓誌中爲何卻特别强調其祖先的移徙發生在這一時期，並且有幾例還特别强調是在晉懷帝、永嘉之時？稽之史實，這種説法恐怕很難成立，但如果考慮到西晉是隋唐以前統治這一區域的最後一個典型的漢族政權，則聲稱西晉時遷居上黨也許可視爲帶有標明、强調漢族身份的意圖。

與之形成鮮明對比的是聲稱祖先在北魏時徙居潞州的説法。如：

《蕭知義墓誌》："後魏因官遂居潞州大都督府上黨縣焉。"[①]

《崔嗣墓誌》："君諱嗣，字□嗣，清河武城人也。……五代祖魏任并州刺史，食邑屯留，子孫因而宅此。"[②]

《翟德墓誌》："七代祖□，後魏上黨郡守，子孫居壺關也。"[③]

《郝四墓誌》："君諱四，名科，太原人也。周武王之錫姓，因封太原公郝子期之後。……後(魏)上黨太守赫那之孫胤也。"[④]

這四方墓誌的墓主姓氏，蕭、崔可歸爲傳統漢姓，翟、郝則未必。翟氏是魏晉北朝丁零中的著姓。據考，魏晉時期，大量丁零部落從漠北遷入中原，主要分佈於定州的常山、中山、趙郡和并州的上黨郡，[⑤]其中上黨郡壺關縣是翟氏丁零的主要聚居區之一，正與《翟德墓誌》中述祖先定居於壺關的説法吻合。另外誌文稱翟德原爲馮翊下邽人，[⑥]同出潞州的另一翟氏翟洪景也稱祖先爲馮翼(翊)人，[⑦]但馮翊下邽並非唐人所熟知的翟氏郡望。[⑧] 史傳中關於下邽翟氏的記載，僅見於《史記·汲黯傳》中太史公曰："下邽翟公有言"，[⑨]《元和姓纂》據此記"漢文帝廷尉翟公，下邳人。"[⑩]翟德、翟洪景墓誌大概是牽附於此。只是既爲牽附，爲何不選擇《氏族譜》所記地處鄰近的澤州高平，卻選擇不

---

① 《碑林》一五五，第392頁。

② 《碑林》〇六三《崔嗣墓誌》，第175頁。

③ 《碑林》一四五，第367頁。

④ 《碑林》一八三，第461頁。

⑤ 段連勤：《丁零、高車與鐵勒》，上海人民出版社，1988年，第152—155頁。

⑥ 《碑林》一四五，第367頁。

⑦ 《碑林》二〇〇《翟洪景墓誌》，第507頁。

⑧ 據《新集天下姓望氏族譜》，翟氏郡望有鄧州南陽、澤州高平、江州潯陽。參鄭炳林《敦煌地理文書彙集校注》，蘭州：甘肅教育出版社，1989年，第323—363頁。

⑨ 《史記》卷一二〇《汲鄭列傳第六十》，第3113頁。

⑩ 岑仲勉先生校"下邳"作"下邽"。參《元和姓纂》(附四校記)，第1582頁。

太爲人所知的下邽爲其郡望呢？在目前出土的隋唐墓誌中，聲稱爲下邽(邳)翟氏的除潞州外亦有數例，他們與粟特、小月氏等胡族通婚較多，[①]爲胡族後裔的可能性較大。因此儘管翟德的父祖名諱及其家文化傳統呈現出漢文化特徵，但仍不能排除翟德爲翟氏丁零後裔的可能性。潞州墓誌中還記有崔禮弟妹嫁與翟郎爲婦，[②]他們可能都是魏晉以來的丁零部落遷入中原後留下的後裔，此時顯然已完全融入當地社會。

另郝四，據其墓誌的説法，他是東漢末興起的太原士族郝氏的後裔，似乎可確證爲漢族後裔。[③] 然墓誌中提到的郝氏祖先郝子期、郝那在史書上都無記載，不太像出自太原著姓。據姚薇元先生的考證，太原郝氏也可能是烏丸大人郝且後代。他們在東漢以後漸居塞内，魏晉以後成爲邊境諸胡中的大姓。隨着烏丸與諸胡的融合，匈奴、盧水胡、稽胡及支胡中，皆有以郝爲姓者。[④] 因此，郝四更可能是烏丸或諸胡後裔。從郝四名“科”與父名“科”相同的情況來看，他也不太可能出於士族。其妻索氏，稱京兆扶風人，而非敦煌著姓索氏，是否可能也出於胡族呢？[⑤]

以上所述雖大多爲推測，但唐代潞州居住着一些胡族後裔應該是可信的。[⑥] 除翟、郝外，墓誌中還能看到匈奴姓氏中比較常見的董氏、[⑦]靳氏、[⑧]呼延氏，[⑨]鮮卑的慕容氏，[⑩]羌的庫狄氏等等。[⑪] 其中有些聚落也以這些姓氏命名，如董村、[⑫]北董村、[⑬]郝村等，[⑭]他們可能是集體遷徙而來，當然也有可能是經過長期繁衍而形成。

---

① 參《續集》開元080《大唐故右威衛將軍武威安公故妻新息郡夫人下邳翟氏(六娘)墓誌銘并序》，第508頁；《彙編》永徽020《隋豫州保城縣丞支君(彦)墓誌銘》，第143頁；《彙編》貞觀138《大唐故萬年縣尉孔府君(長寧)墓誌銘》，第95頁。

② 《彙編》建中009《貝州青河郡崔府君諱禮弟進葬誌銘》，第1827頁。

③ 范兆飛《中古太原士族群體研究》，北京：中華書局，2014年，第25—43頁。

④ 姚薇元《北朝胡姓考》外篇《未見魏書官氏志諸胡姓·第一東胡諸姓》，第173頁。

⑤ 按漢魏以來，索氏爲敦煌著姓，多爲漢姓。但郝四墓誌中有兩處都强調其妻索氏出自京兆扶風，或許有可能與唐武周時的酷吏索元禮一樣爲胡人。

⑥ 張正田的考察也傾向於認爲潞州的民族結構是比較複雜的。參張正田：《“中原”邊緣——唐代昭義軍研究》，第117—138頁。

⑦ 姚薇元：《北朝胡姓考》，第197頁。董氏在潞州頗爲普遍，在此僅舉數例，如《碑林》一五一《董禮墓誌》，第383頁；《碑林》一五八《董亮墓誌》，第400頁等。

⑧ 姚薇元：《北朝胡姓考》，第195頁；《碑林》〇三〇《靳稽墓誌》，第97頁；《碑林》二七七《靳進墓誌》，第714頁。

⑨ 姚薇元：《北朝胡姓考》，第198頁；《碑林》一四九《和善墓誌》，第375頁。

⑩ 趙君平、趙文成主編：《秦晉豫新出土墓誌蒐佚》七六四《唐慕容華墓誌》，第983頁。

⑪ 姚薇元：《北朝胡姓考》，第126—128頁；《續集》儀鳳016《唐處士杜君(美)墓誌銘》，第239頁。

⑫ 《碑林》一五一《董禮墓誌》，第383頁。

⑬ 《碑林》一五八《董亮墓誌》，第400頁。

⑭ 《秦晉豫新出土墓誌蒐佚》一二六《唐郝世義墓誌》，第165頁。

我們知道，大約自東漢末，匈奴等各族就已開始内遷，與漢人雜居。[①] 西晉時，上黨已成爲羯胡的聚居地，十六國時期翟氏丁零已在中原的政治舞臺嶄露頭角。但爲什麼，這些有可能是胡族後裔的人卻宣稱其先祖晚至北魏時纔定居上黨呢？我們一個不成熟的看法是，或許北魏時期有許多胡族部落已趨於解體，其成員逐漸融入漢族，甚至編户入籍，成爲定居居民。唐長孺先生在《魏晉雜胡考》中談及魏晉時期入居塞内的幾個胡族時説"五胡的割據與拓跋氏的占領北中國造成的後果之一是漢族與邊境各族的融合，但是在過程中間還貫串着鮮卑、氐、羌各族間相互影響與分解、融合的問題……大體上當北魏時期雜胡之中除了稽胡之外就有鮮卑化與漢化的兩大支。"[②]可見北魏是一個胡族融入漢族，轉向定居農耕生活的重要時期。而北魏太和年間實行三長制，整頓户籍則更加速了這一進程。雖然此點在墓誌中並未明確透露，但在較晚一些的唐代墓誌中，隱約提到了定居與編户入籍的關係。如《栗簡墓誌》："遠祖因官述職，遂編潞州黎城人也。"[③]此"編"應爲編户之編。又《王素墓誌》："則有府君者，并州太原郡人。……遂爲因官逐任，分散他州，置潞府襄垣縣長樂鄉禮教坊人也。"[④]此"置"也應與户籍有關。《牛敬福墓誌》説得更清楚："憲高祖上望，本出隴西，因任此居停留編附壺關爲貫。鄉屬洪山，關壁莊園，永就恒措。"[⑤]《任素妻李氏墓誌》的敍述最爲詳盡，其祖"後因官隨任，登涉潞州，寄客居於府城西北廿里壁子村。三代墳塋列在村東而首，本望在於墳州西河，□致别業於上黨，故爲此地人焉。"[⑥]有别業，有家族墓地，纔算是真正的定居。雖然栗簡等人祖先定居潞州的時間並非北魏，但誌文清楚表明編户入籍被視爲定居的標誌之一，這也可以解釋那些聲稱先祖在北魏時定居潞州的，除了翟氏、郝氏等可能爲胡族後裔的姓氏外，也還有蕭氏、崔氏這樣的傳統漢姓。也許他們的祖先遷居上黨的時間未必皆在北魏，但在其唐代後裔的眼中，卻很容易將定居時間歸到户籍被大量整頓的北魏時期。

此外，根據我們的考察，北魏平北涼後，一部分平涼户被徙至代京，安置於雁門一

① 唐長孺：《晉代北境各族"變亂"的性質及五胡政權在中國的統治》，《魏晉南北朝史論叢》，北京：中華書局，2011 年，第 122—184 頁。

② 唐長孺《魏晉雜胡考》，《魏晉南北朝史論叢》，第 429 頁。

③ 《唐故栗府君（簡）墓誌銘記并序》，收於常福江主編：《長治金石萃編》（上），第 169 頁。

④ 《唐故王府君（素）墓誌銘記并序》，《全唐文補遺》第七輯，第 436 頁；另收於常福江主編：《長治金石萃編》（上），第 200 頁。

⑤ 《碑林》二〇五，第 519 頁。

⑥ 《碑林》三一七，第 827 頁。

帶,其中有些逐漸擴散到潞州,他們定居潞州的時期大約也在北魏至隋這段時間。[①] 這些人大部分爲漢族,那些聲稱祖先在北魏以後移居潞州的,也有可能是平涼户的後裔。

以上分析説明,在潞州墓誌中,聲稱其祖先徙居的時間,無論是在西晉還是在北魏,都有值得懷疑之處。其中既包含了某些真實的歷史情況,也有社會歷史記憶綜合影響的結果。而對西晉或北魏的不同選擇,一定程度上體現出他們在唐代的子孫出於自身立場而做出的不同選擇。對於一部分漢族而言,他們更願意把西晉視爲其家族徙居的開端,作爲其漢族身份的一種表達;而對胡族而言,他們對祖先的記憶則更多地與北魏聯繫在一起,也許從融入漢文化的那一刻開始,定居纔真正發生。儘管到唐代,無論是漢族還是胡族後裔在文化上已相互融合,都宣稱自己是黄帝的後代,習慣於追溯自西周以來姓氏的演變,但兩者之間的差异仍然滲透在有關家族徙居的歷史記憶中,而這,也許是胡漢移民雜居區域的重要文化特徵。

比之稍晚,還有聲稱北齊時徙居潞州的家族,我們將相關内容列表如下。

表 1　北齊徙居潞州者墓誌一覽表

墓誌名	誌主	郡望	遷居事由	出處
《唐故騎都尉雲生墓誌之銘》	雲長	鄧州南陽人	屬齊興霸,(雲長)蒙授儀同三司。遂遣鎮守壺關,即因此家焉。	《碑林》〇七〇,第190頁
《唐任進七代祖孫墓誌》	任進	□□西河郡人	太祖龍,齊上黨郡太守。因官就封,食邑銅鞮,□□爲上黨郡襄垣□人也。	齊運通主編:《洛陽新獲七朝墓誌》二五四
《唐河東上黨郡大都督府屯留縣故彭君墓誌之銘并序》	彭珍	洛川彭城	曾祖叡,齊伏波將軍、上黨太守,因官子孫於此家焉。	《彙編》開元 391,第 1427 頁
《唐故張府君墓誌銘》	張仁	南陽人	曾祖延,齊任韓州司户參軍,子孫因而家之。	《彙編》開元 042,第 1183 頁
《大唐故朝散大夫潞州大中正李君(楚)之墓誌銘》	李楚	隴西狄道人	祖纂,齊長平郡守、屯留侯	《全唐文補遺》第9輯,第 430 頁

這五方墓誌的撰寫年代基本都在唐開天以前,雖然《李楚墓誌》中並没有提到其家

① 張葳:《隋唐時期潞州的申屠氏溯源》,待刊。

遷居於祖父李纂時，但屯留侯是唐人聲稱其先祖遷居潞州時常用的説法，由此或可推定其家的遷居也發生在北齊。

與之前聲稱祖先在西晉或北魏時移居潞州的墓誌敍述有所不同，這幾方墓誌中先祖的官職不再僅僅是"上黨太守（郡守）"，而有了一些別的職任，如儀同三司、伏波將軍、韓州司户參軍、長平郡守等。從時間上來看，墓主與其北齊曾祖、祖父僅隔兩、三代，記憶應該還比較準確，但細察這些官職，卻不免令人生疑。如儀同三司在北齊位二品，誌題中卻書其僅爲騎都尉；伏波將軍在南北朝頗爲常見，爲第五品上階，①按照北朝後期的贈官制度，其贈官不應該僅爲太守，而應爲更高的都督、行臺、總管之類，這裏仍稱上黨太守，也許是遵循"因宦徙居"的書寫模式；至於韓州司户參軍，由於北周建德六年（578）纔在襄垣設置韓州，②這一職任也不太可信；長平郡守同樣存在這一問題，長平郡在北齊初已廢，隋大業初纔復置，③因此北齊不太可能有長平郡守。如此看來，這些關於北齊先祖的官職大都不準確，或許徙居發生的時間更晚，在北周或隋，但在後人模糊的記憶中被遥想成北齊。

三、隋唐時期徙居潞州的情況

上述分析表明，潞州墓誌追述其祖先在隋唐以前徙居情況時，比較模式化，存在不少想像和粉飾的成分。相對而言，對其祖先在唐以後徙居的敍述則更具個性，也相對更爲真實、可信。如隋末戰亂引發的動蕩導致一些人徙入潞州。陳領的祖父仁"有隋之日，爰命征遼，於時山東諸州，並未賓款，往討德州，遭陷城没落，子孫奔投上黨，遂乃家焉"。④ 莫休"但以遠騎從征，近入關於此地。……因楚郡號名，置光身於韓部。"⑤唐代，自外地徙居潞州的情況可以比較鮮明地分爲兩個階段，唐前期主要是正常情況下的人口流動，如宋元逸"祖降，秀才擢第，任潞州録事參軍，秩滿，因家此焉"。⑥ 而安史之亂前後，遷入的情況則以避亂與從事藩鎮爲主。鑒於安史之亂前後遷入者的情況有其特殊性，並對當地社會産生顯著影響，以下擬對此作詳細探討。

---

① 《魏書·官氏志》記北魏時伏波將軍爲第五品上階，北齊官制多循魏制，亦應爲第五品上階。參見《魏書》卷一一三《官氏志》，北京：中華書局，1974年，第2984頁。

② 李吉甫撰，賀次君點校：《元和郡縣圖志》卷一五《河東道四》，第423頁。

③ 施和金：《北齊地理志》卷二《河北地區下》，北京：中華書局，2008年，第250—251頁。

④ 《續集》018《大唐故處仕陳君（領）墓誌銘并序》，第96頁。

⑤ 《碑林》〇九八《莫休墓誌》，第256頁。

⑥ 《碑林》一二五《宋元逸墓誌》，第320頁。

作爲唐代重要的政治事件,安史之亂影響深遠,自不待言。其所引發的全國範圍内的人口流動規模巨大,特别是這一時期北人南遷的人數和影響直可與永嘉亂後的南遷相提並論。然而長距離的南遷需要耗費大量的財力和物力,還要承擔巨大的未知風險,並非是最佳選擇。[①] 相較而言,就近避亂,遷居至北方戰火尚未延燒到的地區或比較偏僻的山區不失爲更好的選擇。[②] 上黨居於群山圍繞的高地之上,[③]杜佑《上李司徒相公論用兵書》稱:"澤、潞兩州,全居山内,土瘠地狹,積谷全無。"[④]《大清一統志》亦稱其擁有"四塞之固,東帶三關,據天下肩脊,當河朔咽喉,肘京洛而履蒲津,倚太原而跨河朔,太行瞰其面,并門負其背。"[⑤]不僅地勢險要,易守難攻,同時環境較爲封閉,自成一體,非常適合避亂。安史之亂前後徙居至此的家庭主要來自於鄰近的并州、洺州一帶。如:

秦承恩,"其先天水郡人……遠祖因官於太原,子孫相承,分枝流派,遂爲太原祁縣人焉。……公因避地移家,久居上黨,經五十餘年矣。"[⑥]

田意真家,"本松栢并州人也,遷居潞□龍潛處,向四紀焉"。[⑦] "洎狂胡逋梗,俶擾中華,人無懷土之心,匪唯流於上黨。"[⑧]

馬考顔,"封家扶風……因官廣平。……時也,頻經凶寇,士馬交横,黎庶流離,人失其業,因居潞焉。"[⑨]

稍遠有來自華州的,如李士温,"本隴西人也。……公士九世祖任華州長史……子孫因先□封食官邑,遂爲華陰人。……頃因離亂(下闕)潞人焉。"[⑩]

可見由於戰亂,潞州接收了不少周邊地區的流民。這些流民中像秦承恩、田意真等

---

① 如著名的崔祐甫家族在安史亂中的南遷旅程就充滿了艱辛和死亡,遑論其他。參伊佩霞著,范兆飛譯:《早期中華帝國的貴族家庭——博陵崔氏個案研究》,上海古籍出版社,2001年,第122—123頁。

② 參葛劍雄主編,吴松弟撰:《中國移民史》第三卷《隋唐五代時代》,福州:福建人民出版社,1997年,第438頁。

③ 此爲"上黨"得名之由來,參東漢劉熙《釋名》,唐李泰《括地志》等所論。

④ 杜牧:《樊川文集》卷一一,上海古籍出版社,1978年,第167頁。

⑤ 仁宗敕纂撰:《大清一統志》(嘉慶重修)第8册,卷一四二《潞安府一》,四庫叢刊續編史部,上海書店,1984年。

⑥ 《碑林》二四〇《秦承恩墓誌》,第615頁。

⑦ 《彙編》大和082《唐北平故田府君(萬昇)墓誌銘并序》,第2155頁。案此與後條都是出於田意真家族的墓誌,後條"狂胡逋梗,俶擾中華"應該指的是安史之亂。此條稱遷居上黨,"向已四紀矣",根據墓誌撰寫時間大和八年(834),四紀應該是四十八年,將近五十年的時間,向前推應該是公元786年,安史之亂以後。綜合兩條墓誌内容,可以推斷田意真家是在安史之亂後遷居上黨的。

⑧ 《彙编》元和114《唐故田府君(意真)墓誌銘并序》,第2029頁。

⑨ 《碑林》二五一《馬考顔墓誌》,第641頁。

⑩ 《碑林》二七〇《李士温墓誌》,第696頁。

並未在安史亂平後返回故里，而是就此在潞州定居。張正田先生對安史亂後澤潞地區州縣增廢情況曾進行過考察，指出澤潞地區在這一時期没有增廢州縣，説明這一地區的政治與社會結構較爲穩定，人口流動不大。[①] 澤州在此不做討論，就潞州而言，它在整體上呈現出的結構穩定，或許是因爲這一時期遷入的人口多少補充了因戰亂而損失的人口。遷入者還有助於本地兵將的補充，如父輩遷入潞州的郭元貴在昭義軍中擔任衙前散將，[②]安史亂中遷入的張朝清擔任中軍副將，其子□岩擔任左金吾衛大將軍、百人將，[③]安史亂後遷入的田意真的四個兒子也都在河東軍或昭義軍中任職。[④] 他們都不是從原籍應兵募徵發而來，而是在遷居潞州後纔加入軍隊。

據《舊唐書》記載，澤潞最早的鎮帥程千里曾經於安史之亂爆發後在河東地區招募了十萬人的部隊，駐扎於上黨。[⑤] 這十萬人中的大部分應是來自於河東道其他地區，也有出自潞州本地，如：

郝茂光，"望在太原，數世居潞。即平時業善府正員折衝，因安史騷亂，爲國討寇而不迴"。[⑥]

王守廉，"太原之雅望也。遠祖從宦，因居上黨焉，相襲自遠，迄于盛唐。……頃有叛臣構亂，蟻聚憑陵，屢乃畢力輸忠，志誠□命，恩效左領軍豐州府折衝。"[⑦]

王駕，"太原人也。因官遷播，奕葉居焉。……豈謂矚逢時難，爲國盡忠，討逆殊功，制賜高勛柱國。官授方州仁里府折衝都尉，賜緋魚袋。"[⑧]

吕崇一，"遠祖從官，因居上黨焉。……中原叛换，爲國忠良，斬將搴旗，功勛授賞。"[⑨]

田進，"宗本雁門，因官上黨，子孫在此，是爲居人。……頃屬亂離，久從戎幕。……醜徒彌迹，寰海清波。返步鄉園，退就田里。"[⑩]

耐人尋味的是，葬於潞州的以本地士兵爲主，來自其他地區的士兵則大部分未葬於

① 張正田：《"中原"邊緣——唐代昭義軍研究》，第 73 頁。

② 《碑林》三四六《郭元貴墓誌》，第 902 頁。

③ 《碑林》二四五《張朝清墓誌》，第 628 頁。

④ 《彙編》元和 114《唐故田府君（意真）墓誌銘并序》，第 2029 頁。

⑤ 《舊唐書》卷一八七《忠義下・程千里傳》，第 4903—4904 頁。

⑥ 《碑林》二五五《郝茂光及妻孫氏墓誌》，第 653 頁。

⑦ 《彙編》元和 133《唐故左領軍衛太原豐州府折衝都尉員外王府君（守廉）墓誌銘并序》，第 2043 頁。

⑧ 《碑林》二二九《王駕墓誌》，第 588 頁。

⑨ 《碑林》二二七《吕崇一墓誌》，第 581 頁。

⑩ 《碑林》二五六《田進墓誌》，第 655 頁。

本地,或者他們没有能力製作墓誌。考慮到這支部隊在安史亂中常被調動外出作戰,並未在上黨停留較長時間,出現這種情況也是可能的。此外,外地士兵被徵募時,並非携家眷而來,很多人在亂後大概也都與田進一樣,回到了各自的家鄉。總之,程千里爲鎮帥時期招募的河東士兵留居潞州的應該不太多,而此後昭義軍的組成中本地人也占有主要的分量。[①]

在軍將方面,情況則有所不同,因擔任軍職而留居潞州是較爲常見的情形。安史之亂爆發之初,就已有軍將陸續到此,如張茂賓"汾川人也。……屬天寶末,賊臣亂常,華夏鼎沸,挺霜戈以爲國,奮長策而經綸,掃滌祆氛,式遏寇虐,授昭義節度副使、中郎將,賜紫金魚袋、上柱國。"[②]萬齊嶽"其先東平人也……以屬戎羯亂常,中原騷動。必求良將,以静攙搶。公縱深謀,囤奇策,差攻必拔,所守則全。"[③]亂後,隨着中央與藩鎮關係的演變,投筆從戎成爲一時之選,奔赴藩鎮的文人武將成爲移居潞州的主力,如鄭仲連"卷廢典謩,恢張策術,有歸清排難之志"。[④] 先後在河東節度使馬燧、河陽節度使元韶、孟元陽手下擔任軍職,最後定居潞州,以昭義節度先鋒兵馬使的身份去世。陳州菀丘人衛國華也是流轉於節度使門下,最後隨孟元陽來到澤潞,定居於此。[⑤] 武龍賓"去大曆初年,以長子興博覽經典,或好武藝,洎乎漳水尋師,乃職佐諸侯之幕,於是移家潞子之國上黨縣焉"。[⑥] 李少榮"本桑梓魏郊人也,於貞元十四年來到潞邑,[時]奉元戎,賜衣紫綬,召繼轅門,牒補綾坊押官、守武衛將軍、試太常卿"。[⑦] 王傑"其先太原人也。……幼習儒墨,長擅韜鈐。年始弱冠,仗劍來謁,相國李公抱真一見器异,委之腹心。"[⑧]李戩"昭義故相國義陽王李公俾節度都衙,將金帛遠召,我府君承命應召,自此届於漳濱,故得累代元戎推能見用"。[⑨] 可見,昭義軍作爲緊鄰河朔的防禦控遏型藩鎮,對懷揣政治

---

① 《舊唐書》卷一三二《李抱真傳》:"抱真密揣山東當有變,上黨且當兵沖,是時乘戰餘之地,土瘠賦重,人益困,無以養軍士。籍户丁男,三選其一,有材力者免其租傜,給弓矢,令之曰:'農之隙,則分曹角射;歲終,吾當會試。'及期,按簿而徵之,都試以示賞罰,覆命之如初。"第 3647 頁。

② 《彙編》貞元 040《唐故張(石)都尉墓誌銘并序》,第 1865 頁。

③ 《碑林》二一七《萬齊嶽墓誌》,第 554 頁。

④ 《彙編》寶曆 019《唐故昭義節度衙前先鋒兵馬使滎陽鄭府君(仲連)墓誌銘并序》,第 2092 頁。

⑤ 《碑林》二六六《衛國華墓誌》,第 685 頁。

⑥ 《續集》貞元 037《唐故昭武校尉延州金明府折衝上柱國武君(龍賓)墓誌銘并序》,第 759 頁。

⑦ 《碑林續編》一八九《李少榮妻王氏田氏墓誌》,第 585 頁。

⑧ 《秦晉豫新出土墓誌蒐佚》六七九《唐王傑墓誌》,第 875 頁。另録文亦可見《大唐西市博物館藏墓誌》三五八,第 773 頁。

⑨ 《秦晉豫新出土墓誌蒐佚》七六一《唐李戩墓誌》,第 979 頁。另録文亦可見《大唐西市博物館藏墓誌》四一〇,第 885 頁。

抱負的士人與軍將具有較强的吸引力，因任軍職而定居的情況便比較常見。在昭義鎮存續期間，因從事藩鎮而遷入的情況應該是持續進行的，由《舊唐書》卷一六一《劉悟傳》所記"自是悟頗縱恣，欲效河朔三鎮。朝廷失意不逞之徒，多投寄潞州以求援。"①即可見之。

這些自外而來的士人、軍將不僅任職於昭義，也有不少即定居於此，其中又以擔任武職者居多。這能否説明昭義鎮的藩鎮僚佐中，外來的武職僚佐多於文職僚佐呢？②

按照一般的情況，藩鎮以軍事爲要義，設置的武職多於文職並不奇怪。儘管如此，潞州墓誌中所見外來文職僚佐稀少的情況仍然值得注意。戴偉華先生曾對唐各藩鎮文職僚佐的情況進行整理，③就昭義鎮而言，從至德二載（752）王思禮擔任鎮帥到天祐四年（907）李嗣昭擔任昭義軍節度使爲止，大致可確認有 68 人左右曾任職昭義。④ 新出史料可進一步將此人數增加到 91 人。⑤ 這 91 人，大部分並非潞州人，他們所擔任的職務包括節度副使、掌書記、行軍司馬、營田副使、判官、參謀、孔目官、要籍、觀察支使、觀察推官等，説明昭義與其他藩鎮一樣有着數量衆多、職類完備的文職僚佐，但這些文職僚佐中留居、葬於潞州的卻寥寥無幾，大約 21 例，占 23%左右。⑥ 我們不妨對此推測一二。

首先應與唐代充任藩鎮文武僚佐人選的身份差异和取向不同有關。據渡邊孝先生對浙西、淮南兩方鎮文職僚佐的考察，二鎮中文職僚佐出身於貴族階層者，占全部人數的 2/3，出身不明者占 20%，庶姓出身者僅有百分之十幾。⑦ 他所説的貴族，即士族。文

---

① 《舊唐書》，第 4231 頁。

② 本文對藩鎮文職僚佐、武職僚佐的認定依據嚴耕望：《唐代方鎮使府僚佐考》（收於氏著：《嚴耕望史學論文集》上，上海古籍出版社，2009 年，第 406—452 頁），張國剛：《唐代藩鎮軍將職級考略》（收於氏著：《唐代政治制度研究論集》，臺北：文津出版社，1994 年，第 157—174 頁）。

③ 戴偉華：《唐方鎮文職僚佐考》（修訂本），桂林：廣西師範大學出版社，2007 年。

④ 按據戴著統計人數應爲 69，但其中所舉《唐代墓誌彙編》貞元 040《張石墓誌》與《隋唐五代墓誌彙編》山西卷《張石墓誌》實爲同一方墓誌，誌記張石父張茂實曾在安史亂中擔任昭義節度副使，張石爲汝州梁川府折衝都尉，戴書誤以爲張石也曾任昭義節度副使一職，因删。

⑤ 陳長征：《〈唐方鎮文職僚佐考〉增補》（載於《唐都學刊》2010 年第 5 期，第 32—36 頁）增補 2 例，但其中 1 例李仲昌在李抱真手下僅擔任過洺州司倉參軍，今不録；郭茂育：《〈唐方鎮文職僚佐考〉新補》（載於《圖書館雜誌》2012 年第 5 期，第 86—90、96 頁）增補 1 例；石雲濤：《唐方鎮及文職僚佐考補正》（載於《人文叢刊》第九輯，北京：學苑出版社，2015 年，第 264—285 頁）增補 1 例。另本人在墓誌中新檢 20 例，參見文末附表。

⑥ 這一統計不够精確，昭義軍統轄範圍包括澤、潞、邢、銘、磁等五州，因此有些文職僚佐可能並未居住或葬在潞州，而是居於或葬於其他四州。但考慮到澤、邢、洺、磁州資料很少，而潞州作爲昭義軍治所，其政治地位在諸州中最爲突出，如果外地文職僚佐留居昭義，葬於潞州的數量應該是最多的，從這個角度來説，這一統計仍具有參考價值。

⑦ （日）渡邊孝《唐後半期の藩鎮辟召制についての再検討》，《東洋史研究》60－1，2001，第 46、53 頁。

職僚佐以士族出身居多,不僅限於浙西、淮南兩方鎮中,而是中晚唐藩鎮中普遍存在的現象。論者指出,中晚唐時期,大量士族後裔涌入藩鎮任幕職是普遍現象。[①] 雖然其具體情況還有待更深入的研究,但無可争辯的是,中晚唐時期,科舉出身的明經、進士多有入幕者,以至文宗、武宗時還對進士出身者入幕進行了限制,[②]但是效果並不佳。這些人中出自士族的比例較高,[③]他們在政治、文化上大都以中央爲歸屬,死後也往往歸葬兩京。而武職僚佐呈現的面貌則不同,根據劉琴麗先生的統計,藩鎮武職僚佐中士族階層所占比例較小,庶姓類占了3/4多,具有職業化、世襲化的特點,往往爲軍將子弟所把控。[④] 文職與武職僚佐由於社會構成的差别導致他們對藩鎮的感情不同。

説到底,這還是與藩鎮文武僚佐在藩鎮外遷轉之途的差异相關。石雲濤先生在對唐代幕府的研究中指出,"唐代幕制與官制在性質上雖有區别,幕府辟署和中央銓選在程式和方式上也不同,但兩者並未脱節"。使府參佐離開幕府後,"除了一部分由於種種原因不能或不願爲宦者外,大多數則重新進入中央任官銓選的軌道,到朝廷或州縣任官"。[⑤] 這主要指的是文職僚佐。戴偉華先生也説:"事實上唐代中後期的文士很多應使幕之聘以作進身之階的,發展到宋代進士必先任幕職。"[⑥]中晚唐時期,擔任藩鎮的文職僚佐,常常是爲了解決一時的經濟問題和快速進入中央官僚系統,這種過渡性很難令他們選擇長期定居於藩鎮,一些卸任幕職後不再任官的士人,往往也回到家鄉度過餘生。比如中唐時期的詩人熊孺登曾經爲西川從事,也曾在湖南觀察使府擔任判官,在罷職後選擇回到故鄉鍾陵;[⑦]又如李戎,雖然在磁邢居住了大半輩子,最後仍然歸葬洛陽祖塋。[⑧]

藩鎮武職僚佐的情況則不同。他們在藩鎮外的遷轉之途主要有二,一是入朝爲官,一是隨藩帥移鎮。[⑨] 入朝爲官有人數和級别限制,根據馮金忠先生的統計,唐後期昭義

---

① 李翔:《中晚唐五代藩鎮文職幕僚研究》,南開大學中國古代史2014年博士論文,第137頁。
② 石雲濤:《唐代幕府制度研究》,第256—257頁。
③ 毛漢光:《唐代大士族的進士第》,收於氏著:《中國中古社會史論》,上海書店,2002年,第334—364頁。
④ 劉琴麗:《唐代武官選任制度初探》,第176—177頁。
⑤ 石雲濤:《唐代幕府制度研究》,第290頁。
⑥ 戴偉華:《唐代幕府與文學》,北京:現代出版社,1990年,第19頁。
⑦ 傅璇琮主編:《唐才子傳校箋》第3册,卷六,北京:中華書局,1990年,第78—80頁。
⑧ 《唐故太常寺協律郎趙郡李公(戎)墓誌銘并序》,《千唐誌齋新藏》,第291頁。
⑨ 劉琴麗:《唐代武官選任制度初探》,第172—175頁。

鎮中入朝爲官的僅有朱忠亮一例。[①] 這在順地藩鎮中實屬罕見。而隨藩帥移鎮的方式，實際上只是隨節度使更换到另一個藩鎮，從嚴格意義上説仍没有進入中央官僚系統。雖然由武職升爲文職僚佐情況會有所不同，但一般都發生於高級武職僚佐中。因此藩鎮武職僚佐進入中央官僚系統並不容易，中下層武職僚佐更缺乏晉升孔道。此外，由於昭義作爲藩鎮的功能主要在於防禦控遏，除劉悟祖孫掌權時期以外，唐廷一直比較有力地掌控着昭義軍節度使的任命權。憲宗時即開始有意識地選擇文人擔任節度使，武宗討平澤潞後，更注意縮短節度使任期，以防節度使與地方發展出錯綜複雜的關係。[②] 凡此種種，都强化了昭義軍武職僚佐的在地化、土著化。因此，無論就制度規定而言，還是從現實發展的情況而論，藩鎮文、武職僚佐與中央官僚系統的親疏之别是導致外來武職僚佐更容易留居潞州的一個重要原因。

總而言之，儘管昭義軍的外來文、武職僚佐都有不少，但武職僚佐更容易實現在地化、土著化，這也使得昭義鎮的藩鎮性格更偏於武質化。外來武職僚佐的不斷加入與昭義鎮武質化的藩鎮性格形成相互作用。

潞州的墓誌材料同時顯示，墓主或其親屬擔任昭義鎮武職僚佐的數量也大大超過文職，文職僚佐中以擔任驅使官、要籍這類與節度使關係親密的職務較多，而掌書記、判官等對文學修養要求較高的職務則未見本地人出任。[③] 這説明不僅外來文職僚佐難以留居潞州，本地人出仕文職或進入中央官僚系統的意願也相對淡漠，他們的文學素質可能也不太高。對此張正田先生早已指出，唐前期澤潞區（包括澤、潞兩州）相對於邢洺區（包括邢、洺、磁三州）遷葬兩京的情況較少，大都遵循“從舊貫葬”的舊習。這其中既有受限於本區地理因素的緣故，也體現出本地地域性格較爲保守的特點。張先生同時指出，澤潞區“不仕”或“歷代皆不仕”頗多，到唐後期更甚，本地没有大士族産生，而新興的莊園主又没有積極地結合官僚體系以取得功名。[④] 這也可以得到正史記載的部分印證，唐中晚期基本上没有出自這一地區的士人載於正史，而新舊《五代史》中所記出

① 馮金忠：《唐代河北藩鎮武職僚佐的遷轉流動（一）——以與中央朝官間的流動爲中心》，收於氏著：《唐代河北藩鎮研究》，北京：科學出版社，2012 年，第 31 頁。

② 張正田：《“中原”邊緣——唐代昭義軍研究》，第 191—207 頁。

③ 粗略統計，潞州墓誌中提到墓主或其家人擔任昭義鎮文職僚佐的情況有 23 例，職務有節度副使，驅使官，要籍等。擔任武職僚佐的情況有 64 例，職務有兵馬使、十將、散將、押衙、都虞侯等。文職僚佐中，擔任驅使官的比例很高，有 9 例，要籍 4 例。

④ 張正田：《“中原”邊緣——唐代昭義軍研究》，第 94—117 頁。

於澤潞的人物如安崇阮、李建崇、武漢球等幾乎清一色皆爲武將。[①]

儘管如此,傳世文獻和碑誌記載仍顯示,一直以來本地的儒家文化傳統並未斷絶。開天前後,士族遷往兩京的高潮過後,留居於此的仍有儒學修養深厚者。如田佐時,"偉容儀,涉獵經史,好大言時務。……隱居於潞州,懷道高尚。觀察使李抱真,數薦之。自拾遺至諫議,皆不起。"[②]安士和"考諱良素,儒林洪業,學富九經。寔德長材,聞一知十。不趨名利,靡謁王侯。公禄不窺,安閑樂道,時人號三教通玄先生。"[③]郝四"曾祖將,祖璧,並高結養志,塞門不仕。恣情琴酒,嘯傲林泉,賞風雲,玩書史。……(郝四)丱歲聰敏,弱冠成人。經籍大猷,莫不窮覽。固天多縱,出言有章。恂恂於鄉人,平揖於府縣。"[④]自稱滎陽鄭氏之後的鄭朝尚"樂道自怡,高尚不仕。皆以洪儒碩學,博雅君子。幼而讀書,長而學釰。文武雙美,忠孝兩全。丘園隱迹,里閈哲賢。"朝尚子叔倫"九流諸子,非不□求,三史五經,披尋博攬。"[⑤]

在一些遷入的士人家庭中,也可看到詩書傳統的繼承。李勍"曾祖□,弱冠勤學,明經及弟。調授漢州參軍,遷潞府士曹,因家上黨。祖業,臨漳府折衝都尉、賞緋魚袋。父殊,將仕郎、吏部常選。府君幼習經明,早從鄉薦……以經史□資身之本,以仁義爲一族之源……嗣子□,恭守家風,雅多才藝。專勤禮教,頗擅□名。抱器懷能,才諧仕進。次□,遊學於外,□即榮途。幼□,□□鄉貢明經。"[⑥]

但上述描述也顯示,像田佐時、安良素等本地士人往往秉持清高不仕的態度。還有一些士人,雖曾有仕進企圖,卻遭遇種種不利,未能如願。如房某"姓(性)本英賢,儒門立仕,年未弱冠,經史並通。功業既成,早蒙鄉貢。纔登省閣,丁妣之憂,乃歸私第,守其禮制,永不求於名利,達其大道者也。"[⑦]因母喪放弃了大好前程。王玘"好玩墳典,德達儒章,鄉閭薦舉,省門得疾,庠於京□。春秋廿有八,卒於私第。"[⑧]早逝令他走進長安的

---

① 《舊五代史》卷九十《安崇阮傳》,北京:中華書局,1976年,第1186頁;《舊五代史》卷一二九《李建崇傳》,第1701—1702頁;《舊五代史》卷一〇六《武漢球傳》,第1394頁。

② 參王欽若等編纂,周勛初等校訂:《册府元龜》卷七七九《總録部·高尚第二》,南京:鳳凰出版社,2006年,第9028—9029頁。又《新唐書》卷一五二《張鎰傳》亦記:"時黜陟使裴伯言薦潞州處士田佐時,詔除右拾遺、集賢院直學士。"第4830頁。

③ 《碑林》三二一《安士和墓誌》,第833頁。

④ 《碑林》一八三《郝四墓誌》,第461頁。

⑤ 《碑林》二四二《鄭朝尚及妻粟氏墓誌》,第620頁。

⑥ 《碑林》三五五《李勍墓誌》,第925頁。

⑦ 《大唐西市博物館墓誌》四六二《房府君墓誌》,第997頁。

⑧ 《碑林》二二九《王駕墓誌》,第588頁。

步伐戛然而止。也有由文職轉向武職的，如廉汶，"曾門諱元裕，文林郎、守果州朗池縣主簿，後任承務郎，東宫□監丞。皇祖諱均，前鄉貢明經。"到廉汶這一代，則"不墜門地，歷事旌旄"。廉汶的兩個兒子"禮樂立躬，書劍標美。……軍府推景行君子。"[①]儘管一些遷入的士人家庭如李勍家族，還能保持儒業的傳續，也更積極於中央官僚系統的仕進，但由於數量較少，使本地不仕的保守態度更占據上風，造成潞州文士匱乏的印象。不仕傾向對中晚唐潞州士人在科舉中的表現也造成影響。以相似的幽州爲例，據統計，中晚唐時期出自幽州的舉子可考的有 38 人，[②]而我們在唐中後期潞州墓誌中卻只見到數例鄉貢明經，1 例鄉貢進士。[③] 也許這一對比不够精確，但唐末澤潞成爲李克用、朱温集團争奪的重要地區，兩個集團中，河北士人都更爲活躍，也從一個側面説明了這一問題。[④]

潞州士人的保守態度或許與他們在地方社會中的沉寂有關。墓誌透露唐中後期活躍於潞州地方社會的多爲平民。如郎清"自以學深行直，識密智通，耿介風清，温良德厚。爲鄉□之標準，作閭里之軌模。"[⑤]程仙君"鄉黨領袖，郡縣之眉，談説清詞，衆推輪（翰）札。"[⑥]張恭"父諱感……貴信諾類珠璣，賤榮禄如糠粃。君……恂恂鄉黨，夙著能名。知命之年，擢爲耆老。府縣人吏，仰其規模，訓洽家庭，名揚帝闕。"[⑦]張君"人倫仰德，郡邑稱賢。學覽衆經，言無虚發。……長子友誼，德亮弘深，三端必備。久任閭閻之領袖，與鄉邑之眉門。郡縣播傳，無不稱美。"[⑧]牛延宗"不拘小節，重於信義，人有危急，以誠報之，必□蹈火之遂"。[⑨] 冀崇暉"考諱思閏，以輕財重義爲道，以仁孝敦篤爲榮。……（公）剋己復禮，言行無玷，温恭有聞。不屈節而達於時，不趨時而博於利。通其貨而不粥其弊，然後賙賑匱乏，施及緇徒。"[⑩]這些家庭除冀崇暉的祖父曾任朝散大夫守晉州長史外，基本上數代皆爲平民，無官職，也不以儒學見長，卻被視爲鄉党領袖、閭

① 《碑林》二七四《廉汶及妻孫氏墓誌》，第 707 頁。

② 劉琴麗：《中晚唐河北舉子研究》，《史學集刊》2009 年第 4 期，第 39—42 頁。

③ 《碑林》二七四《廉汶及妻孫氏墓誌》，第 707 頁；《碑林》三五五《李勍墓誌》，第 925 頁；《秦晉豫新出墓誌蒐佚》六七九《唐王傑墓誌》，第 875 頁。

④ 陸揚：《論馮道的生涯——兼談中古晚期政治文化中的邊緣與核心》，《唐研究》第 19 卷，第 287—329 頁。

⑤ 《碑林》二八〇《郎清墓誌》，第 720 頁。

⑥ 《大唐西市博物館藏墓誌》四四五《程雲墓誌》，第 957 頁。

⑦ 《大唐西市博物館藏墓誌》二八八《張恭墓誌》，第 625 頁。

⑧ 《碑林》三〇六《張君及妻解氏墓誌》，第 788 頁。

⑨ 《彙編》乾符 015《唐故隴西牛府君（延宗）墓誌銘并序》，第 2482 頁。

⑩ 《大唐西市博物館藏墓誌》三五九《冀崇暉墓誌》，第 775 頁。

里軌模。他們的共同特點是具有一定的經濟能力,如郎清有莊園,[①]冀崇暉可能經商;同時講究基本的儒家倫理,以輕財重義、貴信諾、重信義爲其突出特徵。昭義鎮的富商在史書中時有記載,《資治通鑑》記昭義節度使劉稹的押牙王協爲了聚斂貨財,請稅商人,稱稅商。又記"邢州富商最多",裴問的"夜飛兵"中多富商子弟。[②] 可見商人在昭義鎮中是比較活躍的階層,他們可能在地方社會中也占有一席之地。這些本地家族既有别於魏晉以來的地方豪族,也不同於士族,他們在與地方政府謹慎保持距離的同時,也成爲民間力量的代表,而士人卻在潞州社會中逐漸隱退了。

以上我們對唐中後期昭義鎮文武僚佐遷入的狀況以及潞州本地人出仕文武僚佐的基本情況進行了討論。僅想由此説明,或許由於藩鎮文武僚佐的社會構成、政治取向及朝廷對藩鎮文武僚佐不同的政策,導致了昭義鎮外來武職僚佐更多留居潞州,但昭義鎮本地人出仕的情況也表明,他們更傾向於出任武職僚佐。充任文職僚佐的本地資源有限,外來文職僚佐又少有留居潞州,造成人才匱乏,加重了昭義鎮對中央資源的需求和倚賴。

平心而論,潞州從北朝以來就不是一個具有深厚文化資源的地區,不像鄰近的幽薊地區,曾經産生過如范陽盧氏、祖氏等世家大族,比之同區的邢洺也有所不如。可能源於這一地區一直以來屬於兵家必争之地,不斷有移民進入,不能形成本地有影響力的大族,也導致潞州在政治、文化資源上需要更多借助外來力量。中晚唐時期,昭義與唐廷總體緊密的關係使它可以更多地利用中央的政治、文化資源,而不必强求於本地,這或許導致了本地文化基礎的進一步弱化。同時,河朔藩鎮的壓力迫使朝廷要更加確保對澤潞的掌控,特别是武宗平澤潞後,爲了更好地控制昭義軍,唐廷頻繁調任節度使,使得節度使的任期過短,少則數月,多僅三年,與本鎮不足以形成緊密聯繫,不利於他們對本地文化、教育事業的經營,軍事與軍人成爲這一藩鎮顯著的特色。

四、結　　語

作爲墓誌敘述中的常見用法,"因宦徙居"很容易被視爲模式化的描述,受到忽略。我們選擇以潞州爲研究的出發點,一方面從整體上探討了"因宦徙居"這種敘述模式在

① 誌記:郎清獨有一女"在室不事,遂招得入門女夫郭友誼繼承後嗣,以存外舅莊園"。見《碑林》二八〇《郎清墓誌》,第720頁。

② 《資治通鑑》卷二四八《唐紀六十四·武宗會昌四年(844)》閏月壬戌條,第8005頁。

唐代墓誌中的普遍化問題，另一方面則以潞州爲具體的個案研究對象，嘗試探討唐代墓誌中所展現的這一地區自晉至唐的人口遷入情況及相關問題。

我們認爲，"因宦徙居"敍述模式在唐代墓誌中的大量出現，並非完全是套話。其敍述內容既存在"虛"的套話的一面，即反映了這一時期非士族墓誌在形式上對士族墓誌的接近和模仿，是這一時期社會上存在的崇尚和攀附士族郡望的體現，它與唐代士族望貫分離現象關係並不大，只是巧妙地爲攀附郡望者所利用，成爲掩飾的借口，又隨着郡望僞濫而演化成墓誌中常見的敍述語式，形成套路化和形式化的措辭。[1] 同時，"因宦徙居"敍述模式也存在"實"的一面，我們可以根據墓誌中關於"徙居"的一些具體描述來考察潞州自西晉以來人口遷入的情況。發現，徙居發生時間距離唐代愈遠，則相關的描述愈加呈現一致化，比較突出地表現在徙居的祖先往往擔任的都是上黨太守（郡守）、屯留侯一類的官爵。這説明，對於唐代的子孫而言，經過了漫長的歲月，其祖先具體的徙居過程已不重要，但何時徙居仍然被視爲一個重要問題，因此對於徙居時間的描述，出現了西晉、北魏、北齊等不同説法。其中聲稱西晉末永嘉之亂時遷徙的漢姓比較多，我們認爲這並不符合史實，推測可能帶有標明、强調漢族身份的意圖；聲稱北魏時期徙居的人群中則既有漢姓也有胡姓，這或許與北魏時期户籍的大量整頓有關，也可能是遷徙至代京、雁門的北魏平涼户擴散到了潞州。不管怎樣，我們認爲一部分胡姓以北魏作爲其祖先徙居潞州的起點，可能是一種刻意的選擇，與其胡族身份有關。從中似乎可以窺見，儘管到唐代，漢族和胡族後裔在生活、文化上已經互相融合，但他們對自我身份的認定仍能通過家族徙居的歷史記憶顯露出來；聲稱祖先徙居發生在北齊的幾則墓誌，在關於先祖官職的敍述上更多元化，但具體考之，則大多不符合史實，這可能與缺乏族譜等系統記録家族歷史的文字資料有關。

相對來説，隋唐時期，關於徙居情況的描述漸趨具體和個性化，其內容也更趨於真實的歷史描述，這讓我們大致可以了解隋唐以後潞州地區的人口遷入情況。其中最值得關注的是安史之亂前後，遷入潞州的人口明顯增多，有些是爲了避亂從鄰近地區遷入，有些則是亂後爲了謀取更多的政治發展機會而從事藩鎮，此時潞州對外來移民的吸引力與其作爲昭義鎮的軍政中心有一定關係。我們發現，因避亂而定居潞州的家庭，其後代中有一些成爲昭義軍的士兵和軍將，而因從事藩鎮，最終定居潞州的僚佐，也以武

---

[1] 相關研究還可參見柳立言《宋代墓誌銘的虛與實及其反映的歷史變化——蘇軾乳母任採蓮墓誌銘探微》，北京論壇（2005）文明的和諧與共同繁榮——全球化視野中亞洲的機遇與發展："歷史變化：實際的、被表現的和想像的"歷史分論壇論文或摘要集（上），第 262—283 頁。

職居多,似乎武職是他們更傾向的選擇,這可能與唐廷對藩鎮文武僚佐實行的不同政策有關,也與昭義鎮在唐帝國中所處的地位有關。可以說,唐中晚期潞州遷入人口的特點既是昭義鎮作爲控禦防遏型藩鎮導向的結果,同時又促進了昭義鎮進一步武質化,兩者互爲因果,共同塑造了中晚唐的昭義鎮,使其呈現出以軍事與軍人爲顯著特徵的藩鎮性格。[①]

唐末潞州墓誌中出現了一種新的敍述傾向,即記述墓主貫屬,詳至某鄉某村或某鄉某坊,五代至宋,這種情況更爲普遍,並不僅限於潞州,考其墓主多非士人。對墓主籍貫的詳盡敍述在北朝墓誌中也出現過,如《韋彧墓誌》:"京兆杜人也,今分山北縣洪固鄉疇貴里。"[②]《高殷妻李難勝墓誌》:"趙郡柏仁永寧鄉陰灌里人也。"[③]但這些籍貫其實是墓主郡望,並非其實際居住地。而潞州墓誌中所述貫屬、貫居則表明此地爲其目前所居地,且如果誌主因故不居於此,誌文中也會有所説明,如《苗存墓誌》:"本當府屯留縣蒲汭鄉穀西村人。……早因家户寄迹戎門,遂流居府内。"[④]《牛安墓誌》:"牛府君本貫壺關縣崇賢村,見在府城市東街□□王宅矮槐園内住。"[⑤]爲何從唐末開始,非士人的墓誌中會出現這樣的傾向,我們推測或許是他們和本地之間的聯繫加强,亦或是基層户口制度更趨完善?總之,墓誌記敘的重點有了變化。在隋唐五代買地券中,也常會詳述墓主生前居住鄉里貫屬的情況,而買地券在晚唐五代也呈現出逐漸增多的趨勢,[⑥]這種敍述是否對同期墓誌的書寫産生影響?還是兩者受到共同的政治、文化因素影響?或俟有識者進一步研究。

附表:新出史料所見昭義鎮文職僚佐

序號	人　名	職　務	誌　　文	出　　處
1	蔡　振	掌書記	昭義節度掌書記,大王父也。	《全唐文補遺》第6輯《故銀青光禄大夫太子左庶子致仕上柱國濟陽蔡府君墓誌銘》,第216頁。

① 需要指出的是,這裏僅重點討論了潞州一地的情況,中晚唐昭義鎮治下的其他地區情況可能有所差异,但潞州作爲昭義鎮的治所,應該具有一定的典型性。

② 羅新、葉煒:《新出魏晉南北朝墓誌疏證》五四,北京:中華書局,2005年,第128頁。

③ 羅新、葉煒:《新出魏晉南北朝墓誌疏證》七八,第194頁。

④ 趙文成、趙君平主編:《秦晉豫新出墓誌蒐佚續編》九七九《宋苗存墓誌并蓋》,第1358頁。

⑤ 趙文成、趙君平主編:《秦晉豫新出墓誌蒐佚續編》九八七《宋牛安墓誌》,第1366頁。

⑥ 魯西奇:《中國古代買地券研究》第三章《隋唐五代買地券叢考》,厦門大學出版社,2014年,第176—259頁。

續表

序號	人　名	職　務	誌　　文	出　　處
2	眭　某	要籍	夫人望本趙郡，即故眭要籍之淑女也。	《碑林》二七五《郭溱墓誌》，第710頁。
3	米　某	後院軍副使	夫人米氏……即後院軍副使賢妹也。	《碑林》二九五《閻叔汶及妻米氏墓誌》，第760頁。
4	趙　譚	節度要籍	祖譚，皇昭義軍節度要籍、試太常寺協律郎、行洺州清漳府折衝都尉。	《碑林》三〇七《宋晏妻趙氏墓誌》，第776頁。
5	程　述	使院驅使官	育嗣子三人：長曰述，使院驅使官、試左武衛兵曹參軍。	《碑林》三二八《程進瓌妻梁氏墓誌》，第852頁。
6	青　□	使院驅使官	嗣子三人……次□，使院驅使官、文林郎、試左金吾衛長史。	《碑林》三三二《青陟霞及妻萬氏墓誌》，第865頁。
7	李　榮	節度驅使官	皇考諱榮，潞州節度驅使官。	《碑林》三三六《李仲甫及妻崔氏田氏墓誌》，第877頁。
8	李仲甫	左埉馬軍都要	公即弟三子也，綰左埉馬軍都要。	《碑林》三三六《李仲甫及妻崔氏田氏墓誌》，第877頁。
9	申處顒	使院驅使官	有子二人……次曰處顒，節度使院驅使官、朝議郎、試左金吾衛長史。	《碑林》三四七《申公妻竇氏墓誌》，第904頁。
10	李從之	驅使官	夫人李氏，即故驅使官從之弟十女也。	《碑林》三四八《丘林恭及妻李氏墓誌》，第907頁。
11	李　勍	節度法直	府君……擢授節度法直。	《碑林》三五五《李勍墓誌》，第925頁。
12	李　戩	節度驅使官	誌題爲：唐故節度驅使官、試左千牛衛長史李公墓誌銘并序	《秦晉豫新出墓誌蒐佚》七六一《唐李戩墓誌》，第979頁；録文亦可見《大唐西市博物館藏墓誌》四一〇，第885頁。
13	慕容潘	使院驅使官	嗣子四人：孟曰潘，使院驅使官、試左武衛兵曹參軍。	《秦晉豫新出墓誌蒐佚》八四〇《唐慕容政及妻崔氏、高氏墓誌》，第1081頁。

續表

序號	人名	職務	誌文	出處
14	王傑	節度隨使	維唐歲直癸巳月在乙卯日次己巳,昭義軍節度隨使、征馬軍兵馬副使、驃騎大將軍、行左吾衛大將軍員外置同正員、試太常卿、上柱國、太原縣開國公、食邑五千户王公,啓手足歸全於潞州上黨縣從政坊私第。	《秦晉豫新出墓誌蒐佚》六七九《唐王傑墓誌》,第875頁;録文亦可見《大唐西市博物館藏墓誌》三五八,第773頁。
15	權時若	懷澤潞等州節度副使	誌題:唐故懷澤潞等州節度副使開府儀同三司太常卿天水郡開國公食邑二千户上柱國權府君墓誌銘并序	《秦晉豫新出墓誌蒐佚續編》六五三《唐權時若墓誌》,第885頁。
16	閻汶	節度要籍	誌題:唐故昭義節度要籍朝散大夫試舒州司馬賜緋魚袋上柱國太原閻公隴西李夫人祔葬墓誌銘并序	《秦晉豫新出墓誌蒐佚續編》八〇二《唐閻汶墓誌并蓋》,第1111頁。
17	李清	節度要籍	男曰清,……早授節度要籍,征事郎。	《秦晉豫新出墓誌蒐佚續編》八一六《唐李成墓誌》,第1132頁。
18	李文益	節度逐要	有子一人,授節度逐要,專知故關鉬務,朝議大夫、試千牛大夫衛長史上柱國者字文益。	《秦晉豫新出墓誌蒐佚續編》八一六《唐李成墓誌》,第1132頁。
19	成元矩	驅使官	次曰元矩,……以文職授使□散驅使官。	《秦晉豫新出墓誌蒐佚續編》九一九《唐成萬通墓誌》,第1272頁。
20	蘇文釗	驅使官	公即故糧料坊驅使官。	《秦晉豫新出墓誌蒐佚續編》九四五《唐蘇文釗及妻李氏、王氏墓誌》,第1311頁。

《魏晋南北朝隋唐史資料》第三十五輯
2017年7月,213—230頁

武英殿本與四庫本《唐會要》非同本考

劉安志

一、序　　言

北宋王溥所撰《唐會要》一百卷,是研究唐代歷史不可或缺的基本史籍。惜宋刻本不存,僅以鈔本傳世,故脱誤頗多。清乾隆三十八年(1773)四庫開館,館臣對徵集來的《唐會要》鈔本進行加工整理,修成武英殿聚珍本(以下簡稱殿本)和四庫全書本(以下簡稱四庫本)兩種《唐會要》本子,流傳至今,其中尤以殿本及在此基礎上進一步加工完善的江蘇書局本(以下統稱殿本),影響最爲深遠。今天通用的中華書局本(以下簡稱中華本)、上海古籍出版社本(以下簡稱上古本)、陝西三秦出版社本(以下簡稱三秦本)等,即屬此類。[①]

隨着文淵閣四庫全書本的數字化與電子化,四庫本《唐會要》的原貌及其與殿本之間的差异,已逐漸爲學人所熟知。然殿本與四庫本之間究竟存在何種關係?同爲一書,二本爲何差异頗大?這種差异反映了什麽問題?這些都是有待進一步探討和解明的問題。同時,對這些問題的探討,也有助於準確認識殿本與四庫本的原貌及其相關史料價值,爲今後《唐會要》的整理與研究提供某些參考和借鑒。

學界一般認爲,殿本與四庫本《唐會要》所據底本,同屬浙江汪啓淑家藏本。如日

① 《唐會要》,北京:中華書局,1955年;上海古籍出版社,1991年、2006年新1版(本文據新1版);牛繼清:《唐會要校證》,西安:三秦出版社,2012年。按中華本乃用商務印書館國學基本叢書原紙重印,源自殿本,並做了一定的校勘。上古本則以江蘇書局本爲底本,校以殿本、上海圖書館所藏四種《唐會要》鈔本,以及《舊唐書》、《册府元龜》、《通典》等書,被認爲是整理精良的本子。三秦本同樣以江蘇書局本爲底本,校以殿本、四庫本,及兩《唐書》、《通典》、《資治通鑑》、《太平御覽》、《册府元龜》等文獻。

本學者島田正郎先生、周殿傑先生及上古本《唐會要·前言》等皆持此説。[①] 吴楓、黄永年等先生雖未明言出自汪啓淑家藏本,但都指出武英殿本據《四庫》本排印。[②] 當然,也有個别學者持折衷説法,如牛繼清先生即認爲,後來收入四庫全書史部的《唐會要》,就是汪氏家藏本,而武英殿本則是四庫館臣并四庫本與"又一别本"而成的本子。[③]

四庫本與殿本如果是同本,爲何會在内容上出現差异?董興豔博士認爲這是後人校改的原因。[④] 顧成瑞先生通過考察殿本與四庫本及國家圖書館藏鈔本卷五七《翰林院》"中書待詔"與"書待詔"之异同,指出殿本"中"係衍字,認爲四庫本修成在先,殿本後來刊行時,並未使用館臣校勘的成果,殿本非盡善之本,四庫本則經館臣整理,具有很高的校勘價值。[⑤] 黄正建先生在細緻比較四庫本與殿本《唐會要》卷三九《定格令》與《議刑輕重》之後,指出四庫本可能更接近《唐會要》原貌,[⑥]但未論證二本何以出現這種差异的原因。

日本學者古畑徹先生在認真比較四庫本、殿本、臺北圖書館所藏《唐會要》兩鈔本、日本静嘉堂所藏《唐會要》鈔本五個版本基礎上,首次指出,殿本與四庫本存在多方面的差异,二本源自不同的底本,認爲四庫本所據底本爲浙江汪啓淑家藏本,而殿本所據底本則爲清初存在的某個"刻本"之節本。[⑦]

古畑徹先生從其所掌握的三種《唐會要》鈔本入手,通過比較其與殿本、四庫本之异同,進而對《唐會要》版本流傳問題提出新解。這一研究極具啓發性。雖然他有關殿本與四庫本所據不同底本的相關判斷和認識,尚存扞格難通之處,但首次指出二本爲不同版本的觀點,卻是值得充分重視的。本文擬在古畑徹先生及前人已有相關研究成果基礎上,參據目前所掌握的數種《唐會要》鈔本及相關文獻,對殿本與四庫本所據底本

---

① (日)島田正郎:《在台北·国立中央圖書館藏鈔本·唐會要について》,《律令制の諸問題》,東京:汲古書院,1984年,第669—689頁。羅亮譯、劉安志校漢譯文,載《魏晉南北朝隋唐史資料》第三十三輯,上海古籍出版社,2016年。周殿傑:《關於〈唐會要〉的流傳和版本》,《史林》1989年第3期。上古本《唐會要·前言》,第11頁。

② 吴楓:《隋唐歷史文獻集釋》,鄭州:中州古籍出版社,1987年,第105頁。黄永年:《唐史史料學》,上海書店出版社,2002年,第70頁。

③ 牛繼清:《唐會要校證·前言》,第6頁。

④ 董興豔:《〈唐會要〉研究》,厦門大學博士學位論文,2008年,第119—120頁。

⑤ 顧成瑞:《〈唐會要〉版本獻疑——從標點本〈唐會要〉一條材料説起》,《書品》2012年第6期。

⑥ 黄正建:《〈唐會要〉校證獻疑:以卷三九爲例》,《東方早報》2015年5月17日,第010版。

⑦ 按古畑徹氏在《〈唐會要〉の諸テキストについて》(《東方學》第七十八輯,1989年,第82—95頁)一文中,最先提出清初存在某種《唐會要》刻本的觀點。其後,又在1998年發表的《〈唐會要〉の流傳に關する一考察》(《東洋史研究》五十七—一,第96—124頁)一文中,進一步修正、完善其既有觀點,認爲殿本所依據的底本,是流傳至清初的某種宋刻本之節本。

問題續作探討,以期對四庫本《唐會要》有更爲深入的認識,進而爲今後《唐會要》的整理與研究工作提供參考和借鑒。

二、《唐會要》鈔本存在不同的傳抄系統

迄今所知國内外所藏《唐會要》鈔本,總有十六種之多,其中國家圖書館藏三種,中國科學院圖書館藏二種,北京大學圖書館藏一種,上海圖書館藏四種,浙江圖書館藏一種,江蘇鎮江圖書館藏一種,廣東省立中山圖書館藏一種,臺北圖書館藏二種,日本東京静嘉堂文庫藏一種。古畑徹先生在比較臺北、東京所藏三鈔本與四庫本、殿本之异同後,指出清初《唐會要》鈔本應該有一個以上的版本傳寫,所言甚是。[①] 據筆者目前所掌握的七種《唐會要》鈔本,[②]可以證明這些鈔本其實存在着不同的傳抄系統。最爲明顯的例子,就是這些鈔本中卷九二至九四的三卷文字的殘闕與否。按臺北 A、B 兩鈔本與静嘉堂鈔本,經古畑徹先生考證,認爲皆屬康熙或康熙以前寫本。[③] 這三種鈔本中,卷九二《内外官料錢下》皆僅存長慶二年至會昌二年諸條内容,其後《内外官職田》、《諸司諸色本錢上》及卷九三、九四皆闕。國圖 A 鈔本乃明鈔本,僅存四○卷,其卷八五以後皆闕;國圖 B、C 兩種鈔本皆爲清鈔本,然 B 鈔本卷九二殘闕情況同臺北 A、B 兩鈔本與静嘉堂鈔本,卷九三與其他各卷書法不同,似爲後人所補,因此卷子目分爲《諸司諸色本錢上》、《諸司諸色本錢下》,且内容也與殿本《唐會要》卷九三同,故極有可能乃後人據殿本所補。該鈔本卷九四書法與卷九三有异,子目與内容雖與殿本相近,但差异至爲明顯,如多次使用"嗣聖"年號紀年,以致達"十八年"者,而殿本只使用"嗣聖三年"、"嗣聖四年"兩次。尤其值得注意的是,此卷抄有"玄"、"弘"、"曆"諸字,完全不避康

---

① (日)古畑徹:《〈唐會要〉の諸テキストについて》。

② 七種鈔本情況大致如下:國家圖書館藏有三種《唐會要》鈔本,已全部上網。其中編號 10521 爲明鈔本(以下簡稱國圖 A 鈔本),03873 號(以下簡稱國圖 B 鈔本)、04216 號(以下簡稱國圖 C 鈔本)兩種爲清鈔本。鄭明《〈唐會要〉初探》(中國唐史學會編:《中國唐史學會論文集》,西安:三秦出版社,1989 年,第 167—182 頁)一文,曾對此三種鈔本有過介紹。廣東省立中山圖書館所藏《唐會要》鈔本一種(以下簡稱廣圖本),亦屬清鈔本,已於 2015 年由國家圖書館出版社影印出版,收入《中國古籍珍本叢刊:廣東省立中山圖書館卷》第二十四、二十五册。臺北圖書館藏有《唐會要》康熙舊鈔本(以下簡稱臺北 A 鈔本)、舊鈔本(以下簡稱臺北 B 鈔本)兩種,日本學者島田正郎、古畑徹在前揭文中對兩種鈔本都有過介紹和考釋。尤其是臺北 A 鈔本,業已確認即浙江汪啓淑家藏本。筆者曾蒙臺灣中正大學歷史系朱振宏教授慷慨相助,獲得此兩種鈔本的複印本。日本東京静嘉堂文庫藏有《唐會要》鈔本(以下簡稱静嘉堂鈔本)一種,平岡武夫先生早年有過介紹,認爲是明鈔本(《唐代の行政地理》,京都大學人文科學研究所,1955 年,第 19 頁),古畑徹先生則考證認爲是康熙年間鈔本(氏著《〈唐會要〉の諸テキストについて》)。筆者已通過購買方式獲得静嘉堂鈔本的複印件。

③ (日)古畑徹:《〈唐會要〉の諸テキストについて》。

熙、乾隆皇帝諱,可見其抄寫時間當在康熙以前。國圖C鈔本、廣圖本卷九二至九四這三卷與殿本同,已避"弘"、"曆"二字諱,當爲後人據殿本所補。

上述情況足以證明,清初的《唐會要》鈔本,實際存在着不同的傳抄系統。值得一提的是,與國圖B鈔本卷九四相比,四庫本《唐會要》卷九三、九四除把《北突厥》分爲上下外,其餘文字内容皆與國圖B鈔本同,尤其是"嗣聖"紀年的使用上,二本完全一樣,這説明國圖B鈔本與四庫本所據底本之間,當存在着某種密切的淵源關係。殿本則與二本有所不同。據黄麗婧、吴玉貴二位先生考證,四庫本卷九三、九四與殿本卷九四,乃後人據朱熹《資治通鑑綱目》所補。[①] 從國圖B鈔本不避"玄"、"弘"、"曆"諸字諱看,這一補撰工作早在康熙以前就已完成了。以此言之,四庫本卷九三、九四文字内容,並非四庫館臣所補撰,應該是可以肯定的。而殿本卷九四内容,與國圖B鈔本、四庫本已有若干差异,三種版本之間究竟是何種關係,就值得考慮了。不管如何,乾隆以前的《唐會要》鈔本存在着不同的傳抄系統,則是可以肯定的,這對考察四庫本與殿本是否同本問題極有助益。

三、殿本與四庫本《唐會要》之差异

古畑徹、黄正建、董興豔諸先生都在其前揭相關論著中,指出了殿本與四庫本《唐會要》存在的種種差异,本節擬從二本目録與子目差异、内容是否完整、文字有否异同等方面展開進一步論證,確認二本非同一版本。

1. 目録與子目差异

通過比較可以發現,殿本《唐會要》有完整的目録,而現存文淵閣、文津閣、文溯閣、文瀾閣諸四庫本皆無,[②]爲何如此?劉遠遊先生曾對此有過探討,認爲文淵閣本《唐會要》、《春秋經解》、《元史》、《元豐九域志》四種原本應該是有目録的,後來因爲底本和

---

① 黄麗婧:《〈唐會要〉闕卷後人僞撰考》,《江淮論壇》2012年第4期。吴玉貴:《〈唐會要〉突厥、吐谷渾卷補撰考》,《文史》2015年第2輯。

② 除文淵閣四庫全書本《唐會要》外,筆者在朋友和學生幫助下,對現存文津閣本、文溯閣本、文瀾閣本《唐會要》進行了調查,確認諸本皆無目録,且文淵、文津、文瀾三閣卷七至十各子目下亦無殿本"原闕,今照四庫全書本增補"之類的雙行小字標記。值得一提的是,浙江圖書館所藏文瀾閣本《唐會要》,雖無目録,但卷七至十、卷九二至九四子目與其他閣本有异,而與殿本同,推測原本有可能毁於1861年太平軍攻占杭州時,後人乃以殿本補抄而成,已非四庫全書本了。浙圖所藏文瀾閣本《唐會要》的調查,承蒙該館曹海花博士的熱心幫助,謹致謝忱!另外,文溯閣《唐會要》的情況有些特殊,承蘭州文溯閣《四庫全書》藏書館易雪梅副館長見告,卷七、十有"補"字,卷八、九無"補"字。文溯閣爲何與其他三閣不同,尚待進一步求證。

《提要》出現撤换，導致目録遺失。① 僅就《唐會要》而言，劉氏這一看法，或許對認識和理解殿本與四庫本《提要》相同這一特點有所助益（詳後），但没法解釋文津、文溯、文瀾三閣本爲何目録也同樣缺失這一問題。從現存種種迹象看，筆者推測，四庫本所據底本可能原來就没有目録。比較後人增補的卷七至十、卷九三至九四子目，與殿本和國内外所藏諸鈔本目録和子目之异同，即可看出此點。

筆者曾考證指出，四庫本《唐會要》卷七至十内容，乃清人沈叔埏據秦蕙田《五禮通考》所補。② 殿本明言此數卷文字據四庫本録入，但各卷子目並未從四庫本。爲便於説明問題，兹列表分析如下。

四庫本、殿本《唐會要》卷七至十子目异同表

卷數版本	四　庫　本	殿　　本
卷　七	《封禪上》	《封禪》
卷　八	《封禪下》	《郊議》
卷九上	《郊祭》	《雜郊議上》
卷九下	"齋戒"、"陳設"、"省牲器"、"鑾駕出宫"、"奠玉帛"、"進熟"、"鑾駕還宫（上辛雩祀並同）"③	《雜郊議下》
卷十上	《親拜郊（正月祈穀）》、《親迎氣》、《后土（方丘）》、《后土（社稷）》	《親拜郊（正月祈穀）》、《親迎氣》、《雜録》、《后土（社稷）》
卷十下	《籍田》、《九宫壇》、《皇后親蠶》	《藉田》、《藉田東郊儀》、《九宫壇》、《皇后親蠶》

據上表，殿本與四庫本《唐會要》卷七至十的子目名稱，明顯存在着差异。筆者掌握的七種《唐會要》鈔本中，除臺北 B 鈔本無目録外，其餘六種鈔本目録均爲：卷七《封禪》（按：國圖 A 鈔本缺卷七目録），卷八《郊議上》，卷九《雜郊議下》，卷十《親拜郊》、《雜録》、《親迎氣》、《后土》、《藉田》、《藉田東郊儀》、《九宫壇》、《皇后親蠶》。這應即《唐會要》原本目録。殿本雖據四庫本抄録，但目録和子目基本依據原目，僅把卷八改爲《郊議》、卷九《雜郊議》分上下兩卷、卷十《雜録》移至《親迎氣》之後。而四庫本子目

① 劉遠遊：《〈四庫全書〉卷首提要的原文撤换》，《復旦學報（社會科學版）》1991 年第 2 期。

② 劉安志：《〈唐會要〉"補亡四卷"考》，《魏晉南北朝隋唐史資料》第三十三輯，上海古籍出版社，2016 年。

③ 按"齋戒"等條，實乃補撰者照抄秦蕙田《五禮通考》而不加細查。其實，這些條目屬"皇帝冬日至祀圜丘儀"中的文字，作爲本卷的子目實在有些不倫不類，這也反映了補撰者工作的粗疏。

則與原目存在較大差异。這種差异説明四庫本整理者並未按照《唐會要》原目進行增補,其原因或在於四庫本所據底本目録原已佚失。

除卷七至十外,四庫本卷九三至九四的分卷與子目,同樣也與殿本有异。四庫本卷九三子目爲《北突厥上》,卷九四爲《北突厥下》、《西突厥》、《西陀突厥》、《吐谷渾》,而殿本卷九三爲《諸司諸色本錢上》、《諸司諸色本錢下》,卷九四爲《北突厥》、《西突厥》、《沙陀突厥》、《吐谷渾》,與四庫本明顯有异。再看諸鈔本的目録,國圖 B、C 鈔本及廣圖本、臺北 A 鈔本、静嘉堂鈔本皆爲: 卷九三《諸司諸色本錢下》,卷九四《北突厥》、《西突厥》、《沙陀突厥》、《吐谷渾》,這同樣也是《唐會要》原目。殿本只是把卷九二的《諸司諸色本錢上》下移至卷九三,做了適度的調整,而四庫本則與原卷目次完全不合。這樣把原屬九四卷的《北突厥》,强行拆分爲《北突厥上》與《北突厥下》,並爲《北突厥上》單列一卷,置於卷九三,致使原卷九三《諸司諸色本錢下》消失不存,而原目卷九二《諸司諸色本錢上》也因此失去前後依託。四庫本所據底本抄寫者或補撰者爲何進行如此分卷安排? 感覺有些不可理喻。個中原因,或與原本目録缺失有關,否則不會率意如此。

綜上所述,再結合目前所見文淵閣、文津閣、文溯閣、文瀾閣諸四庫本皆無目録這一特點,筆者推斷,四庫本《唐會要》所據底本,極有可能原本目録缺失。類似情況,在現存諸鈔本中也有存在,如臺北 B 鈔本即是如此。

另外,四庫本與殿本在子目方面存在的差异,也有若干,如四庫本卷五七《左右僕射》"建中元年三月"條乃錯簡,其後子目爲《左右司員外郎》,同樣也是錯簡,殿本則無此問題。諸鈔本中,國圖 B 鈔本、臺北 A 鈔本、静嘉堂鈔本同樣出現錯簡,而國圖 C 鈔本、臺北 B 鈔本則無錯簡,這説明當時的諸鈔本之間其實存在着不同的傳抄系統。

又如,四庫本卷六六《北京軍器庫》,殿本作《西京軍器庫》;四庫本卷七五《附科甲》,殿本作《附甲》;四庫本卷九八《罾國》,殿本作《罾殑國》;四庫本卷九九《朱俱婆國》,殿本作《朱俱波國》;四庫本卷一〇〇《大辭彌國》、《舍利毗迦國》、《波羅舍利國》,殿本分别作《火辭彌國》、《金利毗迦國》、《哥羅舍分國》。等等。

四庫本與殿本不僅在子目名稱上存在差异,而且殿本中有些子目,如卷九六《渤海》、卷九九《南平蠻》、卷一〇〇《多福國》等,均不見於四庫本,也反映了二本之間存在明顯差异。

總之,四庫本與殿本在目録、卷次及子目等方面,均存在着不少差异。這些差异表明二本極有可能屬於不同的版本。

2. 内容是否完整

在内容是否完整方面,相較而言,殿本《唐會要》除卷三《内職》末尾標有雙行夾注"此條原本有闕"六字外,其餘皆完整無缺。四庫本則不一樣,多處標"闕",如卷三八《葬》、卷四三《五星臨犯》、卷五〇《觀》、卷五三《雜録》、卷六〇《御史臺》、卷六九《州府及縣加減員》、卷七〇《州縣改置上·關内道》、卷七五《東都選》等;也有少數幾處標"原闕",如卷三一《裘冕》、卷九二《内外官職田》等。"闕"與"原闕"皆表明這些地方原本是殘缺不全的。從目前所見《唐會要》諸鈔本情況看,普遍存在殘缺不全的情況,《四庫全書總目》稱"今僅傳鈔本,脱誤頗多",[①]確屬實情。很明顯,殿本之相對完整,乃是四庫館臣進行增補、修訂和完善之故。此點日本學者島田正郎、古畑徹均在前揭文中早已指出。問題是,這些增補和修訂,是否符合《唐會要》原貌,恐怕需要引起足够的重視。

值得一提的是,《唐會要》各鈔本之間也存在着這樣那樣的差异,如國圖B鈔本卷三一《裘冕》顯慶元年九月十九日條"又云悉與"後空闕十數行,其後接抄"禮惟從俗"云云。而其餘六種鈔本"又云悉與"後皆不闕,接抄"宰相二十三人"云云,内容與上文絶不相干,這裹明顯出現了錯簡。臺北A鈔本該頁上有粗筆眉批:"'宰相'以下至'謚曰聖穆景文'止,應改入《帝號》,以補懿宗、僖宗並昭宗前半之缺。此處係傳鈔之誤。"此後第3頁又有眉批:"'禮惟從俗'以下,仍接前《裘冕》事。中間疑有闕誤。"這一眉批是否爲四庫館臣所爲,尚待求證。然四種鈔本均出現同樣的錯簡,表明它們當源自同一鈔本系統。有趣的是,四庫本《唐會要》卷三一《裘冕》顯慶元年九月十九日條"又云"後同樣空闕十數行,其後接抄"天下禮惟從俗"云云。這種殘闕情況和抄寫格式,與國圖B鈔本相同,而上文所言四庫本與國圖B鈔本卷五七《左右僕射》、《左右司員外郎》同樣出現錯簡,四庫本與國圖B鈔本之密切關係至爲明顯,二本有可能源自同一鈔本系統。上文對二本卷九三至九四兩卷内容之分析,也已表明此點。

殿本卷三一《裘冕》前後内容完整,明顯乃四庫館臣所增補。[②] 殿本所據底本原貌爲何尚不清楚,然其卷九二《内外官職田》與四庫本之間存在的明顯差异,足可證明二者並非源自同一鈔本系統。按殿本卷九二《内外官職田》總存二十餘條記事,内容前後完整。而四庫本卷九二《内外官職田》下標"原闕",中空2行半後再接抄"五品以上田"

① 永瑢等撰:《四庫全書總目》卷八一《唐會要·提要》,北京:中華書局,1965年,第694頁。

② 國圖A鈔本即明鈔本,同樣出現錯簡,有可能是後來鈔本之源頭,但相關内容錯入卷二《帝號下》宣宗條後。殿本所記内容與之不合,可證爲清人增補。認真考察殿本所記文字,實據《舊唐書》卷四五《輿服志》所補。此涉及《唐會要》佚文問題,容另文探討。

等内容,總存四條記事,其中有二條並不見於殿本記載,另外二條文字也與殿本不盡相同。古畑徹先生曾考證指出,殿本此處乃後人據《册府元龜》等書增補,並非《唐會要》原文,而四庫本所殘存的四條記事,則是《唐會要》原文。[①] 這種差异表明殿本與四庫本不可能出自同一底本。如果二者同出一個底本,殿本只需在原有四條記事基礎上進行增補完善,而不會無緣無故删除原本所記條文内容了。

另外,殿本有些内容並不見於四庫本,如卷四一《酷吏》載初元年九月條"十曰求破家"之後,殿本尚有雙行夾注:"王宏義戲謂麗景門爲例竟門。"[②]國圖 B、C 鈔本、廣圖本與臺北 A、B 鈔本皆同殿本,然四庫本並無此注。值得注意的是,静嘉堂鈔本卷四一《酷吏》"十曰求"後闕 1 行,亦無雙行夾注,情形與四庫本略同。[③] 這説明四庫本卷四一《酷吏》下闕雙行夾注這一情況,早在康熙年間的《唐會要》鈔本中就已出現,其並非個案或孤例,是顯而易見的。諸鈔本之間存在不同的傳抄系統,於此又添新證。雙行夾注的有無,也可證明殿本與四庫本並非出自同一個版本。

3. 文字异同

有證據表明,殿本與四庫本的整理者並非同班人員。如《唐會要》卷三九《定格令》貞觀十一年正月十四日條,除國圖 C 鈔本外,其餘六種鈔本皆空闕二字:

> 正觀十一年正月十四日,頒新格於天下,凡律五百條,分爲十二卷,減(闕二字)入徒者七十一條。

按國圖 C 鈔本亦空闕二字格,但有後人補入的"軍流"二字,四庫本與殿本對此則有不同的增補:

> 貞觀十一年……分爲十二卷,減死罪入徒者七十一條。(四庫本)[④]
>
> 貞觀十一年……分爲十二卷,大辟者九十二條,減流入徒者七十一條。(殿本)[⑤]

四庫本補入"死罪"二字,雖不知其所據爲何,但所補内容與鈔本殘闕二字情況正相吻合。而殿本據《舊唐書·刑法志》補入"大辟者九十二條"、"流"等八字,[⑥]與四庫本明

① (日)古畑徹:《〈唐會要〉の諸テキストについて》。

② 中華本,第 740 頁。上古本,第 866 頁。三秦本,第 634 頁。"宏",上古本與三秦本皆作"弘"。

③ 古畑徹先生已最先指出此點,參見氏著:《〈唐會要〉の諸テキストについて》。

④ 《唐會要》,四庫本,第 520 頁。

⑤ 《唐會要》,中華本,第 701 頁。

⑥ 《舊唐書》卷五〇《刑法志》載:"減大辟者九十二條,減流入徒者七十一條。"北京:中華書局,1975 年,第 2138 頁。

顯有异。此種情况的出現,當與二本分屬不同人員整理有關。同卷《議刑輕重》會昌三年十二月條,可進一步證明此點。

與《定格令》一樣,除國圖C鈔本外,其餘六種鈔本卷三九《議刑輕重》"刑部郎中"後皆空闕二字:

(會昌)三年十二月,澤潞劉稹平,欲定其母裴氏罪,令百寮議之。刑部郎中(闕二字)議曰(後略)。

國圖C鈔本亦闕二字,後人補一"等"字,四庫本與殿本所補同樣不同:

(會昌)三年十二月……刑部大理等議曰(後略)。(四庫本)①

(會昌)三年十二月……刑部郎中陳商議曰(後略)。(殿本)②

殿本於"刑部郎中"後補"陳商"二字,正與前揭鈔本殘闕情况相吻合。而四庫本作"刑部大理等議",與殿本和諸鈔本皆不合,其原因或在於所據底本不同,或是整理者隨意增補、删改所致。不管如何,四庫本與殿本的這一差异,可進一步説明二本整理者並非同班人員。

類似諸鈔本殘闕而四庫本與殿本所補文字並不一致的例子,尚有不少。當然,如上文所述,四庫本並非對原底本所有殘闕之處都進行了增補,故書中多處標記"闕"、"原闕"字樣,從而大致保留了所據底本的若干原貌。殿本則不然,對原底本進行了全面增補,然所補内容是否皆《唐會要》原文,就很難説了。因此,在利用殿本《唐會要》所記相關史實時,有必要對四庫本和諸鈔本《唐會要》予以充分關注。

四庫本與殿本文字上的差异,不僅表明二本整理者不同,而且所據底本也有不同。兹再舉一例,以證此點。據《唐會要》卷一〇〇《日本國》載,武周長安三年(703),日本遣其大臣朝臣真人來朝事,四庫本與殿本所記略有不同:

長安三年,遣其大臣朝臣真人來朝……好讀經史,解屬文,容止温雅。則天宴之,授司膳卿而還。(四庫本)③

長安三年,遣其大臣朝臣真人來朝……好讀經史,解屬文,容止閑雅可人。宴之麟德殿,授司膳卿而還。(殿本)④

相較殿本而言,四庫本多了"則天"二字,但又無"可人"、"麟德殿"五字。這種文字上的

---

① 《唐會要》,四庫本,第531頁。
② 《唐會要》,中華本,第715頁。
③ 《唐會要》,四庫本,第433頁。
④ 《唐會要》,中華本,第1792頁。

差异,導致文義也出現了不同。如果二本所據爲同一底本,如何理解這種差异? 對此,《唐會要》諸鈔本又是如何記載的呢? 經核查,諸鈔本皆無"麟德殿"三字。"可人",國圖B鈔本同殿本,[①]臺北A鈔本、静嘉堂鈔本作"則人",國圖C鈔本、廣圖本、臺北B鈔本作"則天"。可見,諸鈔本存在"則天"、"則人"、"可人"三種不同的記載,四庫本與殿本所記,皆淵源有自,各有所本。據《舊唐書》卷一九九上《東夷日本國傳》、《太平御覽》卷七八二《四夷部三・日本國》引《唐書》,皆云"(朝臣真人)容止温雅,則天宴之於麟德殿,授司膳卿,放還本國",[②]可證《唐會要》原本作"則天"。由此不難看出,"則人"實乃"則天"傳抄之誤,"可人"則是"則人"傳抄之誤。諸鈔本之間各自不同的傳抄關係,於此可見一斑。至於殿本中出現的"麟德殿"三字,推測整理者感覺"宴之"二字有些不詞,遂據《舊唐書》進行增補。從諸鈔本所記情況看,《唐會要》原本並無此三字。

總之,上述四庫本與殿本"則天"、"可人"之不同記載,均能在諸鈔本中找到其源頭,説明二本各有所據,其並非出自同一版本,足可肯定。那麽,四庫本與殿本各自所據底本爲何?《四庫全書總目・〈唐會要〉提要》中,曾提及"浙江汪啓淑家藏本"、"又一别本"兩個《唐會要》鈔本,這兩個鈔本與其後成書的四庫本和殿本是何關係? 如何理解四庫本與殿本《唐會要・提要》内容相同這一問題呢? 下節擬對此展開探討。

四、《四庫全書總目・〈唐會要〉提要》辨析

關於《唐會要・提要》,存在《四庫全書總目》、《四庫全書簡明目録》、四庫本、殿本等多個版本。其中《四庫全書總目》明確記載《唐會要》出自"浙江汪啓淑家藏本",《四庫全書簡明目録》乃《四庫全書總目》的删節版,四庫本《唐會要》書前提要記有"恭校上"時間和總纂官、總校官姓名。[③] 除此之外,在具體介紹《唐會要》作者、成書過程及其版本流傳等方面,諸本《提要》大體一致,並無什麽明顯差异。那麽,如果認定四庫本與

① 據日本學者榎本淳一先生對北京大學圖書館藏李盛鐸舊藏《唐會要》鈔本的調查,其卷一〇〇《日本國》亦作"容止閑雅可人",無"麟德殿"三字。參(日)榎本淳一:《北京大學圖書館李氏舊藏〈唐會要〉の倭國・日本國條について》,《工學院大學共通課程研究論叢》39-2,2002年。又收入氏著:《唐王朝と古代日本》附論二,東京:吉川弘文館,2008年,第188頁。

② 《舊唐書》,北京:中華書局,1975年,第5340—5341頁。《太平御覽》,北京:中華書局,1960年,第3466頁。

③ 四庫本《唐會要》書前提要,也存在文淵閣、文溯閣、文津閣、文瀾閣之别。文淵閣"恭校上"時間爲乾隆四十六年十一月,文溯閣則爲乾隆四十七年五月。參見《金毓黻手定文溯閣四庫全書提要》,北京:中華全國圖書館文獻縮微複製中心,1999年,第358—359頁。本文所論《唐會要》,主要依據文淵閣四庫全書本。

殿本源自不同底本的話，又將如何認識和理解二本《提要》内容的高度一致性呢？故而有必要結合四庫本與殿本的實際情況，重新對《提要》所記内容展開分析與考辨，確認其與四庫本和殿本之關係。

據《四庫全書總目》卷八一《唐會要·提要》載：①

《唐會要》一百卷（浙江江啓淑家藏本）

宋王溥撰。（中略）今僅傳鈔本，脱誤頗多。八卷題曰《郊儀》，而所載乃南唐事；九卷題曰《雜郊儀》，而所載乃唐初奏疏，皆與目録不相應；七卷、十卷亦多錯入他文。蓋原書殘闕，而後人妄摭竄入，以盈卷帙。又一别本，所闕四卷亦同，而有補亡四卷，採摭諸書，所載唐事依原目編類，雖未必合溥之舊本，而宏綱細目，約略粗具，猶可以見其大凡。今據以録入，仍各注補字於標目之下，以示區别焉。

上揭《提要》所記，尤可注意者，有如下三個方面：

其一，“今僅傳鈔本，脱誤頗多”，説明當時四庫館臣所見《唐會要》版本，皆爲鈔本，這與明末清初大儒朱彝尊所言可以相互印證。按朱氏《曝書亭集》卷四五《唐會要跋》有如下記載：②

今雕本罕有，予購之四十年，近始借抄常熟錢氏寫本。惜乎第七卷至第九卷失去，雜以他書，第十卷亦有錯雜文字。九十二卷缺第二翻以後，九十三、九十四二卷全闕。安得收藏家有善本借抄成完書？姑識此以俟。

按朱彝尊生於1629年，卒於1709年，其購之四十年而不得“雕本”，此事當發生在清初時期。至乾隆四十六年（1781）四庫本《唐會要》修成進上，四庫館臣仍稱“今僅傳鈔本”，説明當時所見《唐會要》，皆爲鈔本。不僅如此，參與《四庫全書》編纂工作並擔任四庫全書館副總裁的彭元瑞（1731—1803），也在其手校鈔本《唐會要》書前題有“是書傳鈔都無善本”之識語。③ 即使到嘉慶初年刊刻武英殿本《唐會要》，其書前提要仍説“今僅傳鈔本”，未提及此前有任何刻本發現之事。清末周星詒述及常熟錢氏鈔本時，亦明言“此書舊無刊本”。④ 因此，古畑徹先生推測當時存在某個《唐會要》刻本之節本，並認爲是殿本所據之底本，其説頗感理據不足。另外，古畑氏據《國朝宫史續編》卷九

① 永瑢等撰：《四庫全書總目》，第694頁。

② 朱彝尊：《曝書亭集》，上海：世界書局，1937年，第545頁。

③ 《唐會要·前言》，上古本，第7頁。

④ 邵懿辰撰，邵章續録：《增訂四庫簡明目録標注》卷八《史部十三·政書類》，上海古籍出版社，1979年新1版，第334頁。

四《書籍二十・校刊》所記“御定重刻唐會要一部。宋王溥撰,凡一百卷。奉敕校刊”,[①]指出《御定重刻唐會要》即指武英殿聚珍版《唐會要》,既稱“重刻”,説明殿本以前尚有刻本,並可能是殿本的底本。[②] 按《國朝宫史續編》卷九四所記,除“御定重刻唐會要一部”外,尚有“御定重刻論語集解義疏一部”、“御定重刻補後漢書年表”、“御定重刻九家集注杜詩一部”等,[③]皆明記“奉敕校刊”。然除《唐會要》外,其餘三書皆不在目前所確認的一三八種《武英殿聚珍版叢書》中。[④] 另外,《補後漢書年表》十卷,爲宋代熊方所撰,後收入《四庫全書》,所據底本爲編修汪如藻家藏本,而此前于敏中等於乾隆四十年(1775)撰成的《欽定天禄琳琅書目》中,亦明確記載“宜其此書刋行流傳絶尠,是不能不有賴於影鈔矣”。[⑤] 若按古畑氏之推斷,《補後漢書年表》與《唐會要》一樣,此前都已有刻本的話,那如何理解如上清人的相關記載呢? 其實,所謂“重刻”,乃指重新刻印圖書,並非在原刻本基礎上重新刊刻,古畑氏的理解似有偏差,其推斷恐難成立。

其二,“又一别本,所闕四卷亦同,而有補亡四卷,採摭諸書,所載唐事依原目編類,雖未必合溥之舊本,而宏綱細目,約略粗具,猶可以見其大凡”,表明當時四庫館臣所掌握的《唐會要》鈔本,除浙江汪啓淑家藏本外,尚有另一“别本”,當然也可能還有其他鈔本。此“别本”具體情況如何,並不清楚,然其卷七至十殘闕情況亦同汪啓淑家藏本,並有後人采摭諸書予以增補的“補亡四卷”。换言之,此本卷七至十文字,已屬後人增補的“補亡四卷”。有趣的是,如上文所指出的,四庫本《唐會要》卷七至十内容,乃清人沈叔埏據秦蕙田《五禮通考》所補,殿本《唐會要》卷七至十又據四庫本增補。很明顯,就卷七至十内容皆爲後人所補這一相同特點看,“别本”與四庫本當存在某種關聯。

其三,“今據以録入,仍各注補字於標目之下,以示區别焉”。所謂“今據以録入”,即指據“别本”中“補亡四卷”録入書中。然其後“仍各注補字於標目之下”一語,頗值注意。觀四庫本與殿本卷七至卷十標目之下是否有“補”字,即可知道《提要》所述究竟是指何書了。

殿本目録中,卷七、卷八、卷九上、卷九下、卷十上、卷十下皆注“補”字;正文中,子

---

① 慶桂等編纂,左步清校點:《國朝宫史續編》,北京古籍出版社,1994 年,第 918 頁。

② (日)古畑徹:《〈唐會要〉の諸テキストについて》。

③ 慶桂等編纂,左步清校點:《國朝宫史續編》,第 917—918 頁。

④ 參見張升:《四庫全書館研究》附録二《〈武英殿聚珍版叢書〉纂校表》,北京師範大學出版社,2012 年,第 390—404 頁。

⑤ 于敏中等撰:《欽定天禄琳琅書目》卷四《影宋鈔史部・集補後漢書年表(一函四册)》,收入《摛藻堂四庫全書薈要》第二四二册,臺北:世界書局,1990 年,第 594 頁。

目"唐會要卷七"、"唐會要卷八"、"唐會要卷九上"、"唐會要卷九下"、"唐會要卷十上"、"唐會要卷十下"下,皆有雙行夾注"原闕。今照四庫全書本增補"十一字。其後同治年間刊印的江蘇書局本,亦復如此。可見,殿本《唐會要》明確標記"補"字注文,是確鑿無疑的。反觀四庫本《唐會要》,文淵閣、文津閣、文瀾閣諸本,皆闕目録,且正文卷七至十子目下並無殿本"原闕。今照四庫全書本增補"之類的注文,也無"補"之類的字樣。[①] 可見,四庫本與殿本在是否標注"補"字這一點上,差异至爲明顯。

《提要》所言"今據以録入",與殿本夾行標注"原闕。今照四庫全書本增補",二者正相吻合,昭昭顯示汪啓淑家藏本與殿本之密切關係。再聯繫現存四庫本《唐會要》皆無"補"字這一特徵,則《提要》所述,是指殿本而非四庫本,至爲明顯。

關於四庫本與殿本是否標注"補"字,鄭明先生較早注意到這一差异,然不解其緣故。[②] 結合上節所述四庫本與殿本存在之種種差异,以及《提要》所言與二本是否吻合之情況,筆者認爲,其原因即在於《提要》所述,其實是對殿本之介紹,而與四庫本無關。這可進一步證明上述四庫本與殿本實爲不同版本之觀點。

那麽,如何理解四庫本《唐會要》書前提要除"恭校上"時間、總纂官與總校官名外,其餘主體内容與殿本書前提要完全一致呢?前揭劉遠遊先生在《〈四庫全書〉卷首提要的原文撤换》一文中,[③]曾論及文淵閣本《唐會要》、《春秋經解》、《元史》、《元豐九域志》等書,因底本撤换而導致書前提要出現不同的問題。另外,在《金毓黻手定本文溯閣四庫全書提要》一書"影印前言"中,亦舉出若干例證,指出《四庫全書》因版本更换而導致提要出現差异的問題。[④] 可見,在《四庫全書》編纂過程中,因底本或版本發生更换而導致相關問題的出現,並非個别現象。上文業已論證,四庫本與殿本《唐會要》並非同一版本或底本,這種提要相同而版本不同的現象,有無可能也是因爲底本或版本發生更换而導致的呢?不排除這種可能。按《四庫全書總目》自乾隆三十八年(1773)開始編修,至乾隆四十六年(1781)二月初稿完成,四十七年(1782)七月修改定稿。[⑤] 而汪啓淑家

---

① 承蘭州文溯閣《四庫全書》藏書館易雪梅副館長調查見告,文溯閣《唐會要》卷七、卷十有"補"字,卷八、卷九無"補"字。文溯閣《唐會要》的這一標記,與文淵閣、文津閣、文瀾閣《唐會要》不同,原因爲何,尚待進一步求證。

② 鄭明:《〈唐會要〉初探》,中國唐史學會編:《中國唐史學會論文集》,西安:三秦出版社,1989年,第178頁。

③ 劉遠遊:《〈四庫全書〉卷首提要的原文撤换》,《復旦學報(社會科學版)》1991年第2期。

④ 金毓黻輯:《金毓黻手定文溯閣四庫全書提要》,北京:中華全國圖書館文獻縮微複製中心,1999年,第4—6頁。

⑤ 參見崔富章:《關於〈四庫全書總目〉的定名及其最早的刻本》,《文史》2004年第2輯。

藏本早在乾隆三十八年十一月就已進呈四庫全書館(詳下),四庫館臣當據汪本初擬《提要》,《四庫全書總目》標注《唐會要》出自“浙江汪啓淑家藏本”,可明此點。然後來基於某種考慮,四庫館臣用某一別本替换汪啓淑家藏本收入《四庫全書》,又未及撰寫新本《提要》,繼續沿用汪本《提要》,故而導致版本不同而《提要》相同的問題。限於史料,這當然僅是筆者的一種大膽推測,尚有待進一步證實。不過,北宋孫覺所撰《春秋經解》一書,同樣分别編入《四庫全書》和《武英殿聚珍版叢書》,亦存在底本有异而《提要》基本相同的情形,[①]這説明《唐會要》並非個案或孤例。

五、殿本與四庫本各有所本考

上節結合殿本與四庫本實際情況,對《四庫全書總目》卷八一《唐會要·提要》進行了若干考辨,確認《提要》乃是對殿本的介紹,而與四庫本無關,這與二本之間存在的種種差异也頗相契合。《提要》明記出自“浙江汪啓淑家藏本”,可知殿本所據底本即汪啓淑家藏本。據日本學者島田正郎先生調查,臺北圖書館所藏《唐會要》康熙舊鈔本(即臺北A鈔本),實即浙江汪啓淑家藏本。該鈔本第一册裱紙中央上部押有6.3×9.9 cm的朱印,上書:

乾隆三十八年十一月浙江巡
撫三寶送到汪啓淑家藏
唐會要壹部
計書貳拾肆　本[②]

其中下劃綫部分係朱筆所書。同册卷首中央上部押有10.2 cm的方印,上面刻有滿漢兩種文字的“翰林院印”。這件鈔本寬17.3 cm,長26.5 cm,半頁12行,每行25字。第七卷到第十卷散佚,後人用他書補充而成。島田先生還指出,該鈔本卷九二第二條(内外官職田)以下及卷九三、九四皆闕失,其與朱彝尊在借抄常熟錢氏本跋中的記載完全一致。兩者應該來自同一個足本。鈔本是清乾隆三十八年(1773)四庫開館時浙江汪啓淑進獻的家藏本,四庫館抄録後退回汪家。[③] 經核查原鈔本複印本,島田先生所言,除朱印位於裱紙中央上部(應爲下部)有誤外,其餘皆屬實。

如前所述,古畑徹先生認爲四庫本《唐會要》所據底本爲汪啓淑家藏本,然在比較

① 參見葛焕禮:《孫覺〈春秋經解〉四庫本訛誤考析》,載《史學月刊》2005年第7期。

② “本”,島田正郎先生原文作“部”,今據原鈔本影本改。參見前揭島田氏文。

③ 參見前揭島田氏文。

汪本與四庫本之异同後，感覺此説尚存若干疑問，尤其在目録、分卷及子目關係問題上，二本彼此無法相互對應。首先，汪本一百卷目録完整無闕，而四庫本闕目録，且不僅文淵閣本如此，其餘文津閣、文溯閣、文瀾閣諸本亦復如此，這恐怕不是因爲個别閣本抄漏的問題，也不是因爲底本撤换所導致的問題，而是四庫本所據底本原本就没有目録。其次，就二本的分卷與子目情況看，汪本（即臺北 A 鈔本）卷七至十目録與子目皆同其他鈔本，依次爲卷七《封禪》、卷八《郊議上》、卷九《雜郊議下》、卷十《親拜郊》等；而四庫本無目録，其子目及分卷與汪本頗有不同，《封禪》分上、下卷，卷九上爲《郊祭》，卷九下則出現《齋戒》等引文條目，並非子目名稱，卷十上爲《親拜郊（正月祈穀）》、《親迎氣》、《后土（方丘）》、《后土（社稷）》，卷十下爲《籍田》、《九宫壇》、《皇后親蠶》，二本差异至爲明顯。值得一提的是，如上文所述，殿本雖據四庫本抄録，然子目並不從四庫本。殿本除改《郊議上》爲《郊議》、《雜郊議》分上下兩卷、卷十分上下兩卷外，其餘皆同汪本。此外，上文還指出，四庫本卷九三、九四子目也與殿本和其他諸鈔本不同。汪本卷九三、九四目録同其他諸鈔本，卷九三爲《諸司諸色本錢下》，卷九四爲《北突厥》、《西突厥》、《沙陀突厥》、《吐谷渾》，惜兩卷子目和具體内容完全闕失；而四庫本卷九二《内外官料錢下》、《内外官職田》後闕，卷九三子目爲《北突厥上》，卷九四爲《北突厥下》、《西突厥》、《西陀突厥》、《吐谷渾》，與汪本目録完全不合。更值得注意的是，四庫本卷九三、九四，乃後人據朱熹《資治通鑑綱目》所補，然其相關内容已見於國圖 B 鈔本，只是分卷不同而已。國圖 B 鈔本卷九四不避"玄"、"弘"、"曆"諸字諱，表明後人對突厥等卷的補撰工作，早在康熙之前就已完成了。乾隆四十三年（1778）九月，清人沈叔埏奉魚門太史程晉芳之命校《唐會要》，亦稱該本（即江淮馬裕家藏本，詳下）卷九二、九三、九四三卷尚存，同樣可以證明突厥等卷在此前已被補撰。再比較四庫本與汪本卷九二的相關記載，不難發現，汪本卷九二首頁存《内外官料錢下》、《内外官職田》、《諸司諸色本錢上》三條子目，然正文僅存《内外官料錢下》諸條，其後闕；而四庫本卷九二《内外官料錢下》後，尚存《内外官職田》四條，明顯也與汪本不合。綜上所述，四庫本與汪本不少方面均存在着明顯的差异，尤其是二本卷九三、九四兩卷内容的有無，可證四庫本不可能以汪啓淑家藏本爲底本。當然，汪本與殿本之間也存在着種種不同，殿本如何在汪本基礎上進行增補、修訂和完善，仍有待另文探討。

既然確認殿本與四庫本並不同本，且殿本所據底本爲浙江汪啓淑家藏本，那四庫本所據底本爲何呢？前揭《唐會要・提要》所言"又一别本"，與四庫本有無關係？清人沈叔埏《頤彩堂文集》卷八《書自補〈唐會要〉手稿後》的一段記載，或有助於這一問題的

解答:[①]

> 乾隆戊戌(四十三年,1778年)九月,魚門太史屬余校《唐會要》百卷,内第七卷至九卷,竹垞跋所謂失去雜以他書者也。余因鈔新舊《唐書》及《太平御覽》、《文苑英華》、《册府元龜》諸書補之,且以七卷之《封禪》分作二卷,八卷之《郊議》、九卷之《雜郊議》并爲一卷,則十卷之《親拜郊》以《雜録》并入,繼以《親迎氣》,《后土》則分《方丘》、《社稷》,《藉田》則以《藉田東郊儀》并入,《九宫壇》則專抄《禮儀志》,終以《皇后親蠶》,四卷遂成完書。至竹垞所闕之九十二三四三卷,此本尚存。蓋館書之進,自邗上馬氏嶰穀、涉江兄弟所藏者,勝虞山錢氏本多矣。昔褚少孫補《史記》……諸人皆以補史著稱,而余以抄撮成此,於少孫輩特札吏比耳,豈可同年語耶!

沈氏的這一記載,對重新認識《唐會要》版本流傳,以及四庫館臣如何纂修《唐會要》諸問題,均極富研究價值。"魚門太史",即時任四庫館總目協勘官的程晉芳。乾隆四十三年九月,程晉芳令沈叔埏校《唐會要》時,已距乾隆三十八年十一月汪啓淑家藏本進館近五年時間,這説明四庫館臣當時至少掌握了兩種《唐會要》鈔本,而且有關《唐會要》的整理工作,至乾隆四十三年九月仍未完成。據沈氏所記,其所整理的《唐會要》一百卷,"自邗上馬氏嶰穀、涉江兄弟所藏者",即江淮馬裕家藏本。由此不難推知,當時對《唐會要》的整理,是由不同的人員進行的,這與本文第一節所揭殿本與四庫本分由不同人員整理的情況,可以相互印證。沈氏自言"余因鈔新舊《唐書》及《太平御覽》、《文苑英華》、《册府元龜》諸書補之",雖非事實,但所述"以七卷之《封禪》分作二卷,八卷之《郊議》、九卷之《雜郊議》並爲一卷,則十卷之《親拜郊》以《雜録》并入,繼以《親迎氣》,《后土》則分《方丘》、《社稷》,《藉田》則以《藉田東郊儀》并入,《九宫壇》則專抄《禮儀志》,終以《皇后親蠶》,四卷遂成完書",則與四庫本《唐會要》卷七至十子目完全相符。牛繼清先生曾指出:"沈氏所云與《四庫》本《唐會要》分卷目次恰同,而其時程晉芳(字魚門)在四庫館任總目協勘官,據此則《唐會要提要》所言'又一别本'抑即沈氏所補本歟?倘如此,《提要》撰寫者又何不直言爲沈氏所輯補呢?姑存疑待考。"[②]牛氏所疑不無道理。據《唐會要·提要》:"又一别本,所闕四卷亦同,而有補亡四卷。"此"别本"已有"補亡四卷",與沈氏所言"四卷遂成完書",也頗相契合。因此,沈叔埏所補《唐

---

① 沈叔埏:《頤彩堂文集》,《續修四庫全書》集部别集類,第一四五八册,上海古籍出版社,2002年,第429頁。

② 牛繼清:《唐會要校證·前言》,第6頁。

會要》,極有可能就是《唐會要・提要》中的"又一別本",即馬裕家藏本。

又據沈叔埏所記,他整理的《唐會要》卷九二、九三、九四三卷内容尚存,而臺北 A 鈔本(即汪啓淑家藏本)卷九二第二面後闕,卷九三、九四兩卷全闕,殘闕情形與朱彝尊所見常熟錢氏鈔本同。現已確知,《唐會要》卷九三、九四兩卷乃後人增補,而沈氏所補本此二卷尚存,説明此事並非四庫館臣所爲。而且,如上文所言,國圖 B 鈔本卷九四不避"弘"、"曆"二字諱,表明後人對此突厥等卷的補撰,早在乾隆之前即已完成。四庫本卷九二《内外官職田》後雖有殘闕,但其卷九三、九四是完整的,且其内容除避"玄"、"弘"、"曆"諸字諱外,其餘皆與國圖 B 鈔本卷九四相同,表明四庫本卷九三、九四並非四庫館臣所補撰,其内容應早已存在於所據底本中。這一情形與沈叔埏所補本也頗相契合,再結合沈氏所補卷七至卷十的分卷目次及目録名稱,皆與四庫本完全一致情況看,沈氏所補《唐會要》,應該可以判定就是四庫本所據底本了。换言之,四庫本的底本實爲江淮鹽商馬裕家藏本,而非浙江汪啓淑家藏本。

乾隆三十八年十一月,汪啓淑家藏本就已入獻四庫館,而沈叔埏奉程晉芳之命校馬裕家藏本《唐會要》,已遲至乾隆四十三年(1778)九月,此相距文淵閣四庫本"恭校上"時間"乾隆四十六年十一月",僅三年多時間。要在短期内完成《唐會要》卷七至十的增補任務,並非易事,故沈叔埏雖據秦蕙田《五禮通考》完成了"補亡四卷"這一工作,但疏誤、失查之處仍有不少,①也在一定程度上透露了當時增補工作的緊迫性。沈氏何時完成這一增補工作,未見其明言,但四庫館臣最終確定沈氏所校馬裕家藏本,取代汪啓淑家藏本入選《四庫全書》,只能發生在沈氏增補工作完成之後,其後還有抄寫、校訂等一系列工作。沈氏從乾隆四十三年九月開始接手《唐會要》整理工作,至乾隆四十六年十一月四庫本成書定稿,其間時間至爲緊迫。而殿本"原闕。今照四庫全書本增補"的相關標記,表明當時四庫館臣對汪啓淑家藏本的整理工作尚未完成。在此情況下,相較汪本而言,經沈叔埏整理的馬裕家藏本,既有"補亡四卷",又卷九二至卷九四三卷尚存,全書除目録殘缺外,整體尚較完整,故最終被四庫館臣選定,取代汪本編入《四庫全書》。或許因爲時間緊迫之故,倉促之間未及對四庫新本撰寫《提要》,僅在原擬汪本《提要》基礎上進行加工完善,然後直接附於四庫本《唐會要》書前,從而導致版本不同而《提要》相同的問題。儘管如此,四庫本殘闕之處仍有不少,書中"闕"、"原闕"標注時有所見,難稱完本。因此,在《四庫全書》編纂工作完成後,四庫館臣繼續對汪啓淑家藏

① 參見拙文《〈唐會要〉"補亡四卷"考》,載《魏晉南北朝隋唐史資料》第三十三輯。

本進行加工整理,並參據相關史料和記載,大致補足所有殘缺之處(僅卷三《内職》一處未補),使之在體系和内容上更趨完備,直到嘉慶初年纔正式刊刻問世,形成在後世影響極大並廣爲流傳的武英殿本《唐會要》。

六、結　語

以上對四庫本和殿本《唐會要》的底本問題進行了若干粗淺探討,初步認爲,四庫本所據底本爲江淮馬裕家藏本,而殿本所據底本則爲浙江汪啓淑家藏本,《四庫全書總目》之《唐會要・提要》,其實是對殿本的介紹,而與四庫本無關。至於四庫本與殿本《提要》之所以相同,其原因有可能是底本發生替换所致。

正因爲四庫本與殿本所據底本各自不同,故二本在子目和具體内容上都存在不少差异。這兩個版本分别都經過了四庫館臣的整理,相對而言,四庫本對原鈔本的加工整理不是太大,其原因或許受時間所限,但因此保留了原鈔本的不少面貌,故書中多次標記"闕"、"原闕"等字樣。而殿本則對原鈔本進行了大量加工、修補和完善,雖在體系和内容上更趨完整和齊備,但不少内容已非《唐會要》原貌,觀其與四庫本和諸鈔本之間存在的種種差异,即可明白此點。因此,在使用殿本及相關整理本時,實有必要認真參考四庫本及諸鈔本的相關記載。從這一意義上講,今後《唐會要》的整理與研究,依然任重而道遠。

《魏晉南北朝隋唐史資料》第三十五輯
2017年7月,231—248頁

唐代中期的道觀
——空間・經濟・戒律*

都築晶子 著　　羅　亮 譯

唐代中期8世紀前後,道教進入一個新發展的時代。從南北朝時代起,依據皇帝的敕命,興建了不少道館、道觀。① 在隋代和唐初時,因爲皇帝和道士的私人關係,或許還有唐室尊崇老子爲祖先的因素,也修建了若干道觀。但在7世紀後半期,也即從唐高宗時代開始,王朝與道觀的關係逐漸發生了一些變化。乾封元年(666),在泰山封禪的高宗,於兗州置紫雲、仙鶴、萬歲三觀和封巒、非烟、重輪三寺,並令全國各州置道觀和寺院各一所(《舊唐書》卷五《高宗紀下》)。弘道元年(683),當時各州依據人口多少分爲上中下三等,上州置道觀三所、中州二所、下州一所,每觀各度七人(《全唐文》卷一三《改元弘道大赦詔》)。此時,不再是依據皇帝和道士的私人關係,而是作爲國家事業,在全國範圍内興建道觀。可以認爲,道觀和道士的數量在此時急速地增加了。②

道觀自然是道士修行的場所。但與此同時,它也是執行齋醮和上章等宗教儀禮,從皇帝到民衆祈求神明救濟的場所。道觀的興建的確是以宗教爲基礎,但另一方面,也是作爲道士共同生活的場所來經營的。因此,需要有一定的經濟基礎。這種經濟是以戒律來約束的——道士所遵守的規範,和道觀中共同生活的規律有所區别,在此概括地稱

---

* 本文日文版所引《道藏》所標注頁碼爲綫裝本之頁碼,現爲搜檢方便起見,改爲文物出版社、上海書店、天津古籍出版社出版影印本《道藏》,1988年。卷次、頁碼標注方式按原版爲文中夾注,並依册數、頁碼、欄的方式排列,如"9-378中",即表示《道藏》第9册第378頁中欄。——譯者注。

① 卿希泰主編:《中國道教史》第一卷,成都:四川人民出版社,1988年,第553—566頁。拙作:《六朝後半期における道館の成立——山中修道——》,收入《小田義久博士還曆紀念・東洋史論集》,龍谷大學東洋史研究室,1995年。付晨晨譯、魏斌校漢譯文《六朝後期道館的形成——山中修道》,載《魏晉南北朝隋唐史資料》第25輯,武漢大學出版社,2009年。

② 卿希泰主編:《中國道教史》第二卷,成都:四川人民出版社,1992年,第62頁。

爲戒律。[①] 從南北朝時起,記録宗教儀禮和戒律的科儀戒律書被不斷編成。比如在隋末時完成的《洞玄靈寶三洞奉道科戒營始》(《道藏》七六〇—七六一册[②])即是其中體系較爲完整的一部。[③] 唐代中期的8世紀前後,在以往的基礎上開始編撰新的科儀戒律書經典。張萬福對儀禮的整理,可以和百年後儀禮的集大成者杜光庭並稱,與此同時,他還撰成總結道觀生活戒律的《三洞衆戒文》(《道藏》七七册)。[④] 幾乎與張萬福同時代的朱法滿,撰成了《要修科儀戒律鈔》(《道藏》二〇四—二〇七册),編纂了科儀戒律。可以認爲,唐代中期的8世紀前後,不僅在儀禮上,在道觀的生活戒律上也進行了整頓再編。

那麽,道觀呈現出來的共同生活空間、經濟、戒律究竟如何呢?這個問題,在《中國道教史》的南北朝部分已簡單提及,但未能得到充分討論。[⑤] 南北朝已降道觀的興起,和佛教寺院一樣,意味着在社會内部出現了以往没有的异質集團。所以此問題不僅僅限於道教,也有助於我們觀察和理解當時的社會結構。總之,本文以記述道觀生活戒律的《要修科儀戒律鈔》(以下簡稱《戒律鈔》)爲中心,並以張萬福編撰的一系列科儀戒律書以及當時常用的經典《洞玄靈寶三洞奉道科戒營始》(以下簡稱《科戒營始》)爲題材,[⑥]沿着這些書籍的文脉,來描繪8世紀前後道觀的空間、經濟和戒律。

---

① 記述從南北朝到唐代道館、道觀規則的道教經典有如《陸先生道門科略》、《千真科》、《洞玄靈寶千真科》、《玄都律文》、《正一威儀經》、《洞玄靈寶三洞奉道科戒營始》、《老君音誦誡經》等。這種規則常被稱爲科、律、科戒、戒等。儀禮和戒律雖然都很重要,但二者並没有嚴密的區分。

② 此處標記"道藏 xx 册",爲綫裝本册數,而非下文由文物出版社、上海書店、天津古籍出版社出版影印本《道藏》之册數。——譯者注。

③ 關於《洞玄靈寶三洞奉道科戒營始》,可參考吉岡義豐:《三洞奉道科戒儀範の成立について》,《道教と佛教》第三章、第二章第一節,国書刊行會,1976年;大淵忍爾:《三洞奉道科戒儀範の成立》,《道教とその經典》第七章,創文社,1997年;小林正美:《六朝道教史研究》,創文社,1990年,第96—97頁。成書年代有梁末、隋末諸説,但通過發現的敦煌文書可以確認,在隋末時已經成書。

④ 南宋編纂的《無上黄籙大齋立成儀》(《道藏》二七八—二九〇册)卷一《儀範門・序齋第一》稱,陸修静之後,"張杜二師繼出"(9-378中),也即張萬福、杜光庭相繼登場,整備儀禮。張萬福的著作除《三洞衆戒文》外,還有《三洞法服科戒文》(《道藏》五六三册)、《洞玄靈寶三師名諱行狀居觀方所文》(《道藏》一九八册)、《洞玄靈寶道士受三洞經誡法籙擇日曆》(《道藏》九九〇册)、《洞玄靈寶無量度人經訣音義》(《道藏》四八册)、《醮三洞真文五法正一盟威籙立成儀》(《道藏》八七八册)、《傳授三洞經戒法籙略説》(《道藏》九九〇册)等。

⑤ 參上頁注①。小林正美:《中國の道教》對南北朝時代道館的戒律和建築有所介紹,創文社,1998年。中文版爲王皓月譯:《中國的道教》,濟南:齊魯書社,2010年。

⑥ 吉岡義豐的研究將張萬福的《科戒營始》作爲有力的資料加以利用,並指出該書在當時頗爲流行。見氏著前揭書,第90—97頁。還可參見小林正美本前引書,第300頁。

一、8世紀前後的科儀戒律書編纂的背景

張萬福在玄宗即位的先天元年(711)前後,在首都長安的太清觀有着"大德"的地位。當時太清觀主是史崇玄。史崇玄事太平公主,被稱爲"聲勢光重",[①]睿宗的女兒金仙、玉真兩公主爲道士,以其爲師,接受經典。史崇玄編纂了《一切道經音義妙門由起》(《道藏》七六〇册),張萬福亦參與其中。[②] 因此,張萬福登上了首都權威道觀的舞臺。

另一方面,我們對朱法滿所知不多。[③] 關於其生平,中國道教研究常引用《三洞群仙録》卷一三(《道藏》九九二—九九五册)以及《洞霄圖志》卷五《人物門》的傳記記載。[④]《洞霄圖志》載朱法滿於開元八年(720)五月二十九日去世。因此,朱法滿編纂《戒律鈔》當在720年以前,亦即與張萬福撰寫一系列著作大致同時。

朱法滿,名君緒,字法滿,杭州餘杭縣人,18歲在玉清觀出家修行。《洞霄圖志》稱:"後以玉清地迫喧囂,不可久處",於是遁入家鄉餘杭縣的天柱山修行,數年後去世。在天柱觀中,他被尊爲"法師",弟子之中有從玉清觀跟隨而來的曁齊物。

朱法滿修行的玉清觀信息不詳。隋代曾有爲王遠知修建的揚州玉清玄壇,[⑤]不過在8世紀前後的情況則無從所知。但既稱"地迫喧囂",則道觀當在都市之中。天柱山是三十六洞天之一。[⑥] 高宗弘道元年(683),如前所述在全國各州興建道觀,敕命"潘先生"營造天柱觀。"潘先生"其人不詳。在此後,葉法師、朱君緒(朱法滿)、吴筠、曁齊物、司馬承禎、夏侯子雲等人都曾暫住或造訪過天柱觀。[⑦]

那麽,朱法滿編撰全十六卷《戒律鈔》的意圖何在呢?朱法滿本人並没有對此加以闡述,但所録内容,始於經典由來,終於道士服制,包含了道觀中儀禮、修行、生活等各個方面的内容近七十項。幾乎每項開頭都附有朱法滿簡要的注釋。《戒律鈔》可説是"當

① 《新唐書》卷八三《睿宗十一女・金仙公主傳》。

② 關於張萬福,可參《中國道教史》第二卷,第282—290頁;吉岡義豐前揭書,第90—93頁。

③ 關於朱法滿,可參《中國道教史》第二卷,第290—295頁。國内(日本)研究中,大淵忍爾氏引《三洞群仙録》指出,朱法滿的傳記中並無其生卒年的記載。大淵忍爾、石井昌子、尾崎正治:《改訂增補六朝唐宋の古文獻所引道教典籍目録・索引》,國書刊行会,1990年,第9頁。因此《戒律鈔》的成立年代,只能從内容上判斷是唐代後半期。小林正美氏也同意此説,參氏著前揭書,第299頁。

④ 《洞霄圖志》由出仕南宋,元朝建立後隱遁的錢塘鄧牧於元大德九年(1305)撰成。

⑤ 參吉川忠夫:《王遠知傳》,《東方學報・京都》六二,1990年。

⑥ 《洞霄圖志》卷一《公觀門・洞霄宫》云:"兹山爲大滌元(玄)蓋洞天"。杜光庭:《洞天福地岳瀆名山記》(《道藏》三三一册)《三十六洞天》云:"天柱山大滌玄蓋洞天一百里,在杭州餘杭縣天柱觀(11—58中)"。

⑦ 《洞霄圖志》卷六《天柱觀記》。《天柱觀記》是錢鏐在唐末光化三年(900)所撰。錢鏐是之後建立十國之一吴越的節度使。

時道教戒律科儀的縮略圖",[①]在徵引了當時流傳的五十餘種經典的基礎上而成,不過卻没有將其整合體系化的意圖。如卷一三所記在道觀中共同生活的戒律的《雜科》,即全部引自《洞玄靈寶千真科》(《道藏》一〇五二册),同樣,《同學緣》則全部引自已經散佚的《太真科》。[②] 也正因爲如此,儘管《戒律鈔》被視爲研究六朝道經的重要參考,但對其本身的研究似乎還没有受到重視。只有末尾卷一五、卷一六的《道士吉凶儀并序》是朱法滿所撰。雖然其開頭即稱"法滿後識晚生,未能窮究至於脉制,深以致疑"(6－993上),——"脉制"當爲"服制"——但文中大半部分都是在總結前人對道士服制的討論。

儘管如此,我們在朱法滿的注釋中還是能看出其編纂的意圖。如卷四到卷六的《衆戒及願念合一千一百條》中稱:"夫經以檢惡,戒以防非,總任枝流,難以取用,撮其機要,易可尋求"(卷四,6－936下),意爲"戒律若全取其支流,是難以使用的,只有選取其要點,纔易於搜檢"。也即是使其簡便易用。又如在《道士吉凶儀并序》開頭的"通啓儀"、"吊喪儀",便是道士在與對方書信往來時的具體範例,顯示出了類似工具書一樣簡便易用的特點。《道士吉凶儀并序》的序中稱"乃立典儀,訓門中子弟",由此可見,至少《道士吉凶儀并序》的目的之一是要教導道觀的弟子。

記述道士法服的卷九《衣服鈔》中,朱法滿罕見地對"今"進行了批判,他稱:"今時之輩,或以淨衣穢慢,或以法服借人,或坐地而染塵泥,或藉床而當氈席,使神童而靡衛,令道俗以驚嗟。"(卷九,6－960下)法服是由童子、童女負責管理,必須時刻保持清淨。[③] 由此看來,《戒律鈔》的編撰,表面上是對經典抱有謹慎的態度,但其側面隱藏着對道觀現狀的批判,並且試圖成爲道觀中道士全盤生活的簡便指南。

這種意圖,在張萬福一系列著作中也表現出來。張萬福在總結戒律的《三洞衆戒文》的"序"中稱:"夫戒者,戒諸惡行,防衆行之最",强調戒律的重要性。又稱:"三洞科儀,備有條格,而師資稟訓,各據一門,吴蜀京都,相承或异……其傳授經法次第,已如三洞法目。今又依經籙出戒文,附諸法次,受法之日,隨法轉授。"(3－396中)科儀戒律,是通過師徒關係,一門傳授而來,因而在江南、四川、首都等地,都是有所差异的。經法的傳授如同三洞法目一般即可,但戒律依據經、籙出戒文,隨經法一同由道士傳授。末尾稱"右(戒文)與所授經法,同時書寫,雖具在經中,臨事披覽難見也"(3－396下),可

① 《中國道教史》第二卷,第295頁。

② 關於《太真科》,參大淵忍爾:《太真科及其周邊・附太真科輯本稿》,前揭書第五章。

③ 如《戒律鈔》卷九引《四極明科》云法服"給玉童玉女各十二人,典衛侍真,不得妄借异人,并犯殗穢,輕慢真服"(6－961上)。

見他和朱法滿一樣,也希望弟子能够簡便地閲讀戒律。

而且,張萬福在《洞玄靈寶道士受三洞經誡法籙擇日曆》(《道藏》九九〇册)中,對"今"進行了尖鋭的批判:種種儀禮的混亂,未能得受全部經法的道士,倚仗"富豪勢力"、"名望高遠"擴大勢力,只顧追求富貴名聲,自恃"年高德重"而賣弄權威,如此種種。又云:

昔嘗遊江淮吴蜀,而師資付度,甚自輕率,至於齋静,殊不盡心,唯專醮祭,夜中施設。近來此風少行京洛,良由供奉道士,多此中人,持玆鄙俗,施於帝里。(32-184 中)

在江淮、吴蜀流行的鄙俗的儀禮,因墮落的道士而傳播到首都之中。

由此看來,朱法滿和張萬福,對"當今"道觀科儀戒律頽廢有着共同認識,也都試圖將混亂的戒律予以簡化,作爲教導弟子的指南書。張萬福的《三洞衆戒文》卷上收入的《弟子奉師科戒文》(3-397 中~398 上),記載了弟子對老師需要遵循的三十六條規矩。朱法滿的《戒律鈔》卷三同樣載有弟子對待師傅的規矩,不過其内容是將張萬福的《弟子奉師科戒文》的每條冠以"律曰"後加以記載(6-933 下~935 上)。朱法滿和張萬福之間的關係還不明確,但他們都試圖爲"當今"道觀中師徒關係立規。我們可以試做推測,即 8 世紀前後編撰的這些科儀戒律書與始於高宗時期的全國性道觀、道士的激增是有所關聯的。

張萬福的著作大多散佚,現在僅有部分流傳。這也就意味着《戒律鈔》是我們了解當時道觀生活的重要綫索。

二、道觀的空間

1. 道觀的建築

道觀到底是怎樣的空間呢?《戒律鈔》卷一〇《治屋》引《太真科》對天師道的"治"有詳細説明,雖然未提及道觀,但也没有忽略其存在。"出家之人,與俗既别,置觀立舍,並不得與俗人及家口家住"(卷一三引《千真科》,6-985 中)。作爲道觀的建築物,有"精思别院"、"遷化堂"等(同樣引自《千真科》)。[①] 所謂精思别院,"每觀舍,應須精思别院,安置名德,中常集衆,同在齋堂"(卷一三,6-985 中)。若有遠方行人留宿,唯有"才高行潔"者纔可入住精思别院之中。所謂"精思",指"精思入定爲性,披黄載幘爲

① 其他建築還有《戒律鈔》卷一二引《本相經》(6-982 中)所列舉的宫觀、壇靖、經房、齋房、厨閣等。

相”(卷一三,6－985中),是一種與禪定有相通之處的冥想。當時,相當多的道觀都建有精思別院,如高宗時代在太室山(嵩山)逍遥穀所建的崇唐觀,在山頂上即設有精思院以供潘師正居住。[①] 潘師正是被尊爲高宗之師的道士,也即《戒律鈔》中所謂的“名德”。遷化堂則是道士臨死前祈求仙化的場所,此點後面還要談到。

《科戒營始》卷一《置觀品》對道觀做了詳細説明。《置觀品》開頭指出道觀淵源於仙界,接下來記敍了地上道觀的建築。《置觀品》的開頭部分被前面曾提及的《一切道經音義妙門由起・明居處》所引用(24－727下),而《置觀品》中也能看到和《戒律鈔》所云“精思別院”、“遷化堂”相當的建築。所以認爲8世紀前後道觀建築的規範,在《科戒營始》撰成後就没有發生大的變化是没有什麽問題的。那麽下面來看《科戒營始》中的道觀空間到底是怎樣的。

爲方便起見,將《科戒營始・置觀品》依次列舉的道觀建築,分爲三組,並附上序號:

① 天尊殿、天尊講經堂、説法院、經樓、鐘閣、師房、步廊、軒廊、門樓、門屋、玄壇、齋堂、齋厨、寫經坊、校經堂、演經堂、熏經堂、浴堂、燒香院、升遐院、受道院、精思院、② 淨人坊、騾馬坊、車牛坊、俗客坊、十方客坊、碾磑坊、③ 尋真臺、鍊氣臺、祈真臺、吸景臺、散華臺、望仙臺、承露臺、九清臺、遊仙閣、凝靈閣、乘雲閣、飛鸞閣、延靈閣、迎風閣、九仙樓、延真樓、舞鳳樓、逍遥樓、静念樓、迎風樓、九真樓、焚香樓、合藥堂等。(卷一,24－746上)

2. 清淨的空間

首先,①組中的殿、堂、院、樓、閣、房、壇、坊等,既是宗教儀禮和修行的空間,又是道士居住的空間。令人注目的是,這些空間特别强調“清淨”。如抄寫經典的“寫經坊”中設有道具,“每事清淨,不得交凡俗,穢汙混雜……此最大忌”(卷一,24－745下~746上)。在《戒律鈔》中曾提及精思院,《科戒營始》則稱“本欲隔礙囂氛,清淨滓穢,須爲別院,置之幽静”(卷一,24－746上)。③組的臺、閣、樓則是道士、女官馳思於仙界的場所。“既非常事,理須遐絶,宜近精思院”(卷一,24－746上)。①組和③組的建築群,處於相同的空間位置。寫經坊和精思院都需要清淨的環境。因此道觀中還有必備的浴堂以及供道士居住的私院、別院,這些建築“此最爲急”。又因“外犯俗塵,内違真戒,或污

① 李渤:《真系》,《云笈七籤》卷五;《舊唐書》卷一九《隱逸・潘師正傳》作“精思觀”。而天柱觀同樣也設有“精思院”,《洞霄圖志》卷五《人物門・暨天師傳》云:“暨齊物……師玉清觀朱法師君緒……後隨入大滌山(天柱觀)精思院。”

垢流滴,灰塵染汙,少不清淨,則犯靈司。既觸仙官,便乖正氣",在儀禮和修行之前,則需沐浴,"澡鍊身心"(卷一,24－746 上)。

道士居住的空間被稱爲"私房"。雖然《置觀品》中没有説明,但大概是高德的道士住在"精思院",師長住在"師房",弟子的私房則在"門屋"。《戒律鈔》卷一〇《治屋》中稱門室、門屋的東間、西間是祭酒居住的地方。[①]《科戒營始》對這種私房,更爲强調清淨樸素。"凡道士女冠(官)居處唯虚净素樸而已"(卷三,24－755 上)。私房中所置物品,也僅有質樸的寢具、法具、食器等。私房中"皆須造浴室,内外密淨。凡犯穢及汗垢,即浴"(卷三,24－755 中),這也是講究清淨。

道士居住的空間,與神明降臨的場所有所區别。天寶七年(748),玄宗爲李含光在茅山修建了紫陽觀。《答李含光進紫陽觀圖敕》云:

> 至於仙真道衆,故亦不可同居。所置紫陽觀大院内,更不須着人居止。但作虚廊四合,清潔殿堂,以修香火,用候雲駕。其道衆等别院安置。(《全唐文》卷三六,《茅山志》卷二,5－556 上)

玄宗認爲仙真降臨的空間應與道士居住的空間有所區别,故在圖紙上新添了供道士居住的别院,亦追加了更多的經費。

道觀中道士"死"的場所則是"升遐院"。"凡道士、女冠(官)身亡,皆别置升遐院,須别立一院,造堂室,供器所須,皆備此院"(卷一,24－746 中)。升遐院是安置遺骸的場所,《戒律鈔》中的遷化堂則是迎來臨終的場所。朱法滿在《道士吉凶儀并序·疾病儀》中引《千真科》對"遷化堂"有所介紹。道士迫近臨終前,則運入遷化堂。此堂在道觀西北角,别立爲院堂,堂面西北。堂中高座上,造升虚像,左右則置二對真人像。升虚像身坐蓮花,左手指向"天門"。病人則安置於像座之後。用幡的中間繫於左側真人像腰間,一端則放入病人手中,病人則念願隨二真"登天門,詣金闕"。[②] 松村巧氏認爲,"天門"是天上仙界的門户,杜光庭《金籙齋啓壇儀》將設置於齋醮祭場的壇西北角"亥"稱爲"天門"(9－67 中),[③]將道觀看作祭場的壇,則西北角即是通向天門的位置。

① 《戒律鈔》卷一〇引《太真科》曰:"……玄臺之南,去臺十二又(當爲'丈'),近南門,起五閣三架門室。門室東門(當爲'間'),南部宣威祭酒舍;門屋西間,典司察氣祭酒舍。"(6－984 中)

② 原文爲《戒律鈔》卷一五:"《千真科》曰:出家之人,與俗有别……量命無幾,可移入遷化堂。其堂可於觀西北角,别立爲院堂,三間、五架,堂面看西北。其堂中高座上,造升虚像,像身坐蓮花,如人大舉左手以指天門,左右二真俠侍。病人恐命將絶,移入堂中像座後安置,用黄紋全幅爲幡,長二丈四尺,中央繫左真腰,幡頭與病人手捉,令病人直心正念,願隨二真登天門,詣金闕。"(6－996 上~中)

③ 松村巧:《天門地户考》,收入吉川忠夫編:《中國古道教史研究》,同朋舍,1992 年。

但另一方面,"死"代表着不淨的觀念仍然存在。《科戒營始》對埋葬道士的儀禮做了以下説明。將亡師的正一符籙及諸券契放入函中,在所埋山谷或墓地内另作坎安置,"餘皆不得輒隨身去。所以者,真經寳重,靈官侍奉,屍朽之穢,寧可近之"(卷五,24－760中)。在這裏,道士腐朽的遺骸被視爲"穢"。在《戒律鈔·殗穢緣》所列種種汙穢項目中,引《玄都律文》記録死亡的汙穢,稱:"遭師主父母大喪,三十日殗,不得齋章。過三十日,外限滿訖,洗浴燒香。"(卷一二,6－980上)作爲道士師長的"師主",與父母的死亡一樣,都被認爲是汙穢的。由此可以認爲,道教中的死有着兩種意義。

順帶一提,朱法滿《道士吉凶儀并序·入棺大殮儀》中載有道士的隨葬品,例如經典也要盛入函中,與死者一道放入墓中,接受供養,或者預先投於"名山福地淨密處"。隨後朱法滿表達了自己的意見:"今人受法,師猶不盡備經,弟子亦有不能辨。本所寫受經,何必與屍同穴? 何必預投名山? 經留代代相傳,符籙隨棺入塚。"(卷一五,6－997中~下)《科戒營始》中清淨·不淨的觀念相對更爲濃厚一些,《戒律鈔》這種觀念則較爲淡薄。

3. 賤與俗的空間

接下來看第②組中的坊。净人和家畜居住的空間與道士儀禮、休息、居住的空間有明確的區分。"凡淨人坊皆别院,安置門户井灶,一事已上,並不得連接師房。其有作客,亦在别坊安置。"(卷一,24－746下)净人居住的建築要另外修建,也設有生活必需品,但都不能與師房接鄰。"作客"的客也和净人一樣,是承擔道觀生活的勞動者。

家畜也需隔離,"凡觀門左右,皆别開車馬牛驢出入門,不得於正門中來往"(卷一,24－746中)。道觀的正門是"衆妙之門,往來之逕,群真之户,出入所由"(同上),屬於①組的空間,車馬通行需要設置另外的門户以作區别。值得注意的是,净人和家畜處於同一空間位置,"凡車牛騾馬,並近淨人坊,别作坊安置。不得通同師房及齋厨,院内出入,並近井灶"(卷一,24－746下)。②組中的騾馬坊、車牛坊安置在净人坊附近,而與道士的空間區别開來。

世俗的訪問者也有所區别。"道義"所帶"人畜","須别立客院。若未有别院,即安淨人坊,驢騾置驢騾坊"(卷一,24－746下)。"道義"指信衆,[①]"人畜"指爲其差使的人和家畜。而從俗界訪問道觀的"俗客"、"門徒"、"官人"被安置在"俗坊"之中(②組中

---

① 陶弘景《周氏冥通記》卷一記載真人開始降臨至周子良面前的經過時稱:"周家本事俗神,姨舅及道義咸恐是俗神所假,或謂欲染邪氣。"(5－518中)清代黄生《義府》卷下《冥通記》云:"道義,謂同事道法之義友。"由此可見,"道義"有信衆同伴的意味。此條由吉川忠夫氏提示。

的俗客坊)。世俗的訪問者,只能滯留在與①、③組建築相隔離的空間之中。

與家畜處於同一層次的"净人",源自於北魏的佛教教團。塚本善隆氏指出,當時爲佛教教團經營寺院田宅、處理俗務、負擔諸般勞役的人被稱爲"净人"。[①] 唐代義净所譯的《根本説一切有部毗奈耶》卷五(《大正藏》卷二三・六五一下)即設有"净人坊"。北魏永平二年(509)的沙門統、慧深上書稱:"依律,車牛淨人,不淨之物,不得爲己私畜。"(《魏書》卷一一四《釋老志》)如後所述,"净人"在當時社會屬於賤人,視同家畜。《科戒營始》將净人與車牛置於同一空間,但是否將其視爲"不淨之物"呢? 這一點還不清楚。

道觀中還設有藥圃、果樹園、花園、菜園。在道觀建築的周邊,設有用於治療疾病的藥圃,爲供養三寶而種植的花和果樹,還有爲提供齋食而種植的除戒律規定的五辛之外的時令名菜瓜瓠(卷一,24－746下~747上)。例如天柱觀中,有夏侯子雲營造的"藥圃",據説栽培了能養神、養性、治病的仙藥(《洞霄圖志》卷五《人物門・夏侯天師傳》)。再如"碾磑坊",是爲道觀的莊田、碾磑所設置的。有關莊田、碾磑,見於下文。

總之,道觀分爲與神直接交流、道士居住的清淨空間和俗客、净人家畜利用的空間這兩個部分。道觀裏,聖域中的神聖空間和與世俗相關的空間是截然區分開來的。

4. 長生林

道觀的周圍還設置有從高宗時代起被稱爲"長生之林"的區域。朱法滿晚年居住的餘杭縣天柱觀,就有前述高宗弘道元年(683)時建立,但"仍以四維之中,壁封千步,禁彼樵采,爲長生之林"(《洞霄圖誌》卷六《天柱觀記》)。弘道元年,部分道觀設立了長生林。如衡岳的衡岳觀,"封岳,辟方四十里,充宫觀長生之地,禁樵采,斷畋獵,罷獻琛,以爲常典"(《南岳小録》,6－862下,《道藏》二〇一册)。始於高宗時期的這一舉措,之後也得到了延續,如始豐縣天台山的桐柏觀即是一例。桐柏觀曾爲一片廢墟,景雲中(710－711),睿宗下敕重建,"於天台山中辟封内四十里,爲禽獸草木長生之福庭,禁斷采捕者"(《全唐文》卷一九《復建桐柏觀敕》;《天台山志・宮観》,11－92下,《道藏》三三二册)。上文提到玄宗在天寶七載爲道號玄静的李含光在茅山修建紫陽觀,而在天寶四載,李含光入山之時,茅山全境就已禁止狩獵采伐了。[②]

① 塚本善隆:《北魏の僧祇户、佛圖户》,《塚本善隆著作集》第二卷第四章,大東出版社,1974年,第126—127頁。

② 根據《茅山志》卷二《大(太)和禁山敕牒》(5－560下~561上)記載,這片區域包含三茅山及其支脉的廣大地域。

且茅山神秀,華陽洞天,法教之所源,群仙之所宅。固望秩之禮雖有典常,而崇敬之心宜增精潔。自今以後,茅山中令斷采捕及漁獵,四遠百姓有喫葷血者,不須令入。①

天寶七載,玄宗對朝廷和民間祭祀所殺犧牲也做了限制,全國的"靈山、仙迹"都禁止采伐狩獵(《册府元龜》卷五四《帝王部·尚黄老二》)。

一般而言,皇帝陵寢和名山周圍是禁止采伐的,此類記載屢見於史書之中。曹魏明帝景初二年(238),前漢高祖、後漢光武帝墳陵崩塌,童兒牧豎踐踏其上,於是下令漢高祖和光武帝的墳陵四方百步以内都禁止耕作、牧畜、采伐(《三國志》卷三《明帝紀》注引《魏書》)。唐太宗貞觀十一年(637)下詔,高祖李淵七世祖涼武昭王李暠墓旁二十户免除税役,充當陵寢守衛,也禁止畜牧采伐(《舊唐書》卷三《太宗紀下》)。還有一條史料,儘管無法判斷具體年份,但可見此事,即尚書省工部下令:"凡郊祠神壇、五岳名山,樵采、芻牧皆有禁,距壝三十步外得耕種,春夏不伐木。"②

道觀設置長生林一類的境域,可視作是歷代王朝施策的延續。但禁止道觀所在山林的漁獵則值得引起注意。玄宗有着限制殺生的意圖。《戒律鈔》卷四—六《衆戒及願念合一千一百條》所收戒律也禁止殺生,如《老君百八十戒》中稱:"不得妄伐樹"、"不得教人漁獵、傷害衆生"(卷五,6－945 上)。天台山設立"禽獸、草木、長生之福庭",③可以説是動物、植物、神仙的樂園,也含有《戒律鈔》所云"放生度死"(卷四《六度生戒》,6－937中)的意義。按玄宗對李含光的敕命所言,茅山是真仙居住的華陽洞天,"精潔"最應重視。由此可見,除了"放生度死"以外,也有將清淨洞天與俗界隔絶開來的意義。

如此一來,道觀中清淨的空間和賤俗的空間分隔開來。道觀周圍被長生林之類的放生、清淨的境域包圍起來,此外則附有莊田、碾磑之類的生産設施。當然並非所有道觀都是如此。正如《科戒營始·置觀品》中提到天尊殿一樣,"其廣狹脩闊,任時所爲,不定常式也"(卷一,24－745 中),道觀也有各種各樣的形態。

不難想像,以此類道觀爲舞臺的道士,日常所爲必然是以修行和儀禮爲主。若是如此,那麽支撑這種日常信仰的經濟基礎又從何而來呢?

---

① 《茅山志》卷二《玄宗賜李玄静先生敕書》,5－555 下。

② 《新唐書》卷四六《百官志一·尚書工部》。《大唐六典》卷七《尚書工部·虞部郎中》云:"凡五岳及名山,能藴靈産异,興雲致雨,有利於人者,皆禁其樵采,時禱祭焉。"

③ 孫綽:《遊天台山賦》(《文選》卷一一)云:"覿靈驗而遂徂,忽乎吾之將行,仍羽人於丹丘,尋不死之福庭。"

三、道觀的經濟與戒律

1. 關於所有權

道觀的建築、附屬的莊園、碾磑、净人、奴婢、家畜的所有究竟該如何認識呢?《戒律鈔》引《千真科》對此有所説明:

> 共居觀舍、堂殿、園林、田地,三寶衆(有),殿屬天尊,堂屬道士。若其營造,尊卑有等。其私房是道士自造,廣狹等級,出自己身,生前由身處分。若死後而無付囑,從衆施爲。若白衣童子自所營造,得度之後配别處者,亦聽許自己處分,唯地屬三寶,不得改動。(卷一三,6－986中)[①]

道觀的建築、園林、田地都爲"三寶衆"也即道士所共有。建築中的殿屬於天尊,堂則屬於道士。《科戒營始》談及天尊殿規格時同樣稱:"聖人所居稱殿,凡世所處,通名爲堂。"(卷一,24－745中)[②]建築中也存在尊卑等級。但是爲道士和作爲道士見習的童子[③]所造的私房,則各自可以加以處分。當然土地依舊歸三寶所有。

道觀的戒律原本是禁止道士占有田地、園林、奴婢、家畜的。《戒律鈔》引《千真科》反復申明此戒律。如"出家之人,清堂虚室,躭著既甚,有十惡累",所謂十惡累包括廣占荒野,别蓄田宅;種植園林;貯積絲綿穀帛;蓄販奴婢;愛養六畜;貪聚八珍;好樂玩物;雕飾帳帷;衣着奇异;財寶彌勤,"此之十事,於身不得,爲清虚"(卷一三,6－986下)。又云"道法清虚,不希名利,閑居静室,謂曰仙家"。如果弟子多蓄錢財、寶貨、牛馬、奴婢,耽著不已,則是"斷三寶原,奪衆生福"(卷一三,6－984下)。正如所謂"清堂虚室"、"道法清虚"那樣,道法以及道觀生活都以"清虚"爲價值取向,而蓄財則與清虚是相違背的。

即使擁有法師的地位亦不例外。"法師宣化天下萬民,是救蒼生之道,不得貪財傳奴婢"(卷二引《玄都律文》,6－929上)。此外如法師破戒,驅使弟子沽酒買肉,販賣牧牛養馬或從事邪淫等行爲,弟子當諫言稱:"以此所作,非天尊行,某不敢爲師。"(卷三引《千真科》,6－935中)

---

① 《戒律鈔》中的"三寶衆",《洞玄靈寶千真科》作"三寶衆有"(34－373上)。

② 《科戒營始》卷一云:"夫三清上境及十洲五岳,諸名山或洞天,並太空中,皆有聖人治處。"(24－744下)這裏的"聖人"指仙界諸神、真仙。

③ 《戒律鈔》卷一〇云:"《太真科》曰:童子,一將軍籙。男女八歲至十九,皆爲童子,動而蒙昧,漸染玄風。"(6－967中)

但是,在處置道觀的共同財産或道士蓄財方面,也設有例外。如信徒布施的“田宅、園林”,爲人侵奪,則“報本捨施主,令其轉貨”(卷一三引《千真科》,6-987中)。關於布施的田宅、園林的所有權,引發了不少問題。往前追溯,南朝宋時范泰曾將“果竹園六十畝”布施給自己興建的祇洹寺,但在其死後,他的第三子范晏爲奪回此地而引發了糾紛。[①] 雖然與布施的情況有所不同,唐律實際上並不禁止買賣皇帝的賜田(《唐律疏議》卷一二《賣口分田·疏》)。有一種慣例,即典當的田宅即使經過漫長歲月,也能被追回。[②] 那麽,布施的田宅、園林在買賣上或許也有某種慣例,需要獲得布施者的同意也未可知。關於道士個人的蓄財問題,則“若諸弟子,恒懼天寒、時亂、飢荒等事,貯積絲綿、帛布、五穀,以備時急惠施者,不禁也”(卷一三引《千真科》,6-987上),也即爲了應對天災、戰亂、飢饉而作準備是可以被容許的。

綜上所述,道觀的建築、田宅、園林都爲道士所共有,道士個人蓄財爲戒律所禁止。正如《正一威儀經》(《道藏》五六四册)所云:“莊田碾磑,家人使役,五行什物,六畜器具,果木華藥,一切所須,皆共愛惜。”(18-258中)共有財産必須小心使用。那麽,這樣的道觀中共同生活的經濟基礎是怎樣的呢?

2. 宗教儀禮

如前所述,道觀主要依靠布施纔得以建立。《戒律鈔》中反復强調,營造道觀有莫大的功德。比如《造殿堂緣》中稱:“建立靖觀,令人代代門户高貴,身登天堂,飲食自然,常居無爲。施一錢以上,皆三十二萬倍報。”(卷一二引《大戒經》,6-979上)不僅道觀如此,還涉及道士的日用品。《善功緣》稱:“若能建立宫觀、壇靖、經室、齋房、厨閣,供養道士,衣服、卧具,悉以供給,如斯之功,受報天宫,衣食自然。”(卷一二引《本相經》,6-982中)

經典傳授時所需的法信、齋醮和上章等儀禮所需的種種信物都是道觀生活中物資基礎。不過,關於法信、信物,戒律中也有所規定。傳授經典時,弟子需向老師交納法信,“爲一切作福田,不得師自私用,其罪深重”(卷一引《自然訣》,6-925上~中)。《戒律鈔》卷一《折傳鈔》對法信的“折傳”亦即分配有詳細規定。法信的分配方案,按傳授三洞經典——洞神、洞玄、上清——的不同而有所差异。如傳授上清經所得法信,“三分散之,一分投於山栖以卹窮乏之士,一分供己法服,一分以爲弟子七祖立功”(卷

① 《高僧傳》卷七《宋京師祇洹寺釋慧義傳》。此條材料,由吉川忠夫氏提示。

② 加藤繁:《支那經濟史考證》上卷,東洋文庫,1952年,第283—293頁。

一引《四極明科》,6－924 中)。上章儀禮中的信物則按上章種類而在量上有所差异,可交納香、席、紙、筆、墨、書刀、米、錢、布等。但"奏章已後,其信物多,可施貧者,宜行陰德,不可師全用之,十分爲計,師可費入者,三分而已"(卷一一,6－975 下)。

爲宗教儀禮而布施,當然以皇帝的場合最爲宏大。如天寶八載(749)的《修造紫陽觀敕牒》(《茅山志》卷二,5－558 中)稱:①

觀内什物五行等。右觀家先貧,什物數少,昨修功德使程元暹奉敕支供黄籙齋外,有回殘銀一百兩,令臣(丹陽太守)分付觀内徒衆,將回市所欠什物等,並令充足。

玄宗在紫陽觀爲供奉祖先所舉辦黄籙齋後,②還剩下"回殘銀一百兩",將這本該返還的餘錢又分給道士,用來購買日用品。這一百兩就有布施的意味。

又如,有着首都長安城中權威道觀太清觀背景的張萬福,在《傳授三洞經戒法籙略説》(《道藏》九九〇册)卷下《明科信品格》中提及了在道觀中傳授經典所需的各種法信。首先,張萬福對弟子給予老師法信的根據作了説明。"凡道由心得,心以道通,誠至感神,神明降接,是以古人求心,末世求財,古人非心不度,末世非財不仙。是故須財以對心,明心而財見。"(32－193 中)在末世的當下,只有用"財"纔能作爲表現誠心的法信。那麽,收納法信的法師又如何呢?"其所用法信,事畢,並依經散之也。伏尋經中,信物或云出自神州,非世間所有。今請以某物準當者,將欲引接於貧賤,使同入道也。"(32－196 中)法信屬於上天,不當留於世間,所以應施捨給貧賤之人,以引導其信仰。

約定道法的法信,有七寶、金錢、金龍、玉龍、金魚、玉魚、金羊、玉雁、羅錦等物。張萬福又列舉了可能在當時長安流行的種種法信:名衣上服、牀帳卧具、茵席幾杖、玩弄器物、缾罐履屩、車馬奴僕、莊園屋宅、金銀珠玉、綾羅錦綺、錢絹布帛、釵梳環釧、米麥花果、供養法具、繩牀坐褥等。除將這些物品布施給"道"和"師"外,還可"立觀度人,寫經造像,放贖生命,拯濟飢寒,免賤爲良,弛囚宥罪,廣行慈救,大設悲田"。那麽,拿不出法信的貧賤之人又是怎樣的呢?"若貧賤之人,供師使役,不憚苦辛,遠近陪隨,給侍香火,修營觀宇,植種果林,墾闢田園,栽蒔花藥,捨身落髮,剋己自勞,毫分之間,無所悋惜,晝夜不懈,供事師尊。"(32－196 中~下)

① 《修造紫陽觀敕》是回復接到修建紫陽觀命令的丹陽太守林洋上奏而由中書門下頒下的玄宗的敕命。參中村裕一:《唐代制敕研究》,汲古書院,1991 年,第 520—521 頁。

② 《大唐六典》卷四《尚書禮部·祠部郎中》列舉七種齋,"其二曰黄籙齋,并爲一切拔度先祖"。

順帶一提,道觀還將宗教儀禮所剩餘金作爲本金,用以經營金融業。上引《修造紫陽觀敕牒》中,玄宗修建紫陽觀而剩餘的"回殘錢二百四貫二百八十五文",根據敕命"便賜觀家,充常住"(5-558中)。然"臣(丹陽太守)又與觀主道士劉行矩等商量,請於便近縣置一庫,收質每月納息,充常住。其本,伏望長存。"在鄰近縣城中(也即市街地)經營質鋪,其所獲利息充作道士的日常生活費用。這便成爲了茅山紫陽觀的經濟基礎。當時佛教寺院經營金融業就號稱"無盡",[①]道觀經營的質鋪也並無太大區別。

上引《科戒營始》在描述道觀時,便已提及附屬的莊園和碾磑。下面討論莊園的經營。

3. 莊園和勞動

a. 莊園

《科戒營始·置觀品》對莊田、碾磑的經營有所説明,"科曰:莊田碾磑,常住所資,隨處訪求,依法置立。其中區别淨穢,檢校營爲,皆適當時務令得所"(卷一,24-747上)。莊田碾磑中如何判别净、穢並不清楚。恐怕勞動本身即是按照净或穢來區别的吧。

作爲道觀生活資産的莊田碾磑部分由自購而來,但更多的是依靠富裕家庭和皇族的布施。南朝時已見賜予道觀田地的事例。[②] 唐太宗貞觀九年(635),爲王遠知在茅山造"觀一所",並賜田。[③] 天柱觀在中宗時也得到賜予的"觀莊一所"(《洞霄圖志》卷六《天柱觀記》)。之後玄宗在天寶二年(743),對長安太清宫、洛陽太微宫兩道觀"各賜近城莊園各一所,並量賜奴婢等"(《册府元龜》卷五四《帝王部·尚黄老二》)。

如所周知,碾磑可利用水力來脱穀、磨面。北魏末年,碾磑作爲莊園的附屬設施以華北大地爲中心普及開來。[④] 北朝以降,莊園、碾磑、奴婢被視爲一體。從北朝到唐代的皇帝,以莊園、碾磑、奴婢賞賜立有戰功的武將和佛寺的例子不勝枚舉。不過,《科戒營始》和上引《正一威儀經》提及莊田、碾磑,而《戒律鈔》中只談到莊田而未見碾磑。

b. 道觀的勞動者——净人、奴婢

在道觀的莊田中負擔勞動的究竟是哪些人呢?《戒律鈔》引《千真科》云:"出家之

① 道端良秀:《中國佛教史全集》第四卷,書苑,1985年,第114—133頁。

② 《中國道教史》第一卷,第559頁。

③ 《茅山志》卷二二《唐國師昇真先生王法主真人立觀碑》(5-640中)。《舊唐書》卷一九二《隱逸·王遠知傳》。

④ 西嶋定生:《碾硙の彼方》,《中國經濟史研究》第五章,1966年。首版爲1946年。馮佐哲等譯:《中國經濟史研究》,北京:農業出版社,1984年。

人，務在簡静，非法行事，動則落邪”，並稱有十種行爲是“非法”，其中第四種是“行等淨人、躬執耕稼”（卷一三，6－984中）。農耕是净人的工作，道士參與即是“非法”。又引《千真科》云：“亂衆之人，多不依正法。飲酒醉亂、輕欺上下者”，對這些道士的處罰，首先是罰錢米，或以財物補償罪孽。如不交納罰金，則需杖罰，除剥奪財帛，用以供奉道觀外，還可“苦役治地（‘治’的土地），斬伐草木，鋤禾收刈”（卷一三，6－984下）。農耕是對破壞道觀秩序的道士實施的苦役。如前所述，道觀的空間對宗教儀禮、道士居住、净人和家畜的居所有明確的區隔。同樣，宗教和農耕也有區分。

所謂“净人”的稱呼，在《戒律鈔》中幾乎未曾提及。《戒律鈔》依據的《千真科》本身也只有幾次提及。想必是净人這種源自佛教的提法尚未融入（道教）的緣故。[1] 但《戒律鈔》引《千真科》下文值得注意，“若有人將使人奴婢以供給者，悉不合受。其使人能齋菜持戒者，受也”（卷一三，6－987上）。這裏的“使人”，應等同於奴婢。使人、奴婢原本是不能作爲布施接受的，但如果使人能堅持菜食並遵守戒律，則可接受。佛教中的“净人”，主要指“已盡受五戒，奉齋修德”之人（《僧祇律》卷二九，《大正藏》卷二二，四六七中）。由此看來，“使人”可視爲净人。

在道教經典中頻繁出現的，與其説是净人，不如説是奴婢。道教中奴婢與家畜等同，是前世、現世罪孽的結果。《戒律鈔》云：“人身中，常有神，隨時上白人善惡。”並記述了從一百二十到三千六百條罪過對應的懲罰，“千八百過爲一患，患者，主爲奴婢、家出内亂”（卷一二引《玄都律文》，6－981下）。《科戒營始》亦云：“經曰：奴婢下賤身者，從偷盜慳貪中來”、“經曰：六畜生身者，從殺生抵債中來”（卷一，24－742下）。當時社會上對良人和賤人間的身份區隔十分嚴格，奴婢與家畜被同等對待。[2] 道觀中的净人、奴婢、家畜也處於相同位置，奴婢也好，净人也好，都是賤人的身份。在道教經典中，都視爲對其罪孽的懲罰。

如前所述，道士有禁止買賣奴婢家畜的戒律。接受布施使人、奴婢，在原則上也是禁止的。《戒律鈔》對此反復申明，引《千真科》云：“非法之物，不得布施。問曰：何爲非法之物？答曰：牛馬奴婢、軍戎器仗等物是也。”（卷一三，6－985下）但道教對布施

① 《戒律鈔》卷一三引《千真科》云：“上德尊人，住持大衆，下小有過……於國王、妃嬪、眷屬、大臣、宰輔、俗人及兒女、小道士、淨人，宿新怨嫌之前，並不得呵責。”（6－984中）《洞玄靈寶千真科》又云：“科曰：……或媒嫁净人、買賣奴婢及餘畜産。”然此條被《戒律鈔》卷一三（6－985上）引用時，“净人”作“爲人”。

② 關於奴婢和賤人，可參仁井田陞：《中國身份法史》第八章《部曲・奴婢法》，初出1942年，東京大學出版會，1983年重刻。氏著：《中國法制史研究 奴隸農奴法・家族村落法》，東京大學出版會，1962年。濱口重國：《唐王朝の賤人制度》，東洋史研究會，1966年。堀敏一：《中國古代の身份制——良與賤》，汲古書院，1987年。

奴婢的態度並不一定。如成書於唐代以前的《太上洞玄靈寶業報因緣經·開度品》即記載有人布施衣物、田宅、奴婢、牛馬、車乘、卧具(卷一,6-82下、83上)。[①] 從前面所述可知,張萬福將奴婢作爲法信之一,玄宗也把莊園和奴婢賜予長安、洛陽的道觀。不僅首都附近,如《修造紫陽觀敕牒》中亦云:"觀内,先有奴婢四人,小牛六頭,車一乘,見在",雖還不能確定是否是布施而來,但可確定茅山紫陽觀中有四名奴婢和六頭小牛。

其實,唐律是承認奴婢存在於道觀之中的。《唐律疏議》卷六《名例·稱道士女官》云:"觀寺部曲、奴婢於三綱,與主之期親同。"三綱即執掌道觀的上座、觀主、監齋。疏中指出,道觀的部曲奴婢對三綱犯罪,就和世俗中部曲奴婢對主人的期親犯罪一樣,接受相同的懲罰。唐律中,奴婢、部曲都屬於賤人,部曲地位比奴婢稍高一些。目前尚無見到道觀中的部曲,但奴婢和"齋菜持戒"的使人、净人一樣,都屬於賤人,他們之間或者也有區别。

由上可見,無論是道觀還是道教教義,都與"良賤制"這種當時的社會結構相適應。但道觀對奴婢的處理方式與世俗社會有微妙的差异。首先,在戒律上,無論是道士買賣奴婢,還是道觀接受布施奴婢,在原則上都是被禁止的。其次,對待奴婢該如何處置,也有戒律上的規定。《戒律鈔·衆戒及願念合一千一百條》中的《老君百八十戒》云:"不得印奴婢面"(卷五,6-944中),《三百大戒》云:"不得扣奴婢面,傷其四體"(卷六,6-948上)。戒律禁止在奴婢面上紋印,毆打面目,傷害四肢。而世俗社會則對逃亡的奴婢采取入墨紋面的懲罰,主人毆打奴婢,也不會被問罪。[②] 如此對待奴婢,是當時的習慣。稍微往前追溯,即可看到北魏末年的高謙之的事例,"居家僮隸,對其兒不撻其父母,生三子便免其一世。無髡黥奴婢,常稱俱稟人體,如何殘害"(《魏書》卷七七《高崇傳附謙之傳》,《北史》卷五〇《高道穆傳附謙之傳》)。高謙之對待奴婢的處理方式,其實是一種特例。這意味着,道觀戒律中對待奴婢的態度,和高謙之所謂的"俱稟人體"存在同樣的認識角度。而張萬福主張利用庞大的法信購買賤人再放免爲良人,也含有从賤人的地位上予以救濟的意義。

值得留意的是,道觀除净人、奴婢等賤人之外,還有負責營繕清掃建築的人。玄宗在天寶七載下令,有洞天的名山(其天下有洞宫山)都置壇和祠宇,並度道士五人,"取近山三十户,蠲免租税差科,永供灑掃"(《册府元龜》卷五四《帝王部·尚黄老二》)。

---

① 《道藏》第一七四、一七五册。參任繼愈主編:《道藏提要》,北京:中國社會科學出版社,1991年,第255頁。

② 參上頁注①。

當時,有華陽洞天的茅山也"紫陽觀取側近百姓二百户,太平崇元兩觀各一百户,並蠲免租税差科,長充修葺灑掃者"(《茅山志》卷二,5－559 中;《册府元龜》同上)。如前所述,名山、皇帝陵寢周圍地域禁止采伐,附近民户也免除税役,而去管理祠廟陵寢。對道觀的做法,也和名山皇帝陵寢與長生林的關係一樣,都可看作對歷代王朝政策的延續。但這些民户與净人、奴婢不同,是承擔税役的良人,只不過是以營繕清掃道觀代替了税役而已。①

此外,張萬福還列舉了貧賤者的法信,如從事修營觀宇,植種果林,墾闢田園,栽時花藥,供師使役,遠近陪隨等勞動等。

由此可見,道觀之中,不僅有道士專心修行和舉行宗教儀禮,還有人在附屬於道觀的莊田上從事農耕、維持建築。這些人中有净人奴婢之類的賤人,還有王朝免除税役的附近良人,更有提供勞力從而代替法信的信徒。道觀中的宗教和勞動是分隔開來的。道觀中,有宗教的清淨的空間,也有從事勞動的净人家畜和連接世俗的空間,二者截然有别。這意味着,道觀空間上的區分,道士與賤人的區分,和宗教與勞動的區分是重合的。當然,不難想像,這個時代還有親自農耕或從事其他勞動的道士。但在《戒律鈔》中描述的道觀中,戒律規定道士專心從事祈求神明的修行,過着清淨的生活,農耕則由净人奴婢承擔。

四、結　　語

因從南北朝到隋唐的戰亂而荒廢的道觀不在少數。如衡岳的招仙觀。招仙觀相傳可追溯至南朝宋,唐貞觀二年(628)則被稱爲"亂後荒涼"(《南岳小録》,6－863 上)。朱法滿在《戒律鈔》中引《千真科》云:"時在飢荒,又屬離亂,各欲隨豐逐静。能有守固,衆可分科財物,以與守固之人也"(卷一三,6－985 下),可見面對飢饉和戰亂,道觀的共同生活崩潰,道士也各自離散。南北朝時即存在的道館、道觀,在唐高宗時被急速整備。不僅在首都和地方上興建了許多道觀,還下令保護道觀周圍的地域環境,又爲維持道觀提供了莊園和勞動力。8 世紀前後的朱法滿和張萬福在立場、方法上都存在差异,但都在這一時代背景下,對道觀共同生活的戒律進行了再整理。

受當時社會結構的影響,道觀之中也有良人和賤人的區别。這種道觀和社會的關聯性,還體現在師徒關係上。師徒關係,是道觀共同生活秩序的基軸。雖然道觀的道士

① 參濱口重國:《唐の陵・墓户の良賤に就いて》,前揭書外篇第一篇。

出家,即是脱離了家庭,但師徒關係卻常被比喻成親子關係。這種比喻在《戒律鈔》中隨處可見,如"律曰:弟子見師,敬事如父母,師主見弟子,念之如赤子"(卷三,6-933下)。關於道觀與社會的關聯性,需要另外撰文詳加探討。

還有一點需要説明,道觀的經濟、戒律,説是在佛教寺院壓倒性的影響下形成的也不爲過。而且與佛教寺院的戒律一樣,道教戒律也受到唐代律令的深刻影響——如禁止道士私蓄奴婢、田宅、奴婢,禁止道觀接受布施奴婢等①——道觀和國家制度之間的關係也是一個值得探討的問題。這裏僅僅根據道教經典,對唐代中期道觀的空間、經濟、戒律作一描繪。其他問題則是今後研究的課題。

【补遺】本文論述中,主要記述道觀共同生活如所有、勞動等相關戒律的《戒律鈔》卷一三《雜科》,幾乎全部引自《洞玄靈寶千真科》(《道藏》第一〇五二册)。本文發表後,又認識到《千真科》全部的109條有中近80條是將7世紀釋道宣所編撰的《四分律删繁補闕行事鈔》(《大正藏》卷四〇)按照道教教義置换改寫而來。《行事鈔》將印度傳來的《四分律》進行了與中國風土相稱的改編,在中國全境産生了極大的影響。本文所敍述的道觀共同生活的戒律,是在受到佛教壓倒性影響下形成的。下面試舉一例,本文中談及的"遷化堂",即是《行事鈔》卷下之四《贍病送終篇第二十六》中所見的"無常院"的翻版。

> 若依中國本傳云,祇桓西北角日光没處爲無常院。若有病者安置中……其堂中置一立像,金薄塗之,面向西方。其像右手擧,左手中繫一五綵幡,脚垂曳地,當安病者在像之後。左手執幡脚,作從佛往淨刹之意。

可參拙稿《道観における戒律の成立——〈洞玄霊寶千真科〉と〈四分律删繁補闕行事鈔〉》,收入麥谷邦夫編:《中國中世社會と宗教》,道氣社,2002年。

附記:本文原載吉川忠夫主編:《唐代の宗教》,京都:朋友書店,2000年。

① 參諸户立雄:《中國佛教制度史の研究》,平河出版社,1990年,第202—203、389頁。仁井田陞著,池田温編集代表:《唐令拾遺補》,東京大學出版會,1997年,第1004、1334頁。

本輯作者工作和學習單位

雷家驥　臺灣中正大學歷史系
顧江龍　首都師範大學歷史學院
劉　瑩　武漢大學歷史學院暨中國三至九世紀研究所博士研究生
胡　鴻　武漢大學歷史學院暨中國三至九世紀研究所
姜望來　武漢大學歷史學院暨中國三至九世紀研究所
郁曉剛　洛陽師範學院歷史文化學院
王慶衛　西安碑林博物館
黄　樓　武漢大學歷史學院暨中國三至九世紀研究所
周　浩　華中科技大學中文系博士後
張　葳　天津師範大學歷史文化學院
劉安志　武漢大學歷史學院暨中國三至九世紀研究所
都築晶子　日本龍谷大學名譽教授
羅　亮　中山大學歷史學系博士後

稿　約

《魏晉南北朝隋唐史資料》是武漢大學中國三至九世紀研究所主辦的學術集刊，1979年由著名歷史學家唐長孺先生創辦。本刊注重實證研究，主要刊載有關中國中古史研究的學術論文，適當譯載國外學者相關研究的重要成果，也刊載與本段歷史密切相關的資料整理成果。

本刊接受紙質投稿和電子稿投稿，實行匿名審稿制。來稿請附上中文摘要、關鍵词、英文題目，及作者姓名、單位、職稱、通訊地址和電子郵箱。稿件不予退還，敬請作者自留底稿。自收到稿件起三個月内，無論采用與否，均將告知作者。

本刊每年出版二輯，出版時間分别爲5月和11月。

郵寄地址：

(430072)湖北省武漢市珞珈山武漢大學中國三至九世紀研究所，《魏晉南北朝隋唐史資料》編輯部 收

電子郵箱：wjnbcstszl@whu.edu.cn

撰寫規範

一、標題序號

文内各章節標題序號,依一、(一)、1、(1)等順序表示。

二、注釋位置

注釋采用頁下注(腳注),序號用①、②、③……標識,每頁單獨排序。正文中的注釋序號統一置於包含引文的句子(詞或片語)或段落標點符號之後。

三、古籍引用

首次引用時須注明作者、整理者、書名、卷次、篇名、部類(選項)、出版地點、出版者、出版時間和頁碼。"二十四史"、《資治通鑑》、《太平御覽》等常用文獻,可省去作者。如:

《梁書》卷二五《徐勉傳》,北京:中華書局,1973 年,第 377 頁。

《太平御覽》卷七五《地部四〇》引《江夏記》,北京:中華書局,1960 年,第 351 頁。

蕭繹撰,許逸民校箋:《金樓子校箋》卷二《聚書篇第六》,北京:中華書局,2011 年,第 515 頁。

四、今人論著

首次引用時須注明作者、篇名、書名、出版者、出版時間和頁碼。如:

唐長孺:《跋唐天寶七載封北嶽恒山安天王銘》,《山居存稿》,北京:中華書局,1989 年,第 273—292 頁。

五、期刊論文

首次引用時須注明作者、文章題目、期刊名、刊期、頁碼。如:

田餘慶:《〈代歌〉、〈代記〉和北魏國史》,《歷史研究》2001 年第 1 期,第 51—64 頁。

六、西文文獻

可參照中文論著順序標引,文章題目用引號注明,書名、期刊名使用斜體。如:

Stephen F. Teiser, *The Ghost Festival in Medieval China*, Princeton University Press, 1988, pp.58 – 62.

Dennis Grafflin, "Reinventing China: Pseudobureaucracy in the Early Southern Dynasties", in Albert E. Dien, eds., *State and Society in Early Medieval China*, Stanford University Press, 1990, pp.49－72.

Patricia Ebrey, "Tang Guide to Verbal Etiquette", *HJAS*, Vol.45, No.2(1985), pp. 581－613.

七、數字使用

年號、古籍卷數等采用中文數字,序數用簡式。公元紀年請用括號内阿拉伯數字標注。如:

《舊唐書》卷一六八《韋温傳》。

唐貞觀十四年(640)。

八、稿件統一使用繁體字,正文用宋體五號,單獨引文用仿宋體五號,注釋用宋體小五號。

圖書在版編目(CIP)數據

魏晉南北朝隋唐史資料. 第35輯／武漢大學中國三至九世紀研究所編. —上海：上海古籍出版社，2017.7
ISBN 978-7-5325-8514-4

Ⅰ.①魏… Ⅱ.①武… Ⅲ.①中國歷史—魏晉南北朝時代—研究②中國歷史—隋唐時代—研究 Ⅳ.①K230.7

中國版本圖書館CIP數據核字(2017)第154856號

魏晉南北朝隋唐史資料(第三十五輯)
武漢大學中國三至九世紀研究所 編
上海世紀出版股份有限公司
上 海 古 籍 出 版 社 出版
(上海瑞金二路272號 郵政編碼200020)
(1)網址：www.guji.com.cn
(2)E-mail：gujil@guji.com.cn
(3)易文網網址：www.ewen.co
上海世紀出版股份有限公司發行中心發行經銷
啓東市人民印刷有限公司印刷
開本787×1092 1/16 印張16.25 插頁2 字數329,000
2017年7月第1版 2017年7月第1次印刷
ISBN 978-7-5325-8514-4
K·2347 定價：68.00元
如有質量問題,請與承印公司聯繫